Springer-Lehrbuch

Weitere Bände in dieser Reihe
http://www.springer.com/series/1183

Heinrich Honsell

Römisches Recht

8. Auflage

Springer

Heinrich Honsell
Salzburg
Österreich

ISSN 0937-7433
Springer-Lehrbuch
ISBN 978-3-662-45869-3 ISBN 978-3-662-45870-9 (eBook)
DOI 10.1007/978-3-662-45870-9

Die Deutsche Nationalbibliothek verzeichnet diese Publikation in der Deutschen Nationalbibliografie; detaillierte bibliografische Daten sind im Internet über http://dnb.d-nb.de abrufbar.

Springer

Gedruckt auf säurefreiem und chlorfrei gebleichtem Papier

Springer ist Teil der Fachverlagsgruppe Springer Science+Business Media
(www.springer.com)

Vorwort zur 8. Auflage

Die 8. Auflage enthält Ergänzungen, die den Zweck verfolgen, den Nuancenreichtum und die Differenzierungs- und Argumentationskunst der römischen Jurisprudenz herauszustellen. Vermehrt wurden auch die Bezüge zum geltenden Recht, soweit sie geeignet sind, dessen historisches Verständnis zu verbessern. Rechtsgeschichte und Rechtsvergleichung sind die Bildungsfächer der Dogmatik des geltenden Privatrechts. Es wäre zu wünschen, dass ihre Erkenntnisse auch bei den Arbeiten an einem europäischen Zivilgesetzbuch berücksichtigt würden. Denn die Zivilrechtsordnungen in Europa und vielen anderen Ländern wurzeln im römischen Recht, dessen erstaunliche Modernität auch heute noch zur Lösung zivilrechtlicher Fragen beitragen kann. Leider sind die Autoren der einschlägigen Entwürfe mehr auf den sog. acquis communautaire fokussiert als auf die römisch-gemeinrechtliche Geschichte und die Rechtsvergleichung.

Neueres Schrifttum wurde nur insoweit angeführt, als es für vertiefende Studien von Interesse ist. Der Charakter eines Studienbuches, das ohne Vorkenntnisse verständlich ist und sich auf das Wesentliche beschränkt, ist unverändert geblieben.

Mein Dank gilt dem Springer Verlag, namentlich Frau Dr. Brigitte Reschke und Frau Meike Linnewedel, für die bewährte Betreuung des Werkes. Ferner danke ich einigen kritischen Lesern für wertvolle Anregungen.

Salzburg/Zürich, im Frühjahr 2015 — Heinrich Honsell

Aus dem Vorwort zur 1. Auflage

Das römische Privatrecht macht dem Studienanfänger erfahrungsgemäß gewisse Schwierigkeiten. Dem will das vorliegende Studienbuch abhelfen. Gegenüber den gängigen Lehrbüchern bringt es eine erhebliche Stoffentlastung. Der Leser soll nicht mit zahllosen Details konfrontiert werden, die seine Lernkapazität unnötig belasten. Erstrebenswert erscheint vielmehr ein exemplarisches Lernen, das die alte Maxime „*non multa sed multum*" nicht missachtet und dem Studenten eine Einführung in das römische Rechtsdenken und in die Anfangsgründe der Zivilrechtsdogmatik bietet. Die Grundbegriffe des Sachen- und Obligationenrechts muss jeder Student beherrschen und nirgendwo finden sie sich in solcher Klarheit und Einfachheit definiert wie im römischen Recht. Kreativität, Ideenreichtum und die Kunst juristischen Argumentierens sind trotz der zunehmenden Verflachung des geltenden Rechts durch eine ausufernde und qualitativ minderwertige Gesetzgebung und eine bedenkliche Regelungshypertrophie auch heute die entscheidenden Fähigkeiten eines guten Juristen. Man erwirbt sie am leichtesten durch das Studium des römischen Rechts, dessen didaktischer Wert unersetzlich ist. Von diesem praktischen Nutzen abgesehen, ist die Kenntnis der historischen Grundlagen gerade in einer Zeit, in der ein unkritischer Positivismus und ein bildungsarmer Dogmatismus wieder im Vordringen sind, für die Bewahrung einer gewissen Rechtskultur wichtig.

Ich habe mich bemüht, das Buch so zu schreiben, dass es ohne Vorkenntnisse aus sich heraus verständlich ist. Für weitere Studien verweise ich auf das Lehrbuch von *Kunkel*, das ich zusammen mit *Theo Mayer-Maly* und *Walter Selb* neu bearbeitet habe. Der vorliegende Text orientiert sich teilweise an meiner Bearbeitung dieses Werkes, ist aber wesentlich kürzer und enthält weniger Nachweise.

Das Studienbuch ist als Lern- und Lesebuch konzipiert. Ausgewählte Quellentexte sind mit Übersetzung abgedruckt. Im Anhang findet sich ein Glossar der wichtigsten lateinischen Termini technici und eine Sammlung Lateinischer Rechtsregeln, für deren Zusammenstellung ich Herrn Prof. Dr. *Peter Mader* von der Universität Salzburg zu Dank verpflichtet bin.

Inhaltsverzeichnis

Abkürzungsverzeichnis XVII

Literatur XXI

Die Geschichte des römischen Rechts 1
§ 1 Die Bedeutung des römischen Rechts 1
§ 2 Römische Rechtsquellen 3
I. Altrömisches Recht 3
II. Die Zwölftafelgesetzgebung 4
III. Das Fallrecht der klassischen Epoche 7
IV. Die magistratische Jurisdiktion 8
V. Rechtsquellen der Kaiserzeit 9
§ 3 Die Rechtswissenschaft 10
I. Pontifikaljurisprudenz. Jurisprudenz der republikanischen Zeit 10
II. Die klassischen Juristen 15
III. Die Gesetzgebung Justinians 18

Allgemeine Lehren 19
§ 4 Begriff des Rechts und des Privatrechts 19
I. Ius – iustitia 19
II. Ius privatum – ius publicum 20
III. Ius civile – ius gentium 20
IV. Ius civile – ius honorarium 21
V. Ius naturale 21
§ 5 Rechtsfähigkeit 23
I. Natürliche Personen 23
II. Juristische Personen 25
§ 6 Begriff und Auslegung des Rechtsgeschäfts 26
I. Begriff 26
II. Auslegung 26

§ 7 Bedingung und Befristung 28
I. Begriff 28
II. Arten der Bedingung 28
§ 8 Geschäftsfähigkeit 30
I. Allgemeines 30
II. Alter 30
III. Geisteszustand 31
§ 9 Die Form des Rechtsgeschäftes 31
I. Bedeutung der Form 31
II. Negotia per aes et libram (Geschäfte mit Kupfer und Waage) 32
III. Manzipation 33
IV. In iure cessio 34
V. Die Stipulation 34
§ 10 Stellvertretung. Adjektizische Klagen 35
I. Stellvertretung 35
II. Adjektizische Klagen 36
§ 11 Nichtigkeit 37
I. Allgemeines 37
II. Nichtigkeitsgründe 37
III. Teilnichtigkeit 39
§ 12 Willensmängel 40
I. Scherzerklärung 40
II. Scheingeschäft 40
III. Irrtum (error) 41
IV. Dolus und metus (arglistige Täuschung und Zwang) 45
§ 13 Heilung und Umdeutung 47
I. Heilung (Konvaleszenz) 47
II. Umdeutung (Konversion) 47

Sachenrecht 49
§ 14 Die Sachen 49
I. Einteilung der Sachen 49
II. Teil, Zubehör und Frucht 51
§ 15 Besitz: Begriff und Arten 52
I. Allgemeines 52
II. Possessio civilis 52
III. Interdiktenbesitz 52
IV. Besitzschutz 53
§ 16 Erwerb oder Verlust des Besitzes 54
I. Besitzerwerb 54
II. Besitzverlust 55
§ 17 Der römische Eigentumsbegriff 56
I. Begriff 56
II. Geschichte 57

§ 18 Quiritisches und prätorisches Eigentum ... 57
I. Dominium ex iure Quiritium ... 57
II. Prätorisches oder bonitarisches Eigentum ... 57
§ 19 Abgeleiteter Erwerb des Eigentums ... 58
I. Allgemeines ... 58
II. Traditio ex iusta causa ... 58
§ 20 Usucapio (Ersitzung) ... 61
I. Wesen und Bedeutung ... 61
II. Voraussetzungen der Ersitzung ... 63
III. Fortsetzung und Unterbrechung der Ersitzung ... 64
IV. Longi temporis praescriptio ... 65
§ 21 Die originären Erwerbsarten ... 65
I. Okkupation ... 65
II. Schatzfund ... 66
III. Fruchterwerb ... 67
IV. Sachverbindung ... 67
V. Vermischung, Vermengung (commixtio, confusio) ... 68
VI. Uferrecht ... 68
VII. Verarbeitung (specificatio) ... 69
§ 22 Eigentumsschutz ... 70
I. Rei vindicatio (Eigentumsherausgabeklage) ... 70
II. Actio negatoria (Eigentumsfreiheitsklage) ... 71
III. Prätorischer Rechtsschutz ... 71
§ 23 Dienstbarkeiten (Servituten) ... 73
I Grunddienstbarkeiten ... 73
II. Persönliche Dienstbarkeiten (servitutes personales) ... 74
III. Entstehung und Erlöschen der Dienstbarkeiten ... 75
§ 24 Sicherungsübereignung (fiducia) und Pfand ... 76
I. Geschichtlicher Überblick ... 76
II. Sicherungsübereignung (fiducia cum creditore) ... 76
III. Pfand ... 77
IV. Lex commissoria und pactum de vendendo ... 77
§ 25 Pignus und hypotheca ... 77
I. Pignus ... 78
II. Hypotheca ... 78
III. Gemeinsame Grundsätze für pignus und hypotheca ... 79
IV. Mehrfache Verpfändung ... 79
V. Generalhypotheken ... 79

Obligationenrecht ... 81
§ 26 Die Obligation ... 81
I. Die Obligation ... 81
II. Obligatio und actio ... 83

III. Actio und exceptio 84
IV. Strengrechtliche Klagen und bonae fidei iudicia 85
V. Wahlschuld und Gattungsschuld 87
§ 27 Schadensersatz und Buße 88
I. Allgemeines 88
II. Abgrenzung von Schadensersatz und Buße 88
III. Schadensersatz (Interesse) 88
§ 28 Verursachung und Verschulden 90
I. Grundbegriffe 90
II. Verursachung und Verschulden im römischen Recht 91
§ 29 Vertragsstrafe. Angeld und Reugeld 92
I. Vertragsstrafe. Begriff 92
II. Rechtsfolgen 92
III. Angeld und Reugeld 93
§ 30 Zinsen 94
I. Begriff 94
II. Entstehung der Zinsverpflichtung 94
III. Berechnung der Zinsschuld. Höhe der Zinsen 95
§ 31 Leistungsstörungen 97
I. Nichterfüllung 97
II. Schuldnerverzug 97
III. Rechtsfolgen des Schuldnerverzugs 98
IV. Schlechterfüllung 98
V. Gläubigerverzug 99
§ 32 Obligationen aus Verträgen 100
I. Einteilung der Obligationen 100
II. Verbalkontrakte 101
III. Litteralkontrakte 102
IV. Realkontrakte 102
V. Konsensualkontrakte 103
VI. Pacta 103
§ 33 Quasi-Kontrakte und Quasi-Delikte 104
§ 34 Erfüllung und Erlass 104
I. Allgemeines 104
II. Erfüllung (solutio) 105
III. Erlassverträge 106
IV. Formlose Schuldaufhebungsverträge 106
§ 35 Novation und Delegation 107
I. Novation 107
II. Delegation (Anweisung) 108
§ 36 Aufrechnung (compensatio) 110
I. Begriff der Aufrechnung 110
II. Die Kompensation im römischen Recht 110

§ 37 Forderungsabtretung und Schuldübernahme 111
I. Keine Singularsukzession in Forderungen 111
II. Hilfskonstruktionen 111
III. Dogmengeschichte 112
§ 38 Gläubiger- und Schuldnermehrheit 112
I. Allgemeines 112
II. Gläubigermehrheit 113
III. Schuldnermehrheit 113
IV. Interner Regress 113
§ 39 Bürgschaft und Interzession 114
I. Allgemeines 114
II. Bürgschaftsformen 114
III. Akzessorietät der Bürgschaft 115
IV. Interzession 115
§ 40 Die Stipulation 116
I. Begriff und Gegenstand 116
II. Anwendungsbereich 117
III. Abstrakte und kausale Stipulation 117
§ 41 Darlehen 118
I. Allgemeines 118
II. Mutuum 118
III. SC Macedonianum 119
IV. Seedarlehen (faenus nauticum, pecunia traiecticia) 120
§ 42 Leihe (commodatum) 120
I. Begriff 120
II. Rechtsfolgen 121
§ 43 Verwahrung (depositum) 121
I. Begriff 121
II. Rechtsfolgen 122
III. Sequestration 122
§ 44 Kauf (emptio venditio) 123
I. Begriff und geschichtliche Entwicklung 123
II. Vertragsschluss und essentialia negotii 123
III. Die Kaufklagen 126
IV. Gefahrtragung 127
§ 45 Kauf: Rechtsmängelhaftung 130
I. Allgemeines 130
II. Geschichtliche Entwicklung 130
III. Rechtliche Ausgestaltung 131
IV. Kauf von Rechten 132
§ 46 Kauf: Sachmängelhaftung 132
I. Allgemeines. Ädilizische Haftung 132
II. Actio empti 136

§ 47 Nebenabreden beim Kauf 137
I. Rücktrittsvorbehalte 137
II. Sonstige Nebenabreden 139
§ 48 Miete, Pacht, Werk- und Dienstvertrag (locatio conductio) 139
§ 49 Miete und Pacht (locatio conductio rei) 140
I. Begriff 140
II. Vertragsgegenstand 141
III. Ansprüche aus Miete und Pacht 141
IV. Vertragsdauer 143
V. „Kauf bricht Miete" 143
§ 50 Dienstvertrag (locatio conductio operarum) 144
I. Allgemeines 144
II. Ansprüche aus dem Dienstvertrag 144
§ 51 Werkvertrag (locatio conductio operis) 145
I. Allgemeines 145
II. Ansprüche aus dem Werkvertrag 145
§ 52 Gesellschaft (societas) 147
I. Begriff. Geschichtlicher Überblick 147
II. Societas 147
§ 53 Auftrag (mandatum) 150
I. Begriff 150
II. Das mandatum im klassischen Recht 151
III. Ansprüche aus dem Auftrag 151
§ 54 Die Innominatkontrakte 153
I. Typenzwang im römischen Vertragsrecht. Datio ob rem 153
II. Subsumtionsprobleme 154
III. Innominatkontrakte 154
§ 55 Schenkung 155
I. Begriff 155
II. Schenkung als Rechtsgrund 156
III. Schenkungsverbote 156
§ 56 Geschäftsführung ohne Auftrag (negotiorum gestio) 157
§ 57 Bereicherungsansprüche (Kondiktionen) 158
I. Geschichtliche Entwicklung 158
II. Condictio sine causa 159
III. Kondiktionstypen des klassischen Rechts 159
§ 58 Allgemeine Grundsätze der Deliktshaftung 162
§ 59 Diebstahl (furtum) 163
I. Begriff 163
II. Geschichtliche Entwicklung 163
III. Anwendungsbereich der actio furti 164
IV. Raub 166

§ 60 Sachbeschädigung (damnum iniuria datum – widerrechtlich zugefügter Schaden) ... 166
I. Geschichtlicher Überblick ... 166
II. Lex Aquilia ... 166
§ 61 Verletzung der Persönlichkeit (iniuria) ... 173
§ 62 Arglistige Schädigung (dolus malus) und Zwang (metus), Gläubigerbenachteiligung ... 173
I. Actio de dolo ... 173
II. Exceptio doli ... 174
III. Metus (Zwang) ... 175
IV. Gläubigerbenachteiligung (alienatio in fraudem creditorum) ... 175

Grundzüge des Familienrechts ... 177
§ 63 Die Ehe ... 177
I. Allgemeines ... 177
II. Voraussetzungen der Ehe ... 177
III. Die Ehegesetzgebung des Augustus ... 178
IV. Eheschließung ... 179
V. Persönliche Wirkungen der Ehe ... 180
VI. Ehescheidung (divortium) ... 180
§ 64 Ehegüterrecht ... 181
I. Güterstand ... 181
II. Die Mitgift (dos) ... 181
§ 65 Väterliche Gewalt (patria potestas) ... 182
§ 66 Entstehung und Beendigung der väterlichen Gewalt. Adoption ... 183
I. Beginn und Ende der patria potestas ... 183
II. Arrogation und Adoption ... 183
III. Emanzipation ... 184
§ 67 Vormundschaft (tutela) ... 184
I. Begriff und Arten ... 184
II. Rechtsbehelfe ... 185
III. Tutela mulierum ... 186
§ 68 Pflegschaft (cura) ... 186

Grundzüge des Erbrechts ... 187
§ 69 Die Erbfolge. Ziviles und prätorisches Erbrecht ... 187
I. Begriff der Erbfolge ... 187
II. Ziviles und prätorisches Erbrecht ... 188
§ 70 Intestaterbfolge und testamentarische Erbfolge ... 189
I. Begriffliche Grundlagen ... 189
II. Intestaterbfolge ... 189
III. Bonorum possessio intestati ... 190
IV. Testament ... 190

V. Bonorum possessio secundum tabulas (prätorische Testamentserbfolge) ... 191
VI. Kodizill ... 192
§ 71 Der Inhalt des Testaments, insbesondere die Erbeinsetzung ... 192
I. Testierfähigkeit ... 192
II. Die Erbeinsetzung ... 192
III. Ersatzerbschaft ... 193
IV. Testamentsauslegung ... 194
§ 72 Noterbrecht ... 195
I. Formelles Noterbrecht ... 195
II. Materielles Noterbrecht (Pflichtteilsrecht) ... 195
§ 73 Der Erwerb der Erbschaft nach Zivilrecht und nach prätorischem Recht ... 196
I. Die Hauserben ... 196
II. Die Außenerben (extranei) ... 196
III. Der Erbschaftserwerb nach Honorarrecht ... 196
§ 74 Legat (Vermächtnis) ... 196
I. Begriff ... 196
II. Der Erwerb des Legats ... 197
III. Gesetzliche Legatsbeschränkungen ... 197
§ 75 Das Fideikommiss ... 198

Glossar der wichtigsten lateinischen Termini technici ... 199

Lateinische Rechtsregeln ... 209

Sachverzeichnis ... 213

Abkürzungsverzeichnis

aaO.	am angeführten Ort
ABGB	(öst.) Allgemeines Bürgerliches Gesetzbuch
Abs.	Absatz
AcP	Archiv für die civilistische Praxis (Tübingen)
ADHGB	Allgemeines Deutsches Handelsgesetzbuch
a. E.	am Ende
Afric.	Africanus
Alf.	Alfenus
ALR	Preussisches Allgemeines Landrecht
a. M.	anderer Meinung
Art.	Artikel
Aufl.	Auflage
Bde.	Bände
BGB	(deutsches) Bürgerliches Gesetzbuch
BGE	Entscheidungen des Schweizerischen Bundesgerichts
BGHZ	Entscheidungen des deutschen Bundesgerichtshofes in Zivilsachen
BT	Besonderer Teil
Bull.	Bulletin
bzw.	beziehungsweise
C.	Codex Iustinianus
Cass.	Cassius
CC	französischer code civil
CC esp.	Spanischer código civil
CC it.	italienischer codice civile
Cels.	Celsus
CIC	Corpus Iuris Civilis
D.	Digesten
ders.	derselbe (Autor)
d. h.	das heißt
d. i.	das ist

Diocl.	Diocletianus
E.	Erwägung
eod.	eodem
ep.	epistulae
Flor.	Florentinus
FIRA	Fontes Iuris Romani Anteiustiniani
FN	Fußnote
FS	Festschrift
f./ff.	folgende
Gai.	Gaius
Gai. epit.	Gaius epitomae
GS	Gedenkschrift, Gedächtnisschrift
HGB	Handelsgesetzbuch
h. L.	herrschende Lehre
Hrsg.	Herausgeber
I.	Institutiones Iustiniani
Iav.	Iavolenus
i. e. S.	im engeren Sinne
i. f.	in fine
itp.	interpoliert
Iul.	Iulianus
Iust.	Iustinianus
i. w. S.	im weiteren Sinne
Jh.	Jahrhundert
JuS	Juristische Schulung (München)
JZ	Juristenzeitung (Tübingen)
Lab.	Labeo
Lit.	Literatur
LQR	The Law Quarterly Review (London)
Marc.	Marcianus
Marcell.	Marcellus
Max.	Maximinianus
mNw.	mit Nachweisen
Mod.	Modestinus
n. Chr.	nach Christus
Nr.	Nummer
Ner.	Neratius
Nov.	Novellae Iustiniani
OR	Schweizerisches Obligationenrecht
öJBl.	österreichische Juristische Blätter (Wien)
öJZ	österreichische Juristenzeitung (Wien)
Pap.	Papinian
Paul.	Paulus
Pomp	Pomponius
pr.	Principium (Anfang)

Pra., Pra,	Die Praxis des Bundesgerichts
Proc.	Proculus
RE	Paulys Realenzyklopädie der classischen Altertumswissenschaft, neu bearbeitet von G. Wissowa, W. Kroll, K. Mittelhaus, K. Ziegler (Stuttgart)
RGZ	Entscheidungen des deutschen Reichsgerichts in Zivilsachen (Leipzig)
RIDA	Revue internationale des droits de l'antiquité (Brüssel)
RP	Römisches Privatrecht
RR	Römische Rechtsgeschichte
RZ	Römisches Zivilprozessrecht
S.	Satz
s.(a.)	siehe (auch)
Sab.	Massurius Sabinus
sc.	scilicet = das heisst, nämlich
SC	Senatus consultum
SDHI	Studia et documenta historiae et iuris (Roma)
sent.	sententiae
s. h. v.	sub hac voce
sog.	sogenannt
StGB	Strafgesetzbuch
str.	strittig
s. v.	sub voce
SJZ	Schweizerische Juristenzeitung (Zürich)
SZ	Zeitschrift der Savigny-Stiftung für Rechtsgeschichte, romanistische Abteilung (germ. Abt. = germanistische Abteilung)
tab.	tabulae
TS	Tijdschrift voor Rechtsgeschiedenis – Revue d'histoire de droit (Haarlem, seit 1950 Groningen)
Tryph.	Tryphoninus
u.	und
u. a.	und andere(s)
Ulp.	Ulpian
v.	von
Val. Max.	Valerius Maximus
v. Chr.	vor Christus
vgl.	vergleiche
Z.	Zeile
z. B.	zum Beispiel
ZGB	Zivilgesetzbuch (ohne weitere Hinweise: Schweizerisches)

Literatur

Lehrbücher, Monographien

Benke/Meissel, Übungsbuch zum Römischen Schuldrecht, 7. Aufl. 2006
Benke/Meissel, Übungsbuch zum Römischen Sachenrecht, 10. Aufl. 2012
Bretone, Geschichte des Römischen Rechts, 2. Aufl. 1998
Bürge, Römisches Privatrecht. Eine Einführung, 1999
Fargnoli/Rebenich (Hrsg), Das Vermächtnis der Römer, 2012
Harke, Römisches Recht, 2008
Hausmaninger, Das Schadenersatzrecht der lex Aquilia, 5. Aufl. 1996
Hausmaninger, Casebook zum Römischen Vertragsrecht, 6. Aufl. 2002
Hausmaninger/Gamauf, Casebook zum Römischen Sachenrecht, 10. Aufl. 2003
Hausmaninger/Selb, Römisches Privatrecht, 9. Aufl. 2001
Huwiler, Textbuch zum Römischen Privatrecht, 2. Aufl. 2000
v. Jhering, Der Geist des Römischen Rechts auf den verschiedenen Stufen seiner Entwicklung, 3 Bände, 6. Aufl. 1907
Kaser, Das Römische Privatrecht, 2 Bände, 2. Aufl. 1971/1975
Kaser/Hackl, Das Römische Zivilprozessrecht, 2. Aufl. 1996
Kunkel/Honsell/Mayer-Maly/Selb, Römisches Recht, 4. Aufl. 1987
Kaser/Knütel, Römisches Privatrecht (Kurzlehrbuch), 20. Aufl. 2013
Kunkel, Staatsordnung und Staatspraxis der Römischen Republik, bearbeitet v. Wittmann, 1992
Kunkel/Schermeier, Römische Rechtsgeschichte, 14. Aufl. 2008
Liebs, Römisches Recht, 6. Aufl. 2004
Liebs, Lateinische Rechtsregeln und Rechtssprichwörter, 7. Aufl. 2007
Manthe, Geschichte des Römischen Rechts, 4. Aufl. 2011
Mayer-Maly, Römisches Recht, 2. Aufl. 1999
Rabel, Grundzüge des Römischen Privatrechts, 2. Aufl. 1955
Schulz, Geschichte der Römischen Rechtswissenschaft, 1961
Söllner, Einführung in die Römische Rechtsgeschichte, 5. Aufl. 1996
Waldstein/Rainer, Römische Rechtsgeschichte, 11. Aufl. 2014
Wieacker, Vom Römischen Recht, 2. Aufl. 1961
Wieacker, Römische Rechtsgeschichte I, 1988
Wimmer, Digestenexegese, 2004

Fremdsprachige Lehrbücher

Bonfante, Istituzioni di diritto romano, 10. Aufl. 1987
Gaudemet/Chevreau, Droit privé romain, 3. Aufl. 2009
Mousourakis, Fundamentals of Roman Private Law, 2012
Pichonnaz, Les fondements romains du droit privé, 2008
Schmidlin/Cannata, Droit privé romain I, 2. Aufl. 1988, II, 1. Aufl. 1987
Talamanca, Istituzioni di diritto romano, 1990
Zimmermann, The Law of Obligations, Roman Foundations of the Civilian Tradition, 1996

Quellen, Hilfsmittel

Behrends/Knütel/ Kupisch/Seiler u. a. Corpus iuris civilis I Institutionen, 1990, II –V, Digesten 1–34, 1995–2013, lateinisch und deutsch
Bonfante/Fadda/Ferrini/Riccobono/Scialoja, Digesta Iustiniani Augusti, 2. Aufl. 1960
Heumann/Seckel, Handlexikon zu den Quellen des Römischen Rechts, ll. Aufl. 1971
Krüger, Geschichte der Quellen und Literatur des röm. Rechts, 2. Aufl. 1912
Mommsen/Krüger, Corpus iuris civilis, 1954
Riccobono u. a., Fontes iuris Romani anteiustiniani (FIRA), 3 Bände, 1943
Schilling/Sintenis u. a., Das Corpus iuris civilis in's Deutsche übersetzt, 1832

Allg. Rechtsgeschichte und Privatrechtsgeschichte der Neuzeit

Coing, Europäisches Privatrecht I 1985
Koschaker, Europa und das Römische Recht, 4. Aufl. 1966
Rainer, Das Römische Recht in Europa, 2012
Wesel, Geschichte des Rechts, 4. Aufl. 2013
Wesel, Geschichte des Rechts in Europa, 2010
Wieacker, Privatrechtsgeschichte der Neuzeit, 2. Aufl. 1967

Die Geschichte des römischen Rechts

§ 1 Die Bedeutung des römischen Rechts

Dem Laien, aber auch dem Juristen sind die römischen Einflüsse auf unsere heutige Zivilrechtsordnung weniger geläufig als andere lateinische Stilelemente der europäischen Kultur. Die gesamte abendländische Kultur – Sprache, Philosophie, Kunst, Architektur, Geldwesen, Handel und Verkehr, ja überhaupt die ganze urbane Zivilisation – begann in der griechisch-römischen Antike.[1]

Unter allen lateinischen Elementen unserer Kultur nimmt die römische Jurisprudenz vielleicht den wichtigsten Platz ein. Sie zählt neben der griechischen Philosophie und der christlichen Religion zu den tragenden Säulen der abendländischen Kultur.[2]

Das römische Zivilrecht in der Gestalt, die es in der Gesetzgebung des oströmischen Kaisers Justinian (§ 3 III) gefunden hatte, wurde an den aufblühenden Universitäten des Mittelalters schon bald Gegenstand von Forschung und Lehre. Unter den vier klassischen Fakultäten fand sich neben Philosophie, Theologie und Medizin auch die Jurisprudenz. Einen hervorragenden Ruf – ähnlich dem der Sorbonne für Theologie – genoss die Universität Bologna für Jurisprudenz.[3]

Für Deutschland unterscheidet man eine theoretische und eine praktische Rezeption des römischen Rechts.[4] Die theoretische Rezeption beruhte auf dem Gedanken der *translatio imperii,* also auf der Vorstellung, dass die Kaiser des Heiligen Römischen Reichs deutscher Nation die Nachfolger der römischen Kaiser seien. Die praktische Rezeption ergab sich in der Folge namentlich daraus, dass die Juristen das gelehrte (römische) Recht, das sie in Bologna studiert hatten, als subsidiäres Recht anwandten (gemeines Recht). Im Jahre 1495 wurde das Reichskammergericht gegründet, das nach römisch-gemeinem Recht entschieden hat.

---

[1] Zum Folgenden Honsell, Recht 1987, 33 ff.

[2] Vgl. Koschaker, Europa und das röm. Recht (4. Aufl. 1966).

[3] S. dazu Wieacker, Privatrechtsgeschichte 45 ff., 52 ff.

[4] Wieacker, Privatrechtsgeschichte 97 ff.

H. Honsell, *Römisches Recht,* Springer-Lehrbuch, DOI 10.1007/978-3-662-45870-9_1

Aus der humanistischen Jurisprudenz entwickelte sich im 17. und 18. Jh. das Vernunftrecht der Aufklärung[5], welches mit den großen Naturrechtskodifikationen in Frankreich, Preußen und Österreich seinen Höhepunkt und Abschluss erlangt hat. Das österreichische Allgemeine Bürgerliche Gesetzbuch und der französische code civil sind noch heute in Geltung.

Die Aufklärung hat zu einer Emanzipation der Rechtswissenschaft aus der zeitweiligen Bevormundung durch die Theologie geführt. Ein großer humanitärer Fortschritt war die Abschaffung der Folter und der Hexenprozesse. In methodischer Hinsicht war für das Naturrecht[6] kennzeichnend das Streben nach einem geschlossenen System, nach einer Begriffsbildung von mathematischer Exaktheit und einer juristischen Beweisführung von logischer Stringenz. Die *demonstratio more geometrico*[7], die wertungsfreie, rein logische Deduktion aus Obersätzen, war indes für eine Sozialwissenschaft nicht das geeignete Erkenntnisverfahren, und so schlug das Pendel alsbald zurück zu einer geschichtlichen Rechtswissenschaft. Goethe[8], der Zeitgenosse dieser Entwicklung war, hat das römische Recht mit einer Ente verglichen, die zwar von Zeit zu Zeit untertaucht, aber immer wieder an die Oberfläche kommt. Einer der großen Protagonisten der historischen Rechtsschule war Friedrich Carl v. Savigny, der den Zivilrechtsgesetzbüchern der Aufklärung sehr reserviert gegenüber stand und seiner Zeit die Befähigung zu einer Zivilrechtskodifikation überhaupt abgesprochen hat.[9] Die Pandektenwissenschaft des 19. Jahrhunderts blieb zwar bei ihrem Gegenstand, den Pandekten Justinians, übertrug aber auf ihn die System- und Begriffsbildung des Naturrechts und führte so zu einem rechtswissenschaftlichen Positivismus, der außerrechtliche Wertungen bewusst ausgeklammert hat. „Ethische, politische oder volkswirtschaftliche Erwägungen" – so formulierte Bernhard Windscheid[10], eine der herausragenden Gestalten der Pandektistik – „sind nicht Sache des Juristen als solchem". Die Pandektistik hat eine abstrakte, von historischen Eigentümlichkeiten befreite Zivilrechtsdogmatik hervorgebracht und insofern das Werk der Aufklärung fortgeführt. Auf dieser Grundlage entstand das deutsche Bürgerliche Gesetzbuch, welches man wegen seiner technischen Sprache und abstrakten Begrifflichkeit auch als Pandektengesetzbuch bezeichnet hat. Mit dem Inkrafttreten dieses Gesetzes endete die unmittelbare Geltung des römischen Rechts. Erst jetzt war das lateinische Gesetzbuch, das *Corpus iuris civilis*, endgültig außer Kraft getreten. Nun wurden auch im Universitätsunterricht und in der Wissenschaft Zivilrecht und römisches Recht getrennt. Die moderne Romanistik wandte

---

[5] Wieacker, Privatrechtsgeschichte 97 ff.

[6] Vgl. dazu Voppel, Der Einfluss des Naturrechts auf den Usus modernus (1996).

[7] Vgl. z. B. Christian Wolff, dessen Hauptwerk den Titel trägt: Jus naturae methodo scientifica pertractatum. Baruch Spinoza hat sogar eine Ethica more geometrico demonstrata verfasst; Näheres bei Wieacker, Privatrechtsgeschichte 319 f.

[8] Gespräche mit Eckermann 6. April 1829.

[9] Vgl. die berühmte Streitschrift, Vom Beruf unserer Zeit für Gesetzgebung und Rechtswissenschaft (1814); sie war gerichtet gegen Thibaut, Über die Nothwendigkeit eines allgemeinen bürgerlichen Gesetzbuchs für Deutschland (1814); vgl. dazu Wieacker, Privatrechtsgeschichte 390 f.

[10] Gesammelte Reden und Abhandlungen (1904) 101.

sich der geschichtlichen Erforschung des römischen Rechts auf den verschiedenen Stufen seiner Entwicklung zu. Hierbei spielten die Veränderungen, welche die Gesetzgebungskommission Justinians an den Klassikertexten vorgenommen hatte (Interpolationen), eine besondere Rolle. Diese Interpolationenforschung wurde stark übertrieben und blieb in weiten Bereichen sehr hypothetisch. Für den Studenten spielt sie praktisch keine Rolle.

Die Bedeutung des römischen Rechts liegt in seinem Bildungswert. Wegen der klaren Begrifflichkeit und hohen Sachgerechtigkeit der römischen Zivilrechtsdogmatik dient das Studium des römischen Rechts noch heute als ideales Propädeutikum des modernen Zivilrechts. Auch bewahrt die Kenntnis der historischen Dimensionen des Rechts den Studenten vor einem unkritischen und bildungsfernen Dogmatismus[11], wie er uns leider allenthalben begegnet.

Auch für die europäische Rechtsvergleichung und Rechtsvereinheitlichung ist das Studium des römischen Rechtes unerlässlich. Eine Rechtsvergleichung gemeinsamer Tochterrechte bleibt ohne Kenntnis des Mutterrechts unvollständig. Zudem lässt es sich in der Dogmengeschichte nicht selten beobachten, dass die Rechtsentwicklung nach Umwegen wieder zum Ausgangspunkt und den ursprünglichen Rechtsfiguren und Lösungen zurückkehrt.[12]

§ 2 Römische Rechtsquellen

I. Altrömisches Recht

Das altrömische Recht[13] war ganz überwiegend ungeschriebenes Recht. „Das Volk des Rechts ist nicht das Volk der Gesetze" (F. Schulz). Gesetze hatten in Rom nur marginale Bedeutung. Ganz anders in Griechenland.[14] Man denke nur an die Gesetze des Solon, die wegen ihrer Weisheit, aber auch an die des Drakon, die wegen ihrer Strenge sprichwörtlich geworden sind. Der *mos maiorum*, die Sitte der Väter, war den Römern heilig. Die lang dauernde Übung *(longa et inveterata consuetudo)*, die auf allgemeinem Konsens beruht (*consensus omnium)*, war für die Rechtsgenossen verbindlich (Gewohnheitsrecht).[15] Anerkannt war auch, dass veraltetes

[11] Zur Bedeutung des römischen Rechts für die Gegenwart s. Koschaker, Europa und das römische Recht (4. Aufl. 1966); Mayer-Maly, Die heutige Wirksamkeit des römischen Rechts (1986); Wesener, Einflüsse und Geltung des römisch-gemeinen Rechts in den alt-österreichischen Ländern in der Neuzeit (1989).

[12] Dazu Mayer-Maly, Die Wiederkehr von Rechtsfiguren, JZ 1971, 1 ff.

[13] Zum Folgenden Wieacker, Römische Rechtsgeschichte I 185 ff.; Honsell, FS Coing II (1982) 129 ff.

[14] Dazu Honsell, FS Coing II (1982) 129 ff.

[15] Zum Gewohnheitsrecht immer noch instruktiv Brie, Die Lehre vom Gewohnheitsrecht I (1899); ferner Kunkel, Kl. Schriften (1974) 367 ff.; Wieacker, Römische Rechtsgeschichte 499 ff. Die Existenz eines Gewohnheitsrechtes wird von manchen zu Unrecht bestritten, so noch von Flume,

Gesetzesrecht durch dauernde Nichtanwendung (desuetudo) tatsächlich außer Kraft gesetzt werden konnte (derogierendes Gewohnheitsrecht).

Jul. D. 1. 3. 32: de quibus causis scriptis legibus non utimur, id custodiri oportet, quod moribus et consuetudine inductum est: et si qua in re hoc deficeret, tunc quod proximum et consequens ei est: si nec id quidem appareat, tunc ius, quod urbs Roma utitur, servari oportet. Inveterata consuetudo pro lege non immerito custoditur, et hoc est ius, quod dicitur moribus constitutum. nam cum ipsae leges nulla alia ex causa nos teneant, quam quod iudicio populi receptae sunt, merito et ea, quod sine ullo scripto populus probavit tenebunt omnes: nam quid interest suffragio populus voluntatem suam declaret an rebus ipsis et factis? qua re rectissime etiam illud receptum est, ut leges non solum suffragio legis latoris, sed etiam tacitu consensu omnium per desuetudinem abrogentur.

In den Fällen, für die wir keine geschriebenen Gesetze haben, muss das befolgt werden, was durch Herkommen und Gewohnheit eingeführt worden ist. Fehlt eine solche Gewohnheit, so ist das zu beachten, was am nächsten liegt und in ähnlichen Fällen gilt. Lässt sich auch daraus nichts entnehmen, so muss das Recht der Stadt Rom befolgt werden. Die überlieferte Gewohnheit ist zu Recht wie ein Gesetz zu beachten, und was durch Herkommen begründet ist, das ist Recht. Denn wenn uns die Gesetze selbst aus keinem anderen Grunde binden, als dass sie durch den ausgesprochenen Willen des Volkes angenommen wurden, dann bindet auch dasjenige, was das Volk ungeschrieben gutgeheißen hat. Denn welchen Unterschied macht es, ob das Volk seinen Willen durch Abstimmung oder schon durch die Umstände und Fakten erklärt? Ganz zu Recht ist daher auch angenommen worden, dass Gesetze nicht nur durch den ausgesprochenen Willen des Gesetzgebers, sondern auch durch übereinstimmenden, stillschweigenden Nichtgebrauch aufgehoben werden können.

Heute gilt das Prinzip der formal-gesetzlichen Derogation. Ein Gesetz bleibt danach solange in Kraft, bis es durch ein neues Gesetz aufgehoben wird. Freilich gibt es auch heute obsolet gewordene Gesetze, bei deren Wiederentdeckung die Frage ihrer Fortgeltung aufgeworfen wird. In der Theorie verneint man eine gewohnheitsrechtliche Derogation, in der Praxis kommt sie dennoch vor. Wer wollte auch z. B. ein Strafgesetz anwenden, das jahrelang im Dornröschenschlaf gelegen hat? Gerade in unserer Zeit einer hektischen Gelegenheitsgesetzgebung geschieht es nicht selten, dass Gesetze in Vergessenheit geraten.[16] Dann ist es aber ein Gebot der Fairness, das Gesetz, das niemand mehr beachtet hat, nach seiner Neuentdeckung jedenfalls nicht ohne Wiederverlautbarung anzuwenden.

II. Die Zwölftafelgesetzgebung

In der Zeit der frühen Republik, nach der Überlieferung im Jahre 451 v. Chr., entstand die einzige Kodifikation, die es in Rom jemals gegeben hat: die Zwölftafeln (*lex duodecim tabularum*, genannt nach den zwölf hölzernen Tafeln, auf denen das Gesetz geschrieben war).[17] Es enthielt z. T. sehr urtümliche Regeln des Privatrechts, des Strafrechts und des öffentlichen Rechts und war ohne Frage griechisch

---

Gewohnheitsrecht und röm. Recht (1975); weitere Lit. bei Wieacker, Römische Rechtsgeschichte aaO.

[16] Im deutschen Bundestag ist es sogar passiert, dass ein Gesetz geändert wurde, das längst aufgehoben war. Vgl. dazu Honsell, Vom heutigen Stil der Gesetzgebung (1978).

[17] Wieacker 287 ff.

beeinflusst. So ist z. B. *poena*, das Wort für Deliktsbuße, ein griechisches Lehnwort. Nach der Überlieferung ist eine Gesandtschaft zum Studium der Solonischen Gesetze nach Athen gereist. Die Originaltafeln sind schon im Gallierbrand (390 v. Chr.) verlorengegangen. Im Bewusstsein des Volkes hat das Zwölftafelgesetz lange fortgewirkt. Cicero berichtet, dass noch zu seiner Zeit die Kinder den Text in der Schule auswendig lernen mussten. Die spätere Gesetzgebung[18] war eine sporadische Gelegenheitsgesetzgebung; die Gesetze behandelten vielfach nur einzelne Fragen des politischen Alltags. Man unterschied die *lex publica populi Romani* (für das Gesamtvolk verbindlich) und das plebiscitum, das ursprünglich nur für die *plebs*, seit der *lex Hortensia* (um 287 v. Chr.) jedoch ebenfalls für das Gesamtvolk verbindlich war.

Von den späteren Volksgesetzen haben sich die Zwölftafeln in drei Punkten deutlich abgehoben, die wohl alle mit dem hellenistischen Einfluss zu erklären sind: Die Idee einer umfassenden Kodifikation, eine relative Abstraktionshöhe und eine schlichte, einfache Sprache. Man lobte Eleganz und Kürze, *elegantia* und *brevitas verborum*. Noch Justinian hebt die *simplicitas* (Einfachheit) hervor, die er als *amica legum* (Freundin der Gesetze) bezeichnet.

Die späteren Gesetze sind in Stil und Inhalt grundverschieden. Zumeist sind es Maßnahmegesetze, die sich in der Durchführung einer einmaligen Anordnung erschöpften oder Einzelfallgesetze, die überhaupt nur einen einzigen Bürger oder einen einzelnen Anlassfall betrafen (z. B. Kriegserklärungen, Friedensverträge, Gelübde, Begründung außerordentlicher Kommandogewalten, Bewilligung von Triumphen, Erteilung von Dispensen). Auch die allgemein und auf Dauer erlassenen Gesetze hatten meist nur einen eng begrenzten Regelungsgegenstand. Sie dienten nicht der Begründung oder weiteren Ausbildung des Zivilrechts oder des Verfassungsrechts, sondern versuchten durch Errichtung von Schranken und Verboten eingetretene Missstände zu beheben. Daher hatten sie meist einen konkreten Anlassfall: so die *lex Poetelia*, die Grausamkeit eines Wucherers, die *lex Cincia*, von Anwälten und Patronen erpresste Schenkungen, und die bekannte Geschichte des *senatus consultum Macedonianum*, die erzählt, ein gewisser Macedo habe, von seinen Gläubigern bedrängt, seinen Vater ermordet, um an das Erbe heranzukommen. Für das Privatrecht gibt es in der gesamten Republik knapp 30 Gesetze, die zum Teil ganz ähnliche Themen hatten oder nur ältere Regelungen wiederholten, wie z. B. die gegen übertriebenen Aufwand und Luxus *gerichteten leges sumptuariae* (Vorschriften über Kleider, Speisen, Feste usw.). Das große eigentliche Terrain des Privatrechts blieb von der Gesetzgebung praktisch völlig unberührt. Der Gesetzgeber beschränkte sich auf punktuelle, sozialreformerische Maßnahmen, wie Einschränkung der Bürgschaften, Begrenzung des Zinssatzes oder Beschränkung der Testierfreiheit oder der Freilassungen.

Stil und Sprache[19] dieser Gesetze sind ausgesprochen schwerfällig, umständlich und pedantisch. Der Text sollte lückenlos und vollständig sein. Dies führte zu endlosen, ermüdenden Wiederholungen. Unverkennbar ist die Parallele zum

---

[18] Zum Folgenden Wieacker, Römische Rechtsgeschichte 388 ff.; Honsell, FS Coing 129 ff.

[19] Dazu Wieacker, Römische Rechtsgeschichte 425 f.; Honsell, St. Guarino (1988) 1667 f.

Wortreichtum und zur Weitschweifigkeit der pontifikalen Gebetsformeln. Hier wie dort stand das skrupulöse Bestreben im Vordergrund, keinen denkbaren Fall, keinen möglicherweise relevant werdenden Umstand auszulassen. Der Formalismus verbot jede nachträgliche korrigierende Interpretation. Eine Auslegung des Textes, der naheliegende Schluss von der *ratio legis* auf den ungeregelten Fall, kam nicht in Betracht. *In precibus nihil esse ambiguum debet*[20] (in den Gebeten darf nichts doppeldeutig sein). Ein amüsantes Beispiel übertriebener Gesetzespedanterie findet sich in der *lex Rubria.*[21] Das Gesetz enthielt Prozessformeln und verwendete hierfür Blankette. Der Kläger hieß Seius, der Beklagte Licinius; als Prozessort war Mutina, das heutige Modena, angegeben. Das Gesetz hielt den Hinweis für notwendig, dass die Blankette in der Prozessformel durch die richtigen Namen zu ersetzen seien, es sei denn, dass die Parteien ausnahmsweise wirklich so hießen oder der Prozess tatsächlich in Mutina stattfände.

Obwohl es in Rom nur wenige Gesetze gab, die, wie gesagt, zumeist Einzelfälle betrafen, war die Klage über die Vielzahl der Gesetze groß. Berühmt ist der Satz des Tacitus:[22] *corruptissima res publica, plurimae leges* – je korrupter der Staat, umso mehr Gesetze. Die Klage über die Gesetzesflut und die Forderung nach wenigen und klaren Gesetzen finden wir auch in den Staatsutopien der Renaissance, etwa in Thomas Morus, Utopia:[23] *leges habent perquam paucas. ipsi vero censent iniquissimum ullos homines his obligari legibus, quae aut numerosiores sint, quam ut perlegi queant aut obscuriores, quam ut a quovis possint intellegi.* – Sie, die Bürger von Utopia, haben ganz wenige Gesetze. Sie halten es für unbillig, jemanden durch Gesetze zu binden, die entweder zu zahlreich sind, als dass sie gelesen oder zu dunkel, als dass sie von jedem verstanden werden könnten.

Griechisch beeinflusst ist der Gedanke der Gleichheit vor dem Gesetz (*aequabilitas – isonomia*). Die Gleichheit verlangt nicht nur ein Verbot von Privilegien, sondern auch Schutz vor der Willkür des Mächtigen. Dieser Gedanke findet sich in einem Hexameter Ovids:[24] *inde datae sunt leges ne firmior omnia posset* – die Gesetze sind gegeben worden, damit nicht der Stärkere sich alles erlauben kann.

Die Gleichheit wird freilich rein formal verstanden. In *de re publica*[25] lässt Cicero den Scipio ganz im Sinne der stoischen Lehre sagen, dass man die Vermögensgleichheit nicht herstellen wolle und die intellektuellen Fähigkeiten nicht die gleichen seien, aber die Rechte der Staatsbürger die gleichen sein müssten: *iura certe paria debent esse eorum inter se qui sunt cives in eadem civitate* – sicherlich muss für diejenigen, die Bürger desselben Staates sind, das gleiche Recht gelten. Diesen formalen Gleichheitsbegriff hat Anatol France mit dem berühmten Satz kritisiert: „Das Gesetz verbietet Armen und Reichen gleichermaßen, unter Brücken zu schlafen, zu betteln oder Brot zu stehlen“.

[20] Servius Vergilkommentar zur Aeneis 7, 120.

[21] FIRA I 172 Z. 46 ff.; dazu Honsell, St. Guarino 1667 f.

[22] Annales 3, 27.

[23] Opera omnia latina (Nachdruck Frankfurt 1963) 216.

[24] Fasti 3, 279.

[25] 1, 49.

Auch eine Gleichberechtigung von Mann und Frau hat das römische Recht nicht gekannt:

Pap. D. 1, 5, 9: In multis iuris nostri articulis deterior est condicio feminarum quam masculorum. In vielen Vorschriften unseres Rechtes ist die Stellung der Frauen schlechter als die der Männer.

III. Das Fallrecht der klassischen Epoche

Das römische Recht in der Zeit der späten Republik und des Prinzipats (klassische Periode) war ganz überwiegend Fallrecht.[26] Anders als heute bestand das Zivilrecht nicht aus einem großen abstrakten Gesetzgebungswerk (Kodifikation). Vielmehr war es eine umfangreiche Kasuistik, die in wissenschaftlichen und praktischen Werken überliefert wurde. Diese stammten von privaten Juristen, die unentgeltlich tätig waren (Honoratiorenjurisprudenz[27]). Das Gesetz als antizipierte Entscheidung einer unbestimmten Anzahl künftiger Einzelfälle spielte in Rom zu allen Zeiten nur eine untergeordnete Rolle.

Heute steht im kontinentaleuropäischen Recht das Gesetzesrecht im Vordergrund, im angelsächsischen und anglo-amerikanischen das Fallrecht (codified law – case law). Der methodische Unterschied besteht darin, dass im Gesetzesrecht ein Fall unter eine Norm subsumiert wird. Dies macht vielfach eine Auslegung des Gesetzestextes notwendig. Das Verfahren ist dann jenes der Deduktion, ein Schluss vom Abstrakten zum Konkreten. Dieser einfache Syllogismus hat schon in der Aristotelischen Logik, aber auch in der mittelalterlichen Scholastik eine Rolle gespielt. Noch heute werden die Möglichkeiten einer formalen Subsumtion nicht selten überschätzt. Wird ein Lebenssachverhalt unter den gesetzlichen Tatbestand einer Norm subsumiert, so besteht die eigentliche Schwierigkeit in der Auslegung des Gesetzestextes und in der Auswahl der relevanten Sachverhaltselemente, also im Herrichten der Prämissen.

Im Fallrecht ist die Methode der Rechtsfindung grundlegend verschieden. Hier wird der zu entscheidende Fall mit einem bereits entschiedenen verglichen. Unterscheidet er sich in einem wesentlichen Punkt, so ist die *ratio distinguendi*, das heißt, der Grund, der eine abweichende Entscheidung rechtfertigt, genau herauszuarbeiten (reasoning from case to case). Es handelt sich um einen induktiven Schluss vom Konkreten zum Allgemeinen. Das Allgemeine erreicht hier freilich kaum je die Abstraktionshöhe des Gesetzesrechts. Die *ratio decidendi* ist das *tertium comparationis* der beiden Fälle. Mehrere Fälle werden zu Fallgruppen zusammengefasst, Leitsätze und Regeln (im angelsächsischen Recht: principles and rules) dienen der Ordnung und Übersicht, sind aber nicht ableitungsfähig.

---

[26] Eingehend hierzu Kaser, Ausgewählte Schriften I 134 ff.

[27] Der Ausdruck stammt von Max Weber, Wirtschaft und Gesellschaft I § 20; zur röm. Honoratiorenjurisprudenz s. statt aller Schulz, Rechtswissenschaft 27 ff., 70 ff.

Die römische Regelbildung ist vorsichtig und kasuistisch. Die Regel dient nur der Ordnung und Übersicht des Fallmaterials und die Berufung auf eine Regel lenkt zugleich den Blick auf mögliche Ausnahmen.

Paul. D. 50, 17, 1: regula est quae rem quae est breviter enarrat. non ex regula ius sumatur, sed ex iure quod est regula fiat.

Eine Regel ist eine kurz gefasste Aussage. Aus der Regel wird nicht das Recht abgeleitet, sondern umgekehrt wird aus dem vorhandenen Recht die Regel gebildet.

Vor allem wird vor einer Überschätzung von Definitionen gewarnt:

Javolen. D. 50, 17, 202: omnis definitio in iure civili periculosa est: rarum est enim, ut non subverti posset.

Jede Definition im Zivilrecht ist gefährlich; denn es ist selten, dass sie nicht entkräftet werden kann.

Die römischen Juristen waren Meister in der Synthese des Gegensatzes zwischen abstrakter Begrifflichkeit und lebendiger Anschauung. Die Notwendigkeit dieser Synthese charakterisiert ein alter, sinngemäß auf Kant zurückgehender Satz: „Begriffe ohne Anschauung sind leer – Anschauung ohne Begriff ist blind".

Ein wesentlicher Unterschied zwischen dem römischen und dem englischen Recht besteht darin, dass Letzteres ein Präjudizienrecht ist: Der Richter ist an die bereits ergangenen Urteile gebunden (*stare decisis*).

Die Vorteile des Fallrechts bestehen in der kontinuierlichen und organischen Entwicklung des Rechts aufgrund eines konkreten Anschauungsmaterials; alle Differenzierungsmöglichkeiten werden beachtet, die Gefahr einer Fehlentwicklung durch falsche Verallgemeinerung wird vermieden. Die Nachteile bestehen in der Unübersichtlichkeit einer ausufernden Kasuistik und in dem Fehlen einer planvollen Rechtsentwicklung.

Gesetzesrecht und Fallrecht nähern sich heute von entgegengesetzten Ausgangspunkten weitgehend einander an, im Gesetzesrecht spielen die Gerichtsentscheidungen eine immer größere Rolle, wenn sie auch nicht die Kraft von Präjudizien haben. Im case law nimmt das Gesetzesrecht (statute law) einen immer größeren Raum ein.[28]

IV. Die magistratische Jurisdiktion

Wie bereits dargelegt, entwickelte sich seit den punischen Kriegen die Rechtspraxis zum Hauptmotor der Rechtsfortbildung. Dies mag mit den großen wirtschaftlichen und sozialen Veränderungen zusammenhängen, denen die starren und primitiven Formen des altrömischen Rechts nicht mehr genügten. Hier setzte die Rechtsfortbil-

[28] Trotz dieser Konvergenz bleibt die enge, am Buchstaben klebende Gesetzesauslegung im US-amerikanischen Recht problematisch, die stark an das altrömische Recht erinnert. Näheres bei Honsell, FS Zäch (1999) 39 ff. Im englischen Recht hat sich namentlich unter dem Einfluss des EG-Gesetzesrechts die strikte Wortauslegung gelockert; vgl. Vogenauer, Die Auslegung von Gesetzen in England und auf dem Kontinent, 2 Bde. (2001).

dung durch den Prätor ein, der *iuris civilis adiuvandi, supplendi, corrigendi gratia* (zur Unterstützung, Ergänzung und Korrektur des Zivilrechts) tätig werden konnte.[29] Auf diese Weise trat neben das alte Zivilrecht die neue Rechtsmasse des Honorarrechts. So unterschieden die Römer z. B. ein ziviles und ein honorarrechtliches Eigentum, ein ziviles und ein honorarrechtliches Erbrecht usw. Der Gegensatz zwischen *ius civile* und *ius honorarium*[30] ist bis zu einem gewissen Grade vergleichbar mit der englischen Unterscheidung zwischen common law und equity. Ähnlichkeiten bestehen auch mit dere richterrechtlichen Rechtsfortbildung, doch werden hier nicht zwei Rechtsmassen unterschieden. Die Rechtsfortbildung durch den Prätor geschah hauptsächlich in der Weise, dass er den Parteien Klageformeln zur Verfügung stellte, die gewissermaßen das Prozessprogramm enthielten. Vor dem Richter, der in der Regel ein juristisch nicht gebildeter *iudex privatus* war, waren dann im Wesentlichen nur noch Beweisfragen zu verhandeln. Die Zweiteilung des Formularprozesses in ein Verfahren *in iure* (vor dem Prätor, mit Formelgewährung und Streitbefestigung: *litis contestatio*) und *apud iudicem* (vor dem Richter) ist eine Besonderheit des römischen Rechts.

Die Prätoren verkündeten die Klageformeln in ihrem Edikt, das sie bei Amtsantritt veröffentlichten und das nur während ihrer einjährigen Amtsperiode Geltung besaß. Freilich war es üblich, die Klageformeln vom Vorgänger zu übernehmen. Der auf diese Weise gesammelte Formelschatz wurde unter Kaiser Hadrian von dem Juristen Julian in einem Daueredikt zusammengefasst, dessen Gültigkeit nicht mehr auf die Amtszeit des jeweiligen Prätor beschränkt war (*edictum perpetuum)*.

V. Rechtsquellen der Kaiserzeit

Eine weitere Rechtsquelle mit Gesetzeskraft waren die Beschlüsse des Senats (*senatus consulta*). Im Laufe des Prinzipats degenerierte die Gesetzgebungsbefugnis des Senats zu einer leeren Formalität. Das eigentlich Wesentliche war jetzt der kaiserliche Antrag *(oratio)*. Aus dem Senatsbeschluss wurde so ein durch Verlesung im Senat publiziertes Kaisergesetz.

Die Kaiser hatten allerdings zunächst keine verfassungsmäßig begründete Gesetzgebungsmacht. Augustus betont in seinem politischen Testament[31], dass er die Befugnis zu einer Gesetzgebung aus eigenem Recht stets abgelehnt habe. Dessen ungeachtet erhielten die kaiserlichen Anordnungen *(constitutiones)* im Laufe der Entwicklung gesetzesgleiche Geltung.

An der gesetzesgleichen Geltung, die allen kaiserlichen Anordnungen zukam, hatten schließlich auch die Rechtsgutachten derjenigen Juristen Anteil, denen es

---

[29] Pap. D. 1, 1, 7, 1: ius prætorium est quod prætores introduxerunt adiuvandi vel supplendi vel corrigendi iuris civilis gratia propter utilitatem publicam – prätorisches Recht ist das Recht, das die Prätoren zum öffentlichen Nutzen eingefügt haben, zur Unterstützung, Ergänzung und Korrektur des Zivilrechts.

[30] Dazu etwa Kaser, Röm. Rechtsquellen (1986) 84 ff.; SZ 101 (1984) 74 ff.

[31] Monumentum Ancyranum graece 3, 11 ff.

erlaubt war, *ex auctoritate principis* öffentlich Gutachten zu erstatten *(ius publice respondendi)*.

So nennt Gaius[32] folgende Rechtsquellen:

constant autem iura populi Romani ex legibus, plebiscitis, senatus consultis, constitutionibus princ6ipum, edictis eorum, qui ius edicendi habent, responsis prudentium.

Das Recht des römischen Volkes besteht aus den Gesetzen, den Plebisziten, den Senatsbeschlüssen, den Anordnungen der Kaiser sowie den Edikten derjenigen, die befugt sind, Edikte aufzustellen, und den Gutachten der Juristen.

§ 3 Die Rechtswissenschaft

I. Pontifikaljurisprudenz. Jurisprudenz der republikanischen Zeit[33]

Die Entwicklung einer verfeinerten Rechtskultur begann mit dem Aufstieg Roms zur Großmacht nach den punischen Kriegen (zwischen 269 u. 146 v. Chr.). Der wirtschaftliche Aufschwung und der blühende Handelsverkehr führten zur Herausbildung eines Verkehrsrechts und zur Überwindung des alten Formalismus. So traten neben die formgebundenen und symbolhaften altzivilen Rechtsgeschäfte wie *nexum* und *mancipatio* die formfreien Verträge, bei denen es allein auf den übereinstimmenden Parteiwillen ankam, wie Kauf, Miete oder Gesellschaft. Verpflichtungsgrund und inhaltliche Ausgestaltung der Verträge beurteilten sich jetzt allein nach der *bona fides* (gute Treue), dem noch heute gültigen Maßstab von Treu und Glauben. Die Ethik des gegebenen Wortes verlangte auch, dass man Verträge halten muss: *pacta sunt servanda.*[34]

Ehe auf die spätrepublikanische und klassische Rechtswissenschaft eingegangen wird, ist zunächst kurz das zuvor in Geltung befindliche Pontifikalrecht zu behandeln.

Aufgrund der Vorstellung, dass das Recht eine von den Göttern gesetzte Ordnung sei, spielten auf einer frühen Kulturstufe die Priester im Recht eine besondere Rolle (man denke nur an die Zehn Gebote des Moses). Auch in Rom haben jahrhundertelang die Priester, allen voran der *pontifex maximus*, nicht nur das öffentliche, sondern auch das private Recht beherrscht (Pontifikaljurisprudenz).[35] Das Recht stand im Zeichen des Ritus und der symbolhaften Formen. Es herrschte ein extremer Formalismus: unterlief bei den mündlich zu sprechenden Formeln nur der geringste Fehler, so war der gesamte Akt nichtig. Dies galt schon für die Opfer (fehlerhafte Opfer waren den Göttern nicht gefällig). Der kleinste Fehler, z. B. Stottern

---

[32] 1, 2.

[33] S. hierzu vor allem Schulz, Rechtswissenschaft 7 ff. u. öfter; Wieacker, Röm. Rechtsgeschichte 310 ff., 519 ff.; ders., 1. FS Kaser (1976) 347 ff.

[34] Cicero de off. 3, 92.

[35] Dazu Honsell, St. Guarino 1659 ff.; Wieacker, 1. FS Kaser (1976) 347 ff.

beim Gebet oder falsches Spiel der Flötenbläser, machte eine Wiederholung des ganzen Rituals notwendig. Die Gebetsformeln mussten mit skrupelhafter Genauigkeit nachgesprochen werden, auch wenn man ihren Sinn nicht mehr verstand. Der extreme Formalismus und die ängstliche, ja magische Bindung an das Wort findet sich auch bei der Gesetzesauslegung. Wie gefährlich jede falsche Formulierung eines Gelübdes werden konnte, zeigt die bei Festus[36] überlieferte Geschichte von dem *ver sacrum,* bei dem man das Gelübde folgendermaßen formuliert hatte: *quaecumque proximo vere nata essent apud se animalia.* Niemand hatte bei diesem Gelübde an die Kinder gedacht, sondern entsprechend dem Herkommen nur an Opfertiere. Gleichwohl haben die Priester entschieden, dass der Begriff Lebewesen *(animalia)* auch die Kinder erfasst. Die Priester fanden aber einen Ausweg: Man zog die Kinder im Verborgenen auf und verbannte sie, als sie herangewachsen waren, außer Landes. Behalten konnte man sie nicht, denn sie waren *sacer*, gehörten der Gottheit. Eine ganz ähnliche Geschichte findet sich im Alten Testament.[37] Auch Jephte hat bei seinem Gelübde, dasjenige zu opfern, was ihm bei seiner Rückkehr nach Hause als Erstes begegnen würde, nicht an seine Tochter gedacht. Später hat man das Gelübde des *ver sacrum* genauer gefasst, man zählte alle Tiere auf, die in Betracht kamen und fügte allen Gelübden die Formel hinzu: *quod ego sentio, scio, intellego* (wie ich es meine, weiß, verstehe).

Dieser extreme Formalismus findet sich auch bei den Rechtsgeschäften und den Prozessformeln, den Legisaktionen, die im Prozess gesprochen werden mussten. Der kleinste Fehler führte zum Verlust des Prozesses.

Gai. 4, 30 berichtet:

> sed istae omnes legis actiones paulatim in odium venerunt, namque ex nimia subtilitate veterum, qui tunc iura condiderunt, eo res perducta est, ut vel qui minimum errasset, litem perderet.
>
> Aber alle diese Legisaktionen kamen nach und nach in Misskredit. Denn wegen der allzu großen Spitzfindigkeit der Vorfahren, die damals das Recht gründeten, kam es schließlich so weit, dass man wegen des kleinsten Fehlers den Prozess verlor.

Vor dem Hintergrund der pontifikalen Jurisprudenz wird auch das alte Sprichwort verständlich: *summum ius – summa iniuria*[38] (das höchste Recht ist das höchste Unrecht). Manch braver Mann schrieb in sein Testament: *dolus malus abesto et iuris consultus*[39] – der letzte Wille solle ohne Arglist und ohne Hinzuziehung eines Juristen erfüllt werden. Diese Einschätzung des Juristen setzt sich über den von Luther überlieferten Spruch „Gute Juristen böse Christen" bis zum heutigen Tage fort.

Die pontifikale Jurisprudenz war eine Arkandisziplin. Die richtigen Formeln und Worte wurden den Parteien von den *pontifices* zur Verfügung gestellt. Nach der Legende hat Flavius, der Schreiber des berühmten Appius Claudius Caecus (der die Via Appia und ein nach ihm benanntes Aquädukt, die Aqua Appia, erbauen ließ) den

---

[36] 379.

[37] Buch der Richter 11, 30.

[38] Dazu immer noch grundlegend Stroux, Summum ius, summa iniuria (1949); s. ferner Honsell, 1. FS Kaser (1976) 111, 114 f.; Eisser in: Summum ius, summa iniuria, Ringvorlesung der Tübinger Juristenfakultät (1963) 1 ff.

[39] Vgl. dazu D. Nörr, Rechtskritik in der röm. Antike (1973) 83 ff.

Formelschatz öffentlich bekannt gemacht (*ius Flavianum*, ca. 300 v. Chr., Pomponius D. 1, 2, 2, 7).

Eine rabulistisch enge Wortinterpretation begegnet uns auch bei der Gesetzesauslegung. So enthielten z. B. die Zwölftafeln aus naheliegenden wirtschaftlichen Gründen ein Verbot goldener Grabbeigaben (*neve aurum addito*). Da sich das Verbot dem Wortlaut nach auch auf das Zahngold der Toten erstreckte, war eine Novellierung des Gesetzes notwendig.

Das ängstliche Haften am Wort begünstigte schließlich die Gesetzesumgehung[40]. Diese ist dadurch gekennzeichnet, dass der Wortlaut des Gesetzes eingehalten, aber der Sinn und Zweck vereitelt wird.

Julian D. 1, 3, 29: contra legem facit, qui id facit quod lex prohibet, in fraudem vero, qui salvis verbis legis sententiam eius circumvenit.

Gegen das Gesetz handelt, wer etwas tut, was das Gesetz verbietet; Gesetzesumgehung begeht dagegen derjenige, der unter Wahrung des Wortlauts den Sinn umgeht.

Ulp. D. 1, 3, 30: Fraus enim legi fit, ubi quod fieri noluit, fieri autem non vetuit, id fit: et quod distat ῥητὸν ἀπὸ διανοία – *rhetòn apò dianoía* hoc distat fraus ab eo, quod contra legem fit.

Gesetzesumgehung liegt dann vor, wenn etwas geschieht, was das Gesetz nicht gewollt, aber nicht verboten hat; ebenso wie *Wortlaut* und *Sinn* verschieden sind, unterscheidet sich die Umgehung vom Zuwiderhandeln.

Beispiele hierfür gibt es viele. Angeblich hat Licinius Stolo (4. Jh. v. Chr.) sein eigenes Ackergesetz, das den Grundbesitz auf 500 Joch beschränkte, dadurch umgangen, dass er seinen Sohn freiließ und ihm einen Teil übertrug. Cato soll die *lex Claudia de nave senatorum*, die den Senatoren Schiffsbesitz und das Betreiben von Handelsgeschäften verbot, mit Hilfe seines Freigelassenen Quintio als Strohmannes umgangen haben. Die Zinsgesetze wurden dadurch umgangen, dass man die Darlehensverträge durch Scheinkaufverträge mit Rückkaufsverpflichtung zu höherem Preis verdeckte. Cicero berichtet von einem Feldherrn, der während eines auf dreissig Tage abgeschlossenen Waffenstillstandes seine Raubzüge des Nachts fortsetzte. Ein anderes Beispiel einer Scheinerfüllung handelt von einem Gefangenen, den Hannibal nach der Schlacht von Cannae nach Rom geschickt hatte mit dem Auftrag, vom Senat den Loskauf der Gefangenen zu erwirken. Er musste schwören, ins Lager zurückzukehren, wenn er keinen Erfolg hätte. Er kehrte alsbald nach seiner Abreise unter dem Vorwand ins Lager zurück, etwas vergessen zu haben und glaubte damit von seinem Eid befreit zu sein. Der Senat ließ diese Schläue nicht gelten und schickte ihn gefesselt zu Hannibal zurück cicero de off. 3, 113; zum Loskauf von Gefangenen s. auch § 56 a. E.). Eine amüsante Geschichte berichtet Gaius[41] von einem Erblasser, der, weil das Gesetz nur eine begrenzte Zahl testamentarischer Freilassungen erlaubt und bestimmt hatte, dass die Namen, welche die zulässige Höchstzahl überschritten, einfach zu streichen seien, auf die originelle Idee verfiel, die Namen der freizulassenden Sklaven nicht nacheinander zu schreiben, sondern

[40] Dazu Honsell, 1. FS Kaser (1976) 111 ff.; abweichend Behrends, Die fraus legis (1982).

[41] ep. 1, 2, 2; I. 1, 46.

in einer kreisförmigen Anordnung (*scriptura in orbem*).[42] Da man nun nicht wusste, welche Namen gestrichen werden sollten, mussten wegen des *favor libertatis* (*in dubio pro libertate* – im Zweifel für die Freiheit) alle im Testament genannten Sklaven freigelassen werden. Später hat man auch diesen Schleichweg versperrt und die *scriptura in orbem* verboten.

Das pedantische Haften am Wort hat eine weitere Figur des römischen Rechts hervorgebracht, die uns heute noch begegnet: die Fiktion.[43] Diese besteht in einer bewussten Gleichsetzung verschiedener Tatbestände. Es wird etwas angenommen, was in Wahrheit nicht zutrifft, z. B., dass das ungeborene Kind bereits geboren ist. Man sagt, es *gilt* als bereits geboren: *nasciturus pro iam nato habetur.* Die Fiktionen stammen aus dem Sakralrecht. Da man sich wegen des ausgeprägten Wortfetischismus nicht in der Lage sah, die sakralrechtlichen Vorschriften zu ändern, fingierte man einfach den Tatbestand und operierte mit Scheinerfüllungen. So war es den Römern z. B. um die vielen Opfertiere leid, die sinnlos verbrannt werden mussten. Man buk sie deshalb aus Teig, in der Hoffnung, die Götter würden den Betrug nicht merken. Später stellte man einfach den Satz auf: *in sacris simulata pro vero accipiuntur*[44] – bei den Opfern gilt das Vorgetäuschte als wahr. Ein alter Brauch verlangte z. B., dass jedes Jahr ein Grieche und eine Griechin von der Brücke in den Tiber gestürzt werden. Da ein Menschenopfer nicht in Betracht kam, warf man aus Binsen geflochtene Figuren ins Wasser. Noch heute sprechen wir vom Strohmann, wenn ein Stellvertreter nur zum Schein vorgeschoben wird. Die Fiktion war also ursprünglich eine Erfindung der Priester zum Betrug der Götter. Später diente sie zur Scheinerfüllung eines Tatbestandes, weil man sich zu einer Änderung der Vorschriften außerstande sah. Dafür ein Beispiel: Der *mos maiorum* verlangte für eine ordnungsgemäße Kriegserklärung, dass eine blutige Lanze ins feindliche Lager geworfen wurde. Diese Regel stammte aus der Zeit, als die Römer mit den umliegenden Latinergemeinden Krieg führten. Als die Kriegsschauplätze weiter entfernt waren, war diese Regel nicht mehr zu halten. Dennoch gab man sie nicht auf. Man erklärte vielmehr kurzerhand ein Grundstück in der Nähe des Tempels der Bellona zum Feindesland *(terra hostilis)* und warf die Lanze im Rahmen des Rituals der *indictio belli* dorthin.

Heute ist die Fiktion das gesetzestechnische Mittel einer verkürzenden Verweisung. Anstatt bei verschiedenen Tatbeständen, welche dieselben Rechtsfolgen haben, diese Rechtsfolge stets zu wiederholen, setzt man einfach die verschiedenen Tatbestände künstlich gleich.

In spätrepublikanischer Zeit ist man unter dem Einfluss der griechischen Rhetorik zu einer freieren Gesetzesauslegung gelangt. Der berühmte Satz des Celsus (D. 1, 3, 17): *scire leges non hoc est verba earum tenere, sed vim ac potestatem* – die Gesetze kennen heißt nicht an ihren Worten zu haften, sondern ihren Sinn

---

[42] Dazu Daube LQR 80, 225 ff.

[43] Dazu immer noch grundlegend Demelius, Rechtsfiktion (1858); ferner Honsell, St. Guarino 1659 ff.

[44] Servius Vergilkommentar zur Aeneis 4, 512.

und Zweck zu verstehen – war ein alter rhetorischer Topos. Eine ganz ähnliche Formulierung finden wir in Quintilians Rhetoriklehrbuch:[45] *multa ergo invenientur frequenter, quae legum verbis non teneatur, sed vim ac potestatem.* Wie etwa die Gegenposition argumentieren konnte, kann man bei Cicero, de inventione 2, 127 f. lesen: *iudicem legi parere, non interpretari legem oportere... eos qui iudicent certum quod sequantur nihil habiturus, si semel ab scripto recedere consueverint* – der Richter soll dem Gesetz gehorchen und es nicht interpretieren, ...die Richter hätten nichts mehr, woran sie sich halten könnten, wenn sie erst einmal dazu übergegangen seien, vom Text abzuweichen. Die Partei, die sich auf den Wortlaut des Gesetzes berief, beschwor die Heiligkeit der Gesetze.[46] Die Gegenposition, die den Wortlaut gegen sich hatte, betonte den Sinn und argumentierte mit der notwendigen Lückenhaftigkeit des Gesetzes, verunglimpfte den Gegner als Wortklauber, Wortverdreher und Silbenstecher[47] usw. Damals wie heute galt, dass die Position, die sich auf den Wortlaut des Gesetzes berufen konnte, günstiger war und leichter zu verteidigen.

Die Berufung auf den Wortlaut des Gesetzes, der die Rechtssicherheit verkörpert, oder auf den Sinn, der die Einzelfallgerechtigkeit repräsentiert, hing allein davon ab, was der eigenen Partei günstiger war.

Hierzu entwickelte die antike Rhetorik einen Katalog ausgefeilter Argumente. Es ging um die Kunst des *in utramque partem* Argumentierens, mit dem Ziel, „die schwächere Position zur stärkeren zu machen".[48]

Der Einfluss der griechischen Rhetorik führte auch zur Anerkennung der Analogie und zur Ergänzung lückenhafter Gesetze.[49] War umgekehrt der Wortlaut des Gesetzes zu weit, konnte er eingeschränkt werden.

Ulp. D. 1, 3, 13: nam, ut ait Pedius, quotiens lege aliquid unum vel alterum introductum est, bona occasio est cetera, quae tendunt ad eandem utilitatem, vel interpretatione vel certa iurisdictione suppleri.

Denn wie Pedius sagt, sobald durch ein Gesetz das eine oder das andere eingeführt worden ist, besteht eine gute Gelegenheit (ein guter Anknüpfungspunkt), das Gesetz für die Fälle, in denen der gleiche Zweck gilt, durch Auslegung oder durch Rechtsprechung zu ergänzen.

---

[45] Declamationes mai. 331.

[46] S. etwa Cicero, de inventione 2, 126 ff., 138 ff.; dazu Stroux, Summum ius summa iniuria (1949) 22 ff.

[47] Vgl. den Spott über die Buchstabenauslegung bei Cicero, de oratore I, 236: *leguleius quidam cautus et acutus praeco actionum, cantor formularum, auceps syllabarum*; s. ferner pro Murena, 23 ff., wo Cicero den Juristen vorwirft, ihre Argumente seien *res parvae, prope in singulis litteris atque interpunctionibus verborum occupatae.*

[48] Protagoras bei Aristoteles Rhet. B 24, 1402a 23, vgl. Diels/Kranz, Fragmente der Vorsokratiker II 260; dazu Honsell, FS Koppensteiner (2001) 593.

[49] Dazu zuletzt Honsell, Analogie und Restriktion im römischen Recht – vom Wortlaut zum Sinn, FS Kramer (2004) 192 ff.; ferner Horak, Rationes decidendi I (1969) 242 ff. Die Denkform der Analogie wurde dem römischen Recht von der älteren Romanistik zu Unrecht abgesprochen, vgl. die Nachweise bei Kaser RP I 213 FN 28.

Ganz ähnlich sagt

Julian D. 1, 3, 12: non possunt omnes articuli singillatim aut legibus aut senatus consultis comprehendi: sed cum in aliqua causa sententia eorum manifesta est, is qui iurisdictioni praeest ad similia procedere atque ita ius dicere debet.

Gesetze und Senatsbeschlüsse können nicht für alle Fälle ausdrückliche Bestimmungen enthalten; wenn sie aber für einen bestimmten Fall eine Regelung treffen, kann der, der die Jurisdiktion innehat, die Regel auf ähnliche Fälle erstrecken und so Recht sprechen.

Dass namentlich Gesetze zwangsläufig lückenhaft sind, war den Römern selbstverständlich:

Cicero, de inventione 2, 151: multis in legibus multa praeterita esse, quae idcirco praeterita nemo arbitretur quod ex ceteris, de quibus scriptum est, intellegi possint.

In vielen Gesetzen ist Vieles ausgelassen, was deshalb niemand als fehlend betrachtet, weil es sich aus den übrigen Bestimmungen erschließen lässt.

Die Zulässigkeit der Analogie betonen noch heute die §§ 6 und 7 ABGB. In der Sache ebenso der berühmte Art. 1 ZGB.[50] vgl. auch Art. 12 CC it.; das deutsche BGB hat auf die Normierung methodischer Anweisungen zur Gesetzesauslegung bewusst verzichtet, weil man der Ansicht war, dass sie nicht in ein Gesetzbuch gehören.

II. Die klassischen Juristen

Die Überlieferung über die römischen Juristen[51] ist dürftig. Unsere Kenntnisse beruhen im Wesentlichen auf einem Fragment aus dem Encheiridion des Pomponius.[52]

Die Grundlagen der klassischen Zivilrechtsjurisprudenz wurden in spätrepublikanischer Zeit und im 1. Jh. der Kaiserzeit gelegt. Unter den spätrepublikanischen Juristen ragen Trebatius Testa, Quintus Mucius Scaevola *(pontifex)* und Aquilius Gallus heraus. Trebatius, vielleicht der bedeutendste, wird auch von den klassischen Juristen noch zitiert. Aquilius Gallus, ein Freund Ciceros, war der Urheber der *exceptio doli* (Einrede der Arglist, § 62 II). Von Scaevola sind uns einige Entscheidungen überliefert, die ihn als sehr formalistischen Juristen ausweisen. Hierher gehört seine Rolle in der berühmten *causa Curiana*, einem Aufsehen erregenden Erbschaftsstreit vor dem Zentumviralgericht, in dem Scaevola gegen den berühmtesten Redner der Zeit, Crassus, gegen den Erblasserwillen und die Billigkeit eine reine Wortinterpretation vertreten hat und mit diesem Standpunkt unterlegen ist (zur *causa Curiana* s. § 71 III). Berühmt ist auch die Entscheidung zum *trinoctium:*[53] Eine in gewaltfreier Ehe lebende Frau musste, um nicht durch Ersitzung unter die Herrschaft des Mannes zu geraten, jedes Jahr drei Nächte außer Hauses verbringen. Die Frauen pflegten in dieser Zeit ins elterliche Haus zurückzukehren und dort am

---

[50] „Das Gesetz findet auf alle Rechtsfragen Anwendung, für die es nach Wortlaut oder Auslegung eine Bestimmung enthält".

[51] Vgl. Kunkel, Herkunft und soziale Stellung der röm. Juristen (1967); Wieacker 531 ff., 595 ff.; Schulz 340 ff.

[52] D. 1, 2, 2.

[53] Vgl. Gellius Noctes Atticae 3, 2, 13; dazu Horak, Rationes decidendi I (1969) 87 ff.

Familienkult teilzunehmen. Eine Frau hatte diese drei Nächte am Ende des ersten Ehejahres im elterlichen Haus verbracht. Scaevola entschied, dass das *trinoctium* nicht wirksam sei, weil die zweite Hälfte der dritten Nacht bereits zum folgenden Ehejahr zu rechnen sei. Die Mitternachtsgrenze, für die es keine astronomische Begründung gibt, haben die römischen Priester erfunden,[54] weil jedes Opfer innerhalb eines Tages zu Ende geführt werden musste. Wegen der häufigen Wiederholungen (vgl. oben I) hat man am Anfang und am Ende des Tages je eine halbe Nacht hinzugefügt und so mehr Zeit für die Durchführung der Opfer zu gewinnen. Die Griechen rechneten zu jedem Tag die darauffolgende ganze Nacht. Die Datumsgrenze um Mitternacht haben wir heute noch.

Die bedeutendsten Juristen zu Beginn des Prinzipats waren Antistius Labeo, Ateius Capito und Masurius Sabinus. Von den Juristen späterer Generationen wird Labeo häufig zitiert. Das kleine Werk des Sabinus über das *ius civile* war später Gegenstand ausführlicher Kommentierungen.

In der Folgezeit etablierten sich zwei gegensätzliche Rechtsschulen[55] *(scolae)*, die der Sabinianer und der Prokulianer, welche wie die griechischen Philosophenschulen eine gewisse Organisation besaßen und einen Vorstand hatten. Zu den Sabinianern gehörten u. a. Masurius Sabinus, Cassius, Iavolenus und Julian. Mitglied der Prokulianer waren z. B. Nerva, Proculus, Longinus, Pegasus, Celsus und Neraz. Eine der berühmtesten Streitfragen der beiden Schulen war die, ob bei Verarbeitung einer fremden Sache das Eigentum an der neuen dem Stoffeigentümer (so die Sabinianer) oder dem Verarbeiter (so die Prokulianer) zustehen sollte.[56] Eine andere Kontroverse war z. B., ob die Geschäftsfähigkeit Minderjähriger individuell nach der Geschlechtsreife (Sabinianer) oder nach einer festen Altersgrenze von 12 Jahren (für Mädchen) bzw. 14 (für Knaben) zu beurteilen sei (Prokulianer).[57]

Das Zeitalter der Hochklassik legt die romanistische Forschung in das 2. Jh. n. Chr. Es war dies eine lange Epoche des Friedens und der wirtschaftlichen Prosperität unter Herrscherpersönlichkeiten wie Trajan, Hadrian und Mark Aurel. Die bedeutendsten Juristen dieser Zeit waren Celsus und Julian, die von Kunkel[58] folgendermaßen charakterisiert werden: „Celsus erscheint uns als ein klarer Kopf von seltener Schärfe, mit heftigem Temperament, und in der Kritik mitunter von massiver Grobheit; Julian sehr viel mehr abgeklärt, von unerschöpflichem Reichtum an fruchtbaren Gedanken und einzigartiger Leichtigkeit und Durchsichtigkeit der Darstellung. Sein Stil und sein juristisches Denken sind wahrhaft klassisch im Sinne eines vollkommenen Gleichgewichts zwischen Form und Inhalt, Problem und Lösung".

[54] S. Paul. D. 2, 12, 8: *More Romano dies a media nocte incipit et sequentis noctis media parte finitur.* – Nach Sitte der Römer beginnt der Tag um Mitternacht und endet in der Mitte der darauffolgenden Nacht.

[55] S. Schulz, Rechtswissenschaft 140 ff.

[56] Unten § 21 VII.

[57] Unten § 8 II.

[58] Kunkel/Selb 32.

In klassischer Zeit lebte auch Gaius, über den wir nichts wissen und von dem wir nur den Vornamen kennen. Die Institutionen des Gaius (ein Anfängerlehrbuch) sind vor allem deshalb von Interesse, weil wir sie in einer vorjustinianischen Überlieferung besitzen (Veroneser Gaius). Abweichungen zwischen dem Veroneser Gaius und den Institutionen Justinians sind für die Textstufenforschung von Interesse und lassen häufig Rückschlüsse auf Interpolationen im *Corpus iuris* zu. Der Veroneser Gaius wird nach seinem Aufbewahrungsort, der Kapitelbibliothek in Verona, benannt. Es handelt es sich um ein sog. Palimpsest, das Pergament mit dem Text des Gaius war übertüncht und überschrieben mit einem Text des Kirchenvaters Ambrosius, der erst entfernt werden musste.

Die eigentliche Faszination der klassischen Jurisprudenz besteht in der Klarheit, Kürze und Prägnanz von Tatbestand und Begründung. Auffällig ist namentlich der Begründungsstil[59] der klassischen Juristen. Gründe werden zumeist nur angedeutet. Ein schlagendes Argument ist besser als die Aufzählung mehrerer Argumente.

Die klassischen Juristen schrieben gelehrte Werke, erteilten Rechtsgutachten in Streitfragen und Beratung beim Abschluss von Verträgen oder bei der Errichtung von Testamenten. Die Befugnis zur Erstattung von Rechtsgutachten wurde den berühmten Rechtsgelehrten *(iuris periti)* vom Kaiser verliehen (*ius respondendi ex auctoritate principis*). In klassischer Zeit erfolgte die Rechtsberatung im Rahmen des unentgeltlichen *mandatum*. Der Jurist erhielt dafür einen freiwillig zu zahlenden Ehrensold (*honorarium*).

Die spätklassische Jurisprudenz fällt in die Periode der Severischen Kaiser. Herausragende Gestalten dieser Epoche waren Ulpian und Paulus, die beide Werke von imponierendem Ausmaß hinterlassen haben, insbesondere umfangreiche Kommentare ad edictum und ad Sabinum. Fragmente aus ihren Werken machen die Hälfte der Digesten aus. Ulpian, stammte, wie er selbst schrieb (Dig 50, 15, 1), aus Tyros im heutigen Libanon. Daneben ist namentlich Papinian zu nennen, der von Caracalla hingerichtet worden ist, weil er den Mord an dem Mitkaiser Geta verurteilt hatte.[60] Den Späteren galt er, offenbar im Hinblick auf seinen Märtyrertod, als der bedeutendste Jurist. Das Zitiergesetz[61] von Valentinian III. und Theodosius II. (426 n. Chr.) erhob die Juristen Gaius, Papinian, Paulus, Ulpian und Modestin zu für die Gerichte bindenden Autoritäten. Maßgebend war diejenige Meinung, die von der Mehrheit dieser Juristen vertreten wurde. Bei Stimmengleichheit sollte Papinian den Ausschlag geben.

---

[59] Dazu Kaser, Methode der römischen Rechtsfindung (1962); Horak, Rationes decidendi (1969).

[60] S. D. Nörr SZ 96 (1966) 308 ff.

[61] Vgl. Kunkel/Selb 37, 41.

III. Die Gesetzgebung Justinians

Die Blüte des oströmischen Reichs im 6. Jh. n. Chr. spiegelt sich auch in der großen Kodifikation des Kaisers Justinian[62] (527–565) wider, welche in der Zeit von 528–534 unter der Leitung des Juristen Tribonian und anderer Rechtslehrer der Schulen von Konstantinopel und Beryt entstand.

Das erst seit der früheren Neuzeit so genannte *Corpus iuris civilis* gliedert sich in vier Teile:

- Die Institutionen, ein Anfängerlehrbuch mit Gesetzeskraft (in vier Büchern) für das 1. Studienjahr.
- Die Digesten (oder Pandekten) sind in 50 Bücher, diese jeweils in Titel, Leges und Paragrafen untergliedert und enthalten den Stoff für das 2. bis 4. Studienjahr, sind aber gleichzeitig auch Gesetzbuch. Die Leges sind Fragmente von vierzig klassischen Juristen,[63] wobei etwa die Hälfte der Texte auf Ulpian und Paulus entfällt.
- Der Codex (12 Bücher) ist eine Sammlung von Kaiserkonstitutionen von Hadrian (117–138) bis Justinian (527–565).
- Die Novellen (griechisch und lateinisch) sind eine Sammlung von Nachtragsgesetzen (*leges novellae*) aus der Zeit nach 535.

Seine praktische Bedeutung für die Rechtskultur des Abendlandes erlangte das *Corpus iuris* seit dem hohen Mittelalter durch die Arbeit der Glossatoren und Kommentatoren (*mos italicus*), später durch die sog. elegante Jurisprudenz (*mos gallicus*), deren Hauptvertreter Cujaz, Donellus und Faber waren. In Deutschland hat sich das Recht der justinianischen Gesetzgebung im 15. und 16. Jh. durchgesetzt und eine besondere Blüte im Usus modernus des 17. und 18. Jahrhundert erlangt. Vom Naturrecht, der historischen Rechtsschule und der Pandektistik war bereits die Rede.

Generationen von Juristen studierten Jus anhand des *Corpus iuris civilis*. Goethe erzählte, er sei im Aufschlagen der Digesten der Schnellste gewesen. Der Ausdruck, „etwas aus dem ff beherrschen", stammt von den Juristen; „ff" entstand aus dem griechischen Buchstaben π, der für Pandekten stand. Eine andere Deutung bringt es mit einem durchgestrichenen D (Đ) in Zusammenhang.[64] Heine, der mit wenig Interesse Jurisprudenz studiert hat, mokierte sich: „Justinian, Tribonian, Dummerian"; oder ein Vergleich zwischen Göttingen, wo er studiert hat, und Bologna: „In Bologna gibt es die größten Juristen und die kleinsten Hunde. In Göttingen ist es umgekehrt".

[62] Näheres bei Kunkel/Selb 46 ff. mNw.

[63] In C. 1.17.2.1 berichtet Justinian, Tribonian habe aus fast 2000 Büchern (*libri*) klassischer Juristen das Beste ausgewählt. Der *liber* war eine Rolle von 6 bis 10 m Länge und ca. 35 cm Breite. Das erst später aufkommende Buch bezeichnete man als *codex*.

[64] Vgl. Weimar, Lexikon des Mittelalters s. v. corpus iuris civilis.

Allgemeine Lehren

§ 4 Begriff des Rechts und des Privatrechts

I. Ius – iustitia

Ius (Recht) bezeichnet ursprünglich vielleicht den Gerichtsplatz (*in iure* daher das Verfahren vor dem Prätor auf dem Forum, wo sich die Gerichtsstätte befand). Der lateinische Begriff *ius* wird wie das deutsche Wort Recht sowohl im objektiven als auch im subjektiven Sinn verwendet. Im objektiven Sinn bezeichnet *ius* die Gesamtheit der Rechtsnormen; im subjektiven das einer bestimmten Person zustehende Recht. Im Englischen wird das eine mit law, das andere mit right bezeichnet. Eine abstrakte Definition des Begriffs *ius* ist uns nicht überliefert, lediglich das eleganter dictum des Celsus[1]: *ius est ars boni et aequi* (Recht ist die Kunst des Guten und Billigen). Das ist indes keine Definition, sondern die Bezeichnung des Gerechtigkeitsideals nach griechischem Vorbild (das Schöne und Gute: Καλοκαγαθία – Kalokagathia, aus καλὸν καὶ ἀγαθόν – kalòn kaì agathón). Oberstes Prinzip des Rechts ist die Gerechtigkeit, *iustitia*, die von Ulpian folgendermaßen umschrieben wird:

Ulp. D. 1, 1, 10 pr. – 1: iustitia est constans et perpetua voluntas ius suum cuique tribuendi. iuris praecepta sunt haec: honeste vivere, alterum non laedere, suum cuique tribuere.

Gerechtigkeit ist der beständige und dauerhafte Wille, jedem das Seine zuzuteilen. Die Gebote des Rechts sind diese: ehrenhaft leben, den anderen nicht verletzen, jedem das Seine geben.

Auch diese Definition ist von der griechischen Philosophie beeinflusst. Die Unterscheidung zwischen verteilender und korrigierender Gerechtigkeit – *iustitia distributiva* und *iustitia correctiva* geht auf Aristoteles zurück[2]. Die verteilende Gerechtigkeit ist proportional und betrifft das öffentliche Recht. Der Staat erhebt z. B. die direkte Einkommenssteuer mit einem progressiven Tarif nach Leistungsfähigkeit; Sozialhilfe wird nach Bedürftigkeit verteilt (das gleiche Kindergeld für alle ist eine

[1] D. 1, 1, 1 pr.

[2] Näher Honsell, 2. FS Mayer/Maly (2002) 287 ff. mwNw.

H. Honsell, *Römisches Recht*, Springer-Lehrbuch, DOI 10.1007/978-3-662-45870-9_2

populistische Fehlentwicklung). Die *iustitia correctiva* ist eine Beschränkung der Privatautonomie durch den Richter, der nur bei krassen Abweichungen von der rechten Mitte (Mesotes) eingreift. Beispiele sind das Deliktsrecht oder zwingende Normen zum Schutz einer Vertragspartei.

Die Maxime „jedem das Seine" ist abstrakt und deshalb inhaltsleer, weil sie nicht sagt, was das „Seine" ist. Die Formel ist daher auch gegen zynische Perversion nicht geschützt: So haben die Nationalsozialisten den Satz über das Tor des Konzentrationslagers Buchenwald geschrieben.

II. Ius privatum – ius publicum

Wir unterscheiden heute zwei große Gebiete des Rechts: das Privatrecht und das öffentliche Recht. Diese Unterscheidung findet sich schon im römischen Recht: *ius privatum – ius publicum*.

Ulp. D. 1, 1, 2 grenzt beide Rechtsgebiete folgendermaßen voneinander ab:

publicum ius est quod ad statum rei Romanae spectat, privatum quod ad singulorum utilitatem.
Öffentliches Recht ist dasjenige, was den Status des römischen Staatswesens, Privatrecht dasjenige, was die Interessen einzelner betrifft.

Noch heute dient die sog. Interessentheorie (neben anderen Definitionsversuchen) der Abgrenzung von öffentlichem und privatem Recht. Ein anderes Einteilungskriterium stellt darauf ab, dass Normen, die das öffentliche Interesse betreffen, zwingend sind (*ius cogens*), Privatrecht hingegen in der Regel dispositiv, d. h. von den Parteien abänderbar: *ius publicum privatorum pactis mutari non potest*[3]. – Öffentliches Recht kann durch Verträge zwischen Privaten nicht geändert werden.

III. Ius civile – ius gentium

Das ius civile galt nur für römische Bürger. Es bestand aus dem Gewohnheitsrecht, den *leges* und den gesetzesgleichen Rechtsquellen. Römischen Bürgern vorbehaltene Geschäfte des *ius civile* waren z. B. die Manzipation oder das *nexum*[4].

In der Gerichtsbarkeit des Fremdenprätors, der für die Rechtsprechung über Streitigkeiten zwischen Fremden bzw. Fremden und Römern zuständig war, entwickelte sich ein Recht, das vom Bürgerrecht unabhängig war und das nach römischer Vorstellung bei allen Völkern galt, das *ius gentium*[5]. Dieses nicht auf positiver Satzung, sondern auf natürlicher Betrachtung (*ius naturale*) beruhende Recht zeichnete sich vor allem dadurch aus, dass es formfreie Rechtsgeschäfte anerkannte, die lediglich auf der *fides* (Treue, Pflicht zum Worthalten) beruhten. Das *ius gentium*

---

[3] Pap. D. 2, 14, 38.

[4] Unten § 9 I.

[5] Dazu eingehend Kaser, Ius gentium (1993).

ist nicht mit dem heutigen Völkerrecht und nicht mit internationalem Recht zu verwechseln. Vielmehr war es römisches Recht, das, in freier Rechtsfortbildung vom Prätor entwickelt, die Hemmnisse des alten Formalismus überwunden hatte.

Aus dem Gesagten ergibt sich, dass sich *ius gentium* und *ius honorarium* teilweise decken.

IV. Ius civile – ius honorarium

Im Gegensatz zum *ius civile* wurde das *ius honorarium* durch die prätorische Rechtsfortbildung geschaffen (vgl. oben § 2 IV).

V. Ius naturale

Im Unterschied zur menschlichen Satzung galt das Naturrecht als ewig und unveränderlich:

Justinian I. 1, 2, 11: sed naturalia quidem iura, quae apud omnes gentes peraeque servantur, divina quadam providentia constituta semper firma atque immutabilia permanent: ea vero, quae ipsa sibi quaeque civitas constituit, saepe mutari solent vel tacitu consensu populi vel alia postea lege lata.

Die natürlichen Rechtsgrundsätze, die von allen Völkern beachtet werden und gewissermaßen durch göttliche Vorsehung begründet sind, bleiben immer gültig und unabänderlich; diejenigen aber, die sich eine Bürgerschaft selbst gibt, pflegen oft geändert zu werden, sei es durch stillschweigenden Konsens des Volkes, sei es durch ein späteres Gesetz.

Mit dem Gegensatz zwischen Naturrecht und positivem Recht hat sich zuerst die griechische Philosophie beschäftigt. Pythagoras hat gelehrt, dass die Gerechtigkeit nicht auf dem Nomos (Gesetz) beruht, sondern auf der Physis (Natur)[6]. Antiphon hat die erstaunliche Handlungsmaxime vertreten, man solle vor Zeugen die Gesetze des Menschen befolgen, ohne Zeugen hingegen die Gesetze der Natur.

Der Konflikt zwischen Naturrecht und Gesetz ist auch das Thema in Sophokles' Antigone. Entgegen dem Verbot des Kreon, der die Staatsräson repräsentiert, bestattet Antigone ihren toten Bruder, weil das göttliche Gesetz und das Naturrecht dies verlangen.

Die Grenzen des Gesetzesgehorsams wurden viel diskutiert. Der zum Tode verurteilte Sokrates lehnte vor seiner Hinrichtung die schon vorbereitete Flucht ab, weil er der Jugend kein (schlechtes?) Beispiel geben wollte für Ungehorsam gegen das Gesetz (Platon, Kriton). Dies darf man aber nicht ohne weiteres als Fall eines bedingungslosen Gesetzesgehorsams werten. Sokrates war im Prozess gerade vorgeworfen worden, er verführe die Jugend zum Ungehorsam gegenüber dem Gesetz. Da will es die Geschichte, dass er seine Verfolger durch ein Musterbeispiel von Gesetzestreue beschämt.

---

[6] S. dazu Honsell, Nomos und Physis bei den Sophisten, Mél. Wubbe (1993) 179 ff.; ders., Naturrecht und Positivismus im Spiegel der Geschichte, FS Koppensteiner (2001) 593 ff.

Die römische Geschichte liefert viele Beispiele für rücksichtslose Härte, die sich auf ein Gesetz berufen kann und meist mit der Staatsräson, der *utilitas publica*, gerechtfertigt wird. Die antiken Machtmenschen hielten indes eine gesetzliche Legitimierung von Härten nicht für notwendig. Cicero[7] sagt über die magistratische Gewalt, sie habe etwas Schlechtes an sich, das man aber um des Guten willen in Kauf nehmen müsse: *fateor in ipsa ista potestate inesse quiddam mali, sed bonorum quod est quaesitum in ea sine isto malo non haberemus.*

Massenhinrichtungen aus generalpräventiven Erwägungen waren in Rom an der Tagesordnung. Zum Beispiel hat Crassus nach der Niederschlagung des Spartacus-Aufstands sechstausend Sklaven entlang der via Appia von Rom bis Capua kreuzigen lassen. Die Kreuzigung war eine besonders grausame und barbarische Tötungsart, da die Delinquenten zuvor gegeißelt wurden und mit ihren blutenden Wunden den Insekten und Schmeißfliegen in der prallen Sonnenhitze ausgesetzt eines qualvollen Todes starben. Ein anderes Beispiel ist die Praxis des Dezimierens (Hinrichtung jedes zehnten Soldaten) als Strafe für Feigheit vor dem Feind. Nur selten tritt in Gestalt des Gesetzes menschliche Brutalität so demaskiert hervor wie beim *senatus consultum Silanianum*, dessen Anwendung das Schulhaupt der Sabinianer, C. Cassius Longinus, mit Nachdruck gefordert hat. Die Hinrichtung der vierhundert Sklaven des Stadtpräfekten Pedanius Secundus, auch der Frauen und Kinder, wird mit dem Satz gerechtfertigt: *habet aliquid ex iniquo omne magnum exemplum, quod contra singulos utilitate publica rependitur*[8]. – Jedes große Exempel, das im öffentlichen Interesse an Einzelnen statuiert wird, hat etwas Unbilliges.

Gegen den Protest des über den Tod so vieler Unschuldiger entsetzten Volkes hat man die Hinrichtung vollzogen.

Bei Livius[9] finden wir die Vorstellung vom tauben und unerbittlichen, vom gnaden- und schonungslosen Gesetz:

legem rem surdam et inexorabilem esse … nihil laxamenti nec veniae habere.

Das Gesetz sei eine taube und unerbittliche Sache … es kenne weder Schonung noch Gnade.

Von Ulpian, dem ein hervorragender Gerechtigkeitssinn bescheinigt wird[10], stammt die Parömie

quod quidem perquam durum est, sed ita lex scripta est[11].

Zwar ist das manchmal hart, aber es ist das Gesetz.

Es ist schwer begreiflich, dass das „Volk des Rechts“ (*Fritz Schulz*) zugleich eine grausame „Sklavenhaltergesellschaft“ (*Karl Marx*) war. Ein beunruhigendes anthropologisches Phänomen, das sich in der Geschichte der Menschheit immer wieder beobachten lässt, ist es, dass abstrakt angeordnete Grausamkeiten unter Hinweis auf

[7] De legibus 3, 23.

[8] Tacitus annales 14, 43.

[9] Ab urbe condita 2, 3, 3 ff.

[10] Scriptores Historiae Augustae, Alexander Severus 31, 2.

[11] D. 40, 9, 12, 1; dazu Wieacker SZ 94 (1977) 9 FN. 32.

die Staatsräson vollzogen werden. Die Berufung auf die Gerechtigkeit, die man in diesem Kontext häufig findet, mutet zynisch an: *fiat iustitia, pereat mundus* – es soll Gerechtigkeit geschehen, und wenn darüber die Welt zugrunde geht.

Die allegorische Figur der Iustitia hat verbundene Augen. Dies soll die Gleichheit vor dem Gesetz symbolisieren. In den Händen hält sie eine Waage und ein Schwert. Es ist ein Bild, das nichts ahnen lässt von der schicksalhaften Grenze zwischen *rigor iuris* (strengem Recht) und *misericordia* (Barmherzigkeit).

Wenn abstrakte Definitionen der Gerechtigkeit auch mehr oder weniger inhaltsleer sind, so weiß man doch im Einzelfall gerade gegenüber konkretem Unrecht stets, was gerecht ist und was nicht. In diesem Sinne kann man von der „Natur der Sache", von „natürlicher Billigkeit" (*aequitas naturalis*)[12] oder von Naturrecht reden. Gemeint sind damit nicht kausale Naturgesetze, die es im Recht natürlich nicht gibt, sondern soziale Regeln von allgemeiner Akzeptanz, wie z. B. die „goldene Regel": „Was Du nicht willst, dass man dir tu', das füg' auch keinem andern zu"[13] oder der Satz, dass Notwehr zulässig ist; so sagt Gaius D. 9, 2, 4 pr., dass es die *natürliche* Vernunft erlaubt, sich gegen eine Gefahr zu verteidigen: *nam adversus periculum naturalis ratio permittit se defendere*[14].

Der Gegensatz von Naturrecht und positivem Recht ist ein zeitloses Thema, das in Deutschland zuletzt nach dem Zusammenbruch des nationalsozialistischen Terrorregimes lebhaft diskutiert worden ist.

§ 5 Rechtsfähigkeit

I. Natürliche Personen

1. Person
   Person im rechtlichen Sinne, d. h. Träger von Rechten und Pflichten, ist vor allem der Mensch. Dass alle Menschen frei und darum Rechtssubjekte seien, ist ein Postulat des Naturrechts, das erst in der Neuzeit volle rechtliche Anerkennung gefunden hat (vgl. z. B. § 16 ABGB). Das römische Recht des Altertums unterschied Freie (*homines liberi*) und Sklaven (*servi*)[15].
   Der Sklave war rechtsunfähig. Er stand als Sache im Eigentum seines Herrn. Auf ihn fanden die Grundsätze des Sachenrechts Anwendung. Die soziale und

---

[12] Dazu Wesener, FS Mayer-Maly (1996) 81 ff.

[13] Vgl. dazu etwa Hruschka JZ 1987, 941 ff., der auf die Verwandtschaft mit dem kategorischen Imperativ von Kant hinweist; ferner Mayer-Maly, Rechtsgeschichtliche Bibelkunde (2003) 26 ff.

[14] Ähnlich Paulus D. 9, 2, 45, 4: *vim enim vi defendere omnes leges omniaque iura permittunt* – alle Gesetze und alle Rechte erlauben, sich gegen Gewalt mit Gewalt zu verteidigen.

[15] Zur Rechtsstellung der Kinder und der gewaltunterworfenen Frau (*uxor in manu*) s. unten § 63 und § 65, 2.

rechtliche Stellung der Sklaven ist eine der bedrückendsten Seiten der römischen Rechtskultur.
Entstehungsgründe der Sklaverei waren in erster Linie Geburt von einer Sklavin und Kriegsgefangenschaft.
Beendigt wurde die Sklaverei regelmäßig nur durch Freilassung seitens des Herrn (*manumissio*). Der Freigelassene (*libertus*) hatte ein besonderes Pflichten- und Treueverhältnis gegenüber seinem Patron und konnte anlässlich der Freilassung auch zur Leistung von Diensten (*operae*[16]) verpflichtet werden.

2. Familie
   Der Begriff *familia* umfasste die freien und unfreien Personen, die der Hausgewalt des *paterfamilias* unterworfen sind; er erstreckte sich also auf die Kinder, die im Gegensatz zu den Sklaven *liberi* (Freie) hießen, und die Sklaven (*servi*); ferner auf die Frau, sofern sie nicht in gewaltfreier Ehe lebte.
   In einer anderen Bedeutung bezeichnet *familia* auch die Sklavenschaft oder das Vermögen schlechthin.
3. Agnation
   Die römische Familie war zugleich Ausgangspunkt für das Verwandtschaftssystem des ältesten Rechts, die sog. Agnation. Agnatisch verwandt waren alle Personen, die unter der gleichen Herrschaftsgewalt standen oder gestanden hätten, wenn der gemeinsame *paterfamilias* noch lebte. Agnatische Verwandtschaft wurde also nur durch den Mannesstamm vermittelt. Agnatisch verwandt war auch die gewaltunterworfene Ehefrau mit ihren Kindern und Enkeln. Die Gesamtheit aller agnatischen Verwandten bildete die *gens*.
4. Blutsverwandtschaft und Schwägerschaft
   Mit dem Zerfall der *gentes* trat die Blutsverwandtschaft (*cognatio*) mehr und mehr in den Vordergrund. Kognaten waren alle Personen, die durch Geburt und Zeugung verbunden waren. Der in der Hausgewalt des Vaters stehende Sohn war also mit den Verwandten der Mutter zwar nicht agnatisch, wohl aber kognatisch verwandt. Man unterschied geradlinige Verwandtschaft in auf- oder absteigender Linie, Vorfahren (*ascendentes*) und Nachkommen (*descendentes*). Daneben gab es die Verwandtschaft in der Seitenlinie, wenn es sich um zwei Personen handelte, die beide von einer Dritten abstammten (Geschwister, Onkel, Tante, Neffe, Nichte, Cousin und Cousine). Der Grad der Verwandtschaft bestimmte sich nach der Zahl der sie vermittelnden Zeugungen, bzw. Geburten (*tot gradus quot generationes*). Das ist noch heute so. Vgl. § 1789 S. 3 BGB, Art. 20 ZGB. Geschwister sind danach Verwandte zweiten Grades in der Seitenlinie.
   Nicht verwandt, sondern verschwägert (*adfines*) waren Ehegatten untereinander und mit den Kognaten des anderen Teils.

[16] Dazu Waldstein, Operae libertorum (1986).

II. Juristische Personen

Nicht nur der einzelne Mensch, sondern auch politische und gesellschaftliche Organisationen können Träger von Rechten und Pflichten sein. Im Gegensatz zur „natürlichen" Person, dem Menschen, spricht man hier von „juristischer" Person.

Die Römer kannten weder den Begriff der juristischen Person, noch die dazugehörigen Theorien. Anerkannt war indes die juristische Person im Sinne einer eigenständigen Rechtsperson. Hierzu zählten neben dem Staat, die Körperschaften (*universitates*) und Vereine (*collegia, sodalitates*). Die Vereine spielten in der Antike eine große Rolle. Es gab eine große Zahl von Handwerkszünften, geselligen und kultischen Vereinen, Begräbnisvereinen (*collegia funeraticia*). Die Vereinsfreiheit war schon in der Antike ein Politikum. Bereits die Zwölftafeln gewährleisteten Vereinsautonomie. Der Verein konnte sich jede Satzung geben, die nicht gesetzwidrig war[17]. Aus den Digesten stammt der Satz, dass mindestens drei Personen nötig sind, um einen Verein zu gründen: *tres faciunt collegium*[18]. Für die römischen Vereine und Körperschaften waren drei Merkmale wesentlich, die noch heute für die juristische Person entscheidend sind: Der Verein war selbst rechtsfähig, konnte also Eigentum haben, Gläubiger und Schuldner sein. Er war unabhängig vom wechselnden Bestand der Mitglieder. Schließlich hafteten für Schulden nicht die Mitglieder, sondern lediglich der Verein[19]. Die Haftung war also auf das Vereinsvermögen beschränkt. Kapitalzusammenschlüsse wie unsere heutigen Aktiengesellschaften mit handelbaren Aktien lassen sich in der Antike entgegen früheren Annahmen nicht nachweisen[20].

Im 19. Jahrhundert entstand Streit über das Wesen der juristischen Person. Savigny begründete die Fiktionstheorie, welche annahm, es werde mit der juristischen Person quasi eine natürliche fingiert. Dagegen vertrat O.v.Gierke die Theorie der realen Verbandspersönlichkeit, eine Ansicht, die der sozialen Realität besser Rechnung trägt. Den Römern lag ein solcher Streit über das Wesen einer juristischen Figur fern. Heute ist immerhin anerkannt, dass mit dem Wesen nicht argumentiert werden soll. Keine einzige Streitfrage aus dem Recht der juristischen Person lässt sich nach derartigen Theorien lösen. Eine Überspitzung dieser Argumentation begegnet uns in der scholastischen Frage nach dem Wesen des Wesens (*quid est quidditas quidditatis?*)[21].

---

[17] Vgl. Gai. D. 47, 22, 4.: *his autem potestatem facit lex, pactionem quam velint sibi ferre, dum ne quid ex publica lege corrumpant. sed haec lex videtur ex lege Solonis tralata esse.* – Das Gesetz gibt ihnen (den Mitgliedern) die Macht, sich die Satzung zu geben, die sie wollen, solange sie dadurch nicht gegen ein öffentliches Gesetz verstoßen; es scheint diese Vorschrift aus dem Gesetz des Solon übernommen zu sein.

[18] D. 50, 16, 85.

[19] Ulp. D. 3, 4, 7: *si quid universitati debetur, singulis non debetur: nec quod debet universitas singuli debent.* – Was der Körperschaft geschuldet wird, wird nicht den Einzelnen geschuldet; was die Körperschaft schuldet, schulden die Einzelnen nicht.

[20] Fleckner, Antike Kapitalvereinigungen – Ein Beitrag zu den konzeptionellen und historischen Grundlagen der Aktiengesellschaften (2010).

[21] Vgl. hierzu den lesenswerten Aufsatz von Scheuerle AcP 163 (1964) 429, 430.

§ 6 Begriff und Auslegung des Rechtsgeschäfts

I. Begriff

Das Rechtsgeschäft besteht nach moderner Vorstellung aus zwei Tatbestandselementen: einem subjektiven, dem Willen, und einem objektiven, der Erklärung. Zur Bezeichnung dessen, was wir Rechtsgeschäft oder Vertrag nennen, hatten die Römer eine ganze Reihe mehr oder weniger untechnischer Begriffe: *negotium* (eigentlich Unmusse, Beschäftigung, Geschäft), *contractus*[22] (Vertrag); daneben finden wir die Begriffe *conventio* und *pactum*, die alle Arten von Vereinbarungen bezeichnen können, aber ebenfalls keine technische Bedeutung haben.

II. Auslegung

Nicht immer kommt der Parteiwille in dem äußeren Tatbestand zu einem klaren und unmissverständlichen Ausdruck. Nicht anders als beim Gesetz ist deshalb auch beim Rechtsgeschäft oft eine Auslegung notwendig. Je nachdem, ob das Schwergewicht auf der Erklärung oder auf dem Willen liegt, spricht man von objektiver oder subjektiver Auslegung. Die Römer hatten für beide Fälle einen topos; in den Digesten ist uns die berühmte sens-clair-Regel überliefert, Paul. D. 32, 25, 1: *cum in verbis nulla ambiguitas est, non debet admitti voluntatis quaestio* – wenn in den Worten keine Doppeldeutigkeit liegt, dann wird die Frage nach dem Willen nicht zugelassen; aber auch deren Gegenstück, die Maxime, dass man keine Buchstabenauslegung betreiben, sondern auf den Willen achten soll: Pap. D. 50, 16, 219: *in conventionibus contrahentium voluntatem potius quam verba spectari placuit* – bei den (formlosen) Vereinbarungen der Parteien ist mehr auf den Willen als auf die Worte zu achten. Ganz ähnlich formuliert noch heute § 133 BGB: „Bei der Auslegung einer Willenserklärung ist der wirkliche Wille zu erforschen und nicht an dem buchstäblichen Sinn des Ausdruckes zu haften"; ebenso § 914 ABGB: „Bei Auslegung von Verträgen ist nicht an dem buchstäblichen Sinn des Ausdruckes zu haften, sondern die Absicht der Parteien zu erforschen und der Vertrag so zu verstehen, wie es der Übung des redlichen Verkehrs entspricht". Ähnliche Vorschriften enthalten Art. 18 OR, Art. 1156 CC und 1362 CC it.

Im älteren römischen Recht hingegen herrschte eine ängstliche Wortinterpretation, die – wie dargelegt – von der Pontifikaljurisprudenz mit ihren Formalakten den Ausgang nahm[23]. Erst gegen Ende der Republik setzte sich eine freiere Auslegung durch, wobei der Einfluss der griechischen Rhetorik eine Rolle gespielt hat. In der griechischen Rhetorik war die Frage von herausragender Bedeutung, ob ein Gesetz oder Rechtsgeschäft nach dem Wortlaut (*secundum verba*) oder nach dem

---

[22] Dazu Wunner, Contractus (1964).

[23] Oben § 3 I.

Willen (*secundum voluntatem*) auszulegen sei[24]. In der *causa Curiana*, einem berühmten Erbschaftsstreit im 1. Jh. v. Chr., hat die Auslegung nach dem Willen über das formale Wortlautargument den Sieg davongetragen[25].

Bei Vertragsklauseln kannte schon das römische Recht die noch heute gebräuchliche Unklarheitenregel (vgl. z. B. Art. 5 S. 2 EWG RL 93/13 über missbräuchliche Klauseln in Verbraucherverträgen; § 305c Abs. 2 BGB), wonach unklare Klauseln im Zweifel zulasten des Verwenders auszulegen sind[26].

Cels. D. 34, 5, 26: cum quaeritur in stipulatione, quid acti sit, ambiguitas contra stipulatorem est.

Wenn bei einer Stipulation die Frage streitig ist, was gemeint war, so geht die Unklarheit zulasten des Erklärenden (*stipulator*).

Paul. D. 18, 1, 21: Labeo scripsit obscuritatem pacti nocere potius debere venditori qui id dixerit quam emptori, quia potuit re integra apertius dicere.

Labeo schreibt, dass die Unklarheit eines Vertrages eher dem Verkäufer zum Nachteil gereicht, der ihn formuliert hat, als dem Käufer, weil ja der Verkäufer sich deutlicher hätte ausdrücken können.

In den Digesten begegnen uns auch Fälle, die wir heute unter dem Aspekt der ergänzenden Vertragsauslegung diskutieren würden:

Proc. D. 18, 1, 69: Rutilia Polla emit lacum Sabatenem Angularium et ca. eum lacum pedes decem: quaero numquid et decem pedes, qui tunc accesserunt, sub aqua sint, quia lacus crevit, an proximi pedes decem ab aqua Rutiliae Polae iuris sint. Proculus respondit: ego existimo eatenus lacum, quem emit Rutilia Polla, venisse, quatenus fuit, et ca. eum decem pedes qui tunc fuerunt, nec ob eam rem, quod lacus postea crevit, latius eum possidere debet quam emit.

Rutilia Polla hat den Seewinkel[27] des Sabatener Sees gekauft und dazu einen Landstreifen von zehn Fuß. Ich frage, wenn diese zehn Fuß Land, die damals dazu gehörten, nun im Wasser liegen, weil der Wasserspiegel des Sees gestiegen ist, ob jetzt die nächsten zehn Fuß Land, vom Wasser weg gerechnet der Rutilia Polla gehören. Proculus hat gegutachtet: Ich glaube, dass der See, den Rutilia Polla gekauft hat, nur in jenem Umfang verkauft wurde, den er damals hatte, und rund um ihn nur diejenigen zehn Fuß Land, die damals vorhanden waren. Denn wegen des Umstandes, dass der Wasserspiegel nachher gestiegen ist, kann sie jetzt nicht mehr besitzen, als sie damals gekauft hat.

Der Wasserspiegel des lacus Sabatenis, des heutigen Lago di Bracciano in Südetrurien, war offenbar dauerhaft gestiegen, so dass die 10 Fuß (drei Meter) Uferstreifen der Käuferin im Wasser verschwunden waren. Die Käuferin fragt an, ob sie Anspruch auf drei weitere Meter hat. Die Frage war offenbar streitig und die ablehnende Antwort des Proculus ist eher formalistisch. Heute würde man mit ergänzender Vertragsauslegung helfen oder mit der *clausula rebus sic stantibus* (Geschäftsgrundlage), denn ohne einen Zugang zum See und einen Uferstreifen, z. B. um Fischerboote dort zu lagern, konnte Rutilia Polla ihr Eigentum nicht nutzen.

---

[24] Zum *verba – voluntas* – Problem s. Stroux, Summum ius, summa iniuria (1926, Nachdruck 1949); Wieacker, Römische Rechtsgeschichte 622 ff.; Wesel, Rhetorische Statuslehre und Gesetzesauslegung der röm. Juristen (1967); Honsell, FS Coing I (1982) 129 ff., 138 ff.

[25] Unten § 71 III.

[26] Dazu Honsell, Ambiguitas contra stipulatorem, 2. FS Kaser (1986) 73 ff.

[27] Angularium kann man vielleicht mit *Seewinkel* übersetzen. Andere bringen es mit anguila (Aal) in Verbindung, s. z. B. Mayer-Maly, Rutilias Lake Israel Law Review 29 (1995) 151 ff.

§ 7 Bedingung und Befristung

I. Begriff

Die Wirkung eines Rechtsgeschäfts kann durch Parteiwillen vom Eintritt eines künftigen Ereignisses abhängig gemacht werden. Ist dieses Ereignis ungewiss (*incertus an*), so sprechen wir von einer Bedingung (*condicio*). Die Bedingung ist danach eine Zusatzbestimmung zu einem Rechtsgeschäft, welche die rechtliche Wirkung desselben von einem zukünftigen ungewissen Ereignis abhängig macht. Dabei kann der Zeitpunkt des Bedingungseintritts bestimmt oder unbestimmt sein (*certus quando, incertus quando*).

Von einer Befristung (*dies*, Termin) sprechen wir hingegen, wenn der Eintritt des Ereignisses gewiss ist (*certus an*), wobei der Zeitpunkt wiederum bestimmt oder unbestimmt sein kann (*certus* oder *incertus quando*).

Der Tod einer Person, der im Erbrecht eine Rolle spielt, ist keine Bedingung, sondern eine Befristung (*certus an, incertus quando*); vgl. auch das alte *memento mori*: *mors certa, hora incerta* – der Tod ist gewiss, nur die Stunde ist ungewiss (und nicht, wie angeblich mal jemand übersetzt hat: todsicher geht die Uhr falsch).

II. Arten der Bedingung

Die Lehre von der Bedingung war bis ins Kleinste ausgefeilt.

Man unterschied Suspensivbedingung und Resolutivbedingung[28]. Bei der Ersteren trat die Rechtsfolge erst mit dem Ereignis ein, bei der Letzteren entstand sie sogleich, fiel aber mit dem Ereignis wieder weg. Keine echte Bedingung war es, wenn das Ereignis in der Vergangenheit oder Gegenwart lag (*condicio in praesens vel in praeteritum collata*), z. B. die Wette: *si rex Parthorum vivit*[29] (wenn der König der Parther lebt), denn hier stand bei Vertragsschluss bereits fest, ob die Bedingung eingetreten war oder nicht, nur die Parteien wussten es noch nicht. Es fehlte der für die Bedingung wesentliche Schwebezustand. Das Geschäft ist, sofern die Bedingung eingetreten ist, sogleich gültig. Unmögliche Bedingungen[30] machen das Geschäft nichtig. Dasselbe gilt für verbotene oder sittenwidrige Bedingungen (z. B. *si larvali habitu processeris*[31] – wenn du öffentlich als Gespenst auftrittst). Dies galt aber nur für die *bonae fidei iudicia* und die titulierte Stipulation. Bei der abstrakten Stipulation mit sittenwidrigem Motiv, z. B. Versprechen eines Mordlohnes (*homicidium fieri*[32]) half der Prätor mit *denegatio actionis* oder mit der *exceptio*

---

[28] Manche Autoren leugnen, dass das röm. Recht die Resolutivbedingung gekannt hat; vgl. z. B. Flume, 1. FS Kaser (1976) 309 ff.

[29] Pap. D. 12, 1, 37.

[30] Z. B. Gai. 3, 68: *si digito caelum attigerit* – wenn er mit dem Finger den Himmel berührt hat.

[31] Paul. sent. 3, 4b, 2.

[32] Pomp. D. 45, 1, 27 pr.

doli[33]. Beim Testament hat sich die Meinung durchgesetzt, dass nur die sittenwidrige Bedingung entfällt und die Verfügung gültig ist[34].

Der Eintritt der Bedingung kann auch vom Belieben des Berechtigten abhängen (Potestativbedingung). Dies ist z. B. der Fall beim Kauf auf Probe[35].

Während der Schwebezeit bis zum Eintritt der Bedingung (*pendente condicione*) traten die Rechtsfolgen des Geschäfts bei der aufschiebenden Bedingung nicht ein. Die bisherige Rechtslage blieb unverändert. Wer Eigentum übertragen hatte, blieb Eigentümer[36]; wer sich bedingt verpflichtet hatte, wurde nicht Schuldner[37]. Erst mit dem Eintritt der Bedingung trat das Geschäft in Kraft. Streitig ist, ob der Bedingung Rückwirkung zukam, d. h. die Wirkung des Geschäfts auf den Zeitpunkt des Abschlusses zurückbezogen wurde. Dies wird man jedenfalls für Kauf und Stipulation annehmen dürfen[38]. Der bedingt Berechtigte war vor Eintritt der Bedingung nicht ohne Schutz. Seine künftigen Rechte wurden schon *pendente condicione* durch Vorwirkungen geschützt, die den Gegner in erheblichem Maße einschränkten. So wurden Zwischenverfügungen bei Bedingungseintritt unwirksam, wenn sie das bedingte Recht beeinträchtigten[39]. Hatte der Gegner den Eintritt der Bedingung treuwidrig vereitelt, so wurde ihr Eintritt fingiert[40]:

Ulp. D. 50, 17, 161: in iure civili receptum est, quotiens per eum, cuius interest condicionem non impleri, fiat quo minus impleatur, perinde haberi, ac si impleta condicio fuisset.

Im Zivilrecht ist es anerkannt, dass die Bedingung als eingetreten gilt, wenn derjenige, der ein Interesse an ihrem Nichteintritt hat, darauf hinwirkt, dass sie nicht eintritt.

Das wird spiegelbildlich auch für die treuwidrige Herbeiführung des Bedingungseintritts gegolten haben.

Insgesamt lässt sich sagen, dass bereits vor Bedingungseintritt eine rechtlich geschützte Anwartschaft bestand, und es ist nur folgerichtig, dass diese Anwartschaft auch vererblich war[41].

Die Dogmatik der römischen Bedingungslehre ist in ihrer nuancenreichen Ausgestaltung bis heute erhalten geblieben; vgl. §§ 158 ff. BGB; §§ 695 ff. ABGB; Art. 151 ff. OR; Art. 1168 CC; Art. 1353 ff. CC it.

---

[33] Z. B. Pap. D. 35, 1, 71.

[34] I. 3, 19, 1; ursprünglich war die Frage Gegenstand eines Schulenstreits, die Sabinianer waren für Streichung der Bedingung, die Prokulianer für Ungültigkeit der Verfügung; vgl. Gai 3, 98.

[35] § 47 I 3.

[36] Ulp. D. 24, 1, 11 pr.

[37] Ulp. D. 50, 16, 54.

[38] Vgl. etwa Gai. D. 20, 4, 11, 1 i. f.: *cum enim semel condicio exstitit, perinde habetur, ac si illo tempore quo stipulatio interposita est, sine condicione facta esset. quod et melius est.* – Wenn die Bedingung einmal eingetreten ist, ist es so anzusehen, wie wenn die Stipulation ohne Bedingung abgeschlossen worden wäre. Dies ist auch besser. – Die Frage war offenbar kontrovers. Nach heutiger Auffassung wirkt die Bedingung ex nunc.

[39] Z. B. Freilassung des durch Vindikationslegat vermachten Sklaven: Iav. D. 33, 5, 14.

[40] Vgl. zu dieser Erfüllungsfiktion etwa Knütel öJBl 1976, 613 ff.

[41] Auch diese Frage war allerdings kontrovers, vgl. Iul. D. 39, 5, 2, 5 einerseits und Ulp. D. 23, 3, 9, 1 andererseits.

§ 8 Geschäftsfähigkeit

I. Allgemeines

Da das Rechtsgeschäft eine Willenserklärung enthält, kann es nur von Personen vorgenommen werden, die imstande sind, einen selbständigen und vernünftigen Willen zu bilden und in verständiger Weise zu äußern. Die Geschäftsfähigkeit wird daher bestimmten Personen im Hinblick auf Alter oder Geisteszustand ganz oder teilweise abgesprochen; vgl. zum modernen Recht etwa §§ 105 ff. BGB; §§ 151 ff., 865 ABGB; Art. 12 ff. ZGB.

II. Alter

Die maßgebliche Altersgrenze für die Geschäftsfähigkeit[42] war ursprünglich die individuelle, natürliche Reife (*pubertas*)[43]. Später stellten die Prokulianer, einem Bedürfnis der Rechtssicherheit folgend, generell auf das vollendete 12. (Mädchen) bzw. 14. (Knaben) Lebensjahr ab, während die Sabinianer an der individuellen Reife festhielten[44].

Innerhalb dieses Alters unterschied man:

infantes (d. h. Kinder, die noch nicht sprechen konnten, was wegen der Spruchformeln wichtig war) waren geschäftsunfähig. Später stellte man auch hier generell auf das vollendete 7. Lebensjahr ab.

impuberes infantia maiores (Unmündige über sieben) waren grundsätzlich fähig, rechtsgeschäftlich zu handeln, sofern sie durch das Geschäft lediglich einen Vorteil hatten (z. B. Schenkung oder Schulderlass). Sobald das Geschäft jedoch eine Verringerung oder Belastung ihres Vermögens bedeutete, war die Mitwirkung eines Vormundes notwendig[45]. Das ist noch heute so (vgl. nur § 107 BGB, Art. 19 Abs. 2 ZGB).

Geschäfte, die sowohl Rechte als auch Pflichten enthalten (z. B. Kauf), waren nur hinsichtlich der Berechtigung wirksam (sog. hinkendes Geschäft[46] – *negotium claudicans*; diese Figur gibt es heute nicht mehr). Der Unmündige musste allerdings eine erlangte Bereicherung herausgeben, sofern der Vormund dem Geschäft nicht zustimmte.

---

[42] S. Knothe, Die Geschäftsfähigkeit der Minderjährigen in geschichtlicher Entwicklung (1983) 22 ff.

[43] Zum Ritual der Anlegung der Männertoga vgl. Marquardt/Mau I 123 ff.

[44] Gai. 1, 96.

[45] I. 1, 21 pr: *placuit meliorem quidem suam condicionem licere eis facere etiam sine tutoris auctoritate, deteriorem vero non aliter quam tutore auctore.* – Es schien richtiger, dass sie ihre Rechtsstellung auch ohne Genehmigung des Vormundes verbessern dürfen, verschlechtern aber nur mit seiner Genehmigung.

[46] I. 1, 21 pr.

Eine um das Jahr 204 v. Chr. ergangene *lex Plaetoria*[47] hat noch eine weitere Altersstufe eingeführt, das vollendete 25. Lebensjahr. Jugendliche, die zwar mündig waren, aber dieses Alter noch nicht erreicht hatten (*minores viginti quinque annorum*, Minderjährige), wurden durch dieses Gesetz vor Übervorteilung geschützt. Eine noch weitergehende Hilfe gewährte das prätorische Edikt, indem es dem Minderjährigen die Wiedereinsetzung in den vorigen Stand gewährte (*restitutio in integrum*), wenn er aus Unerfahrenheit oder Leichtsinn ein nachteiliges Geschäft abgeschlossen hatte[48].

III. Geisteszustand

Geisteskranke (*furiosi*[49]) waren geschäftsunfähig, sobald und solange sich die Störung ihrer Geistestätigkeit auswirkte. Geschäfte, die sie in „lichten Zwischenräumen" (*lucida intervalla*) vorgenommen hatten, waren hingegen gültig.

Nach einem alten, schon in den Zwölftafeln enthaltenen Satz konnte dem Verschwender (*prodigus*[50]) die Verwaltung seines Vermögens entzogen werden.

§ 9 Die Form des Rechtsgeschäftes

I. Bedeutung der Form

Jede Rechtsordnung kennt formbedürftige Rechtsgeschäfte, d. h. solche Geschäfte, deren Wirksamkeit von einer bestimmten äußeren Gestaltung der Willenserklärung abhängig ist. Diese Gestaltung kann sehr verschiedener Art sein: Moderne Rechte bevorzugen im Allgemeinen die Schriftform, die wiederum von unterschiedlicher Strenge sein kann (einfache Schriftform, Beurkundung). Das römische Recht hingegen kannte in der Hauptsache nur mündliche Formen. Diese Formen waren vielfach mit rituellen Handlungen der Parteien verbunden, die entweder aus dem Inhalt des Rechtsgeschäfts abgeleitet waren (Realformen) oder eine symbolische Beziehung hatten (Symbolformen).

Moderne Rechte benutzen die Formgebundenheit als Mittel zur Erreichung rechtspolitischer Ziele: zur Beweissicherung (z. B. Testament), zur Sicherung der Offenkundigkeit bestimmter Rechtsverhältnisse (z. B. im Liegenschaftsrecht oder im Handels- und Gesellschaftsrecht), zur Hebung der Zirkulationsfähigkeit von Forderungen (Wertpapierrecht), zur Gewährleistung inhaltlicher Klarheit, zur exakten Trennung zwischen Entwürfen und Vertragsschluss oder endlich zur

---

[47] S. Knothe 53 ff.

[48] D. 4, 4, 1.

[49] Unten § 68.

[50] Paul. D. 28, 1, 17 betrifft allerdings nur das Testament des Verschwenders.

Einschaltung psychologischer Hemmschwellen bei solchen Geschäften, deren unüberlegter Abschluss für den Kontrahenten nachteilige Wirkungen haben kann (z. B. Bürgschaft oder Schenkungsversprechen).

Auf einer frühen Entwicklungsstufe des Rechtes hatte die Form eine andere Bedeutung: Hier war sie nicht ein Kunstmittel des Gesetzgebers zur Erreichung eines bestimmten Zwecks, sondern der notwendige Ausdruck des Rechtsgeschäfts selbst. Rechtliches Handeln ist auf dieser Stufe anders als in Formen überhaupt nicht denkbar. Nur die feierliche Rede, die zeremonielle Handlung hat rechtliche Wirkung (Wirkform)[51]. Infolge des traditionalistischen Charakters der römischen Rechtswissenschaft haben sich die altzivilen, formgebundenen Rechtsgeschäfte noch lange gehalten, als daneben schon formfreie Geschäfte zur Verfügung standen. Die Beibehaltung der alten Formen hatte aber auch einen praktischen Grund: Da es die Form war und nicht der Inhalt, auf der die rechtliche Wirkung der Geschäfte beruhte, boten diese entweder von vornherein die Möglichkeit, Inhalte sehr verschiedener Art in sich aufzunehmen (z. B. die Stipulation), oder es war möglich, sie über ihren ursprünglichen Anwendungsbereich hinaus zu erstrecken und anderen als den ursprünglichen Zwecken dienstbar zu machen (sog. „nachgeformte Rechtsgeschäfte“[52]). Dies trifft vor allem auf die *negotia per aes et libram* und die *in iure cessio* zu.

II. *Negotia per aes et libram (Geschäfte mit Kupfer und Waage)*

Einer Reihe von altertümlichen Formalgeschäften des römischen Rechts war ein eigenartiger Zahlungsakt gemeinsam, der im Zusammenhang mit der Geschichte des römischen Geldwesens zu verstehen ist. Er stammt aus der Zeit, als das Geld noch nicht gemünzt war, sondern Kupferbarren das übliche Zahlungsmittel bildeten und der Kaufpreis in einem bestimmten Gewicht Kupfer bestand. Vor mindestens fünf Zeugen, die alle mündige römische Bürger sein mussten, und unter Mitwirkung eines *libripens* (Wägemeister) wurde dem Empfänger der Zahlung das Kupfer zugewogen, wobei der Zahlende die Wortformeln sprach, die den rechtlichen Zweck der Zahlung kennzeichneten[53]. Im Ganzen waren es drei verschiedene Zwecke, denen der Zahlungsformalismus mit Kupfer und Waage dienen konnte:

1. Dem käuflichen Erwerb von Sachen und Personen. In diesem Fall ergriff der Zahlende (also der Käufer) den Kaufgegenstand und erklärte, dass er nun sein Eigentum sei, da er ihn mit seinem Kupfer „genommen“ habe: *hunc ego hominem ex iure Quiritium meum esse aio, isque mihi emptus esto hoc aere aeneaque libra* – ich sage, dass dieser Sklave der meinige ist nach dem Recht der Quiriten und dass er von mir gekauft worden ist mit diesem Kupfer und dieser kupfernen Waage.

[51] Vgl. Kunkel/Honsell 98.

[52] Der Ausdruck stammt von Rabel, vgl. SZ 27 (1906) 290 ff.

[53] Gai. 1, 113, 119 ff.

Nach dem Zugriff des Käufers auf den Kaufgegenstand hieß das Geschäft *mancipium*, später sprach man auch von *mancipatio*.

2. Weiter konnte die Zahlung die Begründung einer Darlehensschuld bezwecken. Da dieser Anwendungsfall früh aus dem Rechtswesen verschwunden ist, kennen wir die Formel nicht, die der Zahlende (hier also der Darlehensgeber) zu sprechen hatte. Vermutlich besagte sie, dass er den Empfänger durch sein Kupfer binde. Dem entspricht die Bezeichnung des Geschäfts als *nexum* (Bindung).
3. Schließlich konnte die Zahlung auch zur Befreiung von einer Verbindlichkeit erfolgen. Hier erklärte der Zahlende, dass er sich mit dem Kupfer von der Bindung an seinen Gläubiger löse. Man sprach demgemäß von einer *solutio per aes et libram* (Lösung mit Kupfer und Waage)[54].

Den Libralakt behielt man auch bei, nachdem das gemünzte Geld eingeführt worden war. Das überflüssig gewordene Zuwägen des Geldes wurde jetzt nur noch symbolisch angedeutet, indem der Zahlende mit einer Kupfermünze an die Waage klopfte. Die wirkliche Zahlung geschah nunmehr notwendigerweise formlos und außerhalb des Formalaktes. Damit war die *mancipatio* ein abstrakter Übereignungsakt geworden, der nicht notwendig einen Kauf zum Gegenstand haben musste, sondern beliebigen anderen Zwecken dienen konnte, z. B. einer Sicherungsübereignung (*fiducia*) oder Schenkung. Ebenso war jetzt ein förmlicher Schulderlass möglich, dem unter Umständen gar keine wirkliche Zahlung zugrunde lag. Man sprach von einer *imaginaria venditio* bzw. *solutio*[55], also von einem bildlichen Kauf bzw. einer fiktiven Zahlung.

Endlich verwendete man die Manzipation für familienrechtliche Vorgänge, wie die Begründung oder Aufhebung der ehemännlichen oder väterlichen Gewalt[56]. Auch bei der Testamentserrichtung fand die Manzipation Verwendung (*testamentum per aes et libram*)[57].

III. Manzipation

Das wichtigste Geschäft *per aes et libram* war die *mancipatio*[58]. In ihrer äußeren Form hat die Manzipation den Charakter des Kaufes stets bewahrt. Da jedoch die Kaufpreiszahlung nur symbolisch erfolgte, eignete sich das Geschäft auch für ganz andere Zwecke. Es wurde für die Begründung einer Treuhand (*fiducia*) ebenso verwendet wie für Adoption, Freilassung, Testamentserrichtung u. a.[59].

---

54 Vgl. § 34 II 1 u. III 1.

55 Gai. 1, 119; 3, 173.

56 § 63 IV 2; § 66 II 2.

57 S. § 70 IV.

58 Gai. 1, 113, 119 ff.

59 Näheres bei Kunkel/Honsell 101 ff.

IV. In iure cessio

Eine weitere Form der Begründung oder Aufhebung von Herrschaftsrechten an Personen und Sachen war die dem altrömischen Prozessverfahren nachgeformte *in iure cessio* (gerichtliche Abtretung)[60]. Sie spielte sich wie das erste Stadium eines wirklichen Prozesses vor dem Gerichtsmagistrat ab. Dem streitigen Verfahren entsprach das Formular: Handelte es sich z. B. um die Übereignung eines Sklaven, so ergriff der Erwerber den Sklaven und sprach die Formel (*vindicatio*), mit der der Kläger den Eigentumsstreit (die *legis actio sacramento in rem*) zu eröffnen hatte: *hunc ego hominem ex iure Quiritium meum esse aio.* Im echten Prozess musste der Beklagte darauf seinerseits die gleiche Behauptung aussprechen; unterließ er dies, so verwirkte er sein Recht, und der Magistrat sprach dem Gegner den Sklaven zu. Diese prozessuale Situation wurde bei der in *iure cessio* für den Zweck einer rechtsgeschäftlichen Übertragung ausgenutzt: der Veräußerer unterließ vereinbarungsgemäß die Gegenbehauptung und gab damit sein Recht zugunsten des Erwerbers auf.

V. Die Stipulation

Das dritte Formalgeschäft von allgemeiner Bedeutung, die *stipulatio*[61], war im Gegensatz zur Manzipation und zur in iure cessio ein reines Verpflichtungsgeschäft, und zwar ein mündliches, förmliches Leistungsversprechen. Die Form war einfach. Die Stipulation kam durch eine Frage des Versprechensempfängers (*stipulator*) und die Antwort des Versprechenden (*promissor*) zustande[62]. Frage und Antwort mussten dabei übereinstimmen, d. h. das Verbum des Fragesatzes musste in der Antwort wiederkehren. Wenn also die Frage lautete: *sestertium decem milia dare spondes?* (versprichst Du mir zehntausend Sesterzen zu geben?), so musste darauf mit „*spondeo*" geantwortet werden. Lautete die Frage „*promittis?*" so musste die Antwort „*promitto*" lauten (vgl. Gai. 3, 92). Die Stipulation erlangte im römischen Rechtsleben enorme Bedeutung. Dies beruht – ähnlich wie bei der Manzipation – auf ihrer vielseitigen Verwendbarkeit: sie konnte jeden beliebigen Inhalt aufnehmen, sofern er nur rechtlich zulässig war und nicht gegen die guten Sitten verstieß. Die sittenwidrige Stipulation war nichtig: *Generaliter novimus turpes stipulationes nullius esse momenti.* – Allgemein wissen wir, dass sittenwidrige Stipulationen nichtig sind[63]. Da das römische Recht nie zu dem heute gültigen Satz gelangt ist, dass grundsätzlich auch formlose Vereinbarungen rechtsverbindlich sind, benötigte man

---

[60] Gai. 2, 24.

[61] D. 45, 1–46, 2; I. 3, 15–20; vgl. unten § 40.

[62] Erklärungsversuche bezüglich des Rituals gibt es zahlreiche, vgl. die Nachweise bei Kunkel/Honsell 106.

[63] Ulp. D. 45, 1, 26.

überall dort die Stipulation, wo man eine Verpflichtung begründen wollte, die keinem der klagbaren Verkehrs-geschäfte entsprach.

Aus der abstrakten Stipulation[64] konnte mit der *condictio* geklagt werden, auch wenn der Rechtsgrund nicht bestanden hatte oder der Leistungszweck nicht verwirklicht worden war. Der Prätor half freilich schon früh mit der Gewährung der *exceptio doli,* wenn der Gläubiger aus der abstrakten Verpflichtung formal berechtigt Klage erhob, obgleich ihm die Forderung materiell nicht zustand. Die Überwindung formalistischer Standpunkte war eine der Hauptfunktionen der *exceptio doli.* Noch heute verwenden wir die Einrede der unzulässigen Rechtsausübung, wenn der Gläubiger aus einem formalen Recht vorgeht, dass ihm materiell nicht zusteht.

§ 10 Stellvertretung. Adjektizische Klagen

I. Stellvertretung[65]

Ein allgemeines Institut der Stellvertretung war dem römischen Recht unbekannt. Nach römischer Auffassung mussten die Parteien beim Rechtsgeschäft persönlich handeln. Namentlich der alte Formalismus mag der Grund dafür gewesen sein, dass Rechtshandlungen nur für die Person des Handelnden Wirkungen hervorbringen konnten. Das *vinculum iuris* galt nur für die unmittelbar Beteiligten. Dieser Grundsatz ist bei den förmlichen Rechtsgeschäften entstanden, erlangte jedoch auch für die formfreien Verträge Geltung. Der Satz *alteri stipulari nemo potest*[66] (niemand kann sich für einen anderen etwas versprechen lassen) schloss Verträge zugunsten Dritter[67] aus, in einer gewissen Verallgemeinerung aber auch die direkte Stellvertretung. Beides wurde im römischen Recht nicht unterschieden.

Im Gegensatz zum modernen Recht kannte also das römische Recht kein rechtsgeschäftliches Handeln in fremdem Namen (direkte Stellvertretung) mit unmittelbarer Wirkung zugunsten oder zu Lasten des Vertretenen, ohne erneuten Übertragungsakt. Zulässig war hingegen die indirekte Stellvertretung, also der Auftrag[68]: Bei dieser traten wie heute die Rechtswirkungen nicht in der Person des Vertretenen, sondern

---

[64] Unten § 32 II, 40 III.

[65] Vgl. Mitteis, Die Lehre von der Stellvertretung (1885); Claus, Gewillkürte Stellvertretung im röm. Privatrecht (1973); U. Müller, Die Entwicklung der Stellvertretung und des Vertrages zugunsten Dritter (1969); Benöhr, St. Kaser (1973) 9 ff.

[66] Ulp. D. 45, 1, 38, 17=I. 3, 19, 19. Im Common Law hat sich die ähnliche Doktrin der privity of contract im Grundsatz bis heute gehalten, vgl. Zweigert/Kötz, Rechtsvergleichung (1996) 453, 463. Seit dem Erlass des Contract (Rights of Third Parties) Act (1999) werden allerdings Verträge zugunsten Dritter zugelassen.

[67] Zur Geschichte des Vertrages zugunsten Dritter vgl. Wesenberg, Verträge zugunsten Dritter (1949).

[68] Dazu § 53.

zunächst in der des Vertreters ein. Dieser musste die erworbenen Rechte bzw. die eingegangenen Verpflichtungen auf den Vertretenen durch erneutes Rechtsgeschäft übertragen.

Ausgeschlossen war allerdings nur der Direkterwerb durch nicht hausangehörige Personen[69]. Der Erwerb von Rechten durch gewaltunterworfene Personen war zulässig, und man hat sich dieser Möglichkeit der Vertretung in großem Stil bedient. Gewaltunterworfene waren selbst nicht vermögensfähig, so dass ihr Erwerb von jeher unmittelbar dem *paterfamilias* (Hausvater) zufiel.

II. Adjektizische Klagen

Schließlich gab es einige Fälle, in denen der Geschäftsherr für die Schulden seines Gewaltunterworfenen einzustehen hatte:

1. *Actio de peculio*
   Diese Klage kam zur Anwendung, wenn der Gewalthaber dem Gewaltunterworfenen ein Sondergut (*peculium*) zur selbständigen Bewirtschaftung überlassen hatte. Der Gewalthaber haftete in diesem Falle selbst (mit seinem ganzen Vermögen) bis zur Höhe desjenigen Wertes, den das *peculium* im Zeitpunkt der Urteilsfällung hatte.
2. *Actio de in rem verso* (Verwendungsklage)[70]
   Mit dieser Klage konnte der Gewalthaber in Anspruch genommen werden, soweit er durch Rechtsgeschäft eines Gewaltunterworfenen bereichert worden war.
3. *Actio tributoria*
   Diese Klage wurde gewährt, wenn der Gewaltunterworfene mit Wissen des Gewalthabers ein Handelsgeschäft oder ein Gewerbe betrieb.
4. *Actio quod iussu*
   Schließlich konnte der Gewalthaber auch belangt werden, wenn er einen Dritten ermächtigt hatte, mit dem Haussohn oder dem Sklaven ein Geschäft abzuschließen.
5. *Actio exercitoria und institoria*
   Mit diesen Klagen, die nicht auf Schulden Gewaltunterworfener beschränkt waren, hafteten der Reeder (*exercitor navis*) für die vom Schiffskapitän eingegangenen Verbindlichkeiten und der Unternehmer für die Schulden, die der von ihm eingesetzte Leiter (*institor*) eines Ladens (*taverna*) oder eines sonstigen Gewerbebetriebes gemacht hatte. Auf Papinian geht eine *actio ad exemplum actionis institoriae* zurück, nach welcher der Geschäftsherr für die von seinem (gewaltfreien) Vermögensverwalter in dessen Geschäftsbereich eingegangenen

[69] Vgl. Gai. 2, 95: *per extraneam personam nobis adquiri non posse* – durch außenstehende Personen kann uns nichts erworben werden.

[70] Dazu zuletzt Chiusi, Die actio de in rem verso im römischen Recht (2001).

Schulden haftet[71]. Auch sonst gewährte man in ähnlichen Fällen *actiones utiles* für oder gegen den Geschäftsherrn[72]. Die Entwicklung verlief also in die Richtung der fallweisen Anerkennung einer Stellvertretung, ohne dass diese freilich jemals allgemein anerkannt worden wäre.

§ 11 Nichtigkeit

I. Allgemeines

Gewisse Rechtsgeschäfte waren ihres Inhalts wegen unwirksam. Den für das Privatrecht der klassischen Zeit charakteristischen Gegensatz von Zivilrecht und Honorarrecht finden wir auch bei der Nichtigkeit von Rechtsgeschäften: Der Prätor anerkannte manche Geschäfte, die das Zivilrecht nicht gelten ließ, und verweigerte umgekehrt anderen seinen Schutz, die nach Zivilrecht gültig waren. Grundsätzlich ist also zwischen zivilrechtlicher und honorarrechtlicher Unwirksamkeit zu unterscheiden.

Zivilrechtlich nichtige Geschäfte waren schlechthin unwirksam (*negotium nullum*). Sie konnten keinerlei Rechtswirkung entfalten.

Die honorarrechtliche Unwirksamkeit trat formal auf verschiedene Weise in Erscheinung. Entweder versagte der Prätor den prozessualen Schutz, indem er sich weigerte, eine Klage aus dem Geschäft zuzulassen (*actionem denegare*), oder er gestattete zwar die Klage, fügte aber zugunsten des Beklagten in die Prozessformel eine Einrede (*exceptio*) ein, deren Berücksichtigung zur Klageabweisung führen konnte.

II. Nichtigkeitsgründe

1. Geschäfte, die eine tatsächlich oder rechtlich unmögliche Leistung betrafen, z. B. Verträge über nicht existierende oder dem Verkehr entzogene Sachen, waren zivilrechtlich nichtig, z. B. die Stipulation: *hippocentaurum dari spondes?* Gelobst Du, einen Hippozentauren zu geben? Häufiger waren Fälle rechtlicher Unmöglichkeit, wie der Verkauf eines *locus sacer vel religiosus* (heiliger oder geweihter Ort), der nicht verkehrsfähig war. Hierher gehört auch der (seltene) Fall, dass sich jemand eine Sache versprechen lässt, die bereits sein Eigentum ist:

Gai. 3, 99: praeterea inutilis est stipulatio, si quis ignorans rem suam esse dari sibi eam stipuletur; quippe quod alicuius est, id ei dari non potest.

---

[71] D. 14, 3, 19 pr.; D. 19, 1, 13, 25; Näheres bei Kunkel/Honsell 381 mit FN 27; Rabel, FS Zitelmann (1913) 3 ff.

[72] S. z. B. Marcell. u. Gai. D. 14, 3, 1 u. 2.

Außerdem ist eine Stipulation ungültig, wenn jemand sich die Übereignung einer Sache versprechen lässt, ohne zu wissen, dass sie ihm bereits gehört; weil die Sache dem Eigentümer nicht übereignet werden kann.

Alle diese Fälle lassen sich in dem Satz, *impossibilium nulla obligatio*[73] – eine unmögliche Leistung kann nicht Gegenstand einer Obligation sein, zusammenfassen. Die Nichtigkeit wegen anfänglicher Unmöglichkeit findet sich noch heute in den meisten Kodifikationen, vgl. z. B. § 878 ABGB, Art. 20 OR. § 306 BGB wurde erst durch das SchuldrechtsmodernisierungsG (2002) abgeschafft; man hielt die Vorschrift für entbehrlich.

2. Unwirksam können auch Geschäfte sein, die gegen ein gesetzliches Verbot[74] verstoßen, sofern das Gesetz die Nichtigkeit anordnet. Im Privatrecht gab es zahlreiche Gesetze, die bestimmte Geschäfte verboten, ohne eine Nichtigkeitssanktion anzuordnen. Die Theorie unterschied Gesetze, die das verbotene Geschäft für nichtig erklären (*leges perfectae*), solche, die den Verstoß gegen ein gesetzliches Verbot lediglich unter Strafe stellen (*leges minus quam perfectae*), und schließlich solche, die überhaupt keine Sanktion enthielten (*leges imperfectae*)[75]. Zur Verbotswidrigkeit im modernen Recht vgl. § 134 BGB, § 879 ABGB, Art. 19 Abs. 2 und Art. 20 Abs. 1 OR.

Paulus sent. 1, 1, 4: Neque contra leges, neque contra bonos mores pacisci possumus. pactum contra ius aut constitutiones aut senatus consulta interpositum nihil momenti habet.

Wir können weder gegen die Gesetze, noch gegen die guten Sitten Verträge schließen. Ein Vertrag, der in Widerspruch zu Gesetz, Kaiserkonstitutionen oder Senatsbeschlüssen abgeschlossen wurde, hat keine Gültigkeit.

3. Nichtig waren also auch Rechtsgeschäfte, die gegen die guten Sitten (*contra bonos mores*) verstießen. Hierbei unterschied man wieder zivile und prätorische Nichtigkeit. Zivilrechtlich nichtig war z. B. der Verkauf von Gift, wenn damit jemand getötet werden sollte[76]. Sittenwidrig und nichtig war ferner der Vertrag über den Nachlass eines noch lebenden Dritten[77]; ebenso die Beschränkung der Freiheit der Eheschließung[78]. Auch Stipulationen waren nichtig, sofern sich der sittenwidrige Zweck aus dem Text des Versprechens ergab.

---

[73] Cels. D. 50, 17, 185.

[74] Vgl. Kaser, Über Verbotsgesetze und verbotswidrige Geschäfte im röm. Recht (1977); Chorus, Handelen in strijd met de wet (1976); Wieacker TS 47 (1979) 277 ff.

[75] Vgl. auch die Einteilung in Ulp. ep. 1, 1 f.; dazu Kaser aaO.; Kunkel/Mayer-Maly 116 f.; s. ferner Pansegrau, Die Fortwirkung der römischrechtlichen Dreiteilung der Verbotsgesetze in der Rechtsprechung des Reichsgerichts (1989).

[76] Gai. D. 18, 1, 35, 2; anders, wenn das Gift zur Herstellung eines Medikamentes oder als Antidoton verwendet werden soll.

[77] Vgl. Pap. D. 39, 5, 29, 2. Das gilt noch heute in § 311b Abs. 4 BGB und Art. 1600 CC; nach Art. 636 ZGB ist der Vertrag gültig, wenn der Erblasser zustimmt.

[78] Paul. D. 45, 1, 134 pr.: Einer Vertragsstrafe zur Sicherung eines Eheversprechens kann die *exceptio doli* entgegen gehalten werden, weil es unehrenhaft ist, mittels Vertragsstrafe die Ehe zu erzwingen:... *quia inhonestum visum est vinculo poenae matrimonio obstringi.*

Ulp. D. 45,1, 26: generaliter novimus turpes stipulationes nullius esse momenti; Pomp. eod. 27: veluti si quis homicidium vel sacrilegium se facturum promittat.

Allgemein wissen wir, dass sittenwidrige Stipulationen nichtig sind; wie z. B. wenn jemand die Begehung eines Mordes oder Sakrilegs verspricht.

Abstrakte Stipulationen, welche den sittenwidrigen Zweck nicht erkennen lassen, wie z. B. das Versprechen von Geld für die Begehung eines Ehebruchs, konnten hingegen nur mit Hilfe einer *exceptio* entkräftet werden.

Nichtig waren natürlich auch *bonae fidei negotia* mit sittenwidrigem Inhalt.

Pap. D. 22, 1, 5: generaliter observari convenit bonae fidei iudicium non recipere praestationem, quae contra bonos mores desideretur.

Allgemein gilt, dass ein Geschäft nach Treu und Glauben keine Leistung zum Gegenstand haben kann, die gegen die guten Sitten verstößt.

Der Nichtigkeitsgrund der Sittenwidrigkeit lebt fort in § 138 BGB, § 879 ABGB, Art. 20 OR, Art. 1131 CC, Art. 1343 CC it.

4. Von Gesetzesumgehung (*agere in fraudem legis*) spricht man, wenn das Geschäft zwar dem Buchstaben des Gesetzes genügt, aber gegen seinen Sinn und Zweck verstößt[79].

5. Die Unwirksamkeit eines Rechtsgeschäftes konnte ferner auf Formfehlern oder auf fehlender Geschäftsfähigkeit beruhen. Ein weiterer Nichtigkeitsgrund war die fehlerhafte Willensbildung[80].

III. Teilnichtigkeit[81]

Verstößt ein Rechtsgeschäft nur in einem einzelnen Punkt gegen ein gesetzliches Verbot oder gegen die guten Sitten, so stellt sich die Frage, ob dadurch das ganze Geschäft unwirksam wird (Totalnichtigkeit) oder ob der restliche Inhalt des Geschäfts aufrechtzuerhalten ist (Restgültigkeit). Die Römer haben hierfür keine allgemeine Regel entwickelt. Doch findet man für die Stipulation den Satz: *utile per inutile non vitiatur*[82] – das Wirksame wird durch das Unwirksame nicht fehlerhaft gemacht; d. h. im Zweifel soll Restgültigkeit eintreten. Dieser Satz, der später zu einer Regel verallgemeinert wurde, findet sich heute in § 878 S. 2 ABGB und in Art. 20 Abs. 2 OR. Hingegen hat sich der Gesetzgeber des § 139 BGB aus Gründen der Privatautonomie für eine Auslegungsregel entschieden, der zufolge im Zweifel Totalnichtigkeit eintreten soll. Diese Regel hat sich als wenig praktikabel erwiesen. Häufig ist es nämlich so, dass sich eine Partei hinterher auf die Nichtigkeit beruft,

---

[79] S. dazu oben § 3 I.

[80] Vgl. §§ 8, 9 u. 12.

[81] Dazu Seiler, 1. FS Kaser (1976) 127, 132 ff.; Mayer-Maly, GS Gschnitzer (1969) 265 ff.; Zimmermann, Richterliches Moderationsrecht oder Totalnichtigkeit? (1979).

[82] Ulp. D. 45, 1, 1, 5.

weil sie das Geschäft reut. In einem solchen Fall wird sie dazu neigen, zu behaupten, sie hätte das Geschäft ohne die nichtige Klausel nicht geschlossen. Daher ist es richtiger, die Frage nach dem hypothetischen Parteiwillen dem Richter zu überlassen. Dieser hat festzustellen, was vernünftige und redliche Parteien getan hätten, wenn ihnen die Nichtigkeit einer einzelnen Klausel bekannt gewesen wäre. Trotz der anderslautenden Regel von § 139 BGB nimmt die deutsche Rechtsprechung im Zweifel meist Restgültigkeit an[83].

§ 12 Willensmängel

I. Scherzerklärung

Unwirksam waren Erklärungen, denen ein rechtsgeschäftlicher Verpflichtungswille fehlte, wie z. B. eine Stipulation auf der Bühne oder zu Unterrichtszwecken.

Paul. D. 44, 7, 3, 2: verborum quoque obligatio constat, si inter contrahentes id agatur: nec enim si per iocum puta vel demonstrandi intellectus causa ego tibi dixero „spondes?" et tu responderis „spondeo", nascetur obligatio.

Eine Verpflichtung aus Verbalkontrakt besteht nur, wenn ein entsprechender Parteiwille vorliegt; es entsteht nämlich keine Obligation, wenn ich zum Scherz oder zu Unterrichtszwecken zu dir sage: „Gelobst du?", und du antwortest „ich gelobe".

Die Beispiele einer Scherzerklärung sind im akademischen Unterricht noch heute dieselben; man denke an an die Bürgschaftserklärung auf der Bühne oder den zu Unterrichtszwecken ausgefüllten Wechsel.

Der geheime Vorbehalt (Mentalreservation) nur einer Partei ist unbeachtlich. Anders im kanonischen Eherecht, wo die Mentalreservation seltsamerweise noch heute anerkannt wird (can. 1101 § 2 Codex iuris canonici 1983).

II. Scheingeschäft

Unwirksam ist ferner das sog. Scheingeschäft (*negotium simulatum*). Für dieses ist typisch, dass nach außen hin ein Geschäft abgeschlossen wird, das die Parteien in Wahrheit gar nicht wollen. Zumeist soll durch dieses simulierte Geschäft ein anderes Geschäft verdeckt werden, das gegen ein gesetzliches Verbot verstößt (dissimuliertes Geschäft). In diesen Fällen tritt doppelte Nichtigkeit ein. Das simulierte Geschäft ist mangels eines entsprechenden Parteiwillens nichtig, das dissimulierte Geschäft wegen des Verstoßes gegen ein gesetzliches Verbot. Das Scheingeschäft dient meist der Gesetzesumgehung oder der Täuschung Dritter. Beispiele hierfür sind etwa der nur zum Schein abgeschlossene Kaufvertrag, hinter dem sich in

[83] Vgl. Mayer-Maly aaO.; MünchKomm^{6}/Armbrüster BGB § 139 Rn 2; für Totalnichtigkeit hingegen Zimmermann aaO., 40, 83 u. öfter.

Wahrheit ein Darlehen verbirgt, das gegen das *SC Macedonianum* verstößt (§ 41 III), oder die fiktive Abrede eines Verkaufes mit der Verpflichtung zum Rückkauf der Sache in einem späteren Zeitpunkt zu einem höheren Preis zur Umgehung der Zinsbeschränkung (§ 30 III), der unrömisch sog. *contractus mohatrae* – maurische Vertrag – usw.

Scherzerklärung und Scheingeschäft sind auch heute nichtig (§§ 117, 118 BGB, § 916 ABGB, Art. 18 OR). Die Mentalreservation ist unbeachtlich, sofern sie der Gegner nicht erkennt (§ 116 BGB).

III. Irrtum (error)[84]

Ausgangspunkt der römischen Irrtumslehre waren die Konsensualkontrakte, bei denen der übereinstimmende Parteiwille (*consensus*) vertragsbegründend war. Fehlte diese Übereinstimmung (*dissensus*), so war der Vertrag nichtig. Anders als das moderne Recht haben die Römer zwischen Irrtum und Dissens nicht unterschieden. Irrtum war für sie nicht Auseinanderfallen von Wille und Erklärung, sondern die Konsensstörung[85]. Die Römer haben weder eine Theorie der Willenserklärung[86], noch eine Lehre vom Vertragsschluss durch Angebot und Annahme entwickelt. Freilich war auch in Rom nicht, wie meist gelehrt wird, nur der innere Wille[87] der massgebliche Anknüpfungspunkt, sondern die Erklärung oder die sonstige Ausdrucksform des rechtsgeschäftlichen Handelns (*id quod actum*).[88] Die Betonung des consensus erklärt sich aus dem enormen Fortschritt, der darin lag, dass man sich ohne Beachtung einer Form nur durch den übereinstimmenden Willen verpflichten konnte. Damit war freilich nicht, wie erst ein späteres Missverständnis annahm, ein innerer, psychologischer Wille gemeint, sondern ein von den Parteien *geäusserter* formfreier Wille. Der Wille muss ja stets (zumindest konkludent) erklärt werden, wenn es zu einem Vertragsschluss kommen soll. Bei den Konsensualkontrakten beruhte also die Verpflichtungswirkung nicht auf der Beachtung einer bestimmten Form, sondern allein auf der *erklärten* Willenseinigung der Parteien (*consensus*).

---

[84] Kunkel/Mayer-Maly 122 ff.; Babusiaux, Id quod actum est – Zur Ermittlung des Parteiwillens im klass. röm. Zivilprozess (2006); Harke, Si error aliquis intervenit – Irrtum im klassischen römischen Vertragsrecht (2005); J. G. Wolf, Error im römischen Vertragsrecht (1961).

[85] Der Text folgt der h.L. s. etwa Kunkel/Mayer-Maly 122; gegen Wolf aaO., der meint, der Grund für die Unwirksamkeit des Vertrages sei die mangelnde Identifikation des Leistungsgegenstandes.

[86] Eine Theorie der Willenserklärung ist erst im Naturrecht entwickelt worden; s. Kunkel/Mayer-Maly 119 mNw. in FN 1.

[87] S. statt aller Kaser/Knütel 8.21; Nachweise zur eher verunklarenden jüngsten Diskussion bei Schermeier, in: Pichonnaz (éd.) Autour du droit des contrats, Contrib. en l'honneur de Felix Wubbe (2009) 49 ff.

[88] Wie hier jetzt auch Harke aaO.; ebenso Babusiaux aaO. 251 u. passim.

Im modernen Recht spricht man von Dissens nur, wenn die beiden Willenserklärungen objektiv nicht übereinstimmen, von Irrtum hingegen, wenn bei einer Partei Wille und Erklärung auseinanderfallen[89].

Die Römer haben nicht, wie dies heute überwiegend geschieht, Erklärungsirrtum, Geschäftsirrtum oder Motivirrtum unterschieden, sondern nach dem Gegenstand des Irrtums (*error in obiecto, persona, negotio* etc.). Diese Einteilung war auch im gemeinen Recht üblich und wird zum Teil noch heute verwendet (vgl. etwa Art. 24 Abs. 1 Nr. 1-3 OR). Aus dem Konsensprinzip folgte, dass die fehlende Willensübereinstimmung in Bezug auf eines der *essentialia negotii* (wie Kaufgegenstand, Preis, Vertragspartner, Vertragstyp) Nichtigkeit zur Folge hatte.

1. *Error in corpore*

Eine besondere Rolle spielte der Irrtum über den Kaufgegenstand:

Ulp. D. 18, 1, 9: in venditionibus et emptionibus consensum debere intercedere palam est: ceterum sive in ipsa emptione dissentient sive in pretio sive in quo alio, emptio imperfecta est. si igitur ego me fundum emere putarem Cornelianum, tu mihi te vendere Sempronianum putasti, quia in corpore dissensimus, emptio nulla est.

Dass für den Kauf ein Konsens notwendig ist, liegt auf der Hand, andernfalls; wenn die Parteien bezüglich des Kaufes selbst oder über den Preis oder in einem anderen Punkt nicht übereinstimmen, ist der Kauf unwirksam. Wenn ich daher geglaubt habe, das Cornelianische Grundstück zu kaufen, du dagegen der Ansicht warst, mir das Sempronianische zu verkaufen, so ist der Kaufvertrag nichtig, weil bezüglich des Gegenstandes keine Willensübereinstimmung erzielt worden ist.

2. *Error in materia oder substantia*

Umstritten war die Relevanz eines Irrtums über wesentliche Eigenschaften der Sache. Vermutlich war der Eigenschaftsirrtum irrelevant; nur wenn es sich um eine wesentliche Eigenschaft handelte und wenn beide Parteien irrig vom Vorliegen dieser Eigenschaft ausgingen, wurde im Einzelfall, vielleicht im Hinblick auf die Vergleichbarkeit mit dem *error in corpore*, Unwirksamkeit angenommen.

Iul. D. 18, 1, 41,1: mensam argento coopertam mihi ignoranti pro solida vendidisti imprudens: nulla est emptio pecuniaque eo nomine data condicetur.

Du hast mir einen Tisch, der lediglich versilbert war, was wir beide nicht wussten, als massiv silbernen verkauft; der Kauf ist nichtig und das deswegen gezahlte Geld kann kondiziert werden.

Andererseits hält Marcian den Kauf für gültig, wenn ein Messinggefäß als goldenes verkauft worden ist:

Marc. D. 18, 1, 45 (i. f.): quemadmodum si vas aurichalcum pro auro vendidisset ignorans, tenetur, ut aurum quod vendidit praestet.

---

[89] Zum modernen Recht s. etwa §§ 119 ff. u. 154 f. BGB, §§ 869 u. 871 ff. ABGB, Art. 1, 18 u. 23 ff. OR. Im schweizerischen und öst. Recht nimmt die h.L. immer noch an, Konsens sei der übereinstimmende wirkliche (innere) Wille. Dieses Missverständnis wurde namentlich von Ernst Kramer verbreitet (Grundfragen der vertraglichen Einigung, 1972; ders. Int. Encycl. of Comp. Law VII 11-4). Die Willenstheorie ist aber schon in der Pandektistik zugunsten der Erklärungs- bzw. Vertrauenstheorie aufgegeben worden. In Deutschland blieb dies h.L. Näher Honsell, Willenstheorie oder Erklärungstheorie? FS Walter (2005) 335.

Ebenso haftet der Verkäufer, der unwissend ein Messinggefäß als goldenes verkauft hat, dass er das Gold, das er verkauft hat, leistet.

Danach ist der Kauf gültig, der Verkäufer haftet auf das Interesse. Zum Widerspruch zwischen diesen beiden Stellen gibt es zahlreiche Erklärungsversuche[90]. Einerseits ist es bei Annahme einer stillschweigenden Zusicherung einleuchtend, dass der Verkäufer haftet, was aber Gültigkeit des Vertrages oder die Gewährung einer *actio in factum* voraussetzt. Andererseits wird die Relevanz des Irrtums etwa im umgekehrten Fall deutlich, in dem sich der Verkäufer zu seinen Ungunsten irrt, wenn ein massiv silberner Tisch oder ein goldenes Gefäß als vesilbert oder aus Messing verkauft wird.

Im Übrigen war die Entscheidung, ob ein Substanzirrtum beachtlich ist, von der aus der aristotelischen Philosophie bekannten spekulativen Frage nach dem Wesen einer Sache geprägt. Das Fehlen einer wesentlichen Eigenschaft kann den Charakter und namentlich den Wert der Sache verändern. Dies klingt an bei Ulp. D. 18, 1, 9, 2, wo es in diesem Zusammenhang heißt, es sei etwas „*aliud pro alio*" verkauft:

Ulp. D. 18, 1, 9, 2: Inde quaeritur, si in ipso corpore non erratur, sed in substantia error sit, ut puta si acetum pro vino veneat, aes pro auro, vel plumbum pro argento vel quid aliud argento simile, an emptio et venditio sit. Marcellus scripsit libro sexto digestorum emptionem esse et venditionem, quia in corpus consensum est, etsi in materia sit erratum. ego in vino quidem consentio, quia eadem prope *ousía* est, si modo vinum acuit: ceterum si vinum non acuit, sed ab initio acetum fuit, ut embamma, aliud pro alio venisse videtur. in ceteris autem nullam esse venditionem puto, quotiens in materia erratur.

Weiter wird gefragt, ob ein gültiger Kauf vorliegt, wenn über den Gegenstand selbst nicht geirrt wird, jedoch ein Irrtum über die Substanz vorliegt, wie etwa wenn Essig als Wein verkauft wird, Kupfer als Gold, Blei als Silber (oder etwas Silber Ähnliches). Marcellus hat im sechsten Buch seiner Digesten geschrieben, der Kauf sei gültig, weil Konsens hinsichtlich des Gegenstandes vorliege, auch wenn über die Substanz geirrt werde. Bezüglich des Weines stimme ich zu, weil es beinahe noch dieselbe Substanz ist, wenn der Wein nur sauer geworden ist. Wenn der Wein allerdings nicht sauer geworden ist, sondern wenn es von vornherein Essig war, wie z. B. (künstlich hergestellter) Essig, scheint etwas anderes für etwas anderes verkauft worden zu sein. In den übrigen Fällen meine ich, dass es kein gültiger Kauf ist, wenn ein Irrtum über die Substanz vorliegt.

Trotz einiger Unsicherheit wird also der *error in materia* für beachtlich erklärt. Gegenüber Wein ist Essig (auch nach moderner Auffassung) ein *aliud.* Dagegen handelt es sich um mangelhafte Qualität, wenn der Wein nur sauer geworden ist. Die Abgrenzung zwischen *aliud* und Sachmangel[91] ist noch heute ebenso umstritten wie die Frage, ob konkurrierend neben der Sachmängelhaftung (die auf das ädilizische Edikt zurückgeht, vgl. § 46) eine Irrtumsanfechtung wegen Fehlens einer

---

[90] Vgl. die Nachweise bei Apathy SZ 111 (1994) 95 ff.

[91] S. etwa Staudinger/Honsell BGB § 459 a. F. Rn 25 ff. (zum Stückkauf), 44 ff. (zum Gattungskauf); Foerste JuS 1994, 202 ff. mNw. Einigkeit besteht trotz aller Unterschiede darin, dass es nicht auf die philosophische Frage nach dem Wesen der Sache, sondern auf die Verkehrsauffassung ankommt. Zu weit geht es allerdings, wegen dieser Abgrenzungschwierigkeiten aliud und peius gleichzusetzen und immer Sachmängelrecht anzuwenden. Denn Wandlung oder Minderung passen nicht, wenn Salz statt Zucker geliefert wird. Beim Stückkauf liegt ein aliud und damit Nichterfüllung nur vor, wenn der Verkäufer eine andere als die verkaufte Sache liefert, z. B. nicht das Pferd, das der Käufer ausgesucht und gekauft hat, sondern ein anderes (sog. „Identitätsaliud"). § 434 III BGB stellt unsinniger Weise sogar diesen Fall dem Sachmangel gleich.

wesentlichen Eigenschaft (§ 119 Abs. 2 BGB, § 871 Abs. 1 ABGB) oder wegen eines Grundlagenirrtums (Art. 24 Abs. 1 Ziff. 4 OR) möglich ist. Während das österreichische und das schweizerische Recht[92] die Konkurrenz zulassen, wird sie in Deutschland und Frankreich insbesondere deswegen abgelehnt[93], weil andernfalls die kurze Verjährung des Sachmängelrechts (vgl. § 46 II a. E.) gegenstandslos wäre[94].

3. *Error in negotio*
   Nicht selten sind auch Fälle des Dissenses über den Vertragstyp, wenn z. B. die eine Partei Kauf, die andere Schenkung annimmt oder Leihe statt Miete. Dissens liegt auch vor, wenn ein Vertragspartner schenken will, der andere glaubt, es sei ein Darlehen vereinbart. Dies gilt nicht nur dann, wenn der Gläubiger ein Darlehen geben will, sondern auch wenn der Schuldner an ein Darlehen denkt; denn niemand muss sich eine Schenkung aufdrängen lassen, da diese zwar nicht rechtlich, wohl aber gesellschaftlich verpflichtet.

Ulp. D. 12, 1, 18 pr.: si ego pecuniam tibi quasi donaturus dedero, tu quasi mutuam accipias, Iulianus scribit donationem non esse: sed an mutua sit, videndum. et puto nec mutuam esse magisque nummos accipientis non fieri, cum alia opinione acceperit.

Wenn ich dir Geld gebe, in der Absicht, es dir zu schenken, du es aber als Darlehen annimmst, so liegt keine Schenkung vor, schreibt Julian. Man muss aber sehen, ob es ein Darlehen ist. Ich glaube, es ist auch kein Darlehen und das Geld wird nicht Eigentum des Empfängers, wenn er es in anderer Meinung angenommen hat.

Die Frage des Eigentumsübergangs war freilich streitig:

Iul. D. 41, 1, 36: nam et si pecuniam numeratam tibi tradam donandi gratia, tu eam quasi creditam accipias, constat proprietatem ad te transire nec impedimento esse, quod ca. causam dandi atque accipiendi dissenserimus.

Denn auch wenn ich dir abgezähltes Geld in Schenkungsabsicht gebe, du es aber als Darlehen annimmst, steht fest, dass das Eigentum übergeht und dass es kein Hindernis ist, dass wir uns über den Rechtsgrund des Gebens und Nehmens nicht geeinigt haben.

Da der Empfänger ja in beiden Fällen jedenfalls Eigentümer werden sollte, bejaht Julian den Eigentumsübergang (vgl. § 19 II).

4. *Error in persona*
   Beim Irrtum über die Person des Geschäftsgegners spricht man von einem *error in persona.*
5. *Error in nomine*
   Sind sich die Parteien über das Vertragsobjekt einig und haben sie lediglich eine falsche Bezeichnung gewählt oder hat eine Partei über den richtigen Namen

[92] Vgl. Kramer, Lichtensteinische Juristenzeitung 1988, 1 ff., Honsell, Schweiz. Obligationenrecht, Besonderer Teil (8. Auflage 2006) 115 ff., J. Schröder FS Kegel (1977) 397 ff.; Ghestin, Traité de droit civil II 317 ff.

[93] S. Staudinger/Honsell, Kommentar zum BGB Vorbem. zu §§ 459 ff. a.F. Rn 27 ff.; P. Huber ZEuP 1997, 1142 ff.; Honsell SJZ 2007, 137 ff.

[94] Dazu Kramer, Der Irrtum beim Vertragsschluss, eine weltweit rechtsvergleichende Bestandsaufnahme (1998) 148 ff.

geirrt (error in nomine[95]), so liegt ein gültiger Vertrag vor. Dies besagt auch die gemeinrechtliche Regel falsa demonstratio non nocet – eine falsche Bezeichnung ist unschädlich.

6. *Error iuris und error facti*
   Nach einer alten Regel schadet ein Rechtsirrtum (*error iuris nocet*[96]), nicht hingegen ein Irrtum über Tatsachen. Die Quellen sprechen zumeist nicht von error (Irrtum), sondern von ignorantia (Unkenntnis). Nach heutiger Auffassung ist Irrtum die falsche Vorstellung von der Wirklichkeit, Unkenntnis hingegen das Fehlen einer (richtigen) Vorstellung. So wie man heute oft zwischen beidem nicht unterscheidet, scheint dies auch in der Antike der Fall gewesen zu sein[97].

Paul. D. 22, 6, 9, pr.: Regula est iuris quidem ignorantiam cuique nocere, facti vero ignorantiam non nocere.

Es ist eine Regel, dass Rechtsunkenntnis schadet, nicht hingegen Unkenntnis von Tatsachen.

Die Regel hängt mit dem berühmten Satz zusammen: *ius civile scriptum est vigilantibus*[98] – das Zivilrecht ist für die Wachsamen geschrieben. Allerdings war auch der Rechtsirrtum nicht stets unbeachtlich[99].

IV. Dolus und metus (arglistige Täuschung und Zwang)

Dolus[100] und *metus*[101] (arglistige Täuschung und Zwang) beeinträchtigten die zivilrechtliche Gültigkeit strengrechtlicher Geschäfte (wie z. B. der Stipulation) nicht, führten aber seit der späten Republik zur prätorischen Unwirksamkeit im Wege der Einrede (*excepto doli*). Klageweise konnte *dolus* mit der *actio de dolo* geltend gemacht werden, die allerdings subsidiär war und auf ein Jahr befristet[102].

Bei den *bonae fidei iudicia* war die Einrede der Arglist nicht notwendig, da hier der Richter ohnehin nach den Grundsätzen der *bona fides* zu urteilen hatte, die jedes arglistige Verhalten ausschloss (Inhärenz der *exceptio doli*)[103].

Dolus lässt sich am besten mit Arglist übersetzen. Eine alte Definition lautet, dass etwas anderes getan und etwas anderes vorgetäuscht wird: *aliud actum, aliud*

---

[95] Ulp. D. 18, 1, 9; D. 45, 1, 32.

[96] Vgl. Winkel, Error iuris nocet (1985); Mayer-Maly AcP 170 (1970) 134 ff.

[97] Kunkel/Mayer-Maly 125 FN 58.

[98] D. 42, 8, 24 i.f.

[99] Vgl. Kunkel/Mayer-Maly 125.

[100] D. 4, 3; vgl. Wacke SZ 94 (1977) 184 ff.; ders., Iura 28 (1977) 10 ff.; MacCormack SZ 100 (1983) 520 ff.

[101] Vgl. Kupisch, In integrum restitutio und vindicatio utilis (1974) 123 ff.; v. Lübtow, Der Ediktstitel „Quod metus causa gestum erit" (1932); Hartkamp, Der Zwang im röm. Privatrecht (1971).

[102] Unten § 62 I.

[103] Vgl. § 26 IV 2.

simulatum[104]. *Dolus* ist gleichbedeutend mit Betrug und Arglist (*fallacia, fraus, calliditas*). Dem Vorspiegeln falscher Tatsachen entspricht als Tatbild des *dolus commissivus* das Unterdrücken wahrer Tatsachen. Dazu ist mehr erforderlich, als bloßes Verschweigen wahrer Tatsachen, das noch nicht als Arglist gilt. Die Frage war allerdings kontrovers. So heißt es bei Cicero aaO.: *aliter leges, aliter philosophi tollunt astutias*. Der Streit hat schon die griechische Philosophie beschäftigt, vgl. das Beispiel de officiis 3, 12, 50: Auf Rhodos herrscht Hungersnot. Es kommen Getreideschiffe aus Ägypten. Darf der Verkäufer, der zuerst ankommt, sein Getreide so teuer wie möglich verkaufen, oder muss er darauf hinweisen, dass noch andere Schiffe unterwegs sind? Nach Cicero bestand dazu nur eine moralische Pflicht, keine rechtliche. In diesem Sinne verneinte auch der US Supreme Court Arglist in dem berühmten Fall Laidlaw v. Organ (US Supreme Court 15 U. S. 178, 194):

> Organ who happend to have got early notice of the peace treaty signed between the United States and England in the early morning hours of 19th February 1815 immediately bought a large amount of tobacco from Laidlaw at its current market price only a few hours later the peace treaty became known to the public and the price for tobacco rose sharply by about 50 %. Laidlaw refused to deliver the tobacco and claimed that he had been deceived by Organ. The U.S. Supreme Court rejected this view and held, that Organ had not violated any duty of disclosure.

Schweigen allein ist also grundsätzlich nicht arglistig. Anders ist es allerdings bei Mängeln oder Eigenschaften der Kaufsache, die der Verkäufer nicht verschweigen darf (vgl. § 46 II). Schon das deutsche RG (Urteil v. 3. 2. 1904 I 404/03) hat Arglist bejaht beim Verkauf von Bergwerksaktien durch einen Bankier, der bereits wusste, dass das Bergwerk gerade durch Wassereinbruch zerstört worden war. Diese Differenzierungen sind heute verloren gegangen und Arglist wird fälschlich immer schon dann angenommen, wenn nach Treu und Glauben eine Pflicht zu reden besteht[105].

Drohung und Zwang beeinträchtigten die Gültigkeit des Geschäftes nicht unmittelbar, hatten aber prätorische Unwirksamkeit zur Folge. Das Edikt (D. 4, 2, 1) lautete: *Quod metus causa gestum erit, ratum non habebo* – was aus Furcht geschehen ist, werde ich nicht genehmigen. In praxi gewährte der Prätor eine *exceptio metus causa* und gegebenenfalls Wiedereinsetzung in den vorigen Stand (*restitutio in integrum*). Bei den *bonae fidei iudicia* waren Zwang und Furcht wiederum *ex officio* zu berücksichtigen.

Arglistige Täuschung und Drohung sind auch im modernen Recht Anfechtungsgründe (vgl. § 123 BGB, § 870 ABGB, Art. 28 ff. OR).

---

[104] Die Definition geht auf Aquilius Gallus zurück, der nach Cicero als erster die Formeln über die Arglist ins Edikt aufgenommen hat; vgl. de officiis 3, 14, 60.

[105] Näheres bei Honsell FS Gauch (2004) 101 ff. und bei Wacke aaO.

§ 13 Heilung und Umdeutung

I. Heilung (Konvaleszenz)

Die Unwirksamkeit war grundsätzlich endgültig.

Paul. D. 50, 17, 29: quod initio vitiosum est, non potest tractu temporis convalescere. – Was von Anfang an fehlerhaft ist, kann nicht durch Zeitablauf heilen.

Diese Annahme lag z. B. der regula Catoniana zugrunde[106].

In einigen Sonderfällen war die Unwirksamkeit heilbar; so konnte z. B. ein Minderjähriger nach Erreichen der Volljährigkeit das unwirksame Geschäft genehmigen[107]. Hatte ein Nichtberechtigter verfügt, der später Eigentümer geworden war, so wurde der Erwerber prätorisch geschützt[108]. Im modernen Recht schlug sich dies z. B. in § 185 Abs. 2 BGB nieder.

II. Umdeutung (Konversion)[109]

Mitunter erfüllt das nichtige Geschäft die Tatbestandsvoraussetzungen eines anderen, gültigen Rechtsgeschäfts. Dann kommt eine Umdeutung in Betracht; denn es wäre zu streng, die Parteien mit der Nichtigkeit zu behaften, wenn es einen anderen, gangbaren Weg für sie gibt. So wurden z. B. eine unwirksame testamentarische Verfügung als Fideikommiss (formlose Bitte des Erblassers an den Erben[110]) aufrechterhalten. Ein formungültiger Erlass konnte als formloses *pactum* wirksam sein[111]. Meist handelte es sich um prätorische Wirksamkeit zivilrechtlich unwirksamer Geschäfte.

Im modernen Recht findet sich die Konversion z. B. in § 140 BGB. Sie gilt aber (ohne gesetzliche Regelung) auch im schweizerischen und österreichischen Recht. In Betracht kommt unter Umständen z. B. die Umdeutung eines unwirksamen, weil bloß schriftlichen und nicht notariell beurkundeten, Schenkungsversprechens (§ 518 BGB, § 1 Abs. 1 lit. d NotAktG)[112] in ein privatschriftliches Testament. Ein anderes Beispiel ist die Umdeutung einer unwirksamen, fristlosen außerordentlichen Kündigung in eine befristete ordentliche.

---

[106] Unten § 74 II.

[107] Näheres bei Kunkel/Mayer-Maly 128 f.

[108] z. B. Ulp. D. 6, 2, 7; s. auch Afric. D. 20, 4, 9, 3 zum Pfand.

[109] Vgl. Krampe, Die Konversion des Rechtsgeschäfts (1980), der die Eigenständigkeit der Figur gegenüber der ergänzenden Auslegung leugnet; dagegen Binder, Zur Konversion von Rechtsgeschäften (1982); Kunkel/Mayer-Maly 129.

[110] Vgl. § 75.

[111] S. Ulp. D. 46, 4, 8 pr.

[112] In der Schweiz ist dieser Fall nicht denkbar, weil nach § 243 OR für das Schenkunsversprechen Schriftform genügt.

Sachenrecht

§ 14 Die Sachen

I. Einteilung der Sachen

Der Begriff der Sache (*res*) war denkbar weit; er umfasste körperliche und unkörperliche Sachen.

Gai. 2, 13–14: (res) corporales, quae tangi possunt (velut fundus, homo, vestis, aurum argentum et denique aliae res innumerabiles); res incorporales, quae tangi non possunt (qualia sunt ea, quae in iure consistunt, sicut hereditas, ususfructus, obligationes quoquo modo contractae).
Körperliche Sachen, die man angreifen kann (wie z. B. ein Sklave, ein Kleid, Gold, Silber und schließlich unzählige andere Sachen); unkörperliche Sachen, die man nicht angreifen kann (das sind diejenigen, die in einem Recht bestehen, wie z. B. eine Erbschaft, ein Nießbrauch und alle wie immer kontrahierte Obligationen).

Diesem weiten Sachbegriff folgt noch das ABGB; § 285 definiert: „alles, was von der Person unterschieden ist und zum Gebrauche der Menschen dient, wird im rechtlichen Sinne eine Sache genannt". Auch das französische Recht kennt diesen weiten Sachbegriff, der sowohl bien corporel wie incorporel umfasst. In anderen modernen Rechten (z. B. § 90 BGB, Art. 713 ZGB) ist der Begriff der Sache auf körperliche Sachen beschränkt, erstreckt sich also nicht auf Rechte. Dies ist ein weiteres Beispiel für Übereinstimmungen bzw. Unterschiede in den Naturrechtsgesetzbüchern einerseits und den auf der Pandektistik beruhenden Kodifikationen andererseits.

Eine weitere Einteilung der Sachen ist die in Grundstücke und bewegliche Sachen (*res immobiles*, *res mobiles*). Beide wurden allerdings grundsätzlich gleich behandelt. Grundstücke heißen im lateinischen *praedia*. Zumeist ist in den Quellen von *fundus* oder *villa* die Rede. Das ist ein Landgut, das als Einheit betrachtet wird; *fundi appellatione omne aedificium et omnis ager continet*. Die Bezeichnung *fundus* umfasst alle Gebäude und den ganzen Grund; das städtische Grundstück heißt *area*, das Gebäude *aedes*[1].

---

[1] Flor. D. 50, 16, 211.

H. Honsell, *Römisches Recht*, Springer-Lehrbuch, DOI 10.1007/978-3-662-45870-9_3

An die Stelle der prinzipiellen Unterscheidung von Liegenschaften und beweglichen Sachen trat im römischen Recht der uralte Gegensatz von *res mancipi* (Grundstücke, Sklaven, Zug- und Lasttiere[2] sowie Felddienstbarkeiten) und *res nec mancipi* (alle anderen Sachen), für die noch im klassischen Recht verschiedene Übereignungsformen galten. *Res mancipi* waren danach alle für die bäuerlichen Verhältnisse wesentlichen Vermögensgegenstände. An dieser Einteilung hat der römische Traditionalismus noch Jahrhunderte später festgehalten, als Rom längst eine große, den ganzen Mittelmeerraum beherrschende Handelsmetropole geworden war.

Sklaven und Tiere galten im römischen Recht als Sachen. Noch das ABGB aus dem Jahre 1811 hält in § 16 fest, dass die Sklaverei abgeschafft ist. Auch Tiere gelten heute nicht mehr als Sachen, wenngleich sie weitgehend analog behandelt werden (vgl. § 90a BGB, Art. 641a ZGB, § 285a ABGB).

Gewisse Sachen waren dem Rechtsverkehr entzogen (*res extra commercium*). Hierher zählten die *res divini iuris*, die den Göttern geweihten Sachen, und die *res publicae*, die im Gemeingebrauch stehenden Sachen. Die *res divini iuris* wurden wieder unterteilt in *res sacrae* (den Göttern der Oberwelt geweihte Kultgegenstände und Tempel), *res religiosae* (den Göttern der Unterwelt, *Dii Manes*, geweihte Sachen, vor allem Grabstätten und Grabbeigaben) und schließlich die *res sanctae*, die unter besonderem Schutz der Götter standen, wie vor allem Stadtmauern und -tore[3].

Die *res publicae*[4] waren Sachen im Eigentum des Staates (öffentliche Straßen und Plätze, Flüsse und Seen, Wasserleitungen usw.). Hiervon wurden noch unterschieden die *res communes omnium*[5], die allen gemeinsam gehören, wie Luft, fließendes Wasser in Bächen und Flüssen, das Meer samt dem Strand. Der Grundsatz der Freiheit der Meere *(mare liberum)* hat noch heute im Völkerrecht eine große Bedeutung.

Schließlich unterschied man noch vertretbare Sachen (*res fungibiles*) und nicht vertretbare. Fungibel sind Sachen, die im Verkehr in der Regel nur gattungsmäßig bestimmt und daher nach Zahl, Maß oder Gewicht bezeichnet werden (*res quae pondere numero mensura consistunt*), *z. B.* Öl, Getreide, Wein usw. Nur vertretbare Sachen können Gegenstand eines Darlehens sein.

Verbrauchbar sind Sachen, deren bestimmungsgemäßer Gebrauch im Verbrauch besteht (*res quae usu consumuntur*), z. B. Lebensmittel. Verbrauchbare Sachen können nicht Gegenstand einer Leihe sein, es sei denn, es geht nur ums Herzeigen (*ad pompam vel ostentationem*)[6].

---

[2] Pferde, Esel, Rinder, aber nicht Kamele und Elefanten; vgl. Gai. 2, 15 ff. Nach einer alten Definition musste es sich um *animalia* handeln, *quae collo dorsove domari solent* (wörtlich: die man an Hals und Rücken zähmt); das hätte an sich auch auf Kamele und Elefanten zugetroffen. Dass diese gleichwohl nicht dazu zählen, erklärt Gaius mit dem Alter der Regelung. In der Zeit, aus der die Unterscheidung stammt, gab es in Rom weder Kamele noch Elefanten.

[3] Gai. 2, 2 ff.

[4] Gai. 2, 11.

[5] Marc. D. 1, 8, 2 pr.

[6] Ulp. D. 13, 6, 3, 6.

II. Teil, Zubehör und Frucht

1. Teil heißt lateinisch *pars*. Wie im modernen Sprachgebrauch kann damit ein realer oder ein rechnerischer Teil gemeint sein.

2. Die Römer unterschieden Einheitssachen, die unteilbar sind, d. h., ohne Wertverlust nicht geteilt werden können (*res quae sine interitu dividi non possunt*), zusammengesetzte Sachen und Sachgesamtheiten:

Pomp. D. 41, 3, 30 pr.: tria autem genera sunt corporum, unum, quod continetur uno spiritu et Graece ἡνωμένον - *henoménon* vocatur, ut homo tignum lapis et similia: alterum, quod ex contingentibus, hoc est pluribus inter se cohaerentibus constat, quod συνημμένον - *synemménon* vocatur, ut aedificium, navis armarium: tertium, quod ex distantibus constat, ut corpora plura non soluta, sed uno nomini subiecta, veluti populus, legio grex.

Es gibt drei Arten von Sachen, die eine, die von *einem* Geist umfasst wird, die auf griechisch zusammenhängend genannt wird, wie ein Sklave, ein Balken, Stein oder ähnliches; die andere, die aus zusammengehörigen, d. h. aus mehreren untereinander zusammenhängenden Sachen besteht, was auf griechisch „zusammengesetzt" heißt, wie ein Haus, Schiff oder Schrank; die dritte, die aus mehreren einzelnen, aber nicht von einander getrennten Sachen besteht, die eine einheitliche Bezeichnung haben, wie das Volk, eine Legion oder eine Herde.

Die Unterscheidung spielte namentlich bei der Veräußerung und Ersitzung eine Rolle.

3. Zubehör (auch: Zugehör) sind Sachen, die wirtschaftlich dazu bestimmt sind, einer anderen Sache (der Hauptsache) zu dienen (vgl. auch § 97 BGB, § 294 ff. ABGB, Art. 644 ZGB); z.B. Ladekabel eines Mobiltelefons, aber auch Sattel und Zaumzeug eines Pferdes oder landwirtschaftliche Geräte eines Bauernhofes. Beim Landgut heißt das Zubehör *instrumentum*. Ob sich eine Veräußerung der Hauptsache auf das Zubehör erstreckt, ist eine Frage der Auslegung. Nach geltendem Recht ist es im Zweifel mitveräußert (§§ 311c, 926 BGB, Art. 644 ZGB). Die Römer haben hierzu namentlich beim Legat eine reiche Kasuistik entwickelt[7].

4. Früchte *(fructus)* sind zunächst die natürlichen Erträgnisse einer Sache, z. B. Getreide, Obst, Gemüse, Milch, Wolle, Steine aus einem Steinbruch, Holz aus dem Wald usw. Zu den Früchten gehörten auch Tierjunge, nicht hingegen das Sklavenkind[8]. Die natürlichen Früchte nannte man auch *fructus naturales*, im Gegensatz zu den Rechtsfrüchten *(fructus civiles)*, die aus einer Sache erst mittels eines Rechtsverhältnisses gezogen werden können, z. B. durch Vermietung oder Verpachtung (Miet- oder Pachtzinsen, nicht dagegen Kapitalzinsen). Zum geltenden Recht s. § 99 ff. BGB, Art. 643 ZGB.

---

[7] S. D. 33, 7; dazu John, Die Auslegung des Legats von Sachgesamtheiten (1970).

[8] S. Gai. D. 22, 1, 28, 1; Cicero, de finibus 1, 4, 12; dazu Kaser SZ 75 (1958) 156 ff.

§ 15 Besitz: Begriff und Arten

I. Allgemeines

Entgegen einem laienhaften Sprachgebrauch hält die Jurisprudenz Besitz[9] und Eigentum streng auseinander. Dies galt schon für das römische Recht.

Ulp. D. 41, 2, 12, 1: nihil commune habet proprietas cum possessione.
Das Eigentum hat mit dem Besitz nichts gemeinsam.

In den modernen Rechtsordnungen finden sich unterschiedliche Besitzbegriffe. Nach § 854 BGB und Art. 919 ZGB ist Besitz die tatsächliche Sachherrschaft. Diese ist nach § 309 ABGB als bloße Innehabung (Detention) zu qualifizieren. Besitz ist nach dieser Vorschrift nur der Eigenbesitz. Erforderlich ist also der *animus domini.* Damit knüpft das österreichische Recht am engsten an das römische an.

Die bloße tatsächliche Innehabung (*detentio*), die auch als natürlicher Besitz (*naturalis possessio*) bezeichnet wird, genießt keinen rechtlichen Schutz. Detentoren sind Fremdbesitzer, die aufgrund einer obligatorischen Berechtigung besitzen, z. B. Verwahrer, Entleiher, Mieter oder Pächter. Sie haben keinen Besitzschutz.

Sachenrechtlich relevant sind zwei Arten des Besitzes: die *possessio civilis* und der Interdiktenbesitz.

II. Possessio civilis

Voraussetzung hierfür ist der tatsächliche Besitz auf der Grundlage eines anerkannten Erwerbstitels (*iusta causa possessionis*), z. B. Kauf, Schenkung, Erbschaft.

Possessio civilis begründet bei *res nec mancipi* Eigentumserwerb auch durch formlose Übergabe (*traditio ex iusta causa*); bei *res mancipi* und in einigen Fällen des Erwerbs vom Nichtberechtigten gehört sie zum Tatbestand der Ersitzung (*usucapio*, Näheres unten § 20).

III. Interdiktenbesitz

Der Interdiktenbesitzer wird vom Prätor gegen eigenmächtige Störungen geschützt. Interdiktenbesitzer sind:

1. Der Eigenbesitzer, also jeder, der die Sache als ihm gehörend besitzt (*animus domini* oder *rem sibi habendi*). Dies gilt primär für den gutgläubigen Besitzer, in einigen Fällen aber auch für den bösgläubigen, wie z. B. den Dieb.
2. Fremdbesitzer haben in vier Fällen Interdiktenschutz:
   a. der Pfandbesitzer;

[9] Dazu eingehend Kunkel/Mayer-Maly 131 ff. mNw.

b. der prekaristische Besitzer, d. h. derjenige, dem die Sache bis auf jederzeitigen Widerruf überlassen war;
c. der Sequester, dem eine Sache zur Sicherstellung namentlich während eines Rechtsstreites (zur Verwahrung) übergeben wurde;
d. der Erbpächter.

Ein *interdictum utile* wurde dem Nutznießer gewährt. Andere Fremdbesitzer, wie Mieter, Pächter, Entleiher, Verwahrer usw., hatten keinen Besitzschutz.

IV. Besitzschutz

1. Dem Schutz des Besitzes dienten die sogenannten Besitzschutzinterdikte (*interdicta possessoria*).

Der Zweck dieser Interdikte lag ursprünglich nur im Schutz gegen Störung oder Entziehung des Besitzes durch unerlaubte Eigenmacht. Diese war auch dem Berechtigten (z. B. dem Eigentümer) untersagt[10]. Wer verbotene Eigenmacht verübt hatte, indem er den Besitz z. B. durch Gewalt (*vi*) oder heimlich (*clam*) an sich genommen hatte, musste ihn wieder herausgeben. Dies galt sogar dann, wenn der eigenmächtig Handelnde selbst Eigentümer war. Man spricht deshalb heute noch von einem possessorischen Rechtsschutz, wenn ohne Rücksicht auf das bessere Recht des eigenmächtig Handelnden die früheren Besitzverhältnisse wiederhergestellt werden (vgl. § 858 BGB, Art. 926 f. ZGB).

Hieraus ergibt sich auch die zweite Bedeutung der Interdikte: Sie dienten der Vorbereitung des Eigentumsprozesses. Auch wer wirklich Eigentümer war, hatte vielleicht Schwierigkeiten, dieses Recht zu beweisen. Im Prozess ist die Parteirolle des Beklagten stets die günstigere, weil der Kläger sein Eigentum zu beweisen hat. Man sprach daher vom *beatus possidens.* Besaß jedoch der Gegner *vi aut clam*, so konnte man sich einfach aufgrund des Interdiktes den Besitz wieder verschaffen und nun dem Gegner die ungünstige Klägerrolle im Vindikationsprozess zuschieben.

Eigenbesitzer hatten Besitzschutz, ausser gegen denjenigen, dem sie die Sache gewaltsam oder heimlich entzogen hatten. Besitzschutz genossen auch die folgenden Fremdbesitzer: Der Prekarist gegen Dritte, der Pfandgläubiger, der Sequester, der Erbpächter und der Niessbraucher. Detentoren, wie Mieter, Pächter, Entleiher und Verwahrer hatten – anders als heute – keinen Besitz und damit auch keinen Besitzschutz.

2. Man unterschied vor allem zwei Arten von Interdikten[11]: die *interdicta retinendae possessionis,* zur Erhaltung des Besitzes, und die *interdicta recuperandae possessionis*, zur Wiedererlangung des Besitzes. In beiden Fällen konnte sich keiner

[10] Wer indes den Besitz durch verbotene Eigenmacht verloren hatte, durfte die Sache auch gewaltsam zurückholen, vgl. unten 2 a aa).

[11] Näheres bei Kaser RP I 387 ff.

der Beteiligten auf sein Recht auf die Sache berufen; maßgeblich war allein der tatsächliche Besitzstand.

a. Zur Erhaltung des Besitzes dienten zwei verschiedene Interdikte, je nachdem, ob es sich um den Besitz an Liegenschaften oder an beweglichen Sachen handelte:
   aa. *Interdictum uti possidetis* (so wie ihr besitzt; die Interdikte werden nach den Anfangsworten der Formel benannt). Danach war der gegenwärtige Besitzer eines Grundstücks gegen jede gewaltsame Störung geschützt, wenn er nicht selbst den Besitz von seinem Gegner mit Gewalt *(vi)*, heimlich *(clam)* oder aufgrund sog. Bittleihe *(precario)* erlangt und die überlassene Sache trotz Aufforderung durch den Gegner nicht zurückgegeben hatte. Wer also seinen Besitz durch Eigenmacht des anderen Teiles verloren hatte, wurde durch das Interdikt nicht gehindert, ihn durch Eigenmacht wieder zu ergreifen.[12] Das Interdikt verbot nur Gewaltanwendung gegen die Besitzausübung des letzten fehlerfreien Besitzers.
   bb. Den Besitzschutz an beweglichen Sachen vermittelte das *interdictum utrubi* (wer von beiden). Anders als bei Liegenschaften wurde hier nicht der gegenwärtige Besitzer geschützt, sondern derjenige, der innerhalb des letzten Jahres vor Erlass des Interdikts die Sache am längsten fehlerfrei besessen hatte, also den Besitz nicht gewaltsam, heimlich oder aufgrund von Bittleihe erlangt hatte. Die Besitzzeit von Vorgängern im fehlerfreien Besitz, wie Verkäufer oder Erblasser wurde bei der Ermittlung der Besitzzeit hinzugerechnet (Gai. 4, 151 *accessio temporis*).

b. Interdicta recuperandae possessionis
   aa. *Interdictum utrubi* (vgl. oben) zur Wiedererlangung des Besitzes an beweglichen Sachen.
   bb. *Interdictum unde vi* (von wo mit Gewalt) zur Wiedererlangung des Besitzes an einem Grundstück.

§ 16 Erwerb oder Verlust des Besitzes

I. Besitzerwerb[13]

1. Erworben wurde der Besitz *corpore et animo.*

Paul. D. 41, 2, 3, 1: et apiscimur possessionem corpore et animo, neque per se animo aut per se corpore.

Den Besitz erwerben wir durch tatsächliche Sachherrschaft und Besitzwillen und nicht bloß durch den Willen oder die Sachherrschaft allein.

---

[12] Ulpian D. 43, 16, 1, 27: vim vi repellere licet – Gewalt darf mit Gewalt zurückgeschlagen werden.

[13] D. 41, 2; C. 7, 32. – Kunkel/Mayer-Maly 137 ff.; Möhler SZ 77 (1960) 51 ff.; Krüger, Erwerbszurechnung kraft Status (1979).

Der Besitzwille (*animus possidendi*) war ein subjektiver Tatbestand, der sich aus dem äußeren Verhalten ergab. Einer rechtsgeschäftlichen Erklärung bedurfte es nicht.

2. Die Herstellung der Sachherrschaft erfolgte bei beweglichen Sachen durch Ergreifen mit der Hand, bei Grundstücken durch Betreten. Doch hat man sich auch mit weniger augenscheinlichen Besitzergreifungsakten begnügt. So war z. B. bei Grundstücken eine Umschreitung oder ein Betreten nicht erforderlich, vielmehr genügte es, wenn der Verkäufer dem Käufer die Grenzen zeigte (*fines demonstrare*), z. B. von einem Turm aus[14]. Diese und ähnliche Fälle nannte man im gemeinen Recht *longa manu traditio.*

Bei beweglichen Sachen bildete das körperliche Ergreifen die Regel, war aber ebenfalls nicht immer notwendig.

In zwei besonders gelagerten Fällen ließ man den Besitzerwerb auch ohne unmittelbare Veränderung der tatsächlichen Herrschaftsverhältnisse allein aufgrund der Abrede unter den Parteien zu:

a. *Bei der sogenannten brevi manu traditio* (Übergabe kurzer Hand), wenn z. B. der Mieter oder Pächter die Sache käuflich erwarb. Da er nicht juristischer Besitzer, sondern lediglich *detentor* war, wäre an sich eine Rückgabe an den Verkäufer und eine anschließende Übergabe *ex causa emptionis* notwendig gewesen. Man erkannte indessen, dass es sich hierbei um eine leere Formalität, um ein nutzloses Hin und Her gehandelt hätte und ließ deshalb den Übergang des juristischen Besitzes allein aufgrund der Abrede der Parteien zu.
b. Im umgekehrten Fall des *constitutum possessorium* (Besitzkonstitut) will der Verkäufer die Sache weiterhin als Mieter, Pächter usw. behalten[15]. Hier verliert er den juristischen Besitz und wird bloßer *detentor,* auch ohne dass er die Sache dem Käufer zunächst übergibt und sie von diesem zurückerhält.
   In diesen Fällen spricht man auch von Übergabesurrogaten.
c. Eine *traditio per chartam* gab es – im Gegensatz zu den Traditionspapieren im modernen Güterverkehr – nicht. Belegt ist immerhin die Übergabe der Schlüssel zu dem Speicher, in dem sich die zu übergebenden Waren befinden[16]. Auch hierbei handelt es sich um einen Fall der *longa manu traditio.*

II. Besitzverlust

Während zum Besitzerwerb sowohl Sachherrschaft als auch Besitzwille (*corpore et animo*) erforderlich waren, genügte zum Besitzverlust entweder das Ende der

---

[14] Cels. D. 41, 2, 18, 2.

[15] Z. B. der Schenker behält die Sache und wird Mieter: Ulp. D. 6, 1, 77.

[16] Pap. D. 18, 1, 74; weitere Beispiele sind das Siegeln von Fässern, das Zeichnen von Holz im Wald; ähnliche Lehrbeispiele verwenden wir heute noch.

Sachherrschaft oder der Wegfall des *animus* (*corpore aut animo*[17]). Doch hat man eine Fortdauer des Besitzes immer dann bejaht, wenn der Verlust der tatsächlichen Gewalt noch nicht endgültig feststand oder mit ihrer Wiederherstellung zu rechnen war. Bei den nur zeitweise benutzten Sommer- oder Winterweiden[18] konnte der Besitz überhaupt *solo animo, d. h.* allein aufgrund des Besitzwillens, behauptet werden.

Im Sonderfall des entlaufenen Sklaven[19] nahm man Fortbestand des Besitzes sogar trotz Wegfalls der Sachherrschaft an.

Im Übrigen verlor man den Besitz an beweglichen Sachen nicht nur bei gewaltsamer oder heimlicher Entwendung, sondern auch wenn die Sache sonst in Verlust geraten war; anders beim bloßen Verlegen, Vergessen des Aufbewahrungsortes usw.

§ 17 Der römische Eigentumsbegriff[20]

I. Begriff

Die klassische Jurisprudenz verstand unter Eigentum (*dominium, proprietas*) die unbegrenzte und ausschließliche Rechtsherrschaft über eine Sache. Der Eigentümer konnte mit der Sache nach Belieben verfahren und jeden anderen von Einwirkungen auf sie ausschließen. Der absolute Charakter und die Ausschließlichkeitsfunktion des römischen Eigentumsbegriffs waren indes nicht zu allen Zeiten gleich. Namentlich in der klassischen Zeit gibt es Ansätze, die durchaus als Anfänge einer Sozialbindung aufgefasst werden können. So gab es beschränkende Vorschriften im Baurecht, und auch mit einem Sklaven konnte der *dominus* nicht nach Belieben verfahren.

Gai. 1, 53: male enim nostro iure uti non debemus.
Wir dürfen nämlich unser Recht nicht in schlechter Weise ausüben[21].

Der römische Eigentumsbegriff findet sich in § 903 BGB und § 354 ABGB. Art. 641 ZGB formuliert bereits vorsichtiger und weist auf die Schranken der Rechtsordnung hin. Die Sozialpflichtigkeit des Eigentums betont Art. 14 Abs. 2 des deutschen Grundgesetzes („Eigentum verpflichtet. Sein Gebrauch soll zugleich dem Wohle der Allgemeinheit dienen". Der Satz geht auf den Germanisten Konrad Beyerle zurück).

---

[17] Pap. D. 41, 2, 44, 2.

[18] Paul. D. 41, 2, 3, 11.

[19] Paul. D. 41, 3, 15, 1

[20] Kaser, Eigentum und Besitz im älteren röm. Recht (2. Aufl. 1956); Watson, The Law of Property in the Later Roman Republic (1968).

[21] Vgl. dazu näher § 62 II.

Das römische Recht kannte auch ein Miteigentum nach Bruchteilen *(communio)*. Es konnte z. B. bei der Gesellschaft entstehen (§ 52 II 2 u. 5), aber auch durch Vermengung oder Vermischung (§ 21 V). Jeder Miteigentümer konnte mit der *actio communi dividundo* (Dig. 10, 3) jederzeit Trennung verlangen. Ein Gesamthandseigentum hat es im klassischen römischen Recht nicht gegeben. Zur ungeteilten Erbengemeinschaft des frührömischen Rechts (*societas ercto non cito*) s. § 52 I.

II. Geschichte

Der frührömische Eigentumsbegriff ist Gegenstand zahlreicher Spekulationen und Kontroversen. Umstritten ist namentlich die Frage, in welchem Umfang das älteste römische Recht ein Individualeigentum gekannt hat.

Schwierigkeiten bereitet ferner der Umstand, dass Eigentum und personenrechtliche Herrschaftsmacht ursprünglich nicht getrennt waren. Das Recht des *paterfamilias* an Frau und Kindern war in der Frühzeit dem Recht an Sklaven und Vieh offenbar durchaus gleichartig. Die Herausbildung des klassischen Eigentumsbegriffs beruht also auf einem Prozess der Differenzierung, bei dem sich das ursprünglich einheitliche Gewaltrecht nach verschiedenen Richtungen hin entwickelte.

§ 18 Quiritisches und prätorisches Eigentum

I. Dominium ex iure Quiritium

Das echte Eigentum römischen Rechts (*dominium ex iure Quiritium*) war als Institut des *ius civile* grundsätzlich den römischen Bürgern vorbehalten und nur an beweglichen Sachen und italischen Grundstücken möglich. Peregrinen erwarben prätorischen Schutz nach Maßgabe des *ius gentium*. An Provinzgrundstücken konnte lediglich ein eigentumsähnliches Besitz- und Nutzungsrecht erworben werden.

II. Prätorisches oder bonitarisches Eigentum

Der prätorische Rechtsschutz hatte auch für Römer große Bedeutung, weil der Prätor solchen Besitzern, deren Erwerb formal nicht den Voraussetzungen des Eigentumserwerbs entsprach, einen Rechtsschutz zubilligte (unten § 22 III). Dieses sog. bonitarische (von *in bonis esse*[22]) oder prätorische Eigentum spielte eine Rolle, wenn eine *res mancipi* ohne Manzipation veräußert worden war. Auch im klassischen Recht hielt man stets daran fest, dass ziviles Eigentum an *res mancipi* nur

---

[22] Gai. 1, 54.

durch Manzipation (oder *in iure cessio*) erworben werden könne. War die Sache nur verkauft und tradiert worden, so griff der prätorische Rechtsschutz ein. Da hierdurch der Käufer sowohl gegenüber dem Verkäufer als auch gegenüber Dritten umfassend geschützt wurde, spricht Gaius geradezu von einem *duplex dominium*. Der prätorische Rechtsschutz bildete aber stets nur ein kurzes Durchgangsstadium, das in der Frist von ein oder zwei Jahren durch Ersitzung beendet wurde.

§ 19 Abgeleiteter Erwerb des Eigentums

I. Allgemeines

Das klassische Recht kannte drei Arten des rechtsgeschäftlichen Eigentumserwerbs: zwei Formalgeschäfte, nämlich *mancipatio* und *in iure cessio* (oben § 9 II u. III) sowie die formfreie Übergabe aufgrund eines gültigen Erwerbsgeschäfts (*traditio ex iusta causa*).

II. Traditio ex iusta causa[23]

Die *traditio ex iusta causa* führte bei *res nec mancipi* zum sofortigen Eigentumserwerb. An *res mancipi* begründete sie hingegen nur sogenanntes bonitarisches Eigentum (oben § 18 II).

Gai. 2, 20: itaque si tibi vestem vel aurum vel argentum tradidero sive ex venditionis causa sive ex donationis sive quavis alia ex causa, statim tua fit ea res, si modo ego eius dominus sim.

Wenn ich dir daher ein Kleid, Gold oder Silber übergebe, sei es aufgrund eines Kaufes, einer Schenkung oder aus irgendeinem anderen Grund, so wird die Sache sogleich dein Eigentum, wenn nur ich ihr Eigentümer bin.

Paul. D. 41, 1, 31 pr.: numquam nuda traditio transfert dominium, sed ita, si venditio aut aliqua iusta causa praecesserit, propter quam traditio sequeretur.

Durch bloße Übergabe wird niemals Eigentum übertragen, es sei denn, dass ein Verkauf oder ein anderer Erwerbsgrund vorausgegangen ist, dessentwegen die Übergabe erfolgte.

Justinian I. 2, 1 40 (=Gai. D. 41, 1, 9, 3): per traditionem quoque iure naturali res nobis adquiritur: nihil enim tam conveniens est naturali aequitati, quam voluntatem domini, volentis rem suam in alienum transferre, ratam haberi...

Auch durch Tradition können wir nach natürlichem Recht Eigentum erwerben: nichts entspricht nämlich der natürlichen Billigkeit mehr, als dem Willen des Eigentümers Geltung zu verschaffen, der seine Sache einem anderen übertragen will...

Im Gegensatz zum modernen Recht ist die *traditio* selbst kein Vertrag, weder ein kausaler (wie nach schweizerischer und österreichischer Lehre) noch ein abstrakter (wie nach deutschem Recht). *Traditio* ist schlicht die tatsächliche Übergabe der

[23] Vgl. Ehrhardt, Iusta causa traditionis (1930); Heinrich Lange, Das kausale Element im Tatbestand der klassischen Eigentumstradition (1930); Jahr SZ 80 (1963) 141 ff.; Wesel SZ 85 (1968) 100 ff.

Sache, welche einen Eigentumserwerb herbeiführt, sofern sie *ex iusta causa* erfolgt. Dieses Konzept liegt entgegen der h. L. auch dem österreichischen und schweizerischen Recht zugrunde (§§ 380, 425 ABGB, Art. 714 Abs. 1 u. Art. 922 ZGB). Der französische Code civil und der italienische Codice civile folgen nicht dem Traditionsprinzip, sondern dem naturrechtlichen Konsensprinzip, demzufolge das Eigentum (als bloß gedachtes Ding, *ens mere morale*) auch ohne Übergabe, schon durch die bloße Einigung überging (Art. 1583 CC, Art. 1376 ff. CC it.). Das naturrechtliche Konsensprinzip wurde in der gemeinrechtlichen Doktrin abgelehnt, weil es das Publizitätsprinzip missachtete. Die Streitfrage, ob der Konsens oder die Übergabe entscheidend sei, hat F. C. v. Savigny[24] im Sinne eines „sowohl – als auch" entschieden, indem er die angeführte Institutionenstelle verallgemeinert und die *traditio* zum Vertrag ausgestaltet hat. Dies war die Geburtsstunde des abstrakten dinglichen Vertrages. Der Text bezieht sich aber auf die Anerkennung der *traditio* als ein Institut des *ius gentium* und nicht auf die abstrakte Tradition.

Der Unterschied zwischen Konsensprinzip und Traditionsprinzip ist in der praktischen Auswirkung weit geringer, als man nach der theoretischen Ausgangslage annehmen könnte. Das Konsensprinzip, so sollte man meinen, müsste namentlich beim gutgläubigen Erwerb und beim Doppelverkauf zu abweichenden Ergebnissen führen, denn streng durchgeführt, gäbe es beim Konsensprinzip keine an den tatsächlichen Besitz geknüpfte Publizität, und was den Doppelverkauf anlangt, käme es auf die Priorität des Vertragsschlusses an und nicht auf die Priorität der Tradition. Beides ist im französischen Recht nicht der Fall. Für den gutgläubigen Erwerb von Mobilien ersetzt nach Art. 2279 Abs. 1 CC der Besitz den Titel (en fait de meubles, la possession vaut titre). Auch beim Mehrfachverkauf wird nach Art. 1141 CC derjenige Eigentümer, der gutgläubig den Besitz erlangt. Der Ersterwerber verliert also sein Eigentum durch die Übergabe an den gutgläubigen Zweitkäufer. Der Unterschied zu den Ländern, in denen das Traditionsprinzip (bzw. das Abstraktionsprinzip) gilt, besteht also nur in dem Erfordernis der Gutgläubigkeit, die dort beim Zweiterwerb nicht erforderlich ist, wenn und weil der Ersterwerber bereits Eigentümer geworden ist. Nach dem Traditionsprinzip schadet Bösgläubigkeit des Zweitkäufers nicht. Eigentümer wird also in allen Rechtsordnungen grundsätzlich derjenige, dem die Sache zuerst übergeben wird.

Das war im römischen Recht nicht anders. Die Quellen sprechen diese Selbstverständlichkeit bei der *traditio* nicht aus, immerhin aber beim prätorischen Rechtsschutz der *actio Publiciana.* Diskutiert wurde der Fall, dass zwei Käufer nacheinander vom selben Nichteigentümer oder von verschiedenen gekauft haben.

Ulpian D. 6, 2, 9, 4 Si duobus quis separatim vendiderit bona fide ementibus, videamus quis magis Publiciana uti possit utrum, is cui priori res tradita est an is qui tantum emit. et Iulianus libro septimo digestorum scripsit, ut si quidem ab eodem non domino emerint, potior sit cui priori

[24] System des heutigen römischen Recht (1840) III 312 f.; s. zum daraus entstandenen Abstraktionsprinzip Stadler; Gestaltungsfreiheit und Verkehrsschutz durch Abstraktion (1996); Buchholz, Abstraktionsprinzip und Immobiliarrecht (1978) 1 ff.; ferner H. Brandt, Eigentumserwerb und Austauschgeschäft (1940) 8 ff.; Felgenträger, F. C. v. Savigny und die Übereignungslehre (1927); Honsell, Tradition und Zession – kausal oder abstrakt? FS Wiegand (2005) 349 ff.

res tradita sit, quod si a diversis non dominis, melior causa sit possidentis quam petentis, quae sententia vera est.

Wenn jemand eine Sache gesondert an zwei gutgläubige Käufer verkauft hat, so müssen wir sehen, wem die Herausgabeklage eher zusteht, demjenigen, dem die Sache früher übergeben worden ist oder dem, der nur gekauft hat. Und Julian schrieb im siebten Buch der Digesten, wenn sie von demselben Nichteigentümer gekauft haben, so ist der der Stärkere, dem die Sache zuerst übergeben worden ist, wenn sie aber von verschiedenen Nichteigentümern gekauft haben, so ist die Lage des Besitzers besser als die des Klägers; diese Meinung ist richtig.

Die Frage war offenbar strittig. Neraz wollte in beiden Fällen auf die Priorität der Übergabe abstellen (D. 19, 1, 31, 2). Nach Julian galt das nur, wenn beide vom selben Nichteigentümer gekauft hatten. Für den Fall des Erwerbs von verschiedenen Personen kam das allgemeine Prinzip vom *beatus possidens* zur Anwendung. Der Beklagte hat immer den Vorteil, dass der Kläger sein besseres Recht beweisen muss. Beim Erwerb vom selben Nichteigentümer kam es darauf an, wem die Sache zuerst übergeben worden ist. Hier galt also nichts anderes als bei mehrfacher Veräußerung durch den Eigentümer.

Schwieriger als das Wesen der *traditio* ist jenes der *iusta causa* zu erfassen[25]. Die Übereignung ist kausal, d. h. ohne Vorliegen eines gültigen Rechtsgrundes (*iusta causa*) geht kein Eigentum über. Das ist noch heute der wesentliche Unterschied zwischen dem Kausal- und dem Abstraktionsprinzip. Im römischen Recht ließ man allerdings Ausnahmen zu. So genügte (anders als heute) der nichtige Kauf vom Geschäftsunfähigen bei Gutgläubigkeit des Käufers als Grund für einen Eigentumserwerb. Ein weiterer Fall dieser Art war der Dissens über die *causa,* wenn wenigstens ein übereinstimmender Übereignungswille vorhanden war (vgl. § 12 III 2). Damit war für einen Sonderfall die causa-unabhängige und – wenn man so will – abstrakte *traditio* anerkannt.

Bei der Ersitzung *(usucapio* § 20) ließ man den sog. Putativtitel[26] (eine nur vermeintlich gültige *causa*) in größerem Umfange genügen als bei der *traditio.*

Als Titel für den Eigentumserwerb kamen neben dem Kaufvertrag z. B. die *donatio* (Schenkung) oder die *dotis datio* (Mitgiftbestellung) in Betracht. Bei der Erfüllung von Stipulations- und Vermächtnisschulden sah man die *causa* nicht in dem Verpflichtungsgeschäft, sondern in der *solutio* (Erfüllung). Da die *solutio* als besonderes Lösungsgeschäft selbständig war, wurde sie – und nicht das ihr voraus gehende Verpflichtungsgeschäft – als *causa* für den Eigentumserwerb angesehen. Hierauf ist zurückzuführen, dass diese *causa* unabhängig (abstrakt) davon war, ob die zu tilgende Schuld wirklich bestand[27].

Ob beim Kauf der Eigentumsübergang von der Kaufpreiszahlung abhängig war, ist in der Romanistik umstritten[28]. Jedenfalls galt es im justinianischen Recht, und Justinian zitiert einen Zwölftafelsatz dieses Inhalts:

---

[25] Zur Diskussion in der modernen Romanistik, s. etwa Kunkel/Mayer-Maly 157 f.

[26] Vgl. dazu und zu weiteren Fällen Mayer-Maly, Das Putativtitelproblem bei der usucapio (1962).

[27] Vgl. des Näheren Kunkel/Mayer-Maly 158.

[28] Vgl. Kunkel/Mayer-Maly 160 ff. mwN.

I. 2, 1, 41: Sed si quidem ex causa donationis aut dotis aut qualibet alia ex causa tradantur, sine dubio transferuntur: venditae vero et traditae non aliter emptori adquiruntur, quam si is venditori pretium solverit vel alio modo ei satisfecerit, veluti expromissore aut pignore dato. quod cavetur quidem etiam lege duodecim tabularum: tamen recte dicitur et iure gentium, id est iure naturali, id effici. sed si is qui vendidit fidem emptoris secutus fuerit, dicendum est statim rem emptoris fieri.

Wenn Sachen als Schenkung oder Mitgift oder aus irgendeinem anderen Grund übergeben werden, wird ohne Zweifel Eigentum übertragen. Verkaufte und übertragene Sachen dagegen erwirbt der Käufer nur dann, wenn er dem Verkäufer den Kaufpreis gezahlt oder Sicherheit geleistet hat, z. B. durch einen Bürgen oder ein Pfand. Dies bestimmt schon das Zwölftafelgesetz; doch wird richtig gesagt, dass es auch nach *ius gentium* gilt, d. h. nach Naturrecht. Wenn aber der Verkäufer dem Käufer den Kaufpreis kreditiert, so ist zu sagen, dass die Sache sogleich ins Eigentum des Käufers übergeht.

Während das römische Recht eine abstrakte (*mancipatio* und *in iure cessio*) und eine kausale (*traditio*) Übereignung gekannt hat, kennen die modernen Rechtsordnungen nur das eine oder das andere: In Deutschland ist die Übereignung abstrakt (§§ 873, 929 BGB) in Österreich, Frankreich, Italien und der Schweiz ist sie kausal (§ 425 ABGB, Art. 711, 1138 Abs. 2, 1583 CC; Art. 714 ZGB[29]; Art. 1376 CC it. Aus der Vielfalt des römischen Rechts sind also die unterschiedlichsten Systeme entstanden[30].

Der Unterschied zwischen dem Prinzip der kausalen Tradition und dem Abstraktionsprinzip liegt nicht nur in der technischen Rückabwicklung (dort Vindikation, weil der Veräußerer Eigentümer geblieben ist, hier Kondiktion, weil die Übereignung isoliert betrachtet wird und auch beim Fehlen des Rechtsgrundes wirksam ist), sondern ist auch materieller Art. So kann der Verkäufer, folgt man dem Kausalprinzip, im Konkurs des Käufers aussondern, nach deutschem Recht hat er nur eine Konkursforderung. Ist bei einer Käuferkette der erste Kaufvertrag unwirksam, so schadet nach deutschem Recht auch Bösgläubigkeit des zweiten Käufers nicht, denn er erwirbt vom Berechtigten. Dagegen lösen die anderen Länder das Problem mittels einer analogen Anwendung der Vorschriften über den gutgläubigen Erwerb (Art. 933 ZGB, § 367 ABGB).

§ 20 Usucapio (Ersitzung)

I. Wesen und Bedeutung

Die Ersitzun[31] nimmt eine Mittelstellung ein zwischen derivativem und originärem Erwerb[32]. Derivativ ist sie insofern, als sie zumeist einen rechtsgeschäftlichen Er-

[29] Das Kausalitätsprinzip ist nur im Immobiliarsachenrecht klar ausgeprochen (Art. 974 Abs. 2 ZGB); für bewegliche Sachen enthält Art. 714 hierzu keine Antwort. Das Kausalprinzip gilt hier aufgrund der Rechtsprechung des Bundesgerichts, vgl. BGE 55 II 302, 306.

[30] Ausführlich Honsell, Tradition und Zession – kausal oder abstrakt? FS Wiegand (2005) 349 ff.

[31] Vgl. Kunkel/Mayer-Maly 171 ff.

[32] Ebenso Kunkel/Mayer-Maly 172.

werb voraussetzt; originär insoweit, als der Eigentumserwerb nicht durch die Übertragung herbeigeführt wird, sondern *ex iure* erfolgt. Herkömmlich rechnet man die Ersitzung zum originären Erwerb[33] und bezeichnet sie im Gegensatz zu den „natürlichen“ Erwerbsarten (unten § 21) als juristischen Erwerb. Diese Klassifizierung war dem römischen Recht fremd. Die Wirkung der Ersitzung besteht darin, dass der Besitzer einer Sache, der die faktische Stellung eines Eigentümers hat, ohne dies zu sein, nach Ablauf einer gewissen Zeit auch rechtlich zum Eigentümer wird. Die Ersitzung dient also dem Ausgleich zwischen scheinbarer und wirklicher Rechtslage. Ihr liegt die Vorstellung einer heilenden Wirkung der Zeit zugrunde. Die Ersitzung ist im römischen Recht schon seit frühester Zeit bekannt. Bereits die Zwölftafeln[34] enthielten die Vorschrift, dass Grundstücke nach zweijährigem, Mobilien nach einjährigem ununterbrochenem Eigenbesitz (*usus*) aufgrund des Besitztatbestandes dem Besitzer gehören sollten, so dass es nach Ablauf dieser Frist auch keiner Gewährleistung durch den Vorbesitzer mehr bedurfte. Ausgenommen waren jedoch entwendete Sachen (*res furtivae*), die nicht ersessen werden konnten. Diese Ausnahme wurde durch die *lex Atinia*[35] (2. Jh. v. Chr.) bestätigt. Die *lex Plautia de vi* (1. Jh. v. Chr.)[36] hat geraubte Sachen den gestohlenen gleichgestellt.

Grundsätzlich galt auch in Rom der Satz, dass niemand mehr Recht übertragen kann, als er selbst hat (Ulpian D. 50, 17, 54: *nemo plus iuris ad alium transferre potest quam ipse habet*). Diese Regel wurde im Interesse des rechtsgeschäftlichen Verkehrs durch das Institut der Ersitzung in engen Grenzen eingeschränkt.

Die Ersitzung des römischen Rechts hatte zwei durchaus verschiedene Anwendungsfälle:

- Heilung des Formmangels bei bloßer *traditio* von *res mancipi*
- Begründung zivilen Eigentums beim Erwerb vom Nichtberechtigten.

Im ersten Fall geht es nur um die Heilung eines Formmangels: Der Erwerber hat vom Eigentümer erworben, aber ohne Einhaltung der Form. Der zweite Fall betrifft die Heilung der fehlenden Berechtigung, vor allem beim Erwerb vom Nichteigentümer, in Ausnahmefällen auch beim Fehlen einer causa (unten II 2). In beiden Fällen genoss der Ersitzungsbesitzer prätorischen Rechtsschutz (dazu § 22 III), freilich in unterschiedlichem Umfang: Im ersten Fall sogar gegen den Eigentümer, der ja die Sache selbst verkauft und übergeben hatte. Im zweiten Fall gegen alle, ausser gegen den Eigentümer, in dessen Interesse ja gerade eine Ersitzungszeit (anstatt eines sofortigen gutgläubigen Erwerbes) notwendig war.

Anders als das moderne Recht (§ 932 BGB, Art. 933 ZGB, § 367 ABGB) kannte das römische Recht keinen sofortigen gutgläubigen Erwerb vom Nichteigentümer und keine Ersitzung abhanden gekommener Sachen. Notwendig war stets die Er-

---

[33] S. etwa Kaser RP I 418 f.

[34] Cicero, topica 4, 23: *usus auctoritas fundi biennium, ceterarum rerum annuus est usus*; zur Bedeutung dieses Satzes Kunkel/Mayer-Maly 171 ff. mNw.

[35] Gellius 17, 7; s. Mayer-Maly 175, der meint, die *lex Atinia* müsse die Regelung der Zwölftafeln irgendwie geändert haben.

[36] Dazu Gai. 2, 45.

sitzung während einer bestimmten Frist, welche jedoch mit einem bzw. zwei Jahren wesentlich kürzer bemessen war als die heutigen Ersitzungsfristen. Der innere Grund der Ersitzung war in diesen Fällen der Schutz des redlichen Geschäftsverkehrs, der es rechtfertigte, das Eigentum des wahren Berechtigten zugunsten des gutgläubigen Erwerbers erlöschen zu lassen.

Gai. 2, 44: quod ideo receptum videtur, ne rerum dominia diutius in incerto essent, cum sufficeret domino ad inquirendam rem suam anni aut biennii spatium, quod tempus ad usucapionem possessori tributum est.

Was deshalb eingeführt worden ist, damit das Eigentum an den Sachen nicht zu lange im Unsicheren sei, zumal ein Zeitraum von einem bzw. zwei Jahren – die Zeit, die dem Besitzer zur Ersitzung zugeteilt ist – dem Eigentümer zur Nachforschung nach seiner Sache genügen muss.

Im modernen Recht dagegen ist sofortiger gutgläubiger Erwerb möglich (§§ 932 ff. BGB, 367 ff. ABGB, Art 932 f. ZGB und man kann sogar gestohlene Sachen bei Gutgläubigkeit ersitzen. Der Kunstraub der Nazis zeigt, dass Unverjährbarkeit die bessere Lösung ist[37].

II. Voraussetzungen der Ersitzung

Die Ersitzung nach klassischem Recht hatte fünf Voraussetzungen, welche man sich leicht in Form des Hexameters merken kann:

res habilis titulusque
fides possessio tempus.

1. *Res habilis (ersitzungsfähige Sache)*
   Dass gestohlene und geraubte Sachen nicht ersitzungsfähig waren, wurde bereits bemerkt. Furtivität schloss die Ersitzung nicht nur für den ersten gutgläubigen Erwerber aus, sondern auch für alle späteren Erwerber. *Res furtivae* können also niemals ersessen werden. Grundstücke konnten zwar geraubt, aber nicht gestohlen werden. Wer daher von jemandem gekauft hatte, der sich ohne Gewaltanwendung in den Besitz einer ungenützten Liegenschaft gesetzt hatte, konnte ersitzen (Gai. 2, 51). Nicht ersitzungsfähig waren weiter die *res extra commercium*; dies hat namentlich bei Begräbnisstätten eine Rolle gespielt. Auch Provinzgrundstücke konnten nicht ersessen werden.
   Zu beachten ist, dass durch den weiten Begriff des *furtum (furtum est contrectatio rei fraudulosa lucri faciendi gratia* – Diebstahl ist jedes unredliche Antasten einer Sache in gewinnsüchtiger Absicht, vgl. § 59), der sich auch auf Veruntreuung erstreckte, der Anwendungsbereich der *usucapio* wesentlich kleiner war als der des gutgläubigen Erwerbs im modernen Recht. Heute bildet der Erwerb anvertrauter Sachen den wichtigsten Anwendungsfall des gutgläubigen Erwerbs (vgl. §§ 932, 935 BGB; § 367 3. Fall ABGB; Art. 933 ZGB).

[37] Näher Honsell/Mayer-Maly Rechtswissenschaft § 3 I.

2. *Iusta causa*
   Notwendig war weiter ein anerkannter Erwerbsgrund (*iusta causa* oder *iustus titulus usucapionis*), z. B. *pro emptore* (Kauf), *pro donato* (Schenkung), *pro dote* (Dosbestellung), aber auch *pro soluto* (Leistung aus Stipulation oder Damnationslegat).
   Hier galten im Wesentlichen dieselben Grundsätze wie bei der *traditio*; doch gab es darüber hinaus noch den Ersitzungstitel *pro derelicto* bei derelinquierten Sachen (unten § 21 I). Streitig war, ob auch ein Putativtitel[38] genügte. Einige Juristen haben das verneint[39], andere haben es in engen Grenzen zugelassen, z. B. wenn sich der Erwerber in einem gerechtfertigten Irrtum über die Wirksamkeit des Kaufes befand.[40]
3. *Possessio*
   Hier kann auf die Ausführungen zum Besitz verwiesen werden. Erforderlich war Eigenbesitz, der nicht fehlerhaft sein durfte (*nec vi nec clam nec precario* – nicht durch Gewalt, nicht heimlich und keine Bittleihe).
4. *Bona fides*
   Das Erfordernis der *bona fides* (guter Glaube) bedeutete, dass der Ersitzungsbesitzer beim Erwerb der Sache die redliche Überzeugung von der Verfügungsbefugnis seines Vormannes gehabt haben musste. Spätere Bösgläubigkeit schadete nicht (*mala fides superveniens non nocet*). Erst im kirchlichen Recht des Mittelalters (Innozenz III.[41]) wurde das Erfordernis der Gutgläubigkeit auf die gesamte Ersitzungszeit erstreckt.
5. *Tempus (Ersitzungszeit)*
   Die Ersitzungszeit betrug nach einem alten, schon auf die Zwölftafeln zurückgehenden Satz bei Mobilien ein Jahr, bei Grundstücken zwei Jahre. Die Ersitzung wird unterbrochen durch Besitzverlust (*usurpatio*). Der Tod beendet die Ersitzung nicht. Der Erbe tritt in die Position des Erblassers ein. Beim Erwerb vom Ersitzungsbesitzer unter Lebenden, muss der Erwerber die Ersitzung neu beginnen. Spätere Kaiserreskripte lassen eine Anrechnung der Besitzzeit eines Vorgängers im Ersitzungsbesitz zu (*accessio temporis*).

III. Fortsetzung und Unterbrechung der Ersitzung

Starb der Ersitzungsbesitzer, so ging die Ersitzungslage auf seine Erben über (*successio in usucapionem*). Es kam also weiterhin auf Titel und Gutgläubigkeit des Erblassers und nicht des Erben an. Verlor der Ersitzungsbesitzer den Sachbesitz während der Ersitzungszeit, so trat eine Unterbrechung der Frist ein (*usurpatio*).

[38] Hier hat der Besitzer zwar keinen Titel, glaubt aber irrig, einen zu haben; S. Mayer-Maly, Das Putativtitelproblem bei der usucapio (1962); Kunkel/Mayer-Maly 177 f.

[39] So Celsus bei Ulp. D. 41, 3, 27; Paul. D. 41, 4, 2.

[40] Afric. D. 41, 4, 11.

[41] Corpus iuris canonici 20 X (= liber extra) 2, 26.

Erlangte er später den Besitz wieder, so konnte er die angefangene Ersitzung fortsetzen und beenden.

Wurde der Ersitzungsbesitzer vor Ablauf der Frist vom Eigentümer mit der Vindikation belangt, so kam es darauf an, ob die Litiskontestation noch vor Beendigung der Ersitzungsfrist stattgefunden hatte. In diesem Falle musste der Ersitzungsbesitzer die Sache herausgeben, bzw. nach den Regeln der Vindikation den Geldwert der Sache erstatten; denn maßgeblich für die Beurteilung der Rechtslage war der Zeitpunkt der Litiskontestation. Der Ablauf der Ersitzungsfrist während des Prozesses nützte dem Ersitzungsbesitzer also nichts mehr.

IV. Longi temporis praescriptio

Auf provinzialem Gebiet entwickelte sich in der Kaiserzeit ein Rechtsschutz langdauernden Besitzes (*longi temporis praescriptio*[42]). Dieser Rechtsschutz griff vor allem dort ein, wo eine *usucapio* nicht möglich war: bei Provinzialgrundstücken und beim Besitz von Peregrinen.

Für die *longi temporis praescriptio* galten folgende Voraussetzungen:

1. Der Besitz musste einen „gerechten Anfang" haben.
2. Der ungestörte Besitz musste unter Anwesenden (*inter praesentes*) 10 und unter Abwesenden (*inter absentes*) 20 Jahre dauern.

§ 21 Die originären Erwerbsarten

Herkömmlich unterscheidet man zwei Arten des originären Eigentumserwerbs, den „natürlichen", das sind die folgenden Anwendungsfälle, und den „juristischen", das ist die in § 20 bereits erörterte Ersitzung. Diese Klassifizierung war dem römischen Recht unbekannt. Der Sache nach nimmt die Ersitzung eine Mittelstellung ein zwischen derivativem und originärem Erwerb (vgl. § 20 I).

I. Okkupation

Wer eine herrenlose Sache mit Aneignungswillen in Besitz genommen hatte, erwarb Eigentum an ihr durch *occupatio* (*res nullius cedit occupanti*[43] – eine Sache, die niemandem gehört, wird Eigentum des Okkupanten). Als herrenlos galten:

---

[42] Einzelheiten bei D. Nörr, Die longi temporis praescriptio (1969).

[43] Ähnlich Gai. D. 41, 1, 3, pr.: *Quod enim nullius est, id ratione naturali occupanti conceditur.*

1. Sachen, die noch in niemandes Eigentum gestanden hatten, wie z. B. wilde Tiere. Ein Aneignungsrecht des Jagdberechtigten kannte das römische Recht nicht.
2. Sachen, deren sich der Eigentümer durch Besitzaufgabe entledigt hatte (*res derelictae*). Streitig ist, ob der sofortige Eigentumserwerb bei derelinquierten Sachen auf *res nec mancipi* beschränkt war. *Res mancipi* konnten vielleicht nicht sofort erworben, sondern nur ersessen werden (*usucapio pro derelicto*)[44].

II. Schatzfund[45]

Als Schatz galt ein Wertgegenstand, der solange verborgen war, dass sich der Eigentümer nicht mehr ermitteln ließ.

Paulus D. 41, 1, 31, 1: Thensaurus est vetus quaedam depositio pecuniae, cuius non exstat memoria, ut iam dominum non habeat: sic enim fit eius qui invenerit, quod non alterius sit. alioquin si quis aliquid vel lucri causa vel metus vel custodiae condiderit sub terra, non est thensaurus: cuius etiam furtum fit.

Ein Schatz ist ein altes Versteck von Wertgegenständen, an das keine Erinnerung mehr besteht, so dass sie keinen Eigentümer mehr haben. So wird das, was keinem anderen gehört, zum Eigentum dessen, der es findet. Wenn jedoch jemand etwas aus Furcht oder zur sicheren Aufbewahrung in der Erde vergraben hat, so ist es kein Schatz. Daran kann auch ein Diebstahl begangen werden.

Diese Definition des Schatzes findet sich noch heute unverändert in § 984 BGB.

Nach römischem Recht fiel der Schatz zunächst offenbar dem Finder zu[46]. Eine andere Rechtslage finden wir im jüdischen Recht, über das das Gleichnis vom Himmelreich und vom Schatz im Acker[47] Aufschluss gibt: „Mit dem Himmelreich ist es wie mit einem Schatz, der in einem Acker vergraben war. Ein Mann entdeckte ihn, grub ihn aber wieder ein. Und in seiner Freude verkaufte er alles, was er besaß, und kaufte den Acker“. Das Gleichnis legt die Vermutung nahe, dass der Grundstückseigentümer das Alleineigentum am Schatz erwarb. Im römischen Recht hat man dagegen den Schatz offenbar dem Finder zugesprochen. Vielleicht war die Frage umstritten. Kaiser Hadrian hat in einer „salomonischen“ Entscheidung den Schatz je zur Hälfte dem Grundstückseigentümer und dem Finder zugesprochen. Dieser Rechtszustand gilt noch heute in Deutschland (§ 984 BGB) und Österreich (§ 399 ABGB). Nach Art. 723 ZGB steht der Schatz dem Grundstückseigentümer zu. Der Finder hat Anspruch auf eine angemessene Vergütung.

Handelte es sich nicht um einen Schatz, sondern um eine gewöhnliche Fundsache, so erwarb der Finder keinerlei Rechte; er hatte auch keinen Anspruch auf Finderlohn.

---

[44] So die h.L., vgl. Kaser RP I 425 f.; Kunkel/Mayer-Maly 163 f.

[45] S. dazu Mayer-Maly, FS Kralik (1986) 485 ff.; Knütel JuS 1986, 950 ff.

[46] A.M. Hausmaninger/Selb 159 und Kaser/Knütel 160: Grundstückseigentümer.

[47] Matthäus 13, 44.

III. Fruchterwerb

Grundsätzlich fielen Früchte mit der Trennung (Separation) in das Eigentum desjenigen, dem die Muttersache gehörte. Von dieser Regel gab es folgende Ausnahmen:

1. Der Erbpächter erwarb die Früchte wie der Eigentümer mit der Trennung.
2. Der gutgläubige Besitzer musste lediglich diejenigen Früchte herausgeben, welche bei Klageerhebung noch vorhanden waren.
3. Der Nießbraucher erwarb Eigentum mit der Perzeption (z. B. Ernten, Melken, Scheren usw.).

IV. Sachverbindung[48]

Durch Verbindung mit einer anderen Sache (*accessio*) wurde die verbundene Sache deren Bestandteil. Sie konnte nun nicht mehr Gegenstand gesonderten Eigentums sein. Das Eigentum an ihr ging jedoch nicht vollständig unter, sondern ruhte während der Dauer der Verbindung und lebte nach der Trennung wieder auf. In einigen Fällen ließ man die *actio ad exhibendum* (Vorweisungsklage) zu, um die Trennung durchzusetzen. Wo freilich eine Trennung aus wirtschaftlichen oder (von der griechischen Philosophie geprägten) physikalisch-technischen Kriterien nicht möglich war, ging das Eigentum am Bestandteil endgültig unter. Wer auf solche Weise sein Eigentum verloren hatte, konnte jedoch vom Eigentümer der Hauptsache Ersatz verlangen.

Für Verbindung von Mobilien untereinander und für Verbindung von Mobilien mit Grundstücken galten unterschiedliche Regeln:

1. *Inaedificatio*

Bei der Verbindung einer beweglichen Sache mit einem Grundstück galt dieses immer als Hauptsache und der Grundeigentümer erwarb das auf seinem Boden mit fremdem Material errichtete Gebäude (*superficies solo cedit*[49]; Akzessionsprinzip: das Gebäude folgt dem Boden). Diese Regel ist noch heute gültig (vgl. § 946 BGB, §§ 417 f. ABGB, Art. 671 ZGB). Das Recht, die Trennung bzw. den Abbruch des Gebäudes zu verlangen, war aus naheliegenden volkswirtschaftlichen Gründen schon durch einen Zwölftafelsatz ausgeschlossen. Der Eigentümer des Baumaterials hatte jedoch eine *actio de tigno iuncto* auf Erstattung des doppelten Wertes[50] gegen den Grundstückseigentümer, der fremdes Material verbaut hatte.

Auch was auf einem Grundstück gesät oder gepflanzt worden war, wurde Grundstücksbestandteil (*satio, implantatio*, s. dazu § 420 ABGB, Art. 678 ZGB, § 946 BGB).

---

[48] S. dazu Holthöfer, Sachteil und Sachzubehör im römischen und gemeinen Recht (1972).

[49] Gai. 2, 43; dazu Meincke SZ 88 (1971) 136 ff.

[50] Vgl. Festus s.v. tignum.

2. *Verbindung von Mobilien*

Bei der Verbindung von Mobilien war die entscheidende Frage, welche Sache als Hauptsache anzusehen war. Nach römischer Auffassung, die wiederum von der aus der griechischen Philosophie übernommenen Frage nach dem Wesen der Sache geprägt war, kam es entscheidend darauf an, welche Sache der äußeren Gestalt der Gesamtsache am nächsten kam. Daher folgte die Farbe der Wolle, der Edelstein dem Schmuck, die Schrift dem Papier. Dies galt selbst dann, wenn es sich um wertvollen Purpur oder um Gold handelte. Eine einleuchtende Ausnahme von dieser Regel machte die überwiegende Juristenmeinung bei der Bemalung einer fremden Tafel (*tabula picta*).

Gai. 2, 77: eadem ratione probatum est, quod in cartulis sive membranis meis aliquis scripserit, licet aureis litteris, meum esse, quia litterae cartulis sive membranis cedunt. itaque si ego eos libros easve membranas petam, nec impensam scripturae solvam per exceptionem doli mali summoveri potero.

78: sed si in tabula mea aliquis pinxerit veluti imaginem, contra probatur; magis enim dicitur tabulam picturae cedere.

Aus demselben Grund ist anerkannt, dass dasjenige, was jemand auf mein Papier oder mein Pergament geschrieben hat, und sei es mit goldenen Buchstaben, mir gehört, weil die Buchstaben dem Papier bzw. dem Pergament folgen. Wenn ich daher diese Bücher bzw. Pergamente herausverlange und die Aufwendungen für die Schrift nicht bezahlen will, so steht mir die Einrede der Arglist entgegen.

Wenn aber jemand etwas auf meine Tafel gemalt hat, wie z. B. ein Bild, so wird das Gegenteil für richtig gehalten; man kann nämlich eher sagen, dass die Tafel dem Bild folgt.

V. Vermischung, Vermengung (commixtio, confusio)

Wurde z. B. Wein oder Getreide ohne Willen der Eigentümer zusammengeschüttet, so kam es darauf an, ob eine Aussonderung möglich war oder nicht. War dies nicht der Fall, so konnte jeder Eigentümer seinen Anteil an der Gesamtmenge als Eigentum in Anspruch nehmen (*pro parte vindicare*).

Vermengtes Geld fiel in das Eigentum des Besitzers des gesamten Betrages. Der andere Teil hatte Anspruch auf Rückgabe des entsprechenden Betrages; eine Vindikation einzelner Münzen war ausgeschlossen.

VI. Uferrecht[51]

Zu den natürlichen Erwerbsarten gehörten ferner die Fälle des sog. Uferrechts. Das Eigentum am Ufergrundstück erstreckte sich auch auf dasjenige, was durch allmähliche Anschwemmung (*alluvio*) neu hinzugekommen war.

Nicht selten waren offenbar auch die Fälle der Anlandung (*avulsio*) von Erdreich, das von einem anderen Grundstück durch ein Hochwasser weggerissen worden war.

[51] Einzelheiten bei Kunkel/Mayer-Maly 170.

Das angelandete Stück gelangte erst ins Eigentum, wenn es mit dem Grund und Boden fest verbunden war. Entstand im Fluss eine Insel (*insula in flumine nata*), so fiel sie in das Eigentum der Uferanlieger. Auch das verlassene Flussbett (*alveus derelictus*) wurde in der Mitte geteilt. Alle diese Regeln sind z. B. in §§ 407 ff. ABGB liebevoll nachgezeichnet.

VII. Verarbeitung (specificatio)

Wurde ein Stoff (*materia*) bearbeitet, so dass dadurch eine neue Sache entstand (*novam speciem facere*), so stellte sich die Frage, ob die neue Sache dem Stoffeigentümer oder dem Verarbeiter zu Eigentum gehören sollte[52]. Beispielsfälle waren das Keltern von Wein oder Öl aus Trauben oder Oliven, die Herstellung von Gegenständen aus Metall, Holz oder Stein. Die Entscheidung war unter den Klassikern kontrovers. Wiederum spielte die philosophische Frage eine Rolle, ob das Wesen einer Sache die äußere Gestalt (*forma*) sei (so die Prokulianer offenbar im Anschluss an Aristoteles und die Peripatetiker) oder die *materia* (so die Sabinianer im Anschluss an die Stoa[53]).

Die Heranziehung philosophischer Kriterien[54] ist unzweckmäßig, weil es allein um den wirtschaftlichen Aspekt geht, ob das Material oder die Verarbeitung wertvoller ist.

Justinian entschied den Schulenstreit keineswegs sachgerecht nach einer *media sententia*, indem er darauf abstellte, ob die Sache in ihren ursprünglichen Zustand rückführbar sei oder nicht[55]. Danach hätte das Eigentum am Wein oder einer steinernen Statue der Verarbeiter, bei einer Bronzefigur hingegen, die eingeschmolzen werden kann, der Materialeigentümer. Auch im Falle der Verarbeitung konnte derjenige, der nicht Eigentümer der neuen Sache wurde, mit Hilfe der *exceptio doli* gegen die *rei vindicatio* Wertersatz verlangen.

Befand sich die Sache im Besitz des (neuen) Eigentümers, so wird man eine *vindicatio utilis* des verlierenden Teils auf Wertersatz annehmen dürfen.

Im modernen Recht gibt Art. 530 CC das Eigentum in jedem Fall dem Stoffeigentümer und betont (ebenso wie Art. 940 CC it.) ausdrücklich, dass es nicht auf die Rückführbarkeit ankommt. Art. 940 CC it. und § 950 BGB geben das Eigentum dem Verarbeiter, sofern nicht der Wert des Stoffes erheblich höher ist, bzw. der Wert der Arbeit erheblich geringer. Art. 726 ZGB verzichtet auf das Kriterium der Erheblichkeit und gibt das Eigentum dem Verarbeiter, wenn sein Beitrag höher ist. Bei gleicher Höhe bleibt das Eigentum also beim Stoffeigentümer. § 415 ABGB schliesslich stellt auf die kuriose justinianische Rückführbarkeit ab, will aber tatsächlich

[52] Dazu zuletzt Thielmann, 2. FS v. Lübtow (1980) 187 ff.

[53] Vgl. den Bericht bei Gai. 2, 79; Gai. D. 41, 1, 7, 7.

[54] Vgl. dazu Sokolwski, Die Philosophie im Privatrecht I (1902) 69 ff.

[55] D. 41, 1, 24 ff. itp.

zurückführen und jedem das Seinige zurückgeben. Das ist nicht sachgerecht, weil die Arbeit regelmässig zerstört wird und der Verarbeiter nichts erhält.

§ 22 Eigentumsschutz

I. Rei vindicatio[56] *(Eigentumsherausgabeklage)*

Die *rei vindicatio* war die Klage des nichtbesitzenden zivilen Eigentümers gegen den besitzenden Nichteigentümer auf Herausgabe der Sache oder Bezahlung ihres Wertes. Die Formel lautete[57]:

Si paret fundum Capenatem quo de agitur, ex iure Quiritium Auli Agerii esse neque is fundus arbitrio tuo Aulo Agerio restituetur, quanti is fundus erit, tantam pecuniam iudex Numerium Negidium Aulo Agerio condemnato; si non paret absolvito.

Wenn es sich erweist, dass das Capenatische Grundstück, um das es sich handelt, nach dem Recht der Quiriten dem Aulus Agerius gehört, und wenn dieses Grundstück dem Aulus Agerius nicht auf deinen Befehl zurückgegeben wird, so soll der Richter den Numerius Negidius dem Aulus Agerius auf soviel Geld verurteilen, wieviel das Grundstück wert sein wird; wenn es sich nicht erweist, soll er ihn freisprechen.

Die *rei vindicatio* beruhte nicht auf einem obligatorischen Anspruch des Eigentümers gegen die Person des Besitzers, sondern auf seiner ausschließlichen Herrschaftsmacht über die Sache. Deshalb war der Besitzer nur dann der richtige Beklagte, wenn er das Eigentum des Klägers bestritt und nur solange, als er die Sache besaß. Die *rei vindicatio* war eine sachverfolgende (reipersekutorische) Klage. Für den Beklagten bestand Einlassungsfreiheit. Wollte er sich auf den Rechtsstreit nicht einlassen, so musste er freilich die Sache herausgeben.

Das Ziel der *rei vindicatio* war die Rückgabe der Sache (*restitutio*) einschließlich der Früchte, ferner der Ersatz für eine etwaige Beschädigung nach Prozessbeginn. Andererseits musste der Kläger dem Beklagten Aufwendungen (*impensae*) erstatten, die dieser auf die Sache gemacht hatte. Eine Besonderheit des römischen Formularprozesses, die bei der Eigentumsklage besonders überraschend ist, war das Prinzip der notwendigen Geldverurteilung (*condemnatio pecuniaria*, vgl. § 31 I). Es gab keine Sachleistungs-, sondern nur Geldurteile. Dies hängt mit dem Vollstreckungswesen zusammen, das keine Einzelzwangsvollstreckung kannte, sondern lediglich den Konkurs (*venditio bonorum*).

Für die Vindikation folgt hieraus, dass es keinen Zwang zur Herausgabe der Sache gab. Der Richter erließ *causa cognita* ein *arbitrium de restituendo*; er forderte also den Beklagten auf, die Sache *in natura* herauszugeben. Folgte der Beklagte diesem Befehl, so war damit die Sache, von etwaigen Nebenforderungen abgesehen, erledigt. Verweigerte er dagegen die Herausgabe, so wurde er auf den Wert der Sache verurteilt; diesen Wert durfte allerdings der Kläger im Wege einer eidlichen

---

[56] Zum folgenden Kunkel/Selb 535 ff.

[57] Cicero in Verrem II 2, 31; Gai. 4, 51.

Schätzung festlegen (*iusiurandum in litem*). Im Ergebnis hatte also der Kläger dem Beklagten die Sache, wenn auch um einen hohen Preis, verkauft. Der Beklagte war praktisch gesehen bonitarischer Eigentümer. Dieser prozessuale Erwerb wurde analog zum Kauf behandelt.

Zum modernen Recht vgl. § 985 BGB, § 366 ABGB u. Art. 641 Abs. 2 ZGB.

II. Actio negatoria (Eigentumsfreiheitsklage)[58]

Während Gegenstand der Vindikation der Streit um das Eigentum war, diente die *actio negatoria* der Klärung des Streites um das Bestehen von Eigentumsbelastungen. Sie richtete sich gegen denjenigen, der eine Grunddienstbarkeit (§ 23) oder einen Nießbrauch (§ 24 II) an der Sache für sich in Anspruch nahm und hierdurch das Recht des Eigentümers beeinträchtigte. Heute hat die *actio negatoria* einen viel weiteren Anwendungsbereich, weil sie in allen Fällen der Störung bzw. Beeinträchtigung des Eigentums zum Zuge kommt (vgl. § 1004 BGB; § 523 ABGB beschränkt sie freilich nach dem Vorbild des römischen Rechts noch auf die Anmaßung einer Dienstbarkeit).

III. Prätorischer Rechtsschutz[59]

1. Sowohl die *rei vindicatio* als auch die *actio negatoria* standen nur dem zivilen Eigentümer zu. Wer daher trotz gültigen Erwerbsgrundes kein ziviles Eigentum erlangt hatte – sei es wegen eines Formmangels, sei es, weil er vom Nichtberechtigten erworben hatte (§ 20 I) – war nach altzivilem Recht bis zur Vollendung der Ersitzung ohne Schutz. Hier griff der Prätor ein:

Die prätorischen Rechtsbehelfe hatten eine unterschiedliche Tragweite, je nachdem, ob es sich um einen Fall des Formmangels (Erwerb einer *res mancipi* durch bloße *traditio*) oder um einen Erwerb vom Nichtberechtigten handelte. Im zuerst genannten Fall erstreckte sich der prätorische Schutz auch auf etwaige Angriffe des zivilen Eigentümers, der die Sache ja selbst veräußert hatte. Anders im zweiten Fall. Hier bestand der Schutz zwar gegenüber jedem Dritten, nicht aber gegenüber dem zivilen Eigentümer, dessen Recht stärker war, solange der Ersitzungsbesitzer die Sache nicht ersessen hatte.

2. Der Schutz des prätorischen Rechts während der Ersitzungszeit bestand je nach Sachlage in einer Einrede oder in einer sachverfolgenden Klage.

a. Rechtsschutz gegen die *rei vindicatio* des Veräußerers gewährte der Prätor in Form der *exceptio rei venditae et traditae* (Einrede der verkauften und übergebenen Sache). Diese Einrede konnte nicht nur gegenüber dem Veräußerer

[58] S. Kunkel/Selb 538 f.

[59] Kunkel/Selb 539 ff.

erhoben werden, sondern auch gegenüber einem Rechtsnachfolger. Sie griff auch dann Platz, wenn der Veräußerer ursprünglich als Nichtberechtigter verfügt hatte, später aber Eigentümer geworden war (z. B. durch Erbgang).

b. Hatte der Erwerber den Besitz der Sache verloren, so gewährte ihm der Prätor eine der *rei vindicatio* nachgebildete, sachverfolgende Klage, die *actio Publiciana*[60]. *Hierbei handelte es sich um eine actio ficticia.* Der Richter wurde in der Klageformel angewiesen, so zu entscheiden, wie wenn die Ersitzung bereits vollendet wäre. Mit Hilfe dieser Fiktion konnte der Ersitzungsbesitzer die Sache von jedem Dritten herausverlangen, nur nicht vom zivilen Eigentümer; denn dieser konnte der Fiktion der vollendeten Ersitzung sein reales Recht entgegenhalten (*exceptio iusti dominii*). War jedoch der zivile Eigentümer der Veräußerer, so stand der *exceptio iusti dominii* wiederum die *replicatio rei venditae et traditae* entgegen.

Zum Streit, wem bei mehrfacher Veräußerung die *actio Publiciana* zustand s. Jul. D. 6, 2, 9, 4, dazu oben § 19 II).

3. In exakt der gleichen Weise wie der römische Praetor mit der *exceptio rei venditae et traditae* gewährt das schweizerische Bundesgericht dem Grundstückskäufer die Einrede des Rechtsmissbrauchs gegen den Eigentümer, der das Grundstück unter Berufung auf das Fehlen der Form (notarielle Beurkundung nach Art. 216 i. V. m. Art.11 OR) zurückverlangt[61]. Nach ständiger Rechtsprechung ist die Berufung auf den Formmangel rechtsmissbräuchlich und verstößt gegen Art. 2 Abs. 2 ZGB, wenn diejenige Partei, die sich auf den Formmangel beruft, denselben arglistig herbeigeführt hat. Das ist der seltenere Fall des *dolus praeteritus*; ferner, wenn der Vertrag von beiden Parteien freiwillig und irrtumsfrei erfüllt worden ist, das ist der häufigere Fall des *dolus praesens*. Die schweizerische Judikatur muss Zuflucht zur Notbremse des Rechtsmissbrauchs nehmen, weil eine Vorschrift über Heilung des Formmangels (Konvaleszenz) durch Grundbucheintragung fehlt, wie sie das deutsche Recht kennt (§ 311b Satz 2 BGB). Danach wird das formungültige Geschäft mit Eintragung ins Grundbuch wirksam. Im deut schen Recht besteht daher für eine Heranziehung des Rechtsmissbrauchsverbotes nur in Ausnahmefällen Bedarf und man steht der Korrektur von Formvorschriften mittels des Grundsatzes von Treu und Glauben reserviert gegenüber[62]. Sie wird nur bejaht, wenn andernfalls das Ergebnis „schlechthin untragbar" wäre[63], eine bloße Härte soll nicht genügen. Eine dritte Lösung findet sich im österreichischen Recht: Die Formnichtigkeit eröffnet dort keine Kondiktion (§ 1432 ABGB). Das erfüllte, formnichtige Geschäft ist gewissermaßen

---

60 Dazu Apathy, Die publizianische Klage (1981).

61 S. etwa BGE 112 II 330; 104 II 101; dazu Honsell OR BT (9. Aufl. 2010) 173 ff.

62 Z. B. hat RGZ 117, 121 („Edelmannswort") die Einrede der Arglist in einem Fall abgelehnt, in dem ein Haus verschenkt, die Übereignung aber nicht beurkundet und eingetragen worden war. Der Beschenkte wollte zum Notar, der Schenker hielt ihn hin und sagte, sein Edelmannswort genüge.

63 BGHZ 29, 10; 92, 164, 172.

eine Naturalobligation, nicht klagbar, aber erfüllbar[64]. Wieder anders Art. 1441 CC it., der einen relativen Nichtigkeitsbegriff statuiert und die Nichtigkeitsklage bei freiwilliger Erfüllung verwehrt.

§ 23 Dienstbarkeiten (Servituten)[65]

I Grunddienstbarkeiten

1. Die Grunddienstbarkeit (Servitut) ist ein dingliches Recht, das dem jeweiligen Eigentümer eines Grundstücks bestimmte Befugnisse an einem Nachbargrundstück verleiht. Diese alte dogmatische Figur hat noch heute unveränderte Geltung (vgl. §§ 1018 BGB; 472 ff. ABGB; Art. 730 ff. ZGB, die das römische Servitutenrecht bis in das kleinste Detail nachzeichnen). Servituten spielen heute im Nachbarrecht, aber auch für Fernleitungen (Strom, Öl, Gas, Wasser) sowie bei Seilbahnen und Skiabfahrten eine große Rolle.

2. Für die Servituten galten folgende Grundsätze:

a. Berechtigt und verpflichtet waren die jeweiligen Eigentümer des „herrschenden“ bzw. „dienenden“ Grundstücks (daher Servitut, von *servire*). Mit einem Eigentumswechsel gingen automatisch auch die Grunddienstbarkeiten über. Damit hängt der Grundsatz zusammen, dass die Servitut generell dem herrschenden Grundstück nützlich sein muss (*praedio utilis*).
b. Durch eine Dienstbarkeit konnte dem Eigentümer des dienenden Grundstücks nur ein Unterlassen *(non facere)* oder Dulden *(pati)* auferlegt werden, nicht aber ein aktives Tun (*servitus in faciendo consistere nequit* – die Servitut kann nicht in einem Tun bestehen[66]). Ausnahmen hierzu bildeten etwa die *servitus oneris ferendi* und *tigni immittendi* (das Recht, auf oder an die Nachbarmauer zu bauen bzw. einen Balken einzuführen). Diese Dienstbarkeiten verpflichteten den Eigentümer des dienenden Grundstücks auch dazu, die Mauer in tragfähigem Zustand zu erhalten[67].
c. Jede Ausübung der Dienstbarkeit musste unter tunlichster Schonung des belasteten Grundstücks erfolgen (*civiliter uti*[68]).
d. Eine Servitut an einer eigenen Sache war nicht möglich: Paul. D. 8, 2, 26: nulli enim res sua servit – niemandem dient seine eigene Sache.

---

[64] Vgl. näher Honsell, FS Mayer-Maly (1996) 369, 374 ff.

[65] Zum folgenden Kunkel/Mayer-Maly 180 ff.

[66] Pomp. D. 8, 1, 15, 1.

[67] Ulp. D. 8, 5, 1, 2.

[68] Cels. D. 8, 1, 9.

3. Einzelne Grunddienstbarkeiten

Das klassische Recht unterschied zwischen Felddienstbarkeiten *(servitutes praediorum rusticorum*[69]*)* und Gebäudedienstbarkeiten *(servitutes praediorum urbanorum*[70]*)* und entwickelte hierzu verschiedene Typen.

a. Zu den Felddienstbarkeiten gehörten:
   - aa. Wegerechte[71] und zwar Geh- und Fahrtrechte sowie Viehtrift; (*iter, via, actus);*
   - bb. Wasserdienstbarkeiten, namentlich das Recht, von einem fremden Grundstück Wasser auf das eigene zu leiten *(aquae ductus)*;
   - cc. Weidegerechtigkeiten, das Recht zur Viehtränke, zur Mineraliensuche usw. Im Gegensatz zu den Gebäudeservituten waren die Feldservituten *res mancipi*, wurden also durch *mancipatio* begründet.

b. Zu den Gebäudeservituten zählten:
   - aa. Beschränkungen der Bauhöhe (ius altius non tollendi[72]), das Recht auf Lichtzufuhr und freie Aussicht über das Nachbargrundstück (*servitus ne luminibus, ne prospectui officiatur*[73]);
   - bb. Trauf- und Abflussrechte, die das Recht gewähren, Regenwasser abzuleiten (*servitus stillicidii, fluminis*[74]);
   - cc. Stütz- und Auflagerechte, z. B. das Recht, einen Balken in der Nachbarwand zu befestigen (ius tigni immittendi[75]) oder auf der Mauer des Nachbarn aufzubauen (*servitus oneris ferendi*[76]).

II. Persönliche Dienstbarkeiten (servitutes personales)

Diese Rechte waren nicht mit dem Eigentum an einer herrschenden Sache verknüpft, sondern standen dem Berechtigten persönlich zu. Ihr Gegenstand waren regelmäßig Grundstücke, doch kamen sie auch an beweglichen Sachen vor.

1. Nießbrauch (*ususfructus*)[77]

Die wichtigste Personalservitut war der Nießbrauch *(ususfructus)*. Er spielte namentlich im Erbrecht eine Rolle. Wollte der Erblasser sein Vermögen den Kindern

---

[69] D. 8, 3.

[70] D. 8, 2.

[71] Vgl. Ulp. D. 8, 3, 1, pr.

[72] Gai. 2, 31; D. 8, 2, 2.

[73] Paul. D. 8, 2, 4.

[74] Paul. D. 8, 2, 20, 3–6.

[75] Gai. D. 8, 2, 2.

[76] Ulp. D. 8, 5, 6, 2.

[77] D. 7, 1. Die Terminologie ist unterschiedlich: Der Begriff Niessbrauch entstammt dem deutschen Recht (§ 1030 ff. BGB), in der Schweiz spricht man von Nutzniessung (Art. 745 ff. ZGB), in Österreich von Fruchtgenuss (§ 507 ff.). Alle drei Begriffe sind Übersetzungen von *ususfructus*.

zuwenden, der Frau jedoch eine sichere Versorgung gewähren, so war hierfür der Nießbrauch das geeignete Instrument.

Aus dem Versorgungscharakter erklärt sich, dass der Nießbrauch im Gegensatz zu den Grunddienstbarkeiten eng mit der Person des Berechtigten verknüpft war und deshalb spätestens mit dessen Tod erlosch.

Gegenstand des Nießbrauchs war die Benutzung der Sache einschließlich des Fruchtziehungsrechtes, daher *ususfructus*. Hingegen blieb das Verfügungsrecht beim Eigentümer. Der Umfang der Nutzungsberechtigung war derselbe wie bei der Pacht (§ 49 III 1). Im Unterschied zur bloß obligatorischen Pacht war der Nießbrauch ein dingliches Recht. Der Nießbraucher war verpflichtet, die Substanz der Sache zu erhalten (*ususfructus est ius alienis rebus utendi fruendi salva rerum substantia* – Nießbrauch ist das Recht, eine fremde Sache zu gebrauchen und Früchte zu ziehen, ohne Beeinträchtigung der Substanz). Das Fruchtziehungsrecht erfasste nicht nur die natürlichen Früchte (beim Landgut etwa die Ernte, Nutzung des Viehbestands usw.), sondern auch die sog. juristischen Früchte wie Miet- und Pachtzins. Der Nießbraucher konnte die Sache selber nutzen oder die Nutzung einem Dritten überlassen. Das Nießbrauchsrecht selbst war nicht übertragbar[78]. Eine erhebliche Ausweitung erfuhr der Anwendungsbereich des Nießbrauchs durch einen Senatsbeschluss, der die Bestellung des Nießbrauchs an allen Vermögensgegenständen und an einem ganzen Vermögen zuließ[79]. Soweit damit auch ein Nießbrauch an verbrauchbaren Sachen (wie z. B. Geld) verbunden war, hatte der Nießbraucher nach Beendigung des Nießbrauchs Sachen von gleicher Art und Menge zurückzuerstatten.

2. Neben dem Nießbrauch gab es einige beschränkte persönliche Dienstbarkeiten:
   a. das Gebrauchsrecht (*usus*)[80] ohne Fruchtziehung;
   b. das Wohnungsrecht (*habitatio*)[81];
   c. das Recht auf die Dienste fremder Sklaven (*operae servorum*[82]).

III. Entstehung und Erlöschen der Dienstbarkeiten

Der Erwerb von Dienstbarkeiten erfolgte zunächst durch Manzipation oder *in iure cessio*[83]. Wie bereits gesagt, war die Manzipation auf Felddienstbarkeiten beschränkt, hingegen konnten mit der in *iure cessio* alle Dienstbarkeiten begründet werden.

---

[78] Pomp. D. 23, 3, 66.

[79] Ulp. D, 7, 5, 1.

[80] Gai. D. 7, 8, 1, 1.

[81] Iust. C. 3, 33, 13 pr.

[82] D. 7, 7.

[83] Gai. 2, 17; 29 f.

Ein häufiger Fall war die Begründung einer Dienstbarkeit durch Vorbehalt bei der Übereignung einer Sache[84]. Dies galt namentlich für den Nießbrauch (*alienatio deducto usufructu* – Veräußerung unter Vorbehalt des Nießbrauchs). Gebräuchlich war auch die Nießbrauchsbestellung durch Legat, meist zu Gunsten der Ehefrau, zu ihrer Versorgung (oben II 1).

§ 24 Sicherungsübereignung (fiducia) und Pfand

I. Geschichtlicher Überblick

Unter einem Pfandrecht[85] versteht man ein dingliches Recht, das dem Gläubiger zur Sicherung seiner Forderung vom Schuldner oder einem Dritten bestellt wird. Da die Sicherheit hier in einer Sache besteht, sprechen wir auch von Realkredit im Gegensatz zum Personalkredit, bei dem die Sicherheit in Form der Stellung eines Bürgen geleistet wird.

Das römische Recht kannte zwei Typen einer realen Sicherung: Die Sicherungsübereignung (*fiducia cum creditore contracta*) und das Pfand (*pignus* bzw. *hypotheca*).

II. Sicherungsübereignung (fiducia cum creditore)

Die zivilrechtliche Sicherungsübereignung *(fiducia cum creditore contracta*[86]*)* war auch in klassischer Zeit noch verbreitet. Sie verschwand zusammen mit der Manzipation. In den Digesten ist sie getilgt. Ein Beispiel enthält die sog. *formula Baetica*[87]. Für die Sicherungsübereignung war typisch, dass der Gläubiger formal eine stärkere Stellung erhielt, als es dem wirtschaftlichen Zweck der Sicherung einer Forderung entsprach. Er wurde nämlich Volleigentümer der Sache. Hingegen war das Pfandrecht nur ein beschränktes dingliches Recht, d. h. das Eigentum verblieb beim Pfandbesteller. Es wurde lediglich mit einem beschränkten dinglichen Recht belastet.

Bei der *fiducia* verpflichtete sich der Gläubiger, das Sicherungseigentum nach Tilgung der Schuld an den Verpfänder zurückzuübertragen. Mit dem Erlöschen der Forderung erhielt der Verpfänder eine (persönliche) *actio fiduciae* auf Rückübereignung. Wegen der Verletzung der mit der *fiducia* verbundenen Treuepflicht wirkte

[84] Paul. D. 8, 3, 30.

[85] D. 13, 7; D. 20, 6–1; C. 8, 13.- Kaser, Studien zum röm. Pfandrecht (1982); Kunkel/Mayer-Maly 195 ff.

[86] Vgl. Gai. 2, 60. – Erbe, Die Fiduzia im röm. Recht (1940); Noordraven, De Fiducia in het Romeinse recht (1988).

[87] FIRA III Nr. 92.

die Verurteilung infamierend, war also mit dem Verlust der bürgerlichen Ehrenrechte verbunden.

III. Pfand

Im Gegensatz zur Sicherungsübereignung war das Pfand[88] als beschränktes dingliches Recht stets akzessorisch, d. h. sein Bestand hing von der Existenz der zu sichernden Forderung ab. Ohne Forderung bestand kein wirksames Pfand, mit dem Erlöschen der Forderung ging auch das Pfand unter.

IV. Lex commissoria und pactum de vendendo

1. Ursprünglich war sowohl bei der Sicherungsübereignung als auch beim Pfand die Vereinbarung einer sog. Verfallsklausel (*lex commissoria*[89]) üblich. Dies bedeutete, dass das Sicherungseigentum endgültig dem Gläubiger verblieb und das Pfand in sein Eigentum fiel, wenn der Schuldner zum Fälligkeitstermin die Schuld nicht bezahlte.

2. Neben die *lex commissoria* trat im Laufe der Entwicklung die Verkaufsabrede (*pactum de vendendo*). Bei dieser Abrede musste der Gläubiger die Sache verkaufen. Überstieg der Erlös den Betrag der Forderung (*superfluum*), so stand der überschießende Betrag dem Pfandbesteller zu. Konstantin[90] hat zum Schutz des Pfandbestellers die *lex commissoria* verboten, und dabei blieb es auch im justinianischen Recht.

§ 25 Pignus und hypotheca

Das römische Recht kannte zwei Arten des Pfandrechts, das Besitzpfand (*pignus*) und das besitzlose Pfand (*hypotheca*). So sagt Ulpian (D. 13, 7, 9, 2): proprie pignus dicimus, quod ad creditorem transit, hypothecam, cum non transit nec possessio ad creditorem – Pfand im eigentlichen Sinne nennen wir das, was auf den Gläubiger übergeht, von hypotheca sprechen wir, wenn der Besitz nicht auf den Gläubiger übergeht.

Doch werden beide Begriffe nicht streng geschieden und nach Marcian besteht ein Unterschied überhaupt nur im Klang der Namen (D. 20, 1, 5, 1: inter pignus autem et hypothecam tantum nominis sonus differt).

---

[88] Dazu vor allem Kaser aaO.

[89] Vgl. dazu Kunkel/Mayer-Maly 198 f.; zur *lex commissoria* beim Kauf unten § 47 I 2.

[90] C. 8, 34, 3.

I. Pignus

Die römischen Juristen leiten das Wort *pignus* von *pugnus* (Faust) ab. Daher rührt noch heute der Name Faustpfand. Die etymologische Ableitung ist falsch, aber aufschlussreich. *Pignus* wird man mit *pangere*=befestigen in Verbindung bringen dürfen. Die falsche Etymologie weist aber darauf hin, dass das *pignus* stets ein Besitzpfand war.

1. Begründung des Pfandrechtes

Die Verpfändung einer Sache hatte drei Voraussetzungen:

a. Prätorisches Eigentum des Verpfänders
b. Einigung über die Pfandbestellung und Übergabe der Sache
c. Existenz der zu sichernden Forderung.

2. Rechtsschutz des Pfandgläubigers

Das Besitzpfand verschaffte dem Gläubiger Interdiktenbesitz gegen eigenmächtige Störungen durch den Verpfänder oder Dritte. Daneben schuf man in klassischer Zeit eine dingliche Pfandklage (die *actio quasi Serviana*, unten II).

3. Nutzpfand

Nicht selten wurde vereinbart, dass der Gläubiger die Nutzungen der Pfandsache (z. B. eines Landguts) ziehen dürfe. Den Anspruch auf die Nutzungen hatte der Gläubiger hier statt der Zinsforderung (Antichrese).

Zog der Gläubiger Nutzungen, ohne dass eine entsprechende Vereinbarung getroffen worden war, so musste er sich den Wert der Nutzungen zunächst auf die Zinsen, sodann auf das Kapital anrechnen lassen.

II. Hypotheca

Neben das Faustpfand trat in klassischer Zeit ein besitzloses Pfand, die Hypothek, die sich lediglich auf eine Verpfändungsvereinbarung zwischen Gläubiger und Verpfänder gründete. Ihr Vorläufer war das Pfandrecht des Verpächters an den eingebrachten Sachen des Pächters (*invecta et illata*). Hier gewährte der Prätor zunächst ein Besitzinterdikt (das *interdictum Salvianum*) und dann auch eine prätorische Klage (die *actio Serviana*[91]). Mit diesen Rechtsbehelfen konnte sich der Verpächter den Besitz an den eingebrachten Sachen verschaffen. Die *actio Serviana* wurde später auf die Hypothek übertragen. Da die Römer *pignus* und *hypotheca* im Grunde nicht unterschieden, gewährte man schon in klassischer Zeit auch beim Besitzpfand dem Gläubiger, der den Besitz verloren hatte, zur Wiederherstellung eine *actio quasi Serviana*, die auch als *actio pigneraticia in rem* bezeichnet wird.

[91] Kunkel/Mayer-Maly 204 f.

III. Gemeinsame Grundsätze für pignus und hypotheca

1. Akzessorietät

Das Pfandrecht war von der zu sichernden Forderung abhängig. Es konnte nur entstehen, wenn eine Forderung vorhanden war, und es ging mit dem Erlöschen der Forderung unter.

2. Verfall

Das Pfand verfiel, wenn der Schuldner im Fälligkeitszeitpunkt nicht leistete. Der Verkauf musste dem Pfandbesteller angezeigt werden. Dieser durfte das Pfand nicht erwerben (vgl. § 24 IV).

3. Konfusion

Das Pfandrecht erlosch nicht nur durch die Erfüllung der Schuld, sondern auch durch Vereinigung des Pfandrechts mit dem Eigentum in einer Person *(confusio)*.

IV. Mehrfache Verpfändung

1. Durch die Verpfändung wurde der Eigentümer nicht gehindert, über die Sache weiterhin zu verfügen. Das dingliche Pfandrecht blieb jedoch auch bei einer Veräußerung bestehen.

2. Die grundsätzliche Verfügungsfreiheit im Zusammenhang mit dem Verschwinden der *lex commissoria* machte auch die mehrfache Verpfändung einer Sache möglich. Der sog. Nachhypothekar unterlag nicht nur der Pfandklage des Vormannes; auch seine eigene *actio hypothecaria* wirkte zwar gegen Dritte, nicht aber gegen den Vormann, der ihr die Einrede des besseren Pfandrechts entgegenhalten konnte.

Für die Rangfolge mehrerer Pfandrechte war grundsätzlich die Reihenfolge ihrer Begründung maßgeblich: *prior tempore potior iure*[92]. Erlosch ein Pfandrecht, etwa durch Befriedigung der Forderung, so rückten die nachfolgenden Pfandrechte auf.

V. Generalhypotheken

In nachklassischer Zeit entwickelte man eine Reihe gesetzlicher Generalhypotheken[93], z. B. für Ansprüche des Mündels gegen den Vormund an dessen Vermögen oder für die Ehefrau am Vermögen des Mannes wegen der Rückforderungsansprüche in Bezug auf das Dotalgut nach Beendigung der Ehe (*actio rei uxoriae*[94]).

---

[92] C. 8, 17, 3.

[93] Vgl. Kunkel/Mayer-Maly 206.

[94] Unten § 64 II.

Obligationenrecht

§ 26 Die Obligation

I. Die Obligation

1. Der Begriff der Obligation

Die Obligation ist ein Schuldverhältnis, kraft dessen die eine Partei (der Gläubiger) von der anderen (dem Schuldner) eine Leistung fordern kann. Der Ausdruck Forderung kennzeichnet die Obligation von der Gläubigerseite aus; das Pendant auf der Schuldnerseite ist die Schuld oder Verbindlichkeit. Beides nannten die Römer obligatio. Auch das Schuldverhältnis als Ganzes konnte so bezeichnet werden[1]. Ursprünglich lag der Bezeichnung obligatio die Vorstellung zugrunde, dass der Schuldner dem Gläubiger gegenüber gebunden sei:

> I. 3, 13 pr.: obligatio est iuris vinculum, quo necessitate adstringimur alicuius solvendae rei secundum nostrae civitatis iura.
>
> Die Obligation ist ein Band des Rechts, mit dem wir uns mit Notwendigkeit zur Leistung einer Sache verpflichten, gemäß dem Recht unseres Staates.

Der reale Hintergrund von *obligare, nectere* und *solvere*, die Fesselung und die Schuldknechtschaft, war schon in spätrepublikanischer Zeit verblasst. Die ursprüngliche Wortbedeutung hatte man wohl eben sowenig vor Augen, wie wir heute bei dem Ausdruck Verbindlichkeit an Fesselung oder bei Haftung an eine Haft im Schuldgefängnis denken. *Obligatio* und *debitum* waren synonyme *termini technici*, die ihre ursprüngliche anschauliche Bedeutung längst abgestreift hatten. Einen Unterschied zwischen Schuld und Haftung haben die Römer nicht gemacht. Die Nichterfüllung der Schuld führte zur Haftung. Damit nicht zu verwechseln ist das historische Nacheinander von Haftung als Herrschaftsmacht und Zugriffsgewalt gegenüber dem Schuldner und Schuld im Sinne eines bloßen Forderungsrechts gegen den Schuldner. Auf einer frühen Entwicklungsstufe ist auch die Obligation

---
[1] Vgl. Kunkel/Honsell 212; a. M. Kaser RP I 479.

H. Honsell, *Römisches Recht,* Springer-Lehrbuch, DOI 10.1007/978-3-662-45870-9_4

ein Herrschaftsrecht über den Schuldner und wird von der Herrschaftsmacht über andere Personen und Sachen nicht unterschieden. Das *nexum* war gleichsam eine Selbstverpfändung und *obligare* hieß noch im klassischen Sprachgebrauch nicht nur schulden, sondern auch verpfänden. Erst eine verfeinerte Dogmatik lässt den Herrschaftsgedanken verblassen, betont das Leistensollen und entwickelt die Unterscheidung von Herrschaftsrecht und Forderungsrecht, von absolutem und relativem Recht. Die Römer haben diesen Unterschied sehr klar gesehen.

Paul. D. 44, 7, 3 pr.: obligationum substantia non in ea consistit, ut aliquod corpus nostrum aut servitutem nostram faciat, sed ut alium nobis obstringat ad dandum aliquid vel faciendum vel praestandum.

Das Wesen der Obligation besteht nicht darin, dass ein Gegenstand unser Eigen- tum wird oder unserer Herrschaft unterworfen wird, sondern dass ein anderer uns zu einer Sach-, Dienst- oder sonstigen Leistung verpflichtet wird.

2. Die Haftung des Schuldners

Nach ältestem Recht haftete der Schuldner für seine Verbindlichkeiten in erster Linie, wenn nicht gar ausschließlich, mit seiner Person. Konnte er seine Schuld nicht bezahlen, und wurde er auch von Angehörigen oder Freunden nicht ausgelöst, so drohte ihm der Verkauf in die Sklaverei, ja vielleicht sogar die Tötung durch den Gläubiger[2]. Eine *lex Papiria de nexis* (vermutlich 326 v. Chr.) brachte die Abschaffung der Fesselung; ob sie auch die Personalexekution abgeschafft hat, ist unklar[3]. Jedenfalls trat gegen das Ende der Republik die Vermögensvollstreckung in den Vordergrund. Das römische Recht kannte keine Einzelzwangsvollstreckung, sondern nur den Konkurs. Der Konkurs als *ultima ratio* war ein überaus starkes Druckmittel in der Hand des Gläubigers.

In einigen Sonderfällen haftete der Schuldner nicht unbeschränkt, sondern nur soweit, dass ihm der notwendige Lebensunterhalt verblieb (*condemnatio in id quod facere potest* – Verurteilung auf das, was er leisten kann). Dieses Haftungsprivileg stand z. B. dem Aszendenten zu und dem Patron, ferner den Ehegatten; es galt auch für die Schenkung und das Dotalversprechen.

[2] Vgl. Zwölftafeln 3, 3–5: Fesselung des Schuldners, 60-tägige Haft, dreimaliges Ausrufen auf dem Markt, danach Tötung oder Verkauf trans Tiberim, d. h. für damalige Verhältnisse ins Ausland, weil ein römischer Bürger in Rom nicht Sklave sein konnte. Ein bei Gellius (20, 1, 45 ff.) überlieferter Text enthält das ominöse partis secanto. Die gängige Deutung ist, dass mehrere Gläubiger den Schuldner in Stücke schneiden durften. Vermutlich geht darauf das alte literarische Motiv zurück, dass der Gläubiger ein Pfund Fleisch aus dem Körper seines Schuldners verlangt; vgl. Shakespeare, Kaufmann von Venedig.

[3] Der Bericht des Livius (8, 28, 1–8) läßt beide Deutungen zu.

3. Naturalobligationen

Schon das klassische Recht kannte einige Fälle von unklagbaren Verbindlichkeiten (*obligationes naturales*)[4], d. h. Obligationen, aus denen kein Klagerecht entsprang. Der wichtigste Anwendungsfall waren die Schulden Gewaltunterworfener[5]. Sklaven waren nicht rechtsfähig und konnten daher weder klagen noch verklagt werden. Der Haussohn konnte zwar verklagt werden, doch war die Vollstreckung gegen ihn unzulässig.

Die Naturalobligation war zwar nicht klagbar, aber erfüllbar. Leistete der Schuldner freiwillig, so konnte die Leistung nicht als *indebite solutum* zurückgefordert werden. Die Naturalobligation konnte durch Bürgschaft gesichert, noviert oder zur Aufrechnung gestellt werden[6].

Noch heute verwenden wir den Ausdruck Naturalobligation für Fälle, in denen keine klagbare Verpflichtung, wohl aber eine *causa* des Behaltendürfens besteht; doch sind die Anwendungsfälle im modernen Recht andere: Die verjährte Forderung (§ 214 Abs. 2 BGB, § 1432 ABGB, Art. 63 Abs. 2 OR), Forderungen aus Spiel oder Wette (§ 762 BGB, § 1271 ABGB, Art. 513 OR), der Ehemaklerlohn (§ 656 BGB); auch der Tatbestand der wissentlichen Zahlung einer Nichtschuld (§ 814 BGB, § 1432 ABGB, Art. 63 Abs. 1 OR) und der Heilung eines Formmangels durch Erfüllung (§ 1432 ABGB) gehören der Sache nach hierher.

II. Obligatio und actio

Der Gläubiger konnte seine Forderung mit einer Klage (*actio*) gegen den Schuldner geltend machen. Jeder Obligation entsprang eine eigene *actio*. Die Aktionen waren im *edictum perpetuum* aufgeführt und wurden vom Prätor dem Kläger im Einzelfall gewährt. Das *edictum perpetuum* wurde auf Veranlassung des Kaisers Hadrian von Julian redigiert. Es ist uns nicht überliefert. Wir besitzen jedoch den Rekonstruktionsversuch von Lenel[7]. Jedes Forderungsrecht musste unter eine solche Formel subsumiert werden können. Deshalb ist es verständlich, dass nach römischer Auffassung die Begriffe *obligatio* bzw. *debitum* (Schuld) und *actio* praktisch gleichbedeutend waren.

> Cels. D. 44, 7, 51: nihil aliud est actio quam ius quod sibi debeatur iudicio persequendi.
> Die Klage ist nichts anderes, als das Recht, das, was einem geschuldet wird, in einem Gerichtsverfahren zu verfolgen.

Die *actio* ist also das Mittel zur Durchsetzung eines subjektiven Rechts, meist eines Anspruchs (als dem Recht, von einem anderen ein Tun oder Unterlassen zu verlan-

---

[4] Einzelheiten bei Kunkel/Honsell 216 f.; Siber RP 165 ff.; zur Naturalobligation in den modernen Rechten s. Honsell FS Talamanca (2002) 367 ff.; Schulze, Die Naturalobligation (2008).

[5] Weitere Beispiele bei Kaser RP I 481.

[6] Näheres bei Kunkel/Honsell 217.

[7] Das Edictum perpetuum (3. Aufl. 1927, Nachdruck 1974).

gen, so etwa die Legaldefinition in § 194 Abs. 1 BGB). Die Römer haben zwischen dem materiellen Anspruch und seiner prozessualen Durchsetzung nicht unterschieden (aktionenrechtliches Denken). Die Trennung von materiellem und prozessualem Anspruch geht auf den Pandektisten Windscheid[8] zurück.

Die *actio* ist entweder auf eine Sache (*in rem*) gerichtet oder gegen eine Person (*in personam*). Mit der *actio in rem* wird ein absolutes Recht (z. B. das Eigentum) gegen denjenigen geltend gemacht, der es beeinträchtigt (z. B. dem Eigentümer die Sache vorenthält). Mit der *actio in personam* wird ein relatives Recht (Anspruch) verfolgt, das, wie z. B. beim Vertrag, nur gegen eine bestimmte Person besteht.

Alle Klagen beruhen entweder auf Zivilrecht (*actiones civiles*) oder auf Honorarrecht (*actiones honorariae*). Zu beachten ist aber, dass die meisten prätorischen Rechtsfortbildungen allmählich ins *ius civile* rezipiert worden sind. So waren z. B. *die bonae fidei iudicia* (Kauf, Miete, usw.) ursprünglich prätorische Rechtsschöpfungen, die aber bereits in klassischer Zeit als *ius civile* betrachtet wurden.

III. Actio und exceptio

Wie die *actio* ist auch die *exceptio* (Einwendung, Einrede) ursprünglich eine Figur des Prozessrechts, mit deren Hilfe der Beklagte ein Gegenrecht geltend machen kann. Die Einrede wird definiert als Ausnahme von den Bedingungen, unter denen der Beklagte nach der *actio* zu verurteilen wäre (negative Urteilsbedingung). Einen wichtigen Anwendungsfall einer solchen *exceptio* haben wir bereits kennengelernt[9]: die *exceptio rei venditae et traditae.* Hat der Eigentümer eine *res mancipi* lediglich tradiert, so blieb er formal Eigentümer. Hätte der Prätor in diesem Falle die *rei vindicatio* ohne Einschränkung gewährt, so hätte der Richter den beklagten Ersitzungsbesitzer zur Herausgabe verurteilen müssen. Um dies zu verhindern, gewährte der Prätor dem Beklagten eine Einrede. Nun musste der Richter nicht nur prüfen, ob der Kläger Eigentümer war, sondern auch, ob er die Sache an den Beklagten verkauft und übergeben hatte. Konnte der Beklagte die Einredetatsachen beweisen, so wurde die Klage abgewiesen. Die wichtigste Einrede ist die *exceptio doli*[10]. Ein weiteres Beispiel ist die *exceptio non numeratae pecuniae*, die dem Darlehensnehmer zur Verfügung stand, der die Rückzahlung des Darlehens durch abstrakte Stipulation versprochen hatte, dem aber die Darlehensvaluta nicht ausbezahlt worden war[11]. Diese *exceptio* ist der Bereicherungseinrede im modernen Wechselrecht vergleichbar.

Einer Einrede kann eine Gegeneinrede (*replicatio*) entgegengesetzt werden, z. B. die *replicatio rei venditae ac traditae* auf die *exceptio iusti dominii*[12]. Auf

---

[8] Die actio des röm. Zivilrechts (1856). Zu Parallelen zwischen der röm. actio und dem englischen writ s. Peter, Actio und writ (1957).

[9] Oben § 22 III.

[10] Oben § 12 IV und unten § 40 III, § 62 II.

[11] § 41.

[12] Oben § 22 III.

die Replik kann der Beklagte wiederum mit einer Duplik (*duplicatio*) erwidern. So kann nach einem Wechselspiel von Gründen und Gegengründen schließlich ein richtiges Urteil gefällt werden.

IV. Strengrechtliche Klagen und bonae fidei iudicia

Für die inhaltliche Gestaltung der Obligation war die größere oder geringere Freiheit des Ermessens von Bedeutung, die dem Richter bei der Bemessung der Urteilssumme eingeräumt war. Auch dies ergab sich aus der Fassung der Formel. In dieser Hinsicht sind innerhalb der zivilrechtlichen Klagen zwei große Gruppen zu unterscheiden: die *iudicia stricta* und die *iudicia bonae fidei.*

1. Bei den *iudicia stricta* hatte der Richter lediglich darüber zu entscheiden, ob der geltend gemachte Anspruch, so wie er in der Prozessformel umschrieben war, zurecht bestand oder nicht. War in dem Teil der Formel, der den Anspruch nach Grund und Inhalt charakterisierte (der sog. *intentio*), ein genau bestimmter Schuldgegenstand (*certum*), etwa eine Geldsumme oder eine bestimmte Sache genannt, so musste der Richter prüfen, ob dieser Gegenstand geschuldet war oder nicht. War diese Frage zu bejahen, so hatte er den Beklagten zu verurteilen, andernfalls musste er ihn freisprechen. Eine dritte Möglichkeit gab es nicht. Die Folge war, dass auch dann ein Freispruch ergehen musste, wenn sich etwa herausstellte, dass der Beklagte zwar schuldete, aber etwas anderes bzw. einen geringeren Betrag als in der *intentio* angegeben war. Jede Zuvielforderung (*pluris petitio*[13]) führte dazu, dass der Kläger den Prozess verlor. Dies geht auf den Formalismus des Legisaktionenprozesses zurück[14].

Wenngleich der übertriebene Formalismus mit der Abschaffung der Legisaktionen verschwand, blieben bei den strengrechtlichen Klagen etliche rigide Regeln erhalten.

Größeres Ermessen hatte der Richter dort, wo das Klagebegehren auf ein *incertum* gerichtet war, das heißt die nähere Bestimmung der Leistung dem Richter vorbehalten blieb (*quidquid dare facere oportet*[15] – was immer der Beklagte geben und tun muss). Eine *pluris petitio* war hier nicht möglich.

2. Bei den *iudicia bonae fidei* richtete sich die *intentio* stets auf ein *incertum*. Die Freiheit des richterlichen Ermessens war hier aber durch die *bona fides* erheblich erweitert (*quidquid dare facere oportet ex fide bona*[16]). Der Richter war angewiesen,

---

[13] S. Gai. 3, 53.

[14] Vgl. oben § 3 I.

[15] So lautete z. B. die Formel der actio incerti ex stipulatu: Quod A. A. de N. N. incertum stipulatus est, quidquid ob eam rem N. N. A. A. dare facere oportet, eius iudex N. N. A. A. condemnato, si non paret, absolvito. – Wenn sich der Kläger vom Beklagten eine unbestimmte Leistung hat versprechen lassen, soll der Richter den Beklagten dem Kläger in alles das verurteilen, was der Beklagte dem Kläger leisten muss, wenn es sich nicht erweist, soll er ihn freisprechen.

[16] Der Wortlaut der Formel der actio empti: Quod A. A. de N. N. hominem, quo de agitur, emit, quidquid ob eam rem N. N. A. A. dare facere oportet ex fide bona, eius iudex N. N. A. A. condem-

die Leistungspflicht des Beklagten unter dem Gesichtspunkt von Treu und Glauben zu prüfen. Daher war z. B. Arglist von Amts wegen und nicht nur auf Einrede (*exceptio doli*) zu berücksichtigen. Nach den Grundsätzen von Treu und Glauben beurteilte sich auch die Höhe des Anspruchs.

Iust. I. 4, 6, 30: in bonae fidei autem iudiciis libera potestas permitti videtur iudici ex bono et aequo aestimandi, quantum actori restitui debeat.

Bei den bonae fidei iudicia erlaubt es dem Richter ein freies Ermessen nach Treu und Glauben zu schätzen, wieviel dem Kläger zu leisten ist.

Auch die Berücksichtigung der Gegenleistung verstand sich im *bonae fidei iudicium* von selbst. So sagt Ulpian

D. 19, 1, 11, 18: neque enim bonae fidei contractus hac patitur conventione, ut emptor rem amitteret et pretium venditor retineret.

Denn der Treu und Glauben-Vertrag duldet keine Abrede des Inhalts, dass der Käufer die Sache verliert und der Verkäufer (gleichwohl) den Kaufpreis zurückhält.

Die Herausarbeitung der Grundsätze der *bona fides* war eine der größten Leistungen der römischen Jurisprudenz. Unklar ist die Entstehungsgeschichte der *bonae fidei iudicia*[17], ob sie nämlich vom Fremdenpraetor eingeführt wurden, der die fides als Pflicht zum Halten des gegebenen Wortes klagbar gemacht hat, oder ob die Entstehung bei der Bestimmung des Leistungsinhalts der Klagen auf ein incertum zu suchen ist. Die *bonae fidei iudicia* sind schon in klassischer Zeit ins *ius civile* rezipiert worden. Das gemeine Recht hat das Prinzip von Treu und Glauben schließlich auf den gesamten Bereich des Schuldrechts erstreckt und heute gilt er im ganzen Zivilrecht (vgl. §§ 157, 242 BGB, Art. 2 ZGB; Art. 1134 f. CC; Art. 1374 f. CC it.)[18]. Die Schweiz hat es sogar in der Verfassung verankert (Art. 5 Abs. 3 und Art. 9 BV). Im österreichischen Recht hingegen wird das Prinzip von Treu und Glauben in § 914 ABGB nur am Rande erwähnt. Nach dieser Vorschrift sind Verträge so auszulegen, wie es der Übung des redlichen Verkehrs entspricht. Nicht selten wird deshalb die unzutreffende Auffassung vertreten, ein allgemeines Prinzip von Treu und Glauben sei dem österreichischen Zivilrecht unbekannt.

---

nato, si non paret absolvito. – Wenn der Kläger von dem Beklagten den Sklaven, um den es geht, gekauft hat, soll der Richter den Beklagten dem Kläger in alles das verurteilen, was der Beklagte dem Kläger deswegen nach Treu und Glauben zu leisten hat, wenn es sich nicht erweist, soll er ihn freisprechen.

[17] So etwa Kunkel, FS Koschaker II (1939) 1 ff.; Kunkel/Honsell, Römisches Recht (4. Aufl. 1987) 220 FN 12 u. 13; Kaser, Das altrömische ius 90 f., 262 f., 290 ff.; abweichend Wieacker SZ 80 (1963) 1 ff.; Broggini, Iudex arbiterve (1957) 124 f.

[18] Zur Dogmengeschichte der bona fides s. etwa R. Meyer, Bona fides und lex mercatoria in der europäischen Rechtstradition (1995).

V. Wahlschuld und Gattungsschuld[19]

Besonderheiten in Bezug auf den Inhalt der Obligation finden sich bei der Wahlschuld und bei der Gattungsschuld.

1. Bei der Wahlschuld (*obligatio alternativa*) werden zwei oder mehrere Sachen, z. B. *Stichus aut Pamphilus,* geschuldet, der Gläubiger soll aber nur eine erhalten. Ausgangsfälle sind die Stipulation, das Legat und der Kauf. Wenn nichts anderes vereinbart ist, steht das Wahlrecht dem Schuldner zu.

Ist eine der beiden Leistungen unmöglich geworden, ohne dass der Schuldner dies zu vertreten hat, so konkretisiert sich die Leistungspflicht auf den verbliebenen Gegenstand; dieser ist nunmehr allein geschuldet (vgl. z. B. Paul. D. 18, 1, 34, 6; ebenso §§ 262 ff. BGB; Art. 72 OR; § 906 ABGB; Art. 1189-1196 CC, Art. 1285–1291 CC it.).

Im Gegensatz zur Wahlschuld wird bei der Ersetzungsbefugnis (*facultas alternativa*) nur eine Leistung geschuldet, der Schuldner hat aber die Wahl, sich durch Leistung eines anderen Leistungsgegenstandes zu befreien. So ist z. B. der Eigentümer eines Sklaven verpflichtet, den vom Sklaven angerichteten Schaden zu ersetzen, kann sich jedoch von dieser Verpflichtung durch Herausgabe des Sklaven befreien (§ 58, 4).

Zur Kennzeichnung des Unterschieds sagt man, bei der Alternativobligation seien *duae res in obligatione, una in solutione*, bei der Ersetzungsbefugnis hingegen *una in obligatione, duae in solutione.*

2. Wir *unterscheiden* ferner die Stückschuld, bei der der Leistungsgegenstand feststeht (*species*), und die Gattungsschuld, bei der er noch nicht feststeht, sondern nur der Gattung (*genus*) nach bestimmt ist.

Streitig war, ob sich der Schuldner auch durch Leistung des schlechtesten Stücks befreien konnte[20]. Die modernen Gesetzbücher haben diese Frage dahin entschieden, dass Sachen mittlerer Art und Güte zu leisten sind (vgl. z. B. § 243 BGB, Art. 71 Abs. 2 OR; Art. 1246 CC sagt noch heute, es dürfe nicht die schlechteste Qualität sein). Gegenüber der Stückschuld hat die Gattungsschuld die Besonderheit, dass eine Unmöglichkeit der Leistung nicht in Betracht kommt (*genus perire non potest* – Die Gattung kann nicht untergehen). Ist das Stück, welches der Schuldner leisten wollte, untergegangen, so muss er ein anderes leisten. Er trägt also die Gefahr des zufälligen Untergangs (Sachgefahr) bis zur Konkretisierung.

---

[19] Näheres bei Kunkel/Honsell 222 f.

[20] So Iav. D. 17, 1, 52; anders Ulp. D. 30, 37 pr.: ne optimus vel pessimus – weder die beste, noch die schlechteste Qualität.

§ 27 Schadensersatz und Buße

I. Allgemeines

Schaden ist die Beeinträchtigung, die jemand an seinem Vermögen oder an ideellen Gütern (z. B. der Ehre) erleidet. Der römische Begriff *damnum* beschränkte sich auf den Vermögensschaden. In gewissen Fällen war freilich auch der Ersatz eines immateriellen Interesses anerkannt (z. B. bei der *actio iniuriarum,* § 61).

Grundsätzlich hat der Geschädigte seinen Schaden selbst zu tragen. Ausgleich von einem anderen kann er nur verlangen, wenn die Rechtsordnung diesem eine Schadensersatzpflicht auferlegt. Nicht jeder Schaden, den jemand erleidet, wird also ersetzt. Das allgemeine Lebensrisiko hat jeder selbst zu tragen. § 1296 ABGB stellt deshalb treffend eine Vermutung für fehlendes Drittverschulden auf, eine Regel, die im Zuge der Hypertrophierung des modernen Schadensersatzrechts mehr und mehr in den Hintergrund geraten ist.

Die Grundlage der Verpflichtung zur Leistung von Schadensersatz kann verschiedener Art sein. Die Hauptfälle sind Vertrag und Delikt.

Schadensersatz ist der Ausgleich erlittenen Schadens. Durch ihn soll der Geschädigte so gestellt werden, wie wenn der Schaden nicht eingetreten wäre. Der Ersatz kann entweder auf Erstattung des objektiven Wertes (*quanti res est*) oder auf Ersatz des subjektiven Interesses (*id quod interest*) gerichtet sein. Dieses Interesse umfasst die Minderung vorhandener Güter (*damnum emergens*) sowie den entgangenen Gewinn (*lucrum cessans*), soweit er nach dem gewöhnlichen Laufe der Dinge erzielt worden wäre.

II. Abgrenzung von Schadensersatz und Buße

Vom Schadensersatz zu unterscheiden ist die Buße (*poena*, vgl. § 58). Ihr Zweck ist grundsätzlich nicht die Wiederherstellung des vorigen Zustands, sondern Bestrafung des Verantwortlichen und Genugtuung für den Verletzten. Anders als die Geldstrafe des modernen Strafrechts ist die römische Buße nicht öffentliche Strafe, sondern Privatstrafe, sie fällt nicht an den Staat, sondern an den Verletzten.

Eine Klage kann entweder auf Schadensersatz oder auf Buße oder auf beides gerichtet sein (*rem tantum, poenam tantum, rem et poenam*). Dementsprechend unterscheidet man sachverfolgende (reipersekutorische) Klagen, reine Strafklagen (z. B. die *actio furti*) und gemischte Klagen (z. B. die *actio legis Aquiliae*).

III. Schadensersatz (Interesse)

In primitiven Rechtsordnungen dominiert die Buße. Eine entwickelte Rechtskultur kennt keine Buße, sondern nur den Schadensersatz. Hiermit kontrastiert die

Verbreitung von punitive damages im US-amerikanischen Recht, das in manchem erstaunlich primitive Züge aufweist. Leider gibt es solche Tendenzen auch in Europa.

Das Haftungsrecht der Zwölftafeln kannte für schwere Personalverletzungen noch die urtümliche Vergeltung mit dem gleichen Übel (Talion), geringere Verletzungen waren mit festen Bußen belegt.

Das Schadensersatzrecht der klassischen Periode war bei strengrechtlichen Klagen mit *intentio certa* auf den Sachwert gerichtet, bei Klagen auf ein *incertum* und namentlich bei den *bonae fidei iudicia* auf das subjektive Interesse (*id quod interest*). So konnten z. B. bei Nichterfüllung eines Kaufvertrages der entgangene Gewinn aus einem Weiterverkauf[21] oder die Kosten eines anderweitig getätigten Deckungsgeschäftes verlangt werden.

Ulp. D. 19, 1, 1 pr.: si res vendita non tradatur, in id quod interest agitur, hoc est quod rem habere interest emptoris: hoc autem interdum pretium egreditur, si pluris interest quam res valet vel empta est.

Wenn die verkaufte Sache nicht übergeben wird, so kann auf das Interesse geklagt werden, das heißt auf das, was dem Käufer daran liegt, die Sache zu haben: dies kann manchmal den Kaufpreis (Wert) überschreiten, wenn das Interesse höher ist als der Wert der Sache oder der Kaufpreis.

Wurde ein Sklave getötet, den der Eigentümer unter einer Vertragsstrafe bereits einem Dritten versprochen hatte, so war nicht nur der Wert des Sklaven, sondern auch die Vertragsstrafe zu ersetzen[22]. Hatte der Verkäufer eine mangelhafte Sache geliefert, so war auch der Schaden zu ersetzen, der hieraus beim Käufer entstanden war (sog. Mangelfolgeschaden; z. B. Verkauf eines mangelhaften Balkens, Einsturz des Gebäudes[23]).

Bei Handelswaren, die einen nach Zeit und Ort schwankenden Marktpreis hatten (vor allem Wein, Öl und Getreide), war die konkrete Interesseberechnung entbehrlich. Hier wurde der Schaden quasi abstrakt berechnet, indem der Käufer den höheren Preis geltend machen konnte, wenn der Preis gestiegen war[24]. Die abstrakte Schadensberechnung bei Börsen- oder Marktpreisen kennt auch das moderne Recht (vgl. z. B. § 376 Abs. 2 HGB, Art. 191 Abs. 3 und 215 Abs. 2 OR).

In gewissen Grenzen wurde auch der Wert der besonderen Vorliebe (Affektionsinteresse) erstattet, so z. B. wenn jemand ein besonderes Interesse an der Freilassung eines Sklaven hatte, weil dieser sein natürlicher Sohn (*filius naturalis*) war, wenn der Eigentümer ihn abredewidrig nicht freigelassen hatte. Andererseits hat man bei Tötung eines solchen *filius naturalis* nur den objektiven Wert erstattet, nicht dagegen den Betrag, den der natürliche Vater vielleicht für die Freilassung bezahlt hätte. Die Begründung hierfür lautete:

Paul. D. 9, 2, 33 pr.: pretia rerum non ex affectione nec utilitate singulorum, sed communiter fungi.

Die Preise der Güter beurteilen sich nicht nach der Vorliebe oder dem Vorteil einzelner, sondern allgemein.

---

[21] S. etwa Paul. D. 46, 8, 13 pr.; Ulp. D. 13, 4, 2, 8; Ner. D. 19, 1, 31, 1. – Die Ersatzfähigkeit des entgangenen Gewinns wird mitunter ohne überzeugende Begründung bestritten; vgl. zuletzt Kupisch TS 43 (1975) 1 ff., 21; dagegen Honsell, Quod interest (1969) 8 ff., 16 ff., 88 f. u. öfter.

[22] Vgl. z. B. Pap. D. 45, 1, 118, 2; dazu Honsell 16, 169 ff.

[23] Vgl. unten §§ 31 IV, 46 II.

[24] Pomp. D. 19, 1, 3, 3; Paul. eod. 3, 4; D. 19, 1, 21, 3; Einzelheiten bei Honsell 3 f.

Justinian hat in der Absicht, die im klassischen Recht zweifellos vorhandenen Streitfragen über die Bemessung des Interesses zu bereinigen und den Schadensersatz auf ein seiner Meinung nach vernünftiges Maß zu begrenzen, als Obergrenze für den Regelfall das Doppelte des Sachwertes der Leistung bestimmt[25]. Eine Regelung, die z. B. bei Mangelfolgeschäden, die den Preis oft um ein Vielfaches übersteigen, ganz sinnlos ist.

§ 28 Verursachung und Verschulden

I. Grundbegriffe

Nach heutiger Auffassung hat die Verantwortlichkeit einer Person für fremden Schaden im Regelfall eine doppelte Voraussetzung: Der Schädiger muss den Schaden sowohl verursacht als auch verschuldet haben.

1. Verursachung ist der objektive Zusammenhang zwischen dem Verhalten des Verantwortlichen und dem schädigenden Erfolg. Dieser sog. Kausalzusammenhang kann unmittelbar sein oder mittelbar; unmittelbar ist er, wenn im Ablauf des Geschehens keinerlei Zwischenglieder zwischen Handlung und Erfolg vorhanden sind: Der Messerstich des A ist unmittelbar kausal für den Tod des B. Mittelbar ist der Kausalzusammenhang, wenn das Verhalten des Verantwortlichen nicht den schädigenden Erfolg selbst auslöst, sondern erst eine weitere Vorbedingung des Erfolges darstellt: A entfernt die Abdeckung eines Schachtes, sein Verhalten ist mittelbar kausal für den Tod des B, der in der Dunkelheit hineinfällt. Die mittelbare Kausalität kann enger oder weiter sein, je nach der Zahl der Zwischenglieder, die Handlung und Erfolg voneinander trennen. Das moderne Recht geht von einem sehr weiten Kausalitätsbegriff aus, der sog. Äquivalenztheorie. Danach ist jede Bedingung kausal, die nicht weggedacht werden kann, ohne dass auch der schädigende Erfolg entfiele (*condicio sine qua non*). Dieser zu weite und jedenfalls für das Zivilrecht unbrauchbare Begriff wird eingeschränkt durch die sog. Adäquanztheorie und andere Zurechnungskriterien. Das römische Recht verfährt gerade umgekehrt: Ausgangspunkt ist ein enger Kausalitätsbegriff, der allmählich eine Erweiterung erfährt (unten II).
2. Das Verschulden ist die subjektive Beziehung des Täters zum Erfolg. Wir unterscheiden zwei Arten des Verschuldens: Vorsatz (*dolus*) und Fahrlässigkeit (*culpa*). Wer den schädigenden Erfolg bewusst und willentlich herbeiführt, handelt vorsätzlich; wer ihn nicht voraussieht, aber bei Beobachtung der erforderlichen Sorgfalt hätte voraussehen können, handelt fahrlässig. Je nach der Schwere des Vorwurfs, der dem fahrlässig Handelnden gemacht werden kann, unterscheidet man grobe und leichte Fahrlässigkeit.

---

[25] C. 7, 47, 1.

II. Verursachung und Verschulden im römischen Recht[26]

1. Schon vor der Zwölftafelgesetzgebung scheint das römische Recht das vorsätzliche und überlegte Handeln vom unvorsätzlichen unterschieden zu haben. Ein uralter, von der Überlieferung auf den König Numa zurückgeführter Rechtssatz beschränkte den Begriff des Mörders (*parricida*) auf den, der mit Arglist und Wissen einen freien Menschen zu Tode gebracht hat (*qui hominem liberum dolo sciens morti duit, parricidas esto*[27]). Nur die absichtliche, willentliche Tat erforderte die Sühnung durch den Tod des Täters. Im Falle der unvorsätzlichen Tötung genügte das Sühneopfer eines Bocks (der stellvertretende Sündenbock). In den Zwölftafeln erscheint die unwillentliche Tat in einer primitiven Charakterisierung: Kein Mord ist es, wenn die Waffe mehr aus der Hand geflohen ist, als dass der Täter sie geworfen hat (*si telum manu fugit magis quam iecit*[28]).

2. Das klassische Deliktsrecht kannte eine Haftung für *culpa* (Fahrlässigkeit) und *dolus* (Vorsatz). Die Haftungsvoraussetzungen waren indes in Delikts- und Vertragsrecht nicht überall identisch. Vielmehr begegnen uns entsprechend dem kasuistischen Charakter des römischen Rechts zahlreiche Differenzierungen bei den einzelnen Klagen. Immerhin finden wir eine allgemeine Definition der *culpa* bei

Paul. D. 9, 2, 31: culpam autem esse, quod cum a diligente provideri poterit, non esset provisum.

Verschulden liegt vor, wenn das, was von einem Sorgfältigen vorausgesehen werden kann, nicht vorausgesehen worden ist.

Die Voraussehbarkeit ist noch heute das zentrale Element des Verschuldensbegriffs. Man definiert die Fahrlässigkeit als Außerachtlassung der im Verkehr erforderlichen Sorgfalt (vgl. z. B. § 276 Abs. 2 BGB). Die Römer stellten auf das Verhalten des *diligens paterfamilias* ab, des sorgfältigen Hausvaters.

Im Vertragsrecht gab es einige Fälle, in denen die Haftung auf *culpa lata* (grobe Fahrlässigkeit) beschränkt war[29]. Gelegentlich musste der Schuldner auch nur für diejenige Sorgfalt einstehen, die er in eigenen Angelegenheiten anzuwenden pflegte (*diligentia quam in suis rebus adhibere solet*[30]).

Zum Verschulden zählte namentlich beim Werkvertrag auch Unfähigkeit (*imperitia culpae adnumeranda*[31]). Das sind die Fälle des sog. Übernahmeverschuldens. Wer nicht die notwendigen Fähigkeiten für bestimmte Arbeiten hat, darf diese nicht übernehmen. Heute ist überhaupt der Verschuldensbegriff objektiviert. Erforderlich

---

[26] Vgl. Willvonseder, Die Verwendung der Denkfigur der «condicio sine qua non» bei den röm. Juristen (1984); D. Nörr, Causa mortis (1986); Jhering, Das Schuldmoment im röm. Privatrecht (1879, Nachdruck 1968); Hasse, Die culpa des röm. Rechts (1838).

[27] Festus 247 s. v. parricidi quaestores.

[28] Tab. 8, 24 a.

[29] Vgl. Kaser RP I 510

[30] Zur diligentia quam in suis s. zuletzt Hausmaninger, 1. FS Kaser (1976) 265 ff.; ders., FS Baltl (1978) 283 ff.

[31] Cels. D. 19, 2, 9, 5.

ist das Maß an Sorgfalt, das von gewissenhaften Mitgliedern des jeweiligen Berufes beachtet wird.

Im Vertragsrecht bestand neben der Haftung für *dolus* und *culpa* in gewissen Fällen auch eine Haftung für *custodia*[32] (Bewachung). Für *custodia* hafteten z. B. der Verkäufer, der Entleiher und Werkunternehmer, die fremde Sachen in ihrer Obhut hatten, wie der Schneider (*sarcinator*) oder der Wäscher (*fullo*)[33]. *Soweit die custodia* reichte, hatte der Schuldner für das Abhandenkommen der Sache einzustehen, sofern sie nicht durch Umstände abhanden gekommen oder zerstört worden war, die man als *vis maior*[34] (höhere Gewalt) bezeichnete. Als solche Umstände galten etwa *incendium, naufragium, ruina, incursus hostium* usw. (Feuer, Schiffbruch, Gebäudeeinsturz, Einfall der Feinde usw.).

Der Grad des Verschuldens, für welches man beim Vertrag einzustehen hatte, richtete sich danach, ob man ein eigenes Interesse verfolgte oder fremdnützig handelte (Utilitätsprinzip[35]). So haftete etwa der Verwahrer nur für Vorsatz und grobe Fahrlässigkeit (vgl. § 43 I). Für den Auftrag galt dies allerdings nicht (§ 53 I).

§ 29 Vertragsstrafe. Angeld und Reugeld

I. Vertragsstrafe. Begriff[36]

Die Vertragsstrafe ist das Versprechen einer Geldzahlung für den Fall, dass eine Leistung, die in einem Tun oder Unterlassen besteht, nicht oder nicht ordnungsgemäß (insbesondere nicht rechtzeitig) erbracht wird. Die Funktion der Vertragsstrafe besteht zunächst darin, dem Gläubiger den oft schwierigen Nachweis eines Schadens zu ersparen. Die Strafe dient dann dem Ausgleich des Schadens (Ersatzfunktion). Daneben hat die Vertragsstrafe Erzwingungsfunktion. Durch sie soll die (rechtzeitige) Erbringung der Leistung sichergestellt werden.

II. Rechtsfolgen

Die Vertragsstrafe wurde in der Regel durch Stipulation vereinbart. Je nachdem, ob die erstrebte Handlung selbst versprochen oder nur zur Negativbedingung der Strafe gemacht war, unterschied man echte und unechte Vertragsstrafe: *si Pamphilum non dederis decem dari spondes*? – Wenn Du den Pamphilus nicht leistest, versprichst Du dann, 10.000 Sesterzen zu geben? (unechte Vertragsstrafe). *Pamphilum dari*

---

32 Vgl. Kunkel SZ 45 (1925) 268 ff.; Hoffmann-Riem SZ 86 (1969) 394.

33 Gai. 3, 205; Näheres bei Kunkel/Honsell 234 f.

34 Vgl. C. 4, 65, 1; Mayer-Maly RE IX A 330 ff.

35 S. dazu Nörr SZ 73 (1956) 68 ff.

36 Vgl. v. Seeler, Zur Lehre von der Conventionalstrafe (1891); Knütel, Stipulatio poenae (1976).

spondes? si non dederis decem dari spondes? – Versprichst Du den Pamphilus zu geben, wenn Du ihn nicht gegeben hast, 10.000 Sesterzen? (echte Vertragsstrafe)[37]. Im zweiten Fall knüpfte die Vertragsstrafe an die bereits bestehende Verbindlichkeit an und bildete lediglich eine Ergänzung dieser Primärpflicht. Im ersten Fall schuf man die Grundverbindlichkeit nur mittelbar durch die Strafstipulation. Rechtlich betrachtet war hier nur die Strafzahlung geschuldet. Da die Strafe indes durch die Nichterbringung der eigentlich bezweckten Leistung bedingt war, entstand für den Schuldner, der die (höhere!) Strafe vermeiden wollte, ein mittelbarer Leistungszwang. Der praktische Unterschied beider Fälle bestand vor allem darin, dass bei der echten Vertragsstrafe auf die Hauptleistung geklagt werden konnte, bei der unechten nicht. Die echte Vertragsstrafe ist in ihrer Wirkung der Alternativobligation ähnlich, während die unechte Vertragsstrafe der *facultas alternativa* gleicht.

Die Strafe wurde entweder für den Fall der Nichterfüllung oder für den der Verspätung versprochen. Um die an sich mögliche Kumulierung von Strafe und Hauptleistung zu vermeiden, hemmte der Prätor seit Labeo die Klage aus dem Strafversprechen mit der *exceptio doli*[38], wenn die Primärforderung bereits eingeklagt worden war. Freilich war eine Kumulierung von Primärforderung und *poena* durch Parteivereinbarung möglich. Namentlich die Verspätungsstrafe wurde mit der Hauptforderung kumuliert, der Gläubiger konnte also beide Klagen geltend machen. Spätere Bereinigung eines einmal eingetretenen Verzugs (*purgatio morae*) änderte an dem Verfall der Strafe nichts mehr (*semel commissa poena non evanescit*[39] – Eine einmal verfallene Strafe fällt nicht wieder weg). Streitig war offenbar, ob der Schuldner die Strafe auch bezahlen musste, wenn ihn kein Verschulden traf (so die Prokulianer; dagegen verlangten die Sabinianer für den Verfall der Strafe ein Verschulden der Nichtleistung)[40].

Zur Vertragsstrafe im modernen Recht vgl. §§ 339 ff. BGB; Art. 160 ff. OR; § 1336 ABGB; Art. 1226 ff. CC.

III. Angeld und Reugeld

Das Angeld oder Draufgeld bekräftigt das Zustandekommen des Vertrages (*arrha confirmatoria*). Es ist zurückzugeben, wenn der Vertrag durch Erfüllung oder Aufhebung erlischt. Vereinbart werden kann auch, dass der Empfänger das Angeld behalten darf.

Wird die arrha mit Rücksicht auf einen erst noch abzuschließenden Vertrag gegeben, so verfällt sie, wenn der Geber den Vertrag nicht schließt (Reugeld, *arrha poenitentialis*). Verweigert der Empfänger den Vertragsschluss, hat er das Doppelte

---

[37] Näheres bei Knütel 32 ff., der freilich eine abweichende Terminologie verwendet (selbständiges Strafversprechen, Doppelstipulation).

[38] Ulp. D. 44, 4, 4, 7; dazu Knütel 274 ff.

[39] Ulp. D. 4, 8, 23 pr.

[40] Lab. D. 22, 2, 9; Pap. D. 45, 1, 115, 2.

zurückzugeben. Vgl. Art. 158 OR, Art. 1385 f. CC it. Art. 1590 CC, §§ 908–911 ABGB, §§ 336–338 BGB.

§ 30 Zinsen

I. Begriff

Zinsen[41] (*usurae*) sind ein Entgelt, das der Schuldner von Geld oder anderen vertretbaren Sachen dem Gläubiger für die Überlassung des geschuldeten Kapitals (*sors, caput*) zu zahlen hat.

Das verzinsliche Darlehen spielte in der Antike eine erhebliche Rolle. Freilich begegnet es uns nicht in Gestalt langfristiger, in Annuitäten rückzahlbarer Verbindlichkeiten, sondern als kurzfristiger Kredit, der in der Regel nur der Überbrückung einer vorübergehenden Illiquidität diente. Nicht selten waren die Schuldner jedoch gezwungen, ein Darlehen durch einen neuen Kredit abzulösen (*versura*)[42].

II. Entstehung der Zinsverpflichtung

Zinsen werden zunächst aufgrund vertraglicher Abrede geschuldet, dann aber in Einzelfällen auch ohne eine solche von der Rechtsordnung anerkannt. Mit einer gewissen Ungenauigkeit kann man deshalb auch für das römische Recht vertragliche und gesetzliche Zinsen unterscheiden.

Die Verpflichtung zur Verzinsung einer Schuld konnte durch Stipulation begründet werden:

War die Kapitalforderung ein strengrechtlicher Anspruch wie namentlich die Forderung aus Darlehen und Stipulation (*condictio certi*), so konnte auch die Zinsverbindlichkeit nur durch Stipulation entstehen. Dagegen war im *bonae fidei iudicium* auch eine formlose Zinsabrede gültig, da der Richter hier alle Parteiabreden zu beachten hatte. Daneben gab es im *bonae fidei iudicium* auch sogenannte Offizialzinsen, die der Richter unter Berücksichtigung der *bona fides ex officio* (von Amts wegen) zusprach. Ein Hauptanwendungsfall dieser Zinspflicht waren die Verzugszinsen[43]. Zinsen erhielten auch der Beauftragte, der Geschäftsführer ohne Auftrag sowie der Vormund. Hatten sie eigene Mittel aufgewandt, so belief sich der Zins auf denjenigen Betrag, den sie selbst durch Darlehensgewährung hätten erzielen können. Hatten sie selbst Geld entliehen, konnten sie die tatsächlich gezahlten Zinsen verlangen. Umgekehrt wurden sie zinspflichtig, wenn sie fremdes Kapital zu eigenem Nutzen verwendet hatten.

---

[41] Grundlegend Billeter, Die Geschichte des Zinsfußes im griechisch-römischen Altertum bis auf Justinian (1898); Kaser, Verbotsgesetze (1977) 33 ff.

[42] Im Einzelnen ist Vieles unklar; vgl. Wille, Die Versur (1984).

[43] Unten § 31 III.

III. Berechnung der Zinsschuld. Höhe der Zinsen

Die Zinsschuld errechnet sich aus dem Betrag des Kapitals, der Länge des Zeitraums, während dessen das Kapital aussteht, und dem Zinsfuß, der im Einzelfall kraft Vereinbarung oder Gesetzes gilt. Die Römer berechneten den Zins nicht in Prozenten und für das Jahr, sondern in Bruchteilen des ganzen Kapitals und monatlich. Demnach bedeutet die *usura centesima*, der höchstzulässige Zins in der Kaiserzeit, monatlich ein Hundertstel des Kapitals, also ein Prozent im Monat, jährlich zwölf Prozent.

Die Höhe der Zinsen war zu allen Zeiten eine eminent soziale Frage. Einen Höchstsatz enthielten bereits die Zwölftafeln. Dort waren die Zinsen auf ein Zwölftel beschränkt (*faenus unciarum*). Streitig ist freilich, ob damit ein Zwölftel des Kapitals im Jahr (= 8 1/3 %) oder ein Zwölftel im Monat gemeint war[44]. Das wären 100 %, bei einem zwölfmonatigen Jahr (zur Zeit der Zwölftafeln hatte das Jahr zehn Monate).

Zahlreiche Zinsgesetze versuchten immer wieder, die drückende Not der Schuldner durch Moratorien, Schulderlass und Zinsbeschränkungen zu mildern. Nach Tacitus wurde der Zinssatz zunächst auf die Hälfte (sechs Prozent) reduziert und später das Zinsnehmen ganz verboten[45]. In der Kaiserzeit betrug der Zinssatz, wie gesagt, zwölf Prozent. Justinian setzte ihn auf die Hälfte herab. Ausnahmen von der Zinsbegrenzung kannten sowohl das klassische wie das Justinianische Recht; insbesondere waren beim Seedarlehen im Hinblick auf das damit verbun-dene Risiko sog. Seezinsen (*usurae maritimae*) in unbeschränkter Höhe zulässig. Auch das Naturaldarlehen (z. B. Saatgutdarlehen) kannte keine Zinsbeschränkung[46].

Neben der Festsetzung von Höchstzinsen dienten schon in klassischer Zeit einige weitere Grundsätze dem Schutz des Schuldners vor Wucher.

Hatten die rückständigen Zinsen den Betrag des Kapitals erreicht, hörte der weitere Zinslauf auf[47](das Verbot des *ultra alterum tantum* enthält noch § 1335 ABGB). Zinseszinsen (*usurae usurarum*)[48] waren unzulässig, gleichgültig, ob die rückständigen Zinsen zum Kapital geschlagen oder aus ihnen ein neues Kapital gebildet wurde (Verbot des *Anatozismus;* vgl. auch § 289 BGB, Art. 314 Abs. 3 OR).

Die Zinsbeschränkungen der Antike ebenso wie das kanonische Zinsverbot[49] des Mittelalters brachten zahlreiche raffinierte Umgehungsversuche hervor[50].

---

[44] Richtig ist wohl die ältere Meinung, die hierin einen Jahreszins gesehen hat; a. M. offenbar Kaser RP I 168 unter Hinweis auf die Naturalwirtschaft; lediglich beim Saatgutdarlehen scheint ein solcher Zins denkbar; s. zu der Streitfrage auch Billeter 157 ff. u. Klingmüller SZ 23 (1902) 68 ff.

[45] Annales 6, 16.

[46] Dies galt freilich nur für das echte Naturaldarlehen, nicht für Umgehungsfälle. Justinian hat das Naturaldarlehen auf 12 % beschränkt; C. 44, 32, 26, 2; s. ferner Hironaka SZ 93 (1976) 289.

[47] Ulp. D. 12, 6, 26, 1.

[48] Ulp. D. 12, 6, 26, 1.

[49] Dazu etwa Funke, Geschichte des kirchlichen Zinsverbotes (1876).

[50] Oben § 3 I.

Heute gibt es kein fixes Zinsmaximum und auch keine feste Grenze, ab der Wucher nach Art. 138 Abs. 2 BGB oder § 879 Ziff. 4 ABGB, bzw. Übervorteilung nach Art. 21 OR angenommen werden könnte. Dies ist einleuchtend, denn die Höhe des Zinses hängt von den Marktverhältnissen ab, aber auch von der Solvenz des Schuldners, der Existenz von Sicherheiten usw.

Eine eigenständige Rolle hatte der *Verzugszins*, den der Schuldner einer Geldforderungen zahlen muss, sobald er sich in Verzug befindet. Dieser war in klassischer Zeit Schwankungen ausgesetzt und betrug unter Justinian 6 %[51]. Im BGB und im ABGB waren es 4 % und im HGB 5 %. Die Schweiz hat einheitlich 5 % (§ 184 OR).

Die EG hat zur Verbesserung der Zahlungsmoral die Richtlinie 2000/35/EG vom 29. Juni 2000 über den *Zahlungsverzug* erlassen (ohne wesentliche Änderung ersetzt durch RL 2011/7)[52]. Die entsprechende Regelung in § 288 Abs. 2 BGB (ebenso § 352 öst. UGB) normiert jetzt einen Verzugszins von 8 % für alle Geschäfte, an denen kein Verbraucher beteiligt ist und sonst 5 % über dem Basiszinssatz. Der ist allerdings zur Zeit fast bei Null, weil die Europäische Zentralbank die Wirtschaft anschieben und überschuldete Staaten und notleidende Banken retten will. Diese problematische Nullzinsphase[53] passt nicht zu den hohen Verzugszinsen. Aber auch unter normalen Bedingungen ist die Höhe des Zinssatzes kritikwürdig. 5 bzw. 8 %, zu den dann noch der Basiszinssatz von einigen Prozenten hinzu kommt, sind völlig überzogen. Vernünftig wären 2–3 % über dem Basissatz. Der Richtliniengesetzgeber hat sich von der Erwägung leiten lassen, dass eine Abschreckung notwendig sei. Er ging von der Annahme aus, dass die Schuldner absichtlich nicht bezahlten, weil sie bei einem Zinssatz von nur 4 oder 5 % am Zahlungsverzug verdienten. Diese Annahme ist indes nicht realistisch, denn die Meisten zahlen nicht, weil sie in Schwierigkeiten stecken. Auch brauchen Gerichts- und Vollstreckungskosten einen allfälligen Vorteil aus dem niedrigen Verzugszins schnell auf. Vor allem aber hat der EG-Gesetzgeber übersehen, dass ein den Verzugszins übersteigender Zinsschaden bei Nachweis der Inanspruchnahme von Kredit als konkreter Schaden (Interesse) schon immer ersetzt wurde. Nach der unüberlegten Neuregelung muss man den höheren Schaden nicht mehr nachweisen, sondern erhält den erhöhten Zins als Strafschadensersatz. Der gesetzliche Verzugszins von 4 bzw. 5 % galt seit einem Reichsdeputationsabschied von Speyer aus dem Jahre 1600. Was vierhundert Jahre lang richtig war, wurde mit dem unbedachten Federstrich des voreiligen und schlecht informierten EG-Gesetzgebers beiseite gewischt[54]. Die Schweiz hat diese zweifelhafte Neuerung zurecht nicht mitgemacht.

---

[51] Näher Honsell/Mayer-Maly/Selb Römisches Recht 242 f.

[52] Vgl dazu Honsell/Mayer-Maly Rechtswissenschaft (2015) § 11 V 5 f.

[53] Vgl vorige Note. Es besteht kein Anreiz zum Sparen mehr und namentlich die Altersvorsorge des Publikums gerät in Gefahr. Durch die von der EZB zusätzlich herbeigeführte Geldschwemme entsteht Inflationsgefahr. Die Immobilien- und Aktienmärkte sind bereits deutlich überhitzt und Durchschnittsverdiener können sich die Wohnungspreise in den Ballungsgebieten nicht mehr leisten.

[54] Näher dazu Honsell, FS Canaris (2007) 461 ff.

§ 31 Leistungsstörungen

I. Nichterfüllung

Erbrachte der Schuldner die vertraglich vereinbarte Leistung nicht und war er hierfür nach den für das jeweilige Vertragsverhältnis bestehenden Maßstäben verantwortlich, so galt zunächst für alle Aktionen das Prinzip der *condemnatio pecuniaria*, d. h. das Urteil lautete stets auf einen bestimmten Geldbetrag[55]. Der Gläubiger erhielt also aufgrund des Urteils nicht die Primärleistung, sondern stets nur den sekundären Schadensersatz. Das ist im angelsächsischen civil law noch heute so. Ein Urteil auf Sachleistung (specific performance) ist nur im Rahmen der equity möglich. Im römischen Recht war selbst die Herausgabeklage des Eigentümers (*rei vindicatio*)[56] nicht auf Sachleistung, sondern nur auf Geldverurteilung gerichtet, sofern der Beklagte nicht zur freiwilligen Herausgabe bereit war. Diese Eigentümlichkeit des römischen Rechts hängt wohl mit dem Fehlen einer Einzelzwangsvollstreckung zusammen. Das römische Recht kannte nur die ultima ratio des Konkurses, wenn der Beklagte ein Leistungsurteil nicht freiwillig erfüllte.

Der Umfang des Ersatzes hing von der strengen oder freieren Natur der Klage ab. Bei den strengrechtlichen Klagen ist wiederum zu unterscheiden, ob sie auf ein *certum* oder ein *incertum* gerichtet waren. Im ersten Fall ging die Klage, wenn die Schuld nicht in einer bestimmten Summe Geldes bestand, auf *quanti ea res est*, im zweiten auf *quidquid ob eam rem dare facere oportet*. Hier erhielt der Gläubiger das Interesse[57]. Dasselbe galt für die *bonae fidei iudicia*.

War die Sache untergegangen, so konnte der Schuldner bei *species*-Schulden *stricti iuris* wegen des Satzes *impossibilium nulla obligatio* nicht mehr auf *rem dare oportere* verklagt werden. Bei zu vertretender Unmöglichkeit und Verzug half man sich deshalb mit einer auf die *veteres* zurückgehenden Fiktion. Die Sache wurde so angesehen, als ob der Leistungsgegenstand noch existierte (*perpetuatio obligationis*[58]). Bei den Klagen auf ein *incertum,* namentlich bei den *bonae fidei iudicia*, war diese Fiktion nicht nötig, weil die weite Fassung des Anspruchs in der intentio der Prozessformel von vornherein auch den Schadensersatz wegen schuldhafter Verletzung der Obligation umfasste.

II. Schuldnerverzug

Der Schuldner gerät in Verzug (*mora debitoris*), wenn er trotz Fälligkeit nicht leistet. Streitig ist, ob das römische Recht Verschulden oder gar *dolus* vorausgesetzt

---

[55] Gai. 4, 48.

[56] Oben § 22 I.

[57] Oben § 27.

[58] Paul. D. 45, 1, 91, 3: Sequitur videre de eo, quod veteres constituerunt, quotiens culpa intervenit debitoris, perpetuari obligationem. – Die Verewigung der Obligation bei Verschulden des Schuldners geht also auf eine Regel der veteres zurück; s. dazu Kaser SDHI 46 (1980) 87 ff. mNw.

hat. Die Frage ist entgegen der früher herrschenden Meinung zu verneinen[59]. Die Römer formulierten als Erfordernis der *mora: si per debitorem steterit quo minus solverit*[60] (wenn es am Schuldner lag, dass er nicht gezahlt hat), eine Wendung, die nicht im Sinne der *culpa* verstanden werden kann, denn sie kommt gleichlautend bei der *mora creditoris* (Gläubigerverzug) vor, die unstreitig kein Verschulden vorausgesetzt hat.

Voraussetzung des Verzugs war ferner regelmäßig eine Mahnung (*interpellatio*[61]) durch den Gläubiger. In Einzelfällen war die Mahnung entbehrlich, so beim Dieb (*fur semper in mora*[62] – der Dieb ist immer im Verzug). Vielleicht konnte die Mahnung auch bei Terminschulden unterbleiben[63]; die Parömie, *dies interpellat pro homine* (der Termin mahnt für den Menschen), stammt aus dem gemeinen Recht.

III. Rechtsfolgen des Schuldnerverzugs

Mit dem Verzug trat eine Verschärfung der Haftung ein. Der Schuldner hatte von nun an für den zufälligen Untergang und die zufällige Verschlechterung des Leistungsgegenstandes einzustehen, ohne Rücksicht auf den vorher für seine Verbindlichkeit geltenden Haftungsmaßstab. Zerbrach z. B. die verkaufte Vase während des Schuldnerverzugs des Verkäufers, so hatte er hierfür einzustehen, auch wenn ihn kein Verschulden traf (im Hinblick darauf, dass der Verzug verschuldet war, nicht aber die Zerstörung der Vase, sprach das gemeine Recht in diesen Fällen von *casus mixtus*; die Regel findet sich heute noch im § 920 ABGB bzw. 287 BGB und Art. 103 Abs. 2 OR). Wäre jedoch die Sache auch bei rechtzeitiger Lieferung, d. h. auch beim Käufer, untergegangen, so entfällt die Ersatzpflicht (Beispiel: Ein Gebäude wird nach Eintritt des Schuldnerverzuges durch Erdbeben zerstört[64]). Das gilt heute noch, vgl. etwa § 287 S. 2 BGB und Art. 103 Abs. 2 OR.

Eine weitere Rechtsfolge des Schuldnerverzugs ist die Verpflichtung zur Herausgabe von Früchten, bei Geldschulden Zahlung von Verzugszinsen. Zu ersetzen war ferner ein Verzugsschaden, z. B. ein entgangener Gewinn oder ein durch Verfall von Pfändern oder einer Vertragsstrafe beim Gläubiger entstandener Schaden[65].

IV. Schlechterfüllung

Bei der dritten Gruppe der Leistungsstörungen leistet der Schuldner zwar, er leistet auch nicht zu spät, er leistet aber schlecht. Paradigma ist die Lieferung oder

---

[59] Jakobs TS 42 (1974) 23 ff. mNw.

[60] S. etwa Afric. D. 17, 1, 37.

[61] Marcian D. 22, 1, 32 pr.; dazu Jakobs 44 f.

[62] Ulp. D. 13, 1, 8, 1.

[63] 1 Str., vgl. Siber SZ 69 (1908) 51; dagegen Jakobs 46.

[64] Ulp.-Lab. D. 30, 47, 6, wo quod – rell. wohl interpoliert ist; vgl. Schulz, Einf. 108.

[65] Ner. D. 19, 1, 31, 1.

Vermietung einer mangelhaften Sache, die im Vermögen des Vertragspartners einen weiteren Schaden anrichtet, den sogenannten Mangelfolgeschaden. Beispiele hierfür finden sich auch im römischen Recht[66]. Daneben gibt es andere Arten der Schlechterfüllung, für welche charakteristisch ist, dass der Schuldner eine Nebenpflicht aus dem Vertrag verletzt (z. B. Schutz-, Aufklärungs- und Informationspflichten, das Unterlassen von Wettbewerb usw.).

V. Gläubigerverzug[67]

1. Voraussetzungen des Gläubigerverzugs

Der Gläubiger gerät in Verzug, wenn er die geschuldete Leistung in einem Zeitpunkt nicht annimmt, in dem der Schuldner zu leisten berechtigt ist (*mora creditoris* oder *accipiendi*).

Voraussetzung ist, dass der Schuldner alles für seine Leistung Notwendige getan hat. Hierfür genügte bei einer Holschuld wörtliches Angebot, bei einer Bringschuld musste die Sache dem Gläubiger tatsächlich angeboten werden. Voraussetzung war also, dass es am Gläubiger lag, dass der Schuldner nicht leisten konnte (*si per creditorem steterit quominus acciperet*). Beruhte die Ablehnung auf einer *iusta causa*, etwa weil das Angebot nicht *opportuno loco vel tempore* (am richtigen Ort oder zur richtigen Zeit) gemacht worden war[68], so geriet der Gläubiger nicht in Verzug. War das Angebot hingegen vertragsgerecht, so trat Gläubigerverzug auch dann ein, wenn der Gläubiger unverschuldet an der Annahme verhindert war, z. B. durch Krankheit, Gewalt oder Unwetter[69].

2. Rechtsfolgen des Gläubigerverzugs

Durch den Gläubigerverzug wurde der Schuldner nicht etwa von seiner Verbindlichkeit befreit, seine Verantwortlichkeit minderte sich jedoch in verschiedener Hinsicht: Der Schuldner hatte jetzt nur noch für *dolus* einzustehen, gleichviel wie seine Haftung vorher beschaffen war[70]. Ging die Sache unter, so wurde er frei[71]. Sogar der Geldschuldner konnte dem Gläubiger die *exceptio doli* entgegenhalten, wenn er die angebotene Summe verloren hatte, ohne dass er dies arglistig verursacht hatte[72]. Das ist – seltsam genug – im Grundsatz noch heute so. Die Maxime, dass man die eigene finanzielle Leistungsfähigkeit immer zu vertreten hat, endet mit dem

[66] Ulp. D. 19, 1, 13 pr. – 2; D. 19, 1, 6, 4; D. 19, 2, 19, 4; vgl. Honsell, Quod interest 83 ff., 134 f.
[67] Vgl. Kaser RE XVI 272 ff.
[68] Vgl. Marcell. D. 46, 3, 72 pr.
[69] Ulp. D. 13, 5, 18 pr.
[70] Pomp. D. 18, 6, 18.
[71] Iav. D. 45, 1, 105.
[72] Marcell. D. 46, 3, 72 pr.

Gläubigerverzug. So ist z. B. § 300 Abs. 2 BGB (Übergang der Sachgefahr bei der Gattungsschuld im Falle des Gläubigerverzuges) nach h.L. auch auf die Geldschuld anwendbar.

Geld durfte der Schuldner hinterlegen. Auf diese Weise konnte er sich der Zinsverpflichtung entledigen. Seit Diokletian bewirkte die Hinterlegung an öffentlichem Ort sogar die unmittelbare Befreiung des Schuldners[73].

Im Falle des Weinkaufs[74] gestand ein alter Rechtssatz dem Verkäufer das Recht zu, den vom Käufer nicht rechtzeitig abgenommenen Wein auszugießen[75]. Dies hatte den Sinn, die Fässer für die nächste Ernte frei zu machen. Stattdessen konnte der Verkäufer schon in klassischer Zeit Ersatz des Schadens verlangen, der ihm etwa durch die anderweitige Beschaffung von Fässern entstanden war. Ebenso war es ihm gestattet, den Wein für Rechnung des Käufers zu veräußern[76].

Im modernen Recht sind die Rechtsfolgen des Gläubigerverzuges ganz ähnlich geregelt (vgl. § 300 BGB; § 1419 ABGB; die zuletzt genannte Norm sagt freilich nur ganz lapidar: „Hat der Gläubiger gezögert, die Zahlung anzunehmen, so fallen die widrigen Folgen auf ihn“. Diese Vorschrift wird aber ganz im Sinne der römisch-gemeinrechtlichen Regeln konkretisiert). Nur eine rudimentäre Regelung des Gläubigerverzuges enthalten auch die Art. 91 ff. OR. Die römisch-gemeinrechtlichen Grundsätze gelten aber im schweizerischen Recht ebenfalls.

§ 32 Obligationen aus Verträgen

I. Einteilung der Obligationen

Die oberste Einteilung (*summa divisio*) der Obligationen ist die in *obligationes ex contractu* und *ex delicto*[77] (aus Vertrag und Delikt). Diese Einteilung war indes nicht erschöpfend, und so schuf eine vielleicht nachklassische Systematik zusätzlich die Gruppen der Quasi-Kontrakte und Quasi-Delikte[78]. Die Kontrakte gliederte man wiederum in vier Gruppen: Verbalkontrakte, Litteralkontrakte, Realkontrakte und Konsensualkontrakte[79]. Außerhalb der in diesen Gruppen jeweils zusammengefassten Verträge konnte eine wirksame Verpflichtung nicht begründet werden. Anders als für das moderne Recht galt für das römische Vertragsrecht nicht Vertragsfreiheit, sondern Typenzwang. Heute steht es jedermann

---

[73] Diocl. C. 8, 42, 9.

[74] Dazu Jakab, Risikomanagement beim Weinkauf. Periculum und Praxis im Imperium Romanum (2009).

[75] Ulp. – Sab. D. 18, 6, 1, 3 u. 4.

[76] Das wirtschaftlich unsinnige Ausschütten wurde damit vermieden (Ulpian D. 18, 6, 1, 3 u. 4).

[77] Gai. 3, 88.

[78] Dazu unten § 33 u. § 56 f.

[79] Gai. 3, 89.

frei, vertragliche Verpflichtungen beliebigen Inhalts und in beliebiger Form zu begründen, sofern er sich dabei in den Grenzen der Rechtsordnung, namentlich der guten Sitten hält. Dem römischen Recht des Altertums ist dieser Standpunkt immer fremd geblieben. Ihm lag zu allen Zeiten die Vorstellung zugrunde, dass eine gültige Verpflichtung nur in bestimmten typischen Formen oder doch im Rahmen bestimmter, von der Rechtsordnung anerkannter Verkehrsgeschäfte zustande kommen könne. Der Kreis der anerkannten Verpflichtungsgründe hat sich im Lauf der Entwicklung immer mehr erweitert, zuletzt durch die nachklassische Konstruktion der sogenannten Innominatkontrakte (§ 54) bis nahe an die Grenze völliger Vertragsfreiheit.

Vom Typenzwang abgesehen bestand aber Vertragsfreiheit. Es stand im Belieben des Bürgers, ob und mit wem er einen Vertrag abschließen wollte. Voraussetzung war lediglich Geschäftsfähigkeit. Der Minderjährige konnte zu seinem eigenen Schutz eine wirksame Verpflichtung nicht eingehen (vgl. § 8). An die einmal eingegangene Obligation war man gebunden (§ 26 I).

C. 4, 10, 5 (Diocl. et. Max. a. 293): sicut initio libera potestas unicuique est habendi vel non habendi contractus, ita renuntiare semel constitutae obligationi adversario non consentiente minime potest. quapropter intellegere debetis voluntariae obligationi semel vos nexos ab hac non consentiente altera parte, cuius precibus fecistis mentionem, minime posse discedere.

Wie es von Beginn der Geschäftsfähigkeit an in jedermanns Belieben steht, Verträge abzuschließen oder nicht, so kann niemand die einmal eingegangene Obligation ohne Zustimmung des Gegners wieder aufheben. Weshalb ihr einsehen müsst, dass ihr durch die freiwillig eingegangene Verpflichtung gebunden seid und dass ihr von dieser ohne Zustimmung der anderen Partei, die ihr in eurer Eingabe erwähnt, keinesfalls zurücktreten könnt.

II. Verbalkontrakte

Der Hauptanwendungsfall der Verbalkontrakte ist die Stipulation, die wir bereits kennengelernt haben (§ 9 IV). Daneben gab es einige minder wichtige Formen wie die dotis dictio (das Mitgiftversprechen des Schwiegervaters) und die *iuratae operae libertorum* (die eidliche Verpflichtung des Freigelassenen zu Dienstleistungen an seinen Patron)[80]. Was diese beiden Fälle von der Stipulation unterschied, war lediglich der Umstand, dass sie nicht durch Rede und Gegenrede, sondern durch einseitige förmliche Verpflichtungserklärung zustande kamen, weil es nicht schicklich gewesen wäre, den Schwiegervater zu fragen: *dari spondes?* Den Freizulassenden fragte man nicht, sondern ließ ihn schwören.

---

[80] S. dazu Waldstein, Operae libertorum (1986).

III. Litteralkontrakte

Der Litteralkontrakt hängt mit den Besonderheiten des römischen Rechnungs- und Buchungswesens zusammen[81]. Wir sind hierüber kaum unterrichtet[82]. Der *paterfamilias* führte ein Hausbuch (*codex accepti et expensi*[83] – Ausgaben- und Einnahmenbuch), jeder Posten war mit dem Datum und dem Namen der Person des Empfängers oder des Leistenden angeführt. Daher erklärt sich der Ausdruck „nomen" für Forderung.

IV. Realkontrakte

Zu den Realkontrakten zählten das Darlehen, die Leihe, die Hinterlegung und die Verpfändung[84]. Für die Realkontrakte war typisch, dass die vertragliche Verpflichtung nicht schon durch die bloße Vereinbarung entstand, sondern erst durch die tatsächliche Hingabe der Sache (*res*). So wurde das Darlehen (*mutuum*) durch die formlose Hingabe der Darlehenssumme begründet. Aus diesem Zahlungsakt entstand die Verpflichtung zur Rückgabe des gleichen Betrages. Diese Konstruktion war von verblüffender Einfachheit: Die Hingabe des Darlehens ist notwendige Voraussetzung und Verpflichtungsgrund für die Rückzahlung. Modern gesprochen war das Darlehen nur als Handgeschäft formfrei, als Verpflichtungsgeschäft hingegen bedurfte es der feierlichen Stipulation. Hinter der Kombination eines förmlichen Verpflichtungsgeschäfts und eines formlosen Handgeschäfts verbirgt sich die *ratio* des Formzwangs: Wer sich verpflichten wollte, bedurfte im Hinblick auf die Gefährlichkeit des Darlehens eines besonderen Schutzes vor Übereilung; wer hingegen zur tatsächlichen Auszahlung bereit war, hatte sich die Sache offenbar überlegt und galt deshalb nicht als schutzwürdig.

Soweit das Darlehen lediglich eine Leistung des Darlehensgebers voraussetzte, unterschied es sich nicht von der Zahlung einer Nichtschuld (*indebitum*), denn auch hier löste allein die Vermögensverschiebung unter den Parteien die Rückgabeverpflichtung aus. Es kann deshalb nicht überraschen, dass für die Rückforderung eines Darlehens und einer ungerechtfertigten Bereicherung die gleiche *condictio* vorgesehen war, und dass Gai. 3, 91 die Frage aufwirft, ob nicht auch in der Zahlung einer Nichtschuld ein Realkontrakt zu erblicken sei; wenn die Frage verneint wird,

---

[81] S. hierüber Beigel, Das Rechnungswesen der Römer (1968); Früchtl, Die Geldgeschäfte des Cicero (Diss. Erlangen 1912); Brecht, Die Geschäfte des Herrn Julius Cäsar (Romanfragment 1998).

[82] Unsere Kenntnis beruht im wesentlichen auf Gai. 3, 128 ff. Im Corpus iuris ist der Litteralkontrakt getilgt.

[83] Vgl. Thilo, Der Codex accepti et expensi im röm. Recht (1979).

[84] Gai. 3, 90 nennt nur das Darlehen; anders aber die dem Gaius zugeschriebenen res cottidianae, D. 44, 7, 1, 3, 5 u. 6; die Klassizität ist umstritten, vgl. Kaser RP I 458 f.

so zeigt dies, dass das Willensmoment als Wesensmerkmal des Kontrakts bereits erkannt war[85].

V. Konsensualkontrakte

Bei den Konsensualkontrakten[86] beruhte die Verpflichtungswirkung nicht auf der Beobachtung einer bestimmten Form, sondern allein auf der erklärten Willenseinigung der Parteien (*consensus*). Die Wirksamkeit einer solchen konsensualen Verpflichtung hing davon ab, ob sie sich materiell im Rahmen bestimmter typischer Geschäftszwecke hielt: nur der Kauf (*emptio venditio*), die Miete in ihren verschiedenen Spielarten (*locatio conductio*), die Gesellschaft (*societas*) und der Auftrag (*mandatum*) waren als Konsensualkontrakte anerkannt. Es ist kein Zufall, dass alle diese Verträge auf der bona fides beruhten; denn die fides als Pflicht, das gegebene Wort zu halten und das gewährte Vertrauen nicht zu enttäuschen, konnte schwerlich an der Formfrage haltmachen. Vom Auftrag abgesehen gab es bei allen Konsensualverträgen eine Gegenleistung. Das angelsächsische Recht verlangt als Gültigkeitsvoraussetzung und Verpflichtungsgrund des Vertrages noch heute eine Gegenleistung (*consideration*). Andernfalls muss das Leistungsversprechen förmlich, d. h. *under seal* erfolgen. Im Prinzip ist es dasselbe System: Wo keine Gegenleistung vorhanden ist, verlangt man ein förmliches Versprechen. Das Formerfordernis wird allerdings mehr und mehr ausgedünnt, denn das Formular für eine gesiegelte Urkunde (*deed*) kann man in jedem Papiergeschäft kaufen.

VI. Pacta[87]

An der Vierzahl der Konsensualverträge hat das römische Recht festgehalten. Zwar wurden weiterhin einzelne formlose Verträge teils vom Honorarrecht, teils vom Kaiserrecht der Spätzeit als klagbar anerkannt (*pacta praetoria*). Diese Verträge zählten jedoch nicht zu den Konsensualkontrakten. Ursprünglich bedeutet das Wort *pactum* nicht einen schuldbegründenden, sondern einen schuldaufhebenden Vertrag. Später bezeichnete es im Anschluss an den Sprachgebrauch des prätorischen Edikts ganz allgemein solche Vereinbarungen, die nicht unter die zivilrechtlich gültigen Kontrakte fielen. Aus derartigen Abreden erwuchs im Allgemeinen keine

[85] Vgl. Pedius in Ulp. D. 2, 14, 1, 3: nullum esse contractum, nullam obligationem, quae non habeat in se conventionem, sive re sive verbis fiat. – Es gebe keinen Kontrakt und keine Obligation ohne Willensübereinstimmung, einerlei ob es sich um einen Real- oder um einen Verbalkontrakt handle. Die Klassizität der Stelle wird heute nicht mehr bestritten; vgl. Mayer-Maly, FS Nipperdey I (1965) 509 ff. mNw.

[86] Gai. 3, 135 ff.

[87] D. 2, 14; C. 2, 3. – Condanari-Michler RE XVIII 2127 ff. (s.v. pactum).

Klage[88]; anders, wenn sich das *pactum* als Nebenabrede (*pactum adiectum*) eines zivilrechtlich anerkannten Vertrages darstellte[89].

§ 33 Quasi-Kontrakte und Quasi-Delikte

Neben der Einteilung in Verträge und Delikte[90] hat vielleicht erst eine nachklassische Theorie, die in den *res cottidianae* des Gaius überliefert ist[91], aber im Veroneser Gaius fehlt und deren Klassizität bezweifelt wird[92], eine weitere Einteilung in *obligationes quasi ex contractu* und *quasi ex delicto* geschaffen. Zu den Quasi-Kontrakten zählte man außer der ungerechtfertigten Bereicherung und der Geschäftsführung ohne Auftrag die Vormundschaft (*tutela*), das Damnationslegat sowie die Teilungsansprüche. Bei den Quasi-Delikten handelt es sich um eine Reihe von prätorischen *actiones in factum*: die *actio de deiectis vel effusis*[93] gegen den Inhaber einer Wohnung, aus der etwas auf die Straße geworfen oder gegossen worden war. Sie lebt ungeachtet der veränderten wohnungshygienischen Verhältnisse fort in § 1318 ABGB. Ferner die Klage gegen den Schiffer, den Gast- oder Stallwirt (*nauta, caupo, stabularius*) wegen Diebstählen oder Schäden, die ihre Angestellten an den Sachen des Verfrachters bzw. Gastes verübt hatten[94]. Diese beiden Fallgruppen wurden offenbar deshalb nicht zu den Delikten gerechnet, weil sie kein Verschulden voraussetzten.

Die dritte Klage hatte einen völlig anderen Charakter: Es war der Anspruch gegen den Richter, der durch Verletzung seiner Amtspflicht, namentlich durch Rechtsbeugung, eine Partei geschädigt hatte (*iudex, qui litem suam fecit*[95] – der Richter, der sich selbst den Prozess aufgeladen hat).

§ 34 Erfüllung und Erlass

I. Allgemeines

Zu den Erlöschenstatbeständen zählten neben der Erfüllung der formale Erlassvertrag, formlose Schuldaufhebungsverträge, die Novation und die Aufrechnung.

---

[88] Paul. sent. 2, 14, 1: ex nudo pacto inter cives romanos actio non oritur – aus einem einfachen pactum entsteht zwischen röm. Bürgern keine Klage.

[89] Vgl. Knütel, Contrarius consensus (1968) 61 ff.

[90] Dazu unten §§ 58 ff.

[91] Gai. D. 44, 7, 5.

[92] Vgl. Kaser RP I 524; dagegen Mayer-Maly RIDA 12 (1965) 449 ff.; ders., FS Wilburg (1965) 131 ff.

[93] D. 9, 3.

[94] I. 4, 5, 3.

[95] I. 4, 5, pr. = Gai. D. 44, 7, 5, 6.

II. Erfüllung (solutio)[96]

1. Sobald der Gläubiger erhalten hatte, was ihm aufgrund der Obligation geschuldet wurde, erlosch das Forderungsrecht *ipso iure*. Dies war nicht immer so. Im älteren Recht bedurfte die Erfüllung einer bestimmten Form; es gab zwei förmliche Erfüllungsgeschäfte: die *solutio per aes et libram*[97] für die Rückzahlung des Libraldarlehens (*nexum*) und die *acceptilatio*[98] für die formale Erfüllung der Stipulation. In der Korrespondenz von Verpflichtungs- und Erfüllungsgeschäft kam ein alter Grundsatz des römischen Rechts zum Ausdruck, der freilich mit der Zeit an Allgemeingültigkeit verloren hat: dass die Aufhebung einer rechtsgeschäftlichen Verpflichtung, oder im Sinne des altrömischen Rechts, die Haftungslösung, in der gleichen Weise geschehen müsse wie die Begründung (Prinzip des *contrarius actus*, Konträraktsprinzip[99]). Nachdem in klassischer Zeit die formlose Erfüllung als Tilgungsgrund anerkannt war, blieben die formalen Erfüllungsgeschäfte nur dort erhalten, wo eine reale Erfüllung nicht stattfand. Sie dienten dort dem Schulderlass (unten III).

2. Für die formlose Erfüllung des klassischen Rechts galten folgende Grundsätze:

a. Hatte sich der Gläubiger durch Vertrag einverstanden erklärt, dass die Leistung an einen Dritten (z. B. an eine Bank) erbracht wird, so konnte er dem Schuldner das Recht, sich durch Erfüllung an diesen *solutionis causa adiectus* zu befreien, nicht mehr einseitig entziehen.

b. Persönliche Leistung des Schuldners konnte der Gläubiger nur dann fordern, wenn die Leistung durch einen Dritten dem Inhalt der Forderung nicht entsprach, z. B. wenn es für die Erfüllung auf bestimmte Eigenschaften oder Fähigkeiten des Verpflichteten ankam, wie beim Dienst- oder Werkvertrag.

c. Teilleistungen brauchte der Gläubiger nur dann anzunehmen, wenn er durch Gesetz oder Vertrag hierzu verpflichtet war.

d. Eine andere als die geschuldete Leistung befreite den Schuldner nicht. Nahm der Gläubiger sie jedoch wissentlich an deren Stelle an (*datio in solutum*), so erlosch nach Ansicht der Sabinianer die Forderung *ipso iure*, wie wenn die geschuldete Leistung selbst erbracht worden wäre, während die Prokulianer dem Schuldner nur eine *exceptio doli* gegen die Klage auf die ursprüngliche Leistung geben wollten. Die sabinianische Ansicht hat sich im späteren Recht durchgesetzt.

---

[96] Vgl. etwa Kretschmar, Erfüllung I (1906).

[97] Dazu Knütel SZ 88 (1971) 73 ff.

[98] Knütel 87 ff.; Krampe TS 53 (1985) 3 ff.

[99] S. Knütel, Contrarius consensus (1968).

III. Erlassverträge

1. Die *solutio per aes et libram* vollzog sich nach der Schilderung des Gaius[100] folgendermaßen: in Gegenwart eines Wägemeisters (*libripens*) und vor mindestens fünf Zeugen sprach der Schuldner zum Gläubiger:

quod ego tibi tot milibus condemnatus sum, me eo nomine a te solvo liberoque hoc aere aeneaque libra: hanc tibi libram primam postremamque expendo secundum legem publicam.

Was das betrifft, dass ich dir auf soviele tausend verurteilt bin, befreie ich mich deswegen von dir und löse mich mit diesem Erz und dieser kupfernen Waage; ich wäge dir dies zu vom ersten bis zum letzten Pfund gemäß dem öffentlichen Gesetz.

Zugleich klopfte der Schuldner mit einem Kupferstück an die Waage und übergab es dem Gläubiger *veluti solvendi causa* (gleichsam zahlungshalber). Unzweifelhaft hat dieses Geschäft den gleichen Entwicklungsgang durchgemacht wie die anderen *negotia per aes et libram*: Ursprünglich war es ein realer, formgebundener Zahlungsakt. Später löste sich die wirkliche Zahlung aus dem Formalakt; aus der Zahlung wurde ein reines Ritual (*imaginaria solutio*[101]), von dem aber weiterhin die Befreiung des Schuldners abhing. Eine tatsächliche Zahlung konnte sich damit verbinden, war aber ohne Bedeutung für die schuldbefreiende Wirkung. So konnte die *solutio per aes et libram* auch dazu dienen, eine Schuldtilgung durch Erlass oder Vergleich zu bewirken; es ist möglich, wenn auch nicht beweisbar, dass die *solutio per aes et libram* einst bei allen Forderungen Verwendung fand, die auf einen bestimmten Geldbetrag (*certa pecunia*) lauteten. Im klassischen Recht diente sie nur noch dem förmlichen Schulderlass.

2. Die *acceptilatio* diente der Aufhebung von Verbalkontrakten, insbesondere von Stipulationen. Wie diese war sie ein mündliches *Rechtsgeschäft* unter Anwesenden und erfolgte durch Frage (hier des Schuldners: *quod ego tibi promisi, habesne acceptum?* Was ich dir versprochen habe, hast du es erhalten?) und Antwort (des Gläubigers: *habeo* – ich habe). Wie die Stipulation war sie auch Peregrinen zugänglich und konnte in fremder, vor allem auch in griechischer Sprache abgeschlossen werden. Auch die Stipulationsschuld konnte in klassischer Zeit durch schlichte Erfüllung getilgt werden. Eine *acceptilatio* war daneben nicht mehr notwendig. Die *acceptilatio* hat also nur noch dort eine Rolle gespielt, wo der Schuldner in Wahrheit gar nicht erfüllt hat, sondern ihm die Forderung erlassen worden ist.

IV. Formlose Schuldaufhebungsverträge

Pactum[102] *oder pactio* bedeutet ursprünglich Vergleich und ist zunächst ganz wörtlich als Friedensschluss (*pax*) aufzufassen. Nach Zivilrecht konnten nämlich aus

---

[100] 3, 173 ff.

[101] Gai. 3, 169.

[102] Das Wort lebt fort im Fremdwort «Pakt», aber auch im deutschen „Pacht", das ein Lehnwort aus dem Lateinischen ist.

der Entwendung (*furtum*) und Beleidigung (*iniuria*) entspringende Deliktsobligationen durch formlosen Vergleich aufgehoben werden, so dass sie *ipso iure* erloschen. Erst das Honorarrecht erstreckte die schuldbefreiende Wirkung des *pactum* auch auf Verbindlichkeiten aus Verträgen. Als *pactum de non petendo* wurde in klassischer Zeit jeder formfreie Vertrag bezeichnet, durch den der Gläubiger dauernd oder auch nur auf Zeit auf die Geltendmachung seines Rechtes verzichtete. Formloser Erlass und Stundung erscheinen also nach römischem Recht als einheitliches Rechtsinstitut. Aus dem *pactum de non petendo* entsprang für den Schuldner ein Einrederecht (*exceptio pacti conventi*[103]), und zwar eine aufschiebende Einrede (*exceptio dilatoria*), wenn es sich lediglich um eine Stundung handelte, eine dauernde Einrede (*exceptio peremptoria oder perpetua*), wenn das *pactum* einen Erlass enthielt. In der Prozessformel benötigte man die *exceptio pacti* nur bei strengrechtlichen Klagen. Bei den *bonae fidei iudicia* ergab sich die Berücksichtigung der Einrede schon von Amts wegen aus der *bona fides* (*exceptio pacti inest bonae fidei iudicio*[104]).

§ 35 Novation und Delegation

I. Novation[105]

Mit dem Ausdruck Novation (Erneuerung) bezeichneten die Römer die Umwandlung einer Obligation in eine neue, die an die Stelle der alten trat: *novatio est prioris debiti in aliam obligationem transfusio atque translatio*[106] – Novation ist die Überleitung einer früheren Verbindlichkeit in eine andere. Die alte Obligation erlosch ipso iure und es trat eine neue an ihre Stelle. Zugleich mit der alten Forderung gingen auch die mit ihr verbundenen Nebenrechte unter: Pfänder und Bürgen wurden frei, der Zinslauf hörte auf. Sollten die Nebenrechte auch für die neue Forderung bestehen, so war eine erneute Bestellung notwendig. Der Novation konnten Forderungsrechte aller Art unterzogen werden, zu ihrer Durchführung hingegen eignete sich nur die Stipulation. Das durch die Novation neu geschaffene Forderungsrecht war also stets eine Verbalobligation[107]. Hinsichtlich des Zwecks und der Wirkungen unterschied man die Novation mit Gläubiger- oder Schuldnerwechsel und die Novation unter den Parteien des alten Forderungsrechts.

Die Novation mit Wechsel des Gläubigers oder Schuldners war ursprünglich die einzige Form, in der die Berechtigung oder Verpflichtung aus einem Forderungsrecht auf andere Personen übertragen werden konnte. Es ist für den römischen Begriff der Obligation charakteristisch, dass es sich dabei vom wirtschaftlichen Stand-

---

[103] Gai. 4, 119 ff.

[104] Iul. D. 18, 5, 3; dazu Knütel SZ 84 (1967) 133 ff.; s. auch §§ 9 u. 40 III.

[105] Vgl. Salpius, Novation und Delegation (1864); Salkowski, Zur Lehre von der Novation nach röm. Recht (1864); Apathy, Animus novandi (1975).

[106] Ulp. D. 46, 2, 1 pr.; Gai. 3, 176.

[107] Einzelheiten bei Kunkel/Honsell 267 ff.

punkt aus um eine Übertragung handelt, rechtlich gesehen dagegen um die Ersetzung des Forderungsrechts durch ein anderes unter anderen Personen: die Identität des Forderungsrechts war nach römischer Anschauung von der Identität der daran beteiligten Personen nicht zu trennen. Deshalb lag die Vorstellung einer Übertragung fern. Die Novation mit Gläubigerwechsel nennt man Aktivdelegation, die mit Schuldnerwechsel Passivdelegation (unten II).

Die Novation zwischen den bisherigen Parteien des Forderungsrechts setzte voraus, dass sich die neue Obligation inhaltlich in irgendeiner Weise von der alten unterschied, dass sie etwas Neues (*aliquid novi*[108]) enthielt, z. B. eine Änderung des Leistungsortes oder der Leistungszeit, die Ersetzung einer bedingten Forderung durch eine unbedingte usw. Von besonderer Bedeutung war, dass durch Novation auch lediglich der rechtliche Charakter einer Obligation geändert werden konnte, z. B. konnte an die Stelle einer Kaufpreisschuld, die nach der bona fides zu beurteilen war, eine strengrechtliche Stipulationsverbindlichkeit gesetzt werden.

II. Delegation (Anweisung)

1. An der Anweisung (*delegatio*) sind drei Personen beteiligt, der Anweisende (Delegant), der Angewiesene (Delegat) und der Anweisungsempfänger (Delegatar). Die Rechtsverhältnisse zwischen diesen drei Personen sind das Deckungsverhältnis zwischen Anweisendem und Angewiesenem, das Valutaverhältnis zwischen Anweisendem und Anweisungsempfänger und das Einlösungsverhältnis zwischen Angewiesenem und Anweisungsempfänger.

Die Delegation hat zwei verschiedene Anwendungsfälle: Zahlung (*delegatio solvendi*) oder Eingehung einer Verbindlichkeit (*delegatio obligandi*).

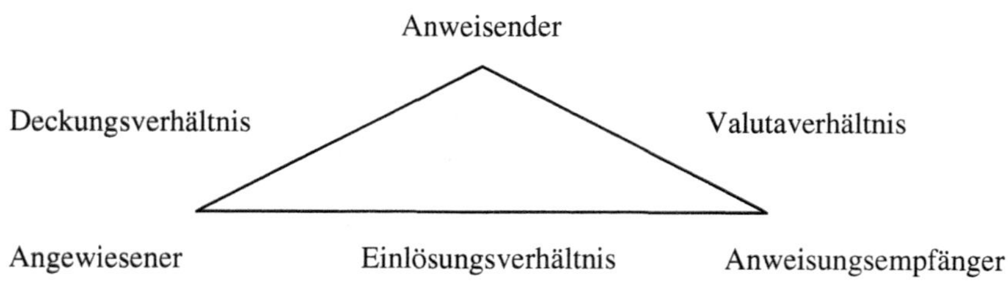

2. Bei der Zahlungsanweisung leistet der Angewiesene an den Anweisungsempfänger. Die Leistung befreit ihn von seiner Schuld gegenüber dem Anweisenden. Der Anweisende kann verschiedene Zwecke verfolgen, z. B. die Tilgung einer Schuld, wenn der Anweisungsempfänger sein Gläubiger ist. Ist der Angewiesene zugleich sein Schuldner so befreit die Zahlung den Anweisenden gegenüber dem Anweisungsempfänger und den Angewiesenen gegenüber dem Anweisenden. Sie

---
108 Gai. 3, 177.

dient hier der Vereinfachung und hat eine ähnliche Wirkung wie eine Zession, bei der der Anweisende seine Forderung gegen den Angewiesenen an den Anweisungsempfänger abtritt (vgl. § 37 II). An die Stelle von zwei an sich notwendigen Zahlungen tritt eine Leistung, die beide Obligationen zum Erlöschen bringt. Mit der Zahlung im Einlösungsverhältnis werden gleichzeitig auch das Valuta- und das Deckungsverhältnis erledigt. Die auf Celsus[109] zurückgehende sog. „Durchgangstheorie"[110] fingierte eine Zahlung des Angewiesenen an den Anweisenden und des Anweisenden an den Anweisungsempfänger. Ein Mangel im Deckungsverhältnis berührte den Erwerb des Anweisungsempfängers nicht, der Angewiesene hatte jedoch eine *condictio* gegen den Anweisenden. Umgekehrt konnte bei einem Mangel im Valutaverhältnis nur der Anweisende kondizieren.

Mit der Zahlungsanweisung konnte nicht nur eine *causa solvendi* verfolgt werden; es kamen auch andere Zwecke in Betracht, z. B. Schenkung, Dos-Bestellung oder Darlehen.

3. Bei der Verpflichtungsanweisung (*delegatio obligandi*) verpflichtete sich der Angewiesene mit Ermächtigung des Anweisenden gegenüber dem Anweisungsempfänger. Der Unterschied zur Zahlungsanweisung bestand darin, dass der Angewiesene zunächst nicht leisten, sondern sich nur verpflichten sollte. Der häufigste Fall war der des Gläubiger- oder Schuldnerwechsels. In diesen Fällen trat ein neuer Gläubiger oder ein neuer Schuldner an die Stelle des alten. Die Begründung der neuen Forderung führte zur Tilgung der alten (Novation).

a. Der Gläubigerwechsel (Aktivdelegation) war von besonderer Bedeutung, weil dem römischen Recht die Abtretung (Zession) unbekannt war[111]. Bei der Aktivdelegation ging der Angewiesene (Schuldner) auf Befehl (*iussum*) des Anweisenden (Altgläubiger) eine Verbindlichkeit gegenüber dem Neugläubiger ein[112]. Mängel des Deckungsverhältnisses konnte der Schuldner geltend machen, nicht dagegen i. d. R solche des Valutaverhältnisses.
b. Beim Schuldnerwechsel (Passivdelegation) trat ein neuer Schuldner (der Angewiesene) an die Stelle des alten (Anweisenden). Regelmäßig standen hier dem Angewiesenen die Einreden aus dem Valutaverhältnis zu, nicht hingegen diejenigen aus dem Deckungsverhältnis.

Der Schuldnerwechsel führte zu einer Befreiung des Altschuldners (*qui delegat solvit*[113] – wer anweist, zahlt), denn der Gläubiger hatte ja freiwillig den neuen Schuldner akzeptiert.

[109] Bei Ulp. D. 24, 1, 3, 12; vgl. einerseits Wieacker, FS E. Wolf (1962) 421 ff.; andererseits Kupisch SZ 93 (1976) 60 ff.; ders., St. Sanfilippo II (1982) 285 ff.

[110] Gegen eine solche celsinische Theorie Flume, Rechtsakt und Rechtsverhältnis (1990) 64 ff.

[111] Unten § 37.

[112] Die Formel der Stipulation zwischen Delegat und Delegatar lautete etwa: quod Titio debes, mihi dari spondesne?

[113] Ulp. 16, 1, 8, 3. Der Gläubiger trug also das Insolvenzrisiko; vgl. etwa Paul. D. 17, 1, 26, 7; dazu Honsell SZ 83 (1966) 369.

§ 36 Aufrechnung (compensatio)

I. Begriff der Aufrechnung

Aufrechnung[114] ist die Aufhebung von Forderungsrechten, die denselben Personen gegeneinander zustehen, im Wege der Verrechnung. Schuldet A dem B 1000 und B dem A 800, so bewirkt die Aufrechnung, dass die Schuld des B völlig, die des A in Höhe von 800 erlischt. Übrig bleibt eine Forderung des B gegen A von 200. Nach gemeinrechtlicher und moderner Auffassung ist die Aufrechnung ein materiellrechtlicher Vorgang, der entweder ohne Rücksicht auf den Parteiwillen kraft Gesetzes eintritt, sobald sich zwei aufrechenbare Forderungen gegenüberstehen (so die Lehre des Glossators Martinus und heute Art. 1290 CC, § 1438 ABGB: „ipso iure compensantur“), oder durch die Aufrechnungserklärung einer der Parteien ausgelöst wird (so der Glossator Azo und heute § 388 BGB, Art. 124 OR „ope exceptionis compensantur“)[115].

II. Die Kompensation im römischen Recht

Das römische Recht dagegen betrachtete die Aufrechnung als prozessuale Figur. Die *compensatio* wird nicht bei den Schuldaufhebungsgründen erörtert, sondern im Zusammenhang mit der Prozessformel des *bonae fidei iudicium*. Unter den Aufrechnungstatbeständen des klassischen Rechts entspricht dem modernen Aufrechnungsbegriff am ehesten ein ganz spezieller Fall: das *agere cum compensatione* des Bankiers. Dieser konnte gegen seinen Kunden nur auf den Saldo klagen, der sich aus der Verrechnung von Forderungen und Gegenforderungen ergab[116]. Das entspricht im Wesentlichen dem heutigen Kontokorrent (vgl. § 355 HGB, Art. 117 OR).

Eine neue Verrechnungsmöglichkeit ganz anderer Art und mit wesentlich engerer Begrenzung bestand im klassischen Recht der *bonae fidei iudicia*. Hier konnte der Richter im Rahmen der ihm durch die *bona fides* eingeräumten Ermessensfreiheit Gegenansprüche des Beklagten gegen die Klageforderung verrechnen, sofern sie aus demselben Schuldverhältnis (*ex eadem causa*) erwachsen waren[117].

Bei den strengrechtlichen Klagen konnte eine Aufrechnung nur durch Eingreifen des Prätors erzwungen werden. Berief sich der Beklagte *in iure* auf eine gleichartige und fällige Gegenforderung, so konnte der Prätor den Kläger zu einer entsprechenden Kürzung seines Anspruchs anhalten und, falls dieser sich weigerte, entweder

---

[114] D. 16, 2; C. 4, 31. – Thielmann, Die röm. Privatauktion (1961) 146 ff.

[115] Zur Dogmengeschichte vgl. Dernburg, Geschichte und Theorie der Kompensation (2. Aufl. 1868) 283 ff.; zum Glossatorenstreit auch Deichmann Gruchot 42 (1898) 257, 263.

[116] Gai. 4, 64.

[117] Gai. 4, 61 ff.

die Klagegewährung ablehnen (*actionem denegare*) oder den Beklagten durch eine *exceptio doli* schützen[118].

§ 37 Forderungsabtretung und Schuldübernahme

I. Keine Singularsukzession in Forderungen

Einen Wechsel von Gläubiger und Schuldner bei Fortbestand des Forderungsrechts kannte das römische Recht nur im Rahmen der Gesamtnachfolge (Universalsukzession des Erben). Eine Einzelnachfolge (Singularsukzession) in Forderung oder Schuld gab es nicht. Der Anerkennung einer Zession oder Schuldübernahme, wie wir sie im heutigen Recht finden (§§ 398 ff., 414 ff. BGB; Art. 164 ff. OR; §§ 1392 ff., 1404 ff. ABGB), stand die römische Auffassung von der persönlichen Natur der Obligation entgegen. Anders als das Eigentum an Sachen konnte also die Inhaberschaft an Forderungen nicht übertragen werden. Die praktische Wirkung der Zession oder der Schuldübernahme war allerdings annähernd durch die Delegation zu erreichen. Freilich war mit diesem Vorgang eine Reihe praktischer Nachteile verbunden, wie das Erlöschen der Sicherheiten und vor allem die Tatsache, dass die Novation mit Gläubigerwechsel stets eine Mitwirkung des Schuldners notwendig machte. Mit der zunehmenden Entwicklung des Rechtsverkehrs hat man diesen Mangel stärker empfunden, und es wurden einige Ersatzmittel für die fehlende Übertragbarkeit von Forderungen entwickelt. Den Anknüpfungspunkt bildete dabei das Institut der prozessualen Stellvertretung.

II. Hilfskonstruktionen

1. Der Gläubiger konnte einen anderen damit beauftragen, seine Forderung gegen den Schuldner im Prozess geltend zu machen (*mandatum ad agendum*). Durch eine besondere Gestaltung der Prozessformel schuf man die Möglichkeit, dass dieser Vertreter (*cognitor* oder *procurator*[119]) aus der fremden Forderung ein auf seinen Namen lautendes Urteil erhielt. Im Normalfall hatte er das Erlangte an seinen Auftraggeber herauszugeben, dem gegebenenfalls auch die *actio mandati* zur Verfügung stand. Anders dagegen, wenn der Gläubiger den Prozessvertreter ermächtigt hatte, das Empfangene für sich zu behalten (*mandatum in rem suam*). Auf diese Weise wurde wirtschaftlich gesehen der Effekt einer Zession erreicht, ohne dass es einer Mitwirkung des Schuldners bedurfte. Auch heute kennen wir neben der Zession die Einziehungsermächtigung.

---

[118] Iust. I. 4, 6, 30 führt die Aufrechnung mittels exceptio doli auf Mark Aurel zurück; vielleicht hat sie aber schon früher bestanden; Einzelheiten bei Kunkel/Honsell 275.

[119] S. dazu Kaser RZ 152 ff.; Claus, Gewillkürte Stellvertretung im röm. Privatrecht (1973) 52 ff.

Kaiserliche Reskripte bewilligten schließlich eine *actio utilis*, die der Zessionar unabhängig vom Willen des Zedenten geltend machen konnte. Soweit diese Klage reichte, bedurfte es der Bestellung des Zessionars zum *cognitor* oder *procurator* nicht mehr. Der Zessionar klagte nunmehr im eigenen Namen. Ältestes Beispiel hierfür ist der Erbschaftskauf. Der Käufer konnte die in der Erbschaft enthaltenen Forderungen mit Hilfe von *actiones utiles* geltend machen.

2. Auch auf der Schuldnerseite blieb die Novation nicht die einzige Form des Personenwechsels. Vielmehr benutzte man auch hier das Mittel der prozessualen Stellvertretung zur Erreichung einer Art von Übertragungswirkung. Der Schuldner beauftragte einen anderen (den Schuldübernehmer), den Prozess mit dem Gläubiger als *cognitor* oder *procurator in rem suam* zu führen.

III. Dogmengeschichte[120]

Das Dogma von der Unübertragbarkeit von Forderungen hat lange fortgewirkt. Ansätze zu seiner Überwindung finden sich aber bereits im Usus modernus. Das Naturrecht gelangt dann zu einer Vergegenständlichung der Forderung, indem es die Parallele zur Eigentumsübertragung betont. Noch in der Pandektistik wird indes der Gedanke der Unübertragbarkeit verfochten. Gleichwohl hat sich schließlich die naturrechtliche Vorstellung durchgesetzt. In den modernen Kodifikationen findet sich die Zession überall und folgt den römisch-gemeinrechtlichen Regeln: §§ 398 ff. BGB, §§ 1392 ff. ABGB, Art. 1689 ff. CC, Art. 164 ff. OR.

§ 38 Gläubiger- und Schuldnermehrheit

I. Allgemeines

Auch mehrere Personen können an einer Obligation beteiligt sein, sei es auf der Gläubiger-, sei es auf der Schuldnerseite. Zu unterscheiden ist die gleichrangige Beteiligung von dem Verhältnis der Nebengläubiger (*adstipulatores*) und Nebenschuldner (Bürgen, unten § 39).

Eine gleichrangige Beteiligung ist in drei Arten denkbar:

Die Obligation ist geteilt; jeder Schuldner muss den auf ihn entfallenden Anteil leisten (Haftung *pro rata*), jeder Gläubiger kann nur ihn fordern. Der zweite Fall ist der der Kumulation; jeder Schuldner muss den gesamten Betrag bezahlen. Ein Beispiel hierfür bilden die Deliktsklagen gegen Mittäter. Anwendungsfälle der aktiven Kumulation (jeder Gläubiger kann den ganzen Betrag fordern) kennt das römische Recht nicht.

---

[120] Dazu Luig, Zur Geschichte der Zessionslehre (1966); Huwiler, Der Begriff der Zession in der Gesetzgebung seit dem Naturrecht (1975).

Die dritte Gruppe ist die der Gesamtobligation. Bei der aktiven Gesamtobligation (Gesamtforderung) ist von mehreren Gläubigern eines Schuldners jeder die ganze Leistung (*solidum*) zu fordern berechtigt, der Schuldner sie aber nur einmal zu leisten verpflichtet. Umgekehrt ist bei passiver Gesamtobligation (Gesamtschuld, Solidar- oder Korrealschuld) von mehreren Schuldnern eines Gläubigers jeder die ganze Leistung zu erbringen verpflichtet, der Gläubiger sie aber nur einmal zu fordern berechtigt.

II. Gläubigermehrheit

1. Die geteilte Obligation war bei Gläubigermehrheit die Regel. Wir finden sie vor allem bei der Stipulation[121], ferner bei Erwerb eines im Miteigentum stehenden Sklaven. Forderungen des Erblassers gingen nach einem Zwölftafelsatz auf die Miterben nach Teilen über (*nomina sunt ipso iure divisa*[122], *Forderungen sind ipso iure* geteilt).

2. Die Gesamtgläubigerschaft war ähnlich wie heute nur von geringer praktischer Bedeutung. Ausgangspunkt war der Fall, dass sich mehrere Gläubiger mittels Stipulation von einem Schuldner dieselbe Leistung versprechen ließen. Eine Gesamtforderung entstand vor allem bei Unteilbarkeit des Leistungsgegenstandes.

III. Schuldnermehrheit

Größere Bedeutung besaß die Schuldnermehrheit. Hatten mehrere Schuldner in einer Stipulation dieselbe Leistung versprochen, so hing es von der Vereinbarung ab, ob sie *pro rata* oder gesamtschuldnerisch hafteten. Teilung war die Regel, Korrealität musste besonders zum Ausdruck kommen[123] und setzte einen einheitlichen Begründungsakt voraus.

IV. Interner Regress

Hatte ein Gesamtgläubiger die Leistung erhalten oder ein Gesamtschuldner die Leistung erbracht, so erlosch die Obligation. Allerdings konnte sich namentlich bei Gesamtschulden die Frage des Ausgleichs im Innenverhältnis stellen[124]. Als Klagen für den Regress kamen die *actio mandati contraria* und die *actio pro socio*[125] in Betracht.

---

121 Pap. D. 45, 2, 11, 1.

122 Paul. D. 10, 2, 25, 9 u. 13.

123 Pap. D. 45, 2, 11, 2.

124 Näheres bei Kunkel/Honsell 284.

125 Ulp. D. 35, 2, 62 pr.

§ 39 Bürgschaft[126] und Interzession

I. Allgemeines

Der Bürge ist verpflichtet, für den Schuldner einzustehen. Die Forderungen gegen den Hauptschuldner und den Bürgen stehen nicht wie Gesamtschulden in gleicher Linie, sondern im Verhältnis von Haupt- und Nebenschuld. Die Schuld des Bürgen ist nur um der Hauptverbindlichkeit willen da, sie soll dem Gläubiger eine bessere Sicherung der Hauptforderung gewähren. Sie dient also dem gleichen Zweck wie ein Pfandrecht. In Rom spielte die Bürgschaft zu allen Zeiten eine größere Rolle als das Pfandrecht.

II. Bürgschaftsformen

Die Bürgschaft wurde stets durch Stipulation begründet. Sie begegnet uns in drei Erscheinungsformen:

1. Die älteste Bürgschaftsform war die *sponsio*. Da sie als altziviles Geschäft nur römischen Bürgern zugänglich war, trat neben sie verhältnismäßig frühzeitig, jedenfalls schon in republikanischer Zeit, eine zweite Bürgschaftsform, die auch den Peregrinen offenstand, die *fidepromissio*. Für beide Figuren galten im Wesentlichen die gleichen Regeln; namentlich setzten beide als Hauptverbindlichkeit eine Stipulation voraus.

2. Dieser Beschränkung der *sponsio* und *fidepromissio* verdankt eine dritte Form ihre Entstehung, die *fideiussio*. Sie setzte als Hauptschuld keine Stipulation voraus; jede Verbindlichkeit kam in Betracht, auch eine Naturalobligation. Die Bürgschaft selbst wurde jedoch durch Stipulation begründet.

Verhältnismäßig verbreitet war die *fideiussio indemnitatis*. Bei ihr haftete der Bürge nur auf den Betrag, der vom Schuldner nicht eintreibbar war. Der Gläubiger musste also zunächst den Schuldner belangen. Der Bürge haftete nur subsidiär und auf den Ausfall[127]. Justinian hat generell die Einrede der Vorausklage (*beneficium excussionis*) eingeführt[128].

[126] Gai. 3, 115 ff.; D. 46, 1; C. 8, 40. – Levy, Sponsio, fidepromissio, fideiussio (1907); Flume, Studien zur Akzessorietät der röm. Bürgschaftsstipulationen (1932); Kaser, FS Herdlitczka (1972) 143 ff.

[127] Cels. D. 12, 1, 42 pr.; Iul. D. 16, 1, 16, 6.

[128] Nov. 4, 1

III. Akzessorietät der Bürgschaft

Bestimmte Regeln galten für alle drei Formen der Bürgschaft:

1. Sie konnte zwar auf weniger gerichtet sein als die Hauptschuld, nicht dagegen auf mehr[129]. Der Bürge erhielt grundsätzlich die Einreden, die dem Hauptschuldner zustanden[130]. Aus diesen Regeln ergab sich das Prinzip der Akzessorietät (Abhängigkeit der Bürgschaft von der Hauptschuld).
2. Bei Bürgenmehrheit wurde die Haftung nach einer *epistula Hadriani* auf den entsprechenden Teil beschränkt (*beneficium divisionis*)[131].
3. Der in Anspruch genommene Bürge konnte gegen den Hauptschuldner mit der *actio mandati contraria*[132] auf Erstattung seiner Zahlung klagen. Daneben gab es für die *sponsio* eine *actio depensi*[133] auf das *duplum*, wenn der Schuldner dem Bürgen das Geleistete nicht binnen sechs Monaten ersetzt hatte.

Die modernen Rechte haben die Bürgschaft mit gewissen Modifikationen in der Form übernommen, wie sie im justinianischen Recht geregelt war. Sie hat freilich heute weit geringere Bedeutung. Die Subsidiarität ist bald die Regel, bald die Ausnahme. Die gesetzlichen Vorschriften sind dispositiv. Das Prinzip der Akzessorietät ist meist streng verwirklicht. Der Bürge hat einen gesetzlichen Regressanspruch gegen den Schuldner, der meist durch *cessio legis* unterstützt wird; vgl. §§ 756 ff. BGB, §§ 1346 ff. ABGB, Art. 492 ff. OR, Art. 2011 ff. CC.

IV. Interzession[134]

Ein *senatus consultum Vellaeanum*[135] um die Mitte des 1. Jh. n. Chr. schützte die Frauen (*propter imbecillitatem sexus*[136] – wegen der Schwäche des Geschlechts), indem es jede Form der Interzession (wörtlich: des Dazwischentretens) durch Frauen verbot. Frauen durften sich also weder verbürgen noch überhaupt im Interesse Dritter Verbindlichkeiten eingehen (*pro aliis reas fieri* – für andere Schuldner werden)[137]. Deshalb lesen wir noch heute in § 1349 ABGB: „Fremde Verbindlichkeiten kann ohne Unterschied des Geschlechtes jedermann auf sich nehmen…".

---

[129] Gai. 3, 116.

[130] Paul. D. 44, 1, 7, 1.

[131] Vgl. FIRA II 309.

[132] Gai. 3, 127; Ulp. D. 17, 1, 6, 2

[133] Vgl. Kunkel/Honsell 291.

[134] Vgl. Kunkel/Honsell 292 ff.

[135] D. 16, 1; C. 4, 29. – Medicus, Zur Geschichte des SC Vellaeanum (1957).

[136] Ulp. D. 16, 1, 2, 2.

[137] Der vollständige Wortlaut findet sich in D. 16, 1, 2, 1.

§ 40 Die Stipulation

I. Begriff und Gegenstand

Die Stipulation[138] war ein Formalgeschäft, mit dem eine einseitige Verpflichtung begründet werden konnte. Es handelte sich um ein mündliches, förmliches Leistungsversprechen. Im Gegensatz zum heutigen Versprechen hat aber nicht der Schuldner das Versprechen gesprochen, sondern der Gläubiger in Frageform[139]. Die Form war einfach. Die Stipulation kam durch Frage des Versprechensempfängers (*stipulator*) und Antwort des Versprechenden (*promissor*) zustande[140]. Frage und Antwort mussten dabei formal übereinstimmen, d. h. das Verbum des Fragesatzes musste in der Antwort wiederkehren. Wenn also die Frage lautete: *sestertium decem milia dare spondes?* (Versprichst Du mir zehntausend Sesterzen zu geben?), so musste darauf mit *„spondeo"* geantwortet werden. Die Stipulation erlangte im römischen Rechtsleben enorme Bedeutung. Dies beruht – ähnlich wie bei der Manzipation – auf ihrer vielseitigen Verwendbarkeit: sie konnte jeden beliebigen Inhalt aufnehmen, sofern er nur rechtlich zulässig war und nicht gegen die guten Sitten verstieß. Da das römische Recht nie zu dem heute gültigen Satz gelangt ist, dass grundsätzlich auch formlose Vereinbarungen rechtsverbindlich sind, griff man überall dort zur Stipulation, wo man eine Verpflichtung begründen wollte, die nicht schon aus anderen Gründen Rechtsschutz genoss.

Gegenstand der Stipulation war anfänglich wohl nur ein *certum*, meist eine bestimmte Geldsumme (*certa pecunia*) oder ein bestimmtes Quantum anderer vertretbarer Sachen, z. B. Wein, Öl oder Getreide (*vinum, oleum, frumentum*) oder eine bestimmte Einzelsache, ein Grundstück, ein Sklave usw., aber auch *res nec mancipi*, wie ein Ring, Tafelsilber usw. Die Stipulation einer Geldsumme wurde mit der *condictio certae creditae pecuniae* eingeklagt, Getreide usw. mit der *condictio triticaria*[141]. Schließlich ließ man schon in republikanischer Zeit auch die Stipulation auf ein *incertum* zu, z. B. eine zukünftige Sache, einen Nießbrauch, überhaupt jedes Tun oder Unterlassen[142]. Die Klage aus einem solchen Versprechen war die *actio incerti ex stipulatu*. Bei dieser hatte der Richter einen größeren Ermessensspielraum[143].

---

[138] D. 45, 1–46, 2; I. 3, 15–20.

[139] Zu den Ausnahmen oben § 9.

[140] Erklärungsversuche bezüglich des Rituals gibt es zahlreiche, vgl. die Nachweise bei Kunkel/Honsell 106.

[141] Vgl. oben § 9.

[142] Vgl. Ulp. D. 45, 1, 75, 4 u. 7.

[143] Vgl. oben § 9.

II. Anwendungsbereich

Der Anwendungsbereich der Stipulation war außerordentlich groß. Mit ihr konnten unverbindliche Abreden klagbar gemacht werden. Solche Abreden waren in Rom im Hinblick auf den auch im Obligationenrecht herrschenden *numerus clausus* der Verträge außerordentlich zahlreich. Daneben fand sie auch anstelle oder neben den formlosen Verträgen Anwendung. So konnte etwa ein Kauf durch zwei Stipulationen ersetzt werden[144]. Nach der immer noch vorherrschenden Meinung hat das römische Recht den Gattungskauf nicht gekannt. Dieser habe, wie der ganze Fern- und Distanzhandel, in Stipulationsform stattgefunden[145].

Statt des *mutuum* konnte das Geld einfach ausbezahlt und zugleich die Rückgabe stipuliert werden[146]. Häufig wurde die Stipulation zur Ergänzung oder Verstärkung formloser Verträge verwendet[147]. Hatten Grundverbindlichkeit und Stipulation den gleichen Inhalt, so führte dies zur Novation[148]. Zu nennen sind ferner die Vertragsstrafe, die Garantiestipulationen im Gewährleistungsrecht (usw.) sowie die wichtige Rolle der Stipulation im Zivilprozess.

III. Abstrakte und kausale Stipulation

Die Stipulation konnte abstrakt gefasst sein, dann wurde nur die Summe genannt, oder kausal (tituliert), dann wurde der Schuldgrund in der Stipulation angegeben; z. B. *decem, quae ex empto mihi debes, dari spondes?* – Versprichst du die zehntausend (Sesterzen) zu geben, die du mir aus Kauf schuldest? Fehlte der Rechtsgrund oder war er nichtig, so wurde auch aus der Stipulation nichts geschuldet. Hingegen konnte aus der abstrakten Stipulation mit der *condictio* geklagt werden, auch wenn der Rechtsgrund oder der Leistungszweck gar nicht bestand. Der Prätor half freilich schon frühzeitig mit der Gewährung der *exceptio doli* wenn der Gläubiger, aus der abstrakten Verpflichtung formal berechtigt, Klage erhob, obgleich ihm die Forderung materiell gar nicht zustand[149]. Die Überwindung formalistischer Standpunkte war eine der Hauptfunktionen der *exceptio doli.* Noch heute verwenden wir die Einrede der unzulässigen Rechtsausübung, wenn der Gläubiger aus einem formalen Recht vorgeht, das ihm materiell nicht zusteht. Spezielle Anwendungsfälle der

---

[144] Alf. D. 44, 1, 14.

[145] Vgl. vor allem Seckel/Levy SZ 47 (1927) 122 ff.; s. dagegen unten § 44 und Kunkel/Honsell 305 f.

[146] Ulp. D. 46, 2, 6 1; Pomp. D. eod. 7; dazu Kaser, Ausgewählte Schriften II 273 ff.

[147] Paul. sent. 5, 7, 1: Obligationum firmandarum gratia stipulationes inductae sunt. – Die Stipulationen sind zur Verstärkung der Obligationen eingeführt worden.

[148] Oben § 35.

[149] Ulp. D. 44, 4, 2, 3: Si quis sine causa ab aliquo fuerit stipulatus, deinde ex ea stipulatione experiatur, exceptio utique doli mali ei nocebit. – Wenn sich jemand ohne Rechtsgrund von einem anderen etwas hat versprechen lassen, so schadet ihm die Einrede der Arglist, wenn er aus der Stipulation vorgeht.

exceptio doli sind *die exceptio non numeratae pecuniae* gegen den Darlehensgeber, der die Valuta nicht ausbezahlt hat und gleichwohl aus der Stipulation auf Zahlung klagt[150] oder die *exceptio non (rite) adimpleti contractus*[151], die Einrede des nicht (richtig) erfüllten Vertrages, z. B. die *exceptio mercis non traditae* (Einrede der nicht gelieferten Ware)[152]. Zu beachten ist freilich, dass der prätorische Schutz nur bei der abstrakten Stipulation nötig war. Dagegen war die titulierte Stipulation bei Nichtigkeit des Rechtsgrundes *ipso iure* unwirksam. War schließlich der Kaufpreis nicht stipuliert, sondern durch Konsensualkontrakt (*emptio-venditio*) formlos vereinbart, so bedurfte es ebenfalls keiner Einrede, weil Arglist im *bonae fidei iudicium* von Amts wegen zu berücksichtigen war (Inhärenz der *exceptio doli* im *bonae fidei iudicium*)[153].

§ 41 Darlehen

I. Allgemeines

Das Darlehen ist das Grundgeschäft des Kreditverkehrs. Es kommt zustande durch die Übereignung einer Geldsumme oder einer bestimmten Menge anderer vertretbarer Sachen (Naturaldarlehen spielen freilich bei einer entwickelten Geldwirtschaft praktisch keine Rolle). Durch die Hingabe eines Geldbetrages entsteht eine Verpflichtung des Empfängers zur Rückerstattung der gleichen Summe. Die Leistungspflicht des Darlehensschuldners ist unabhängig vom Schicksal der empfangenen Sache. Auch wenn die von dem Darlehensgeber hingegebenen Geldstücke oder Naturalien ohne Verschulden des Darlehensschuldners untergegangen sind, bleibt die Schuld bestehen, weil sie nicht die Rückgabe dieser Einzelsache, sondern eine gattungsmäßig bestimmte Leistung (*tantundem eiusdem generis*) zum Gegenstand hat.

II. Mutuum

Für das Gelddarlehen besaß das altrömische Recht ein Formgeschäft, bei dem die Darlehensverbindlichkeit *per aes et libram* begründet wurde (sog. *nexum*)[154]. Daneben trat das formfreie *mutuum*. Bei diesem entstand die Verpflichtung zur Rückzahlung des

---

[150] Unten § 41.

[151] Der Ausdruck stammt aus dem gemeinen Recht.

[152] Iul. D. 19, 1, 35; Gai. 4, 126a; die Einrede betrifft Verträge der Bankiers und wird gegeben, wenn der Kaufpreis stipuliert und die Ware nicht geliefert worden ist.

[153] Iul. 30, 84, 5:… quia hoc iudicium fidei bonae est continet in se doli mali exceptionem – Weil es ein Verfahren nach Treu und Glauben ist, enthält es in sich die Einrede der Arglist.– Treu und Glauben schließt jegliche Arglist aus.

[154] Vgl. oben § 9 II 2.

Darlehens durch Leistung des Darlehensgegenstandes, der ins Eigentum des Darlehensnehmers gelangte. Für die Klage auf Rückforderung war nichts weiter vorausgesetzt als die Tatsache der Hingabe. Daher ist es kein Zufall, dass für die Rückforderung dieselbe Klage verwendet wurde wie bei der ungerechtfertigten Bereicherung, nämlich die Kondiktion. Das bloße Darlehensversprechen war unverbindlich, wenn es nicht in Stipulationsform gegeben worden war. Das *mutuum* war zinslos, also unentgeltlich. Zinsen mussten gegebenenfalls gesondert durch Stipulation vereinbart werden. Das *mutuum* eignete sich also nicht für die Kreditgeschäfte der Bankiers (*argentarii*) oder Geldverleiher (*faeneratores*). Es war ein unverzinsliches Gefälligkeitsdarlehen, wie man es unter Freunden gab, aber auch zur Vermehrung des Ansehens, zur Schaffung von Abhängigkeiten oder in Erwartung einer Gegenleistung (Remuneration). Derartige Darlehen gewährte der Römer auch seiner Klientel.

Das Darlehen ist noch heute in manchen Kodifikationen als Realkontrakt ausgestaltet (vgl. z. B. § 983 ABGB; anders Art. 312 ff. OR). Das ist nicht mehr sachgerecht, weil das bloße Vereinbarungsdarlehen formlos gültig ist[155].

Vom Erfordernis der tatsächlichen Hingabe der Darlehensvaluta gab es im klassischen Recht einige Ausnahmen: So genügte es z. B., wenn der Darlehensgeber einen Dritten anwies und dieser der Anweisung nachkam[156]. Umstritten war, ob es zulässig sei, eine andere Schuld (z. B. aus Kauf oder Auftrag) durch bloße Vereinbarung in eine Darlehensschuld zu verwandeln[157]. Schließlich konnte ein Darlehen auch dadurch begründet werden, dass der Gläubiger dem Schuldner einen Gegenstand zur Veräußerung überließ, mit der Abrede, dass der Erlös als Darlehen geschuldet werden sollte[158].

III. SC Macedonianum

Ein *senatus consultum Macedonianum* (vermutlich 47 n. Chr.)[159] bestimmte, dass Hauskinder, die ein Gelddarlehen empfangen hatten, auch nach dem Tode ihres Gewalthabers nicht zur Rückzahlung verpflichtet sein sollten. Hierdurch sollten solche

---

155 Kritisch zu den Realkontrakten im österreichischen Recht Harrer-Hörzinger öJZ 1990, 614, 623 ff.

156 Ulp. D. 12, 1, 15.

157 Ulp. D. 12, 1, 15; anders aber Jul. – Afric. D. 17, 1, 34 pr., wo darauf hingewiesen wird, dass damit die Stipulationsform umgangen würde (zur Novation oben § 35 I), und dass anderenfalls aus jeder beliebigen formlosen Vereinbarung ein Darlehen entstehen könnte: alioquin dicendum ex omni contractu nuda pactione pecuniam creditam fieri posse. Zum in der Stelle ebenfalls erörterten Übergang von Verwahrung zu Darlehen unten § 43 I.

158 Vgl. etwa Ulp. D. 12, 1, 11 pr. Diese Abrede wurde später contractus mohatrae genannt; sie diente der Umgehung des islamischen Zinsverbots; vgl. dazu Kaser, Synteleia Arangio-Ruiz I (1964) 74 ff. Ein noch ausgeklügelterer Fall zur Umgehung des kanonischen Zinsverbotes (vgl. oben § 30 III) war der sog. Kuhverstellungsvertrag, bei dem der Bauer dem Kreditgeber eine Kuh für 1000 verkauft und mittels Besitzkonstituts übereignet, mit der Abrede, dass der Bauer verpflichtet ist, die Kuh übers Jahr für 1100 zurückzukaufen. Der vorgeschobene Verkauf und Rückkauf ist in Wahrheit ein Darlehen zu 10 % Zins verbunden mit einer Sicherungsübereignung. Solche und ähnliche Konstrukte finden wir im arabic banking noch heute.

159 S. hierzu Daube SZ 65 (1947) 308 ff.; Medicus SZ 81 (1964) 244 ff.

Darlehensgeschäfte unmöglich gemacht werden, bei denen Gläubiger und Schuldner auf den Tod des Gewalthabers spekulierten, weil das Hauskind erst dann zur Rückgewährung imstande war. Der Überlieferung nach wurde das SC erlassen, weil ein gewisser Macedo, von seinen Gläubigern bedrängt, seinen Vater ermordet hatte.

IV. Seedarlehen (faenus nauticum, pecunia traiecticia)

Das Seedarlehen[160] geht auf griechische Ursprünge zurück. Der Schuldner erhielt einen Kredit zur Finanzierung eines Seetransportes und zum Einkauf von Waren. Das Darlehen war im Bestimmungshafen nach Verkauf der Ware zurückzuzahlen. Häufig wurde es für die Dauer der Hin- und Rückfahrt gegeben. Es hatte gleichzeitig die Funktion einer Seeversicherung, denn das Geld, bzw. die damit angeschafften Waren, reisten vereinbarungsmäß auf Gefahr des Gläubigers. Ging das Schiff unter, so brauchte der Schuldner das Darlehen nicht zurückzuzahlen. Die Zinsen waren teilweise eine Art Versicherungsprämie, weshalb die Zinsbeschränkung nicht zur Anwendung kam.

§ 42 Leihe (commodatum)

I. Begriff

Leihe[161] ist die unentgeltliche Überlassung einer Sache zum Gebrauch. Sie ist abzugrenzen von der Schenkung, die eine endgültige Zuwendung darstellt.

> Ulp. D. 43, 26, 1, 2: Qui donat sic dat ne recipiat.
> Wer schenkt, gibt so, dass er nicht zurückerhält.

Die Unentgeltlichkeit unterscheidet die Leihe von der Miete. Im Unterschied zum Darlehen, das nur fungible Sachen zum Gegenstand haben kann, wird der Entleiher nicht Eigentümer der geliehenen Sache. Er hat nicht Sachen derselben Art und Qualität zurückzugeben, sondern die entliehene Sache selbst. Das *commodatum* kam als Realkontrakt mit der Hingabe der Sache zustande und verpflichtete den Empfänger zur Rückgabe derselben Sache. Während der Dauer des Leihverhältnisses war der Entleiher lediglich Inhaber (*detentor*) der Sache, der keinen Besitzschutz genoss (anders beim *precarium*[162]).

---

[160] D. 22, 2; Näheres bei Kunkel/Honsell 299.

[161] D. 13, 6; C. 4, 23.

[162] Vgl. § 15 III.

II. Rechtsfolgen

Aus dem Leihvertrag entsprang stets der Rückgabeanspruch des Verleihers (*actio commodati directa*). Unter Umständen konnten Gegenansprüche des Entleihers entstehen (*actio contraria*). Die Leihe war also ein unvollkommen zweiseitig verpflichtender Vertrag im Sinne der gemeinrechtlichen Terminologie. Der Verleiher konnte die *actio commodati* erst nach Ablauf der verabredeten Leihfrist geltend machen. Der Entleiher haftete nicht nur für *culpa*, sondern auch für *custodia*. Unverschuldeter Verlust durch Diebstahl usw. befreite ihn also nicht. Einen wissentlich vertragswidrigen Gebrauch haben die Römer als *furtum* beurteilt (z. B. wenn sich jemand Tafelsilber ausgeliehen und dieses abredewidrig von der Stadtvilla ins Landhaus mitgenommen oder weiter verliehen hatte[163]).

Etwaige Gegenansprüche des Entleihers konnten auf Ersatz von Verwendungen[164] gerichtet sein oder auf den Ersatz von Schäden, wenn der Verleiher wissentlich eine mangelhafte Sache verliehen hatte[165]. Die Kosten des gewöhnlichen Unterhalts hatte der Entleiher zu tragen: *Qui habet commoda, ferre debet onera* – Wer den Vorteil hat, muss die Lasten tragen.

Zum geltenden Recht vgl. §§ 598 ff. BGB, §§ 971 ff. ABGB, Art. 305 ff. OR.

§ 43 Verwahrung (depositum)

I. Begriff

Verwahrung[166] oder Hinterlegung ist die unentgeltliche Aufbewahrung einer Sache. Der Vertrag kam durch Übergabe der Sache zustande (Realkontrakt). Gegenstand des Verwahrungsvertrages konnten nur bewegliche Sachen sein. Der normale Verwahrungsvertrag betraf die Aufbewahrung bestimmter Einzelsachen. An diesen Sachen erwarb der Verwahrer weder Eigentum noch Besitz, sondern lediglich die tatsächliche Innehabung (Detention). Zurückzugeben war wie bei der Leihe dieselbe Sache. Andernfalls handelte es sich je nach Interessenlage um Darlehen oder um uneigentliche Verwahrung (*depositum irregulare*). Wurde dem Verwahrer der Gebrauch der hinterlegten Sache nachträglich gestattet, so änderte sich die Rechtsnatur des Vertrages: er wurde, je nachdem, ob es sich um vertretbare oder nicht vertretbare Sachen handelte, zum Darlehen oder zur Leihe. Die römischen Juristen diskutierten in diesem Zusammenhang vor allem Haftungs- und Gefahrtragungsprobleme. Der Verwahrer trug die Gefahr eines zufälligen Untergangs nicht, er haftete lediglich für

[163] Gai. 3, 196 f.; Val. Max. 8, 2, 4. Diese Haftung erscheint außerordentlich streng. Es ist kaum anzunehmen, dass sie in klassischer Zeit noch gegolten hat; vgl. Kunkel/ Honsell 301 FN 13.

[164] Z. B. Kosten für die Heilung eines entliehenen Sklaven; Gai. D. 13, 6, 18, 2 ff.

[165] Ein Beispiel bei Gai. D. 13, 6, 18, 3: Verleihen undichter Fässer – Auslaufen des Weines.

[166] D. 16, 3; C. 4, 34; Kunkel/Honsell 301 ff. mNw.

dolus, der vielleicht die grobe Fahrlässigkeit eingeschlossen hat[167]. Diese Haftungsmilderung entsprach dem Utilitätsgedanken, denn der Verwahrer wurde ja unentgeltlich und fremdnützig tätig. Gestattete der Hinterleger eines Geldbetrages dem Verwahrer die Verwendung, so ging die Gefahr auf den Verwahrer über.

Ulp. D. 12, 1, 9, 9: deposui apud te decem, postea permissi tibi uti: Nerva Proculus etiam antequam moveantur, condicere quasi mutua tibi haec posse aiunt, et est verum, ut et Marcello videtur: animo enim coepit possidere. ergo transit periculum ad eum, qui mutuam rogavit, et poterit ei condici.

Ich habe bei dir zehn hinterlegt und dir nachher die Verwendung gestattet. Nerva und Proculus sagen: das Geld könne, auch bevor du es verwendet hast, gleichsam als Darlehen kondiziert werden. Und das ist richtig, wie auch Marcellus meint: er hat nämlich mit Willen angefangen zu besitzen. Daher geht die Gefahr auf den über, der um das Darlehen gebeten hat, und man kann gegen ihn kondizieren.

Durch die Verwendungserlaubnis wird die Verwahrung zum Darlehen und der Verwahrer muss die Gefahr des zufälligen Untergangs tragen (vgl. hierzu die eingehende Regelung in § 959 ABGB). Die Verwahrung war stets unentgeltlich. Verwahrung gegen Entgelt wurde als Werkvertrag qualifiziert.

II. Rechtsfolgen

Aus dem Verwahrungsverhältnis entsprang stets eine *actio depositi* auf Rückgabe der verwahrten Sache und nur fallweise eine Gegenklage auf Ersatz von Aufwendungen, z. B. Kosten für Unterhalt oder Ernährung eines Sklaven, die hier, anders als bei der Leihe, wegen der Fremdnützigkeit der Verwahrung vom Hinterleger bezahlt werden mussten[168]. Auch der Ersatz von Schäden kommt in Betracht[169]. Der Hinterleger konnte die Rückgabe der Sache jederzeit verlangen. Eine Verurteilung hatte den Verlust der bürgerlichen Ehre zur Folge (Infamie). Die *actio depositi* der Zwölftafeln war eine Deliktsklage wegen Unterschlagung und ging auf das Doppelte des Wertes der hinterlegten Sache. Später wurde der untreue Verwahrer nur noch bei Nothinterlegung (*depositum miserabile*), z. B. bei Brand, Einsturz, Schiffbruch, auf den doppelten Wert verurteilt.

Zum modernen Recht s. §§ 688 ff. BGB, §§ 957 ff. ABGB.

III. Sequestration

Eine Sonderform der Verwahrung war die Sequestration: Hinterlegung einer Sache durch mehrere Personen zum Zwecke der Sicherstellung, etwa für die Dauer eines Prozesses. Der Verwahrer (Sequester) durfte die Sache nur unter den bei der Hinterlegung bezeichneten Voraussetzungen herausgeben und nur an denjenigen, auf

[167] Vgl. Cels. D. 16, 3, 32; Kunkel/Honsell 301 FN 7 mNw.

[168] Mod. D. 16, 3, 23.

[169] Vgl. z. B. Jul. – Afric. D. 13, 7, 31: Der in Verwahrung gegebene Sklave bestiehlt den Verwahrer.

den die festgesetzten oder sich aus dem Zweck der Sequestration ergebenden Umstände zutrafen. Der Sequester genoss im Gegensatz zum gewöhnlichen Verwahrer Besitzschutz.

§ 44 Kauf (emptio venditio)

I. Begriff und geschichtliche Entwicklung

Kauf[170] ist Austausch einer Sache gegen Geld. Im Regelfall handelt es sich um körperliche Sachen, doch gibt es namentlich in entwickelteren Wirtschaftsverhältnissen auch den Kauf von Rechten und Sachgesamtheiten (z. B. Unternehmen). Der Kauf ist das wichtigste Umsatzgeschäft. Wegen seiner großen praktischen Bedeutung war er schon im römischen Recht dogmatisch hoch entwickelt.

Der Austausch von Sache und Preis setzt eine Einigung der Parteien (*consensus*) voraus, durch welche die beiderseitigen Leistungspflichten näher bestimmt werden. Das römische Recht der Frühzeit kannte nur den Barkauf. Das zeigt sich deutlich an der *mancipatio*, deren Formular lediglich die Übertragung der Sache und die Zahlung des Geldes enthielt. Ähnlich wird man bei *res nec mancipi* den entscheidenden Akt in der *traditio* (Übergabe) gesehen haben. In diesem Stadium war der Kauf nur Rechtsgrundgeschäft (*causa*) für den sachenrechtlichen Erwerb, nicht Entstehungsgrund schuldrechtlicher Leistungspflichten.

Der altrömische Barkauf war notwendig ein Kauf von individuell bestimmten Sachen. Überwiegend wird angenommen, dass auch das Kaufrecht der klassischen Zeit einen Gattungskauf nicht gekannt habe. Dies ist indessen bei dem hoch entwickelten Geschäftsverkehr mit ausgeprägtem Groß- und Fernhandel wenig wahrscheinlich[171].

II. Vertragsschluss und essentialia negotii

1. Abgeschlossen wurde der Kauf durch einfache Willenseinigung (*consensus*). Er gehörte zu den gegenseitigen (synallagmatischen) Verträgen, was schon in der Doppelbezeichnung *emptio venditio* zum Ausdruck kommt. Jede Partei erbringt ihre Leistung im Hinblick auf die Gegenleistung.

2. Gegenstand des Kaufvertrages konnten körperliche oder unkörperliche Sachen sein, auch Sachgesamtheiten oder ein ganzes Vermögen. Beispiele für kör-

---

[170] D. 18, 1–7; D. 19, 1; Gai. 3, 139–141; C. 4, 38–58. – Bechmann, Der Kauf nach gemeinem Recht, 3 Bde. (1876–1908); Arangio-Ruiz, La compravendita in diritto romano I (Nachdruck 1961) II (1954); De Zulueta, The Roman Law of Sale (1945); rechtshistorisch und rechtsvergleichend: Rabel, Das Recht des Warenkaufs I (1936).

[171] Vgl. oben § 40 II.

perliche Sachen sind Handelswaren, Grundstücke, Sklaven. Zu den unkörperlichen Sachen gehörten vor allem die Rechte, z. B. Forderungen oder beschränkte Sachenrechte wie die Servitut oder der Nießbrauch. Zulässig war auch der Verkauf einer Erbschaft, sofern es sich nicht um den Nachlass eines noch lebenden Dritten handelte[172].

3. Der Kauf einer nicht existierenden Sache war nichtig[173]. Sollte der Schuldner die Sache aus eigenem Stoff erst herstellen, so war das Geschäft nach vorherrschender Meinung ebenfalls als Kauf zu qualifizieren[174]. Der Kauf einer zukünftigen Sache, deren Entstehung ungewiss war, z. B. der Kauf eines noch ungeborenen Tierjungen, war ein bedingter Kauf (*emptio rei speratae*), dessen Wirksamkeit von der Entstehung der Kaufsache abhing. Der Käufer des noch nicht geborenen Fohlens musste also nur zahlen, wenn es tatsächlich lebend zur Welt kam. Hingegen war der Kauf einer bloßen Erwerbsaussicht, z. B. eines noch bevorstehenden Fischfangs, ein unbedingter Kauf (*emptio spei,* Hoffnungskauf). Der Preis war hier zu zahlen, auch wenn die Fischer nachher nichts oder wenig gefangen hatten:

Pomp. D. 18, 1, 8: nec emptio nec venditio sine re quae veneat potest intellegi. et tamen fructus et partus futuri recte ementur, ut, cum editus esset partus, iam tunc, cum contractum esset negotium, venditio facta intellegatur: sed si id egerit venditor, ne nascatur aut fiant, ex empto agi posse. (1) aliquando tamen et sine re venditio intellegitur, veluti cum quasi alea emitur. quod fit, cum captum piscium vel avium vel missilium emitur: emptio enim contrahitur etiam si nihil inciderit, quia spei emptio est.

Ohne Sache, die verkauft wird, kann kein Kauf angenommen werden. Dennoch ist der Kauf zukünftiger Früchte oder von Kindern und Tierjungen wirksam, so dass, sobald sie geboren worden sind, der Kauf als bereits mit Vertragsschluss gültig anzusehen ist. Hat jedoch der Verkäufer darauf hingewirkt, dass nichts geboren wird oder entsteht, so kann aus dem Kauf geklagt werden. (1) Manchmal kann auch ohne das Vorhandensein einer Sache ein Kauf angenommen werden, wenn gleichsam eine Chance gekauft wird. Dies geschieht, wenn ein zukünftiger Fisch- oder Vogelfang oder zum Geschenk unter das Volk ausgeworfene Sachen gekauft werden. Hier ist ein gültiger Kauf geschlossen, auch wenn nichts gefangen worden ist, weil es sich um einen Hoffnungskauf handelt.

Die Unterscheidung zwischen Hoffnungskauf und Kauf einer „gehofften Sache“ findet sich noch in §§ 1275, 1276 ABGB.

Wirksam war der Kauf einer fremden Sache: *Rem alienam distrahere qem posse, nulla dubitatio est.* – Es ist kein Zweifel, dass man eine fremde Sache veräußern kann[175]. Der Verkauf einer fremden Sache löste die Rechtsmängelhaftung aus[176]. Nur der Kauf der eigenen Sache war nichtig (*suae rei emptio non valet*[177]).

---

[172] Pomp. D. 18, 4, 1; ebenso noch § 311b Abs. 4 BGB; Art. 636 Abs. 1 ZGB verlangt lediglich Zustimmung des Erblassers.

[173] Cels. D. 50, 17, 185: Impossibilium nulla obligatio, vgl. oben § 11 II; s. ferner Paul. D. 18, 1, 15 pr.: Et si consensum fuerit in corpus, id tamen in rerum natura ante venditionem esse desierit, nulla emptio est. – Wenn sich die Parteien über den Kaufgegenstand geeinigt haben, dieser aber vor Abschluß des Kaufes aufgehört hat zu existieren, so ist der Kauf nichtig.

[174] Gai. 3, 147; anders noch Cassius, der einen aus Kauf und Werkvertrag gemischten Vertrag angenommen hatte.

[175] Ulp. D. 18, 1, 28.

[176] Unten § 45.

[177] Oben § 11 II 1

4. Der Kaufpreis (*pretium*) musste in Geld bestehen und bestimmt sein. Die Lehre der Sabinianer, dass der Kauf ein Unterfall des Tausches sei und deshalb der Preis auch in anderen Sachen bestehen könne, hat sich nicht durchgesetzt.

Paul. D. 18, 1, 1, 1: sed verior est Proculi sententia: nam ut aliud est vendere, aliud emere, alius emptor, alius venditor, sic aliud est pretium, aliud merx; quod in permutatione discerni non potest, uter emptor, uter venditor sit.

Richtiger ist die Meinung des Nerva und des Proculus: Denn wie Verkaufen und Kaufen, Käufer und Verkäufer zu unterscheiden sind, so ist auch die Ware vom Kaufpreis verschieden, während sich beim Tausch nicht unterscheiden lässt, wer Verkäufer und wer Käufer ist.

Die Höhe des Preises war der freien Vereinbarung überlassen. Gegenseitiges sich Übervorteilen war dabei erlaubt, soweit nicht die *bona fides* verletzt wurde.

Paul. D. 19, 2, 22, 3: quemadmodum in emendo et vendendo naturaliter concessum est quod pluris sit minoris emere, quod minoris sit pluris vendere et ita invicem se circumscribere, ita in locationibus quoque et conductionibus iuris est[178].

Ebenso wie es beim Kauf natürlicherweise erlaubt ist, eine Sache, die mehr wert ist, für weniger zu kaufen, oder was weniger wert ist, für mehr zu verkaufen und sich so gegenseitig zu übervorteilen, ist dies auch bei der Miete rechtens.

Erst Diokletian hat dem Verkäufer eines Grundstückes, der weniger als die Hälfte des wahren Wertes erlöst hat, die Auflösung des Vertrages gestattet, doch konnte der Käufer dies durch Nachzahlung des bis zum vollen Wert fehlenden Betrages abwenden (*laesio enormis*[179]). Diese Regelung findet sich noch heute in §§ 934 f. ABGB. Diese Vorschrift schützt aber nicht nur den Verkäufer, der einen zu geringen Preis erhalten hat, sondern auch den Käufer, wenn er mehr als das doppelte des Wertes bezahlt hat. In Deutschland wurde die *laesio enormis* für Handelsgeschäfte schon durch § 282 ADHGB abgeschafft; ins BGB wurde sie nicht mehr übernommen. Art. 1674 CC hält sich an das antike Vorbild und beschränkt die *laesio enormis* auf den Grundstücksverkauf. Eine lésion liegt nach dieser Vorschrift aber nicht schon dann vor, wenn der Verkäufer weniger als die Hälfte des Grundstückswertes erhalten hat, sondern erst, wenn der Preis niedriger ist als 5/12 des Grundstückswertes. Von der Hälftegrenze ist man abgewichen, damit nicht ein Vertrag schon wegen einer geringfügigen Unterschreitung der 50 %-Grenze angefochten werden könne[180]. Dieser Einwand beruht auf einem Denkfehler, denn er besteht bei jeder starren Grenze; gleichgültig wo man sie zieht, immer löst schon die kleinste Überschreitung das Anfechtungsrecht aus.

---

178 Vgl. zu dieser Stelle und zum iustum pretium Wacke SZ 94 (1977) 184 ff.; Mayer-Maly Iura 6 (1955) 128 ff.; Honsell FS Gauch (2004) 101 ff.

179 C. 4, 44, 2 u. 8; zur laesio enormis grundlegend Genzmer, Die antiken Grundlagen der Lehre vom gerechten Preis und der laesio enormis, Deutsche Landesreferate zum Internationalen Kongreß für Rechtsvergleichung im Haag 1937, Sonderheft der Zeitschrift für ausländisches und internationales Privatrecht 11 (1937); s. ferner die neueren Arbeiten von H. Kalb, laesio enormis im gelehrten Recht (1992), Ch. Becker, Die Lehre von der laesio enormis in der Sicht der heutigen Wucherproblematik (1993) und V. Langer, Laesio enormis (2009).

180 Vgl. dazu Zachariae v. Lingenthal, Handbuch des franz. Zivilrechts (1886) 522 FN 3.

Diokletian hat außerdem in einem Preisedikt für einen umfangreichen Katalog von Waren Höchstpreise festgesetzt, um auf diese Weise die Inflation zu bekämpfen. Es war dies damals wie heute ein untaugliches Mittel[181].

III. Die Kaufklagen

1. Aus dem Kauf ergab sich eine *actio empti* des Käufers und eine *actio venditi* des Verkäufers. Beide waren *actiones bonae fidei*. Die *actio empti* war nicht auf Eigentumsverschaffung (*rem dare*) gerichtet, sondern nur auf ein *facere*, genauer auf alle diejenigen Handlungen, die erforderlich waren, damit der Käufer Besitz und Eigentum an der Kaufsache erhielt. Dazu gehörte stets die Übergabe (*traditio*), bei *res mancipi* auch die *mancipatio* oder *in iure cessio*. Diese Leistung des Verkäufers verschaffte dem Käufer nur dann kein Eigentum, wenn der Verkäufer selbst nicht Eigentümer war.[182]

Ulp. D. 19, 1, 11 pr. 2: ex empto actione is qui emit utitur. 1) et in primis sciendum est in hoc iudicio id demum deduci, quod praestari convenit: cum enim sit bonae fidei iudicium, nihil magis bonae fidei congruit quam id praestari, quod inter contrahentes actum est. quod si nihil convenit, tunc ea praestabuntur, quae naturaliter insunt huius iudicii potestate. 2) et in primis ipsam rem praestare venditorem oportet, id est tradere: quae res, si quidem dominus fuit venditor, facit et emptorem dominum, si non fuit, tantum evictionis nomine venditorem obligat, si modo pretium est numeratum aut eo nomine satisfactum. emptor autem nummos venditoris facere cogitur.

Die *actio empti* ist die Klage des Käufers. 1) Vor allem ist zu beachten, dass nur das Gegenstand der Klage ist, worüber man sich geeinigt hat, dass es geleistet werde. Da es sich um ein *bonae fidei iudicium* handelt, so entspricht es dem Grundsatz von Treu und Glauben, dass dasjenige geleistet wird, was die Parteien vereinbart haben. Ist nichts Bestimmtes vereinbart worden, so muss das geleistet werden, was nach der Natur der Sache Gegenstand des Verfahrens ist. 2) Vor allem aber muss der Verkäufer die Sache selbst leisten, das heißt übergeben, war der Verkäufer Eigentümer, so wird hierdurch der Käufer Eigentümer; war der Verkäufer nicht Eigentümer, so haftet er nur für Eviktion, sofern der Preis bezahlt oder Sicherheit geleistet ist. Der Käufer muss den Verkäufer zum Eigentümer des Geldes machen.

Bei Nichterfüllung oder Verzug, Rechts- oder Sachmängeln haftete der Verkäufer auf Schadensersatz, wozu auch ein entgangener Gewinn oder Mangelfolgeschäden zählen konnten (Interesse). Der Ersatz wird mit *quanti interest rem praestitam* oder *traditam fuisse* usw. umschrieben. Das ist im Prinzip mit unserem heutigen Erfüllungsinteresse identisch. Hierzu gehörte auch der entgangene Gewinn[183] und andere

---

[181] Dies, obgleich auf Überschreitung die Todesstrafe stand. Der Kirchenvater Laktanz schreibt in «de mortibus persecutorum» (einem Buch über die Christenverfolgung) 7, 6, es sei deswegen viel Blut geflossen.

[182] Zur Rechtsmängelhaftung § 45.

[183] Vgl. Honsell, Quod interest (1969) 1 ff., 19; dagegen Medicus, Id quod interest (1962) 44 und Kupisch TS 43 (1975) 1 ff. Auch die Herausgabe eines Verletzergewinns kam in Betracht: Jul. – Marc. D. 19, 1, 23; a. M. Wolf TS 45 (1977) 1 ff.; Rastätter, Marcelli nota ad Iuliani digesta (1981) 149.

Schadensposten. Bei Handelsware trat an die Stelle der konkreten Interesseberechnung die abstrakte Schadensberechnung nach dem Marktpreis[184].

2. Die *actio venditi* des Verkäufers richtete sich auf Zahlung des vereinbarten Kaufpreises einschließlich Zinsen. Vermutlich konnte der Verkäufer auch Ersatz für Vermögensschäden verlangen, die ihm durch die Nichtzahlung des Kaufpreises entstanden waren, z. B. Verfall von Pfändern oder Vertragsstrafen[185]. Mit der Klage konnten ferner Aufwendungen auf die Sache bei Annahmeverzug und ein etwaiger Schaden aus Verletzung von Nebenpflichten gefordert werden, z. B. bei Verletzung der Abrede, dass die verkaufte Sklavin nicht zur Prostitution gezwungen werden dürfe[186]. Der Verkäufer von Wein konnte bei Annahmeverzug des Käufers einen Deckungsverkauf durchführen. Mussten die Fässer für die nächste Ernte frei gemacht werden, so war sogar das Ausschütten des Weines erlaubt[187]. Eine Abnahmepflicht wird beim Verkauf auf Abbruch (z. B. von Steinen aus einem Steinbruch) bejaht[188].

3. Die beiderseitigen Pflichten der Parteien waren in Entstehung und Geltendmachung voneinander abhängig[189]. Auch wenn der Ausdruck in diesem Zusammenhang nicht verwendet wird, besteht eine synallagmatische Verknüpfung. Der Käufer musste den Preis anbieten, wenn er klagen wollte, und umgekehrt der Verkäufer die Sache. Dies folgt aus Treu und Glauben und wird vom Richter *ex officio* beachtet. Einer *exceptio doli* oder *non rite adimpleti contractus* bedurfte es im *bonae fidei iudicium* nicht. Auf dem Gedanken der wechselseitigen Verknüpfung beruht es auch, dass das Eigentum vielleicht erst mit der Zahlung des Kaufpreises überging (oben § 19 II).

IV. Gefahrtragung

War die Kaufsache schon vor Vertragsschluss untergegangen, so war der Kauf nichtig (*impossibilium nulla obligatio*). Der Untergang traf dann nach allgemeinen Regeln den Verkäufer als Eigentümer (*casum sentit dominus*[190] – den Zufall spürt der Eigentümer). Umgekehrt hatte der Käufer die Gefahr zu tragen, wenn die Sache erst nach der Übergabe unterging, denn jetzt war er der Eigentümer oder hatte doch die Sache in seinem Einflussbereich und konnte sie nutzen. Schwierigkeiten bot lediglich die Frage nach der Gefahrtragung in der kurzen Zeitspanne zwischen Vertragsschluss und Übergabe. Nach römischem Recht trug hier der Käufer die

[184] Vgl. oben § 27 III.
[185] Honsell 168 f. Die Frage ist streitig; vgl. die Nachweise in der vorletzten Note.
[186] Pap. D. 18, 7, 6 pr.
[187] Vgl. oben § 31 V.
[188] Pomp. D. 19, 1, 9.
[189] Heute spricht man von genetischem und funktionellem Synallagma.
[190] In den Digesten findet sich lediglich casus a nullo praestantur (D. 50, 17, 23).

Gefahr: *periculum est emptoris*[191]. Voraussetzung für den Gefahrübergang war also anders als heute (§ 446 BGB; §§ 1048, 1064 ABGB – wie das römische Recht hingegen Art. 185 OR und Art. 1465 CC it., Art. 1452, 1182 CC esp., Art. 639, 1496 B. Wetboek) nicht die Übergabe der Sache, sondern der gültige Abschluss (Perfektion) des Kaufvertrages. Perfekt war der Kauf, wenn das Kaufobjekt nach Art und Menge bestimmt, der Kaufpreis vereinbart und der Kauf unbedingt (*pure*) geschlossen war.

Paul. D. 18, 6, 8 pr.: necessario sciendum est, quando perfecta sit emptio: tunc enim sciemus cuius periculum sit: nam perfecta emptione periculum ad emptorem respiciet, et si id quod venierit appareat quid quale quantum sit, sit et pretium, et pure venit, perfecta est emptio.

Es ist notwendig zu wissen, wann der Kauf perfekt ist: denn erst dann wissen wir, wer die Gefahr trägt. Sobald nämlich der Kauf perfekt ist, geht die Gefahr auf den Käufer über. Steht die Kaufsache nach Identität, Qualität und Menge fest, ist der Preis vereinbart und ist unbedingt verkauft, so ist der Kauf perfekt.

Diese dem Symmetriegedanken des Satzes *periculum eius esse debet cuius est commodum* (die Gefahr soll derjenige tragen, der den Vorteil hat; deutschrechtlich: guter Tropfen, böser Tropfen) widersprechende und deshalb überraschende Käuferhaftung erklärt sich einfach aus einer Nachwirkung des Barkaufgedankens. Ursprünglich gab es nur den Barkauf und auch später war er die Regel. Obligation und Vollzug fielen also zusammen. Die kritische Zwischenzeit konnte nicht entstehen. War es ausnahmsweise einmal anders, so trug eben grundsätzlich der Käufer die Gefahr, der sich auf die regelwidrige spätere Übergabe der Sache ja nicht einzulassen brauchte. Eine erhebliche Einschränkung, die dem Grundsatz *periculum est emptoris* viel Schärfe nahm, ergab sich aus der *custodia*-Haftung des Verkäufers. Der Verkäufer haftet wie der Entleiher, also für *custodia*. Diebstahl und Verlust der Sache beim Verkäufer fielen also nicht in das *periculum emptoris*[192]. Hingegen haftete der Verkäufer nicht für vis maior[193].

Die modernen Kodifikationen knüpfen den Gefahrübergang überwiegend an die Übergabe (§ 446 BGB; §§ 1048, 1064 ABGB), bzw. beim Versendungskauf an die Ablieferung beim Frachtführer (§ 447 BGB). Im französische Recht ergibt sich demgegenüber der Gefahrübergang mit Abschluss des Kaufvertrages schon aus dem unpraktischen Konsensprinzip ((Eigentumsübergang mit Vertragsschluss, Art. 1583 Code civil, vgl. § 19) in Verbindung mit dem Satz *casum sentit dominus*. Der Käufer wird mit Abschluss des Kaufvertrages Eigentümer und trägt als solcher die Gefahr. Der Gesetzgeber des OR hat die Regel als Kompromiss zugunsten der am

[191] S. dazu Pennitz, Das periculum rei venditae (2000).

[192] Vgl. Paul. D. 18, 6, 13–15; dort hatte der Aedil verkaufte Betten, die auf der zu engen Straße vor der Schreinerwerkstatt abgestellt waren, offenbar wegen der Verkehrsbehinderung zerstören lassen. Nach dieser Stelle trägt der Käufer die Gefahr, (nur) wenn ihm die Betten bereits übergeben waren oder wenn er in Gläubigerverzug war. Auf den ersten Blick scheint dies der Regel periculum emptoris zu widersprechen. Die Erklärung ist, dass der Verkäufer für custodia haftet, wenn die Betten noch nicht übergeben und der Käufer nicht in Annahmeverzug war. Interessant ist, dass ein Schadensersatzanspruch gegen den Aedil bejaht wird, falls das Zerschlagen der Betten rechtswidrig war; Näheres bei Kunkel/Honsell 310 FN 50.

[193] Vgl. oben § 28 II.

Code civil orientierten Westschweiz eingeführt[194]. Das französische Konsensprinzip hatte auch Munzinger, dem Redaktor des OR von 1881, vorgeschwebt. Art. 212 des Entwurfs eines Obligationenrechts 1871 lautete: „Ein Rechtsgeschäft, das auf die Übertragung von Eigentum an bestimmten beweglichen Sachen gerichtet ist, überträgt das Eigentum sofort, ohne dass die Übergabe der Sache erforderlich ist. Art. 215 bestimmte dazu, dass mit dem Eigentum auch Nutzen und Gefahr auf den Erwerber übergehen. Erst die Kommission zur Beratung des alten Obligationenrechts von 1881 hat die Sache verdorben. Da man das Konsensprinzip ausdrücklich nicht übernommen hatte, sondern entsprechend dem Traditionsprinzip Übergabe verlangte (Art. 199 aOR=Art. 714 ZGB), hätte man auch den Gefahrübergang statt an den Kaufvertrag an die Übergabe knüpfen müssen.

Im Ergebnis gilt also das römische *periculum emptoris* in der Schweiz heute noch. Nach Art. 185 Abs. 1 OR geht allerdings die Gefahr mit Vertragsschluss auf den Käufer nur über, sofern nicht „besondere Verhältnisse oder Verabredungen eine Ausnahme begründen“. Um das als unrichtig erkannte Prinzip einzuschränken, interpretiert man die Ausnahmen weit[195].

Die Regel des *periculum emptoris* ist besonders störend beim Doppelverkauf. Der Verkäufer, der die Sache zweimal verkauft hat, könnte nämlich nach deren Untergang den Kaufpreis von beiden Käufern fordern. Dass dieses theoretische Ergebnis praktisch nicht akzeptabel ist, hat R. v. Jhering[196] mit folgenden Worten umschrieben: „Es ist in der Tat ein anderes Ding, unbekümmert um die Folgen und das Unheil, das ein Rechtssatz, den man in den Quellen zu lesen oder aus der Consequenz zu entnehmen glaubt, im Leben anstiftet, sich rein theoretisch mit ihm abzufinden oder ihn zur Anwendung zu bringen. Eine ungesunde Ansicht, wenn sonst nur das Subjekt selbst noch gesund ist, hält eine solche Probe nicht aus“. Richtiger, aber bis heute nicht unbestrittener Ansicht nach kann der Verkäufer den Preis von keinem der beiden Käufer fordern, weil er sich vertragswidrig und widersprüchlich verhalten hat[197].

---

[194] S Honsell, ZSR 2011 II, 5 ff., 69 f.

[195] S. z. B. BGE 84 II 162, wonach die Gefahr nicht übergeht, wenn sich die Sache bei Vertragsschluss noch nicht am Sitz des Verkäufers befindet; einschränkend BGE 128 III 370 E. 4a-c (=Praxis 2002 Nr. 190), wo gesagt wird, die Norm müsse eingehalten werden.

[196] Jahrbücher für Dogmatik 3, 449 ff. = Gesammelte Aufsätze 1 (1891) 291, 295 f. Der (abgewandelte) Fall lag so: Der Reeder R besass eine kleine Handelsflotte von 3 Schiffen, von denen jedes 10 Mio. wert war. Er verkaufte das Schiff Providentia, das gerade die Karibik durchquerte an X für 10 Mio. Wenig später bot Y für alle 3 Schiffe 40 Mio. Y bestand aber auf dem Erwerb aller drei Schiffe. R verkaufte ihm daraufhin alle drei und übergab ihm die Schiffspapiere. In einem Brief erklärte er X den Sachverhalt und bat ihn um Entbindung von seiner Verpflichtung. Am Tage der Absendung des Briefes erfuhr R, dass die Providentia bei den Bermudas in einem Sturm gesunken war. Er widerrief daraufhin die Bitte um Entbindung vom Vertrag telegraphisch. Das Telegramm kam vor dem Brief bei X an. R hoffte zu Unrecht, nach dem Untergang den Preis auch noch von X fordern zu können.

[197] Näher Honsell OR BT 52 f.

§ 45 Kauf: Rechtsmängelhaftung[198]

I. Allgemeines

Neben der Pflicht zur Tradition entsprang der *emptio venditio* auch eine Garantiepflicht. Der Verkäufer hatte die Sache nicht nur zu übergeben, sondern auch dafür einzustehen, dass der Käufer sie behalten konnte. Seine Haftung beschränkte sich allerdings auf den Fall, dass die Sache dem Käufer von einem Dritten erfolgreich abgestritten wurde. Die römische Rechtsmängelhaftung war also keine Haftung für ausgebliebene Übereignung, sondern Haftung für Entwehrung (Eviktion), d. h. für den Verlust von Besitz und Nutzung; anders ausgedrückt: Der Verkäufer stand lediglich für das *uti frui habere licere* (haben, gebrauchen, nutzen dürfen) ein und haftete erst, wenn der Käufer die Sache an den Eigentümer herausgegeben hatte. Geschichtlich betrachtet hat sich die Eviktionshaftung erst nach und nach von verschiedenen Ausgangspunkten entwickelt. Dabei kam es zu der für das römische Recht typischen Überlagerung und Häufung verschiedener, in ihrer Funktion aber ähnlicher Rechtsinstitute.

II. Geschichtliche Entwicklung

Ursprünglich knüpfte die Eviktionshaftung nicht an den konsensualen Kauf, sondern an die Manzipation an (*actio auctoritatis*). Wer eine Sache durch Manzipation erworben hatte, konnte, wenn sein Besitz von einem Dritten auf dem Prozesswege angefochten wurde, dem Veräußerer den Streit verkünden (*litem denuntiare*). Dieser war, solange nicht die Ersitzungsfrist abgelaufen war, verpflichtet, dem Prozess beizutreten (*liti subsistere*), d. h. die Sache gegen den Dritten zu verteidigen. Der Veräußerer musste also als Prozessvertreter (im Verhältnis zum Erwerber aber auf eigene Gefahr, also als *procurator in rem suam*) in den Rechtsstreit eintreten und, falls er unterlag, die Vollstreckung des Urteils hinnehmen. Entzog sich der Veräußerer seiner Gewährschaftspflicht (*auctoritatem defugere*) oder gelang es ihm nicht, den Besitz des Erwerbers zu verteidigen (*auctoritatis nomine vinci*), so stand dem Erwerber gegen ihn ein Bußanspruch auf den doppelten Betrag des Kaufpreises zu (*actio auctoritatis*[199]). In den justinianischen Rechtsquellen ist die *actio auctoritatis* zusammen mit der mancipatio getilgt. Bei genauerem Hinsehen sind ihre Spuren jedoch noch deutlich zu erkennen[200].

---

[198] Vgl. Rabel, Die Haftung des Verkäufers wegen Mangel im Rechte (1902); Honsell, Quod interest (1969) 20 ff.

[199] Paul. sent. 2, 17, 1 u. 3.

[200] Vgl. z. B. D. 21, 2, 39 u. 62.

III. Rechtliche Ausgestaltung

Zuerst wohl bei Verkäufen ohne Manzipation, bei denen es keine *actio auctoritatis* gab[201], dann aber bei Verkäufen aller Art – weil es bei der *mancipatio nummo uno* keinen Kaufpreis mehr gab – wurde es üblich, dass der Verkäufer dem Käufer das duplum durch Stipulation versprach (*stipulatio duplae*). Diese Stipulation wurde zumeist mit der Garantie für Mängelfreiheit (unten § 46) verbunden. Für beide Garantieversprechen gab es ein gemeinschaftliches Formular, das uns in mehreren Urkunden, namentlich in den Siebenbürgischen Wachstafeln[202], erhalten ist. Der auf die Eviktion bezügliche Teil dieses Formulars lautete im Falle des Kaufs einer Sklavin:

… quot si quis eam puellam… evicerit, quo minus Maximum Batonis… habere possidereque recte liceat, tum quanti ea puella empta est, tantam pecuniam et alterum tantum dari fide rogavit Maximus Batonis fide promisit Dasius…

… wenn jemand dieses Mädchen… evinziert hat, so dass es Maximus Batonis… nicht mehr richtig haben und besitzen kann, verspricht Dasius, den Kaufpreis und noch einmal soviel zu zahlen ….

Für die *stipulatio duplae* galten ähnliche Grundsätze wie für die Auktoritätshaftung.

Schließlich erwies sich auch die *actio empti* als geeignet, die Eviktionshaftung zu verwirklichen. Die Eviktionsstipulationen waren in klassischer Zeit offenbar so gebräuchlich, dass man aus dem inzwischen klagbar gewordenen konsensualen Kauf auf Nachholung der Garantiestipulation klagen konnte, wenn sie einmal unterblieben war[203]. Später ließ man die Klage sogar unmittelbar auf das *duplum* zu[204]. Daneben anerkannte das hochklassische Recht auch die Möglichkeit, mit der *actio empti* Schadensersatz zu verlangen. In diesem Fall richtete sich der Anspruch auf das einfache Interesse des Käufers am ungestörten Besitz der Sache (*quanti interest rem evictam non esse*[205]). Die Klage auf das Interesse war nicht nur dann von Bedeutung, wenn eine Klage auf das *duplum* nicht möglich war, sondern auch dann, wenn der Schaden das Kaufpreisduplum überstieg, was z. B. bei Mangelfolgeschäden oder beim günstigen Kauf der Fall sein konnte, namentlich wenn ein entgangener Gewinn oder ein Haftungsinteresse aus Weiterverkauf hinzukam. Auch die *actio empti* setzte im Prinzip voraus, dass die Eviktion stattgefunden hatte. Indessen zeigten sich bereits im klassischen Recht Ansätze zu einer weiteren Ausgestaltung: so ließ man Gewährleistungsansprüche im Wege der *actio empti* auch dann zu, wenn der Käufer zwar im Besitz der Sache geblieben war, aber nicht infolge des Erwerbs vom Verkäufer, sondern aufgrund eines anderen entgeltlichen oder unentgeltlichen Erwerbstitels. Ferner trat die Haftung aus der *actio empti* ohne Rücksicht auf die Eviktion ein, wenn der Verkäufer arglistig eine fremde Sache verkauft hatte.

---

[201] Z. B. bei Beteiligung von Peregrinen oder beim Erwerb von res nec mancipi.

[202] Vgl. FIRA III Nr. 87.

[203] Ulp. D. 21, 1, 31, 20; D. 19, 1, 11, 8.

[204] Paul. sent. 2, 17, 2; nach Eviktion wäre ja eine Klage auf Abschluß der Stipulation nicht mehr sinnvoll gewesen.

[205] Iul. D. 21, 2, 8 u. öfter. Weitere Nachweise bei Honsell 23 ff.

IV. Kauf von Rechten

Beim Kauf eines dinglichen Rechts haftete der Verkäufer, wenn dem Käufer die Ausübung im Prozess abgestritten wurde, nach den für die Eviktion geltenden Grundsätzen. Beim Verkauf einer Forderung musste er für deren rechtlichen Bestand (*debitorem esse*) einstehen, nicht dagegen für die Zahlungsfähigkeit des Schuldners (*locupletem esse debitorem*[206]).

Dies gilt noch heute in den meisten kontinentaleuropäischen Rechten. Man sagt, der Verkäufer einer Forderung haftet für Verität, nicht für Bonität; vgl. etwa §§ 437 f. BGB, Art. 171 Abs. 1 OR; differenzierend § 1397 ABGB: Der Verkäufer haftet auch für die Einbringlichkeit, jedoch nur in Höhe des Kaufpreises.

§ 46 Kauf: Sachmängelhaftung

I. Allgemeines. Ädilizische Haftung

Ähnlich wie die Rechtsmängelhaftung geht auch die Haftung für Sachmängel[207] auf mehrere Ansätze zurück, und die Gemengelage verschiedener Rechtsbehelfe aus unterschiedlichen Epochen lässt eine ganz zweifelsfreie Rekonstruktion des klassischen Bildes nicht mehr zu. Wiederum entwickelte sich die *actio empti* erst allmählich nach verschiedenen Vorbildern. Am Anfang steht das Prinzip, dass man für Sachmängel nicht haftet. Gekauft wird *talis – qualis* (tel – quel), so wie die Sache eben ist. Es gilt das Prinzip des *caveat emptor* (vgl. die alten deutschen Sprichwörter: „Wer den Beutel auftut, tue die Augen auf"; „Augen auf, Kauf ist Kauf").

1. Wie die *actio auctoritatis* knüpfte auch die *actio de modo agri*[208] nicht an den Kauf, sondern an die Manzipation an. Danach konnte der Käufer beim Grundstückskauf das *duplum* des der fehlenden Grundstücksfläche entsprechenden Kaufpreisteiles verlangen, wenn das Grundstück nicht das zugesicherte Flächenmaß hatte. Darüber hinaus hat es vielleicht auch für andere Zusicherungen eine Manzipationshaftung gegeben[209]. Es ist wahrscheinlich, dass der Zwölftafelsatz (6, 1): *uti ligua nuncupasset, ita ius esto* auch für sonstige *dicta in mancipio* gegolten hat[210]. Vermutlich musste man nach den Zwölftafeln nur für Zusicherungen ein-

---

[206] Ulp. D. 18, 4, 4 u. 5; dazu Honsell 112 f.

[207] Hanausek, Die Haftung des Verkäufers für die Beschaffenheit der Ware (1883–1887); Haymann, Die Haftung des Verkäufers für die Beschaffenheit der Ware (1912); Honsell, Quod interest (1969) 62 ff.; ders., GS Kunkel (1984) 53 ff.

[208] Paul. sent. 2, 17, 4; 1, 19, 1.

[209] Str., vgl. die Nachweise bei Kunkel/Honsell 315 FN 3.

[210] Vgl. Cicero, de officiis 3, 65 ff., wo ganz allgemein von vitia die Rede ist.

stehen, nicht dagegen für Arglist. Insoweit haben erst die *iurisconsulti* Abhilfe geschaffen[211].

2. Gegen bestimmte, häufig vorkommende Fehler sicherte man sich schon früh durch Stipulationen, die sowohl für *res nec mancipi* als auch für *res mancipi* belegt sind[212]. Die Stipulation ist gemeint, wenn in den Quellen von *dicta et promissa,* von formlosen Zusicherungen und förmlichen Versprechen die Rede ist. Sie war zumeist zusammen mit der Eviktionsstipulation zu einem komplexen Garantieversprechen verbunden, z. B. *sanum esse, furem non esse, vispellionem non esse et cetera* – dass der Sklave gesund sei, kein Dieb und kein Leichenträger usw.[213]. Die Stipulation war auch im Aedilenedikt vorgeschrieben, dort aber auf die Abwesenheit ediktaler Fehler beschränkt. Hatte der Sklave einen Fehler, so konnte aus der Stipulation auf das Interesse geklagt werden.

Ulp. D. 21, 2, 31: sed ego puto verius hanc stipulationem „furem non esse, vispellionem non esse, sanum esse", utilem esse: hoc enim continere, quod interest horum quid esse vel horum quid non esse.

Ich dagegen halte es für richtig, dass die Stipulation „dass er kein Dieb und kein Leichenträger sei und dass er gesund sei" gültig ist; sie ist darauf gerichtet, was (dem Käufer) daran liegt, dass diese Eigenschaften vorhanden sind oder nicht.

Die Formulierung in dieser Stelle: *quod interest horum quid esse vel horum quid non esse* hat in der Dogmengeschichte das Missverständnis produziert, das Interesse (im Sinne des Schadensbegriffs) sei eine Differenz[214]; das ist unzutreffend[215]. Die heute immer noch herrschende Differenzhypothese beruht also auf einem sprachlichen Missverständnis[216]. Auch in der vorliegenden Stelle bedeutet Interesse nicht, was dazwischen liegt, sondern was daran liegt. *Horum quid esse vel horum quid non esse* bezeichnet nicht den Zustand des Sklaven mit und ohne Mangel, bedeutet also nicht etwa eine Differenz. Es bezieht sich vielmehr auf die in der Stipulation genannten positiven und negativen Eigenschaften des Sklaven (*sanum esse, furem*

---

[211] Vgl. Cicero aaO.: Ac de iure quidem praediorum sanctum apud nos est iure civili ut in iis vendendis vitia dicerentur, quae nota essent venditori. Nam, cum ex XII tabularum satis esset ea praestari, quae essent lingua nuncupata, quae qui inficiatus esset, dupli poenam subiret: a iureconsultis etiam reticentiae poena est constiuta. – Für das Grundstücksrecht ist bei uns im Zivilrecht festgelegt, dass beim Verkauf die Mängel angegeben werden müssen, die dem Verkäufer bekannt sind. Denn während es nach den Zwölftafeln genügte, dafür einzustehen, was zugesichert worden war, und die Strafe des Doppelten auf sich zu nehmen, wenn etwas falsch angegeben worden war, haben die Rechtsgelehrten auch eine Strafe für Verschweigen festgesetzt.

[212] Vgl. die Formulare bei Varro rerum rusticarum libri 2, 2, 6 u. öfter.

[213] Vgl. z. B. Ulp. D. 21, 2, 31 pr.; s. ferner die Siebenbürgischen Wachstafeln bei Bruns Nr. 130–132 und die tab. Herculanenses Nr. 59–62.

[214] S. F. Mommsen, Zur Lehre vom Interesse (1855) 3; Medicus, Id quod interest (1962) 110.

[215] Zur Bedeutung des Interessebegriffs s. oben § 27 III.

[216] S. dazu Honsell JuS 1972, 69 ff.; quod interest bedeutet keine Differenz, sondern ganz wie der moderne Begriff Interesse, «was einem daran liegt» es ist – wie das häufige Possessivpronomen mea, tua interest noch zeigt – durch eine Verschleifung aus in re est entstanden; gegen diese Deutung aber Rogge, Philologische Wochenschrift 1921, 762 ff.

non esse), heißt also, was dem Käufer daran liegt, dass der Sklave gesund sei und kein Dieb[217].

3. Weitere Rechtsbehelfe für den Verkauf von Sklaven und Zugtieren enthielt das Edikt der kurulischen Ädilen[218], die neben gewissen marktpolizeilichen Befugnissen die Marktgerichtsbarkeit innehatten. Beim Sklaven- und Viehkauf waren Fehler besonders häufig, und gerade hier sah man dem Kaufobjekt die Fehlerhaftigkeit meist nicht an. Für sichtbare Fehler galt das Edikt nicht. Die Ädilen bestimmten, dass Krankheiten oder Fehler (*morbus vitiumve*[219]) angegeben werden mussten. Unterließ der Verkäufer die Angabe oder erklärte er, die Sache sei fehlerfrei, so gaben sie eine *actio redhibitoria* (Wandlungsklage), wenn sich später herausstellte, dass die Sache fehlerhaft war. Ob der Verkäufer den Mangel kannte oder nicht, war dabei gleichgültig. Der Sache nach handelte es sich also um eine verschuldensunabhängige Garantiehaftung. Der Verkäufer haftete im Allgemeinen nur für körperliche Mängel, namentlich für schwere Krankheit (*morbus sonticus*); z. B. Schwindsucht, Epilepsie[220], häufiges Fieber, Krankheiten der inneren Organe[221]. Eine auf Sabinus zurückgehende Definition lautete: *morbum apud Sabinum sic definitum esse habitum cuiusque corporis contra naturam, qui usum eius ad id facit deteriorem*[222]. – Krankheit ist ein naturwidriger Zustand, der seinen (sc. des Sklaven) Gebrauch schlechter macht. Noch heute spielt die Gebrauchstauglichkeit beim Fehlerbegriff eine entscheidende Rolle (vgl. § 434 BGB, § 922 ABGB, Art. 197 OR). Neben Krankheiten traten sonstige Fehler. Für geistige oder charakterliche Mängel des Sklaven haftete der Verkäufer nicht, sofern diese nicht Folge von körperlichen Gebrechen waren oder den Gebrauch des Sklaven gänzlich verhinderten. Jedoch hatte der Verkäufer dafür einzustehen, dass der Sklave kein *fugitivus* (Ausreißer), *erro* (Herumtreiber) oder mit einer Schadenshaftung belastet (*noxa non solutus*) war; denn dies war durch Stipulation zugesichert. Auch für sonstige Mängel haftete er bei Zusicherung. Nicht als Fehler galten Stottern oder Bettnässen, Linkshändigkeit oder Mondsüchtigkeit[223]. Für sichtbare Fehler haftete der Verkäufer nicht[224].

Die *actio redhibitoria* war binnen sechs Monaten geltend zu machen[225]. Sie war auf Rückzahlung des Kaufpreises gegen Rückgabe des Sklaven gerichtet und folg-

---

[217] S. Honsell, Quod interest (1969) 63 f.

[218] D. 21, 1, 1; s. a. Gellius 4, 2, 1. – Lit. bei Kunkel/Honsell 316; Kaser, Mel. Meylan I (1963) 173 ff.; Honsell, GS Kunkel (1983) 53 ff.

[219] Die Abgrenzung beider Begriffe war offenbar zweifelhaft. Ulp. D. 21, 1, 1, 7 hält sie für ein Hendiadyoin, die Aedilen hätten bis kata tou autou idem dixisse dasselbe zweimal gesagt.

[220] Iav. D. eod. 53, sie galt nach altem Aberglauben als heilige Krankheit; man nannte sie morbus comitialis, weil die Komitien (Volksversammlung) abgebrochen werden mussten, wenn jemand einen epileptischen Anfall hatte.

[221] Vgl. z. B. D. 21, 1, 1, 7 ff.; 2 ff.

[222] Ulp. D. 21, 1, 1, 7; vgl. auch § 8 eod.: quod usum ministeriumque hominis impediat.

[223] D. eod. 12 u. 14.

[224] Einzelheiten bei Honsell, GS Kunkel (1984) 53 ff.

[225] Ulp. D. 21, 1, 19, 6.

te gewissermaßen dem Prinzip der *restitutio in integrum* (Wiederherstellung des vorherigen Zustands). Nicht nur der Käufer, sondern auch der Verkäufer sollte so gestellt werden, wie wenn der Kauf nicht abgeschlossen worden wäre. Danach bestand neben dem Anspruch auf Sachrückgabe und Preisrückzahlung eine Reihe weiterer gegenseitiger Ansprüche. So wurde der Käufer schadlos gehalten, wenn der Sklave bei ihm gestohlen oder einen Schaden angerichtet hatte. Daneben erhielt er seine Aufwendungen und auch etwa bezahlte Steuern ersetzt. Schließlich konnte er sogar Zinsen für den Kaufpreis fordern, denn er musste die Früchte herausgeben. Hingegen konnte er für den Unterhalt keinen Ersatz verlangen, denn er musste seinerseits den Wert der Dienste nicht ersetzen. Umgekehrt musste der Käufer alles herausgeben, was er durch den Sklaven erlangt oder zu erwerben schuldhaft unterlassen hatte.

Statt der Wandlung konnte der Käufer, der die Sache behalten wollte, auch Minderung des Kaufpreises verlangen (*actio quanti minoris*[226]). Diese Klage war auf ein Jahr befristet und konnte daher noch erhoben werden, wenn die Wandlung bereits ausgeschlossen war. Sie ist nur im Jumentenedikt überliefert, galt aber auch für das Sklavenedikt[227].

Das Jumentenedikt regelte die Sachmängelhaftung beim Verkauf von Zugtieren; es wurde später auf *ceterum pecus* (das übrige Vieh) erweitert. Mit der Minderungsklage erhielt der Käufer den Minderwert im Zeitpunkt des Vertragsschlusses ersetzt (*quanti minoris res cum veniret fuit* – um wieviel weniger die Sache wert war, als sie verkauft wurde[228]).

Ein dogmengeschichtliches Kuriosum aus dem aedilizischen Recht ist der Satz *mortuus redhibetur*[229].

> Paul. D. 21, 1, 47, 1 Post mortem autem hominis aedilicias actiones manent.
> Nach dem Tod des Sklaven bleiben die ädilizischen Klagen bestehen.

Der Käufer des kranken Sklaven konnte also auch dann noch wandeln, wenn der Sklave inzwischen an der Krankheit gestorben war (s. auch Ulp. D. 21,1,38,3). Das ist folgerichtig. Wenn der Käufer den Kranken zurückgeben darf, muss dies *a fortiori* auch dann gelten, wenn der Sklave so krank war, dass er alsbald an der Krankheit starb.

Nachdem man die aedilizischen Klagen auf alle anderen Sachen erstreckt hatte, bedeutete dies, dass der Kaufvertrag trotz Untergangs der Sache gewandelt werden kann, wenn der Untergang eine Folge des Mangels ist. Der Mangel muss also für die Zerstörung der Sache kausal sein.

Im deutschen und schweizerischen Recht hat man diesen Gedanken jedoch unzulässig verallgemeinert und auf Fälle erstreckt, in denen der Untergang nicht auf dem Mangel beruht. Danach schliesst also auch der zufällige Untergang der Sache

---

[226] Ulp. D. 21, 1, 38 pr.

[227] Vgl. Ulp. D. 21, 1, 29, 6.

[228] Ulp. D. 21, 1, 38 pr. Einzelheiten zur Berechnung bei Honsell, Quod interest (1969) 74 ff. mNw.

[229] S. dazu Lederle, Mortuus redhibetur (1983); Mader SZ 101 (1984) 206 ff.

den Rücktritt bzw. die Wandlung nicht aus (§ 350 BGB a. F.[230], Art. 207 I OR). Demgegenüber trifft nach Art. 1674 code civil und Art. 1492 codice civile die Gefahr des zufälligen Untergangs den Käufer. Diese Lösung ist sachgerecht; sie beachtet das Fehlen eines Kausalzusammenhangs zwischen Mangel und zufälligem Untergang: Die Sache wäre auch in mangelfreiem Zustand im Risikobereich des Käufers untergegangen. Es fehlt daher ein innerer Grund, den Verkäufer mit der Gefahr zu belasten.

Der Umstand, dass der Verkäufer eine mangelhafte Sache geliefert hat, wird gleichwohl berücksichtigt. Der Käufer kann nämlich auch nach zufälligem Untergang noch mindern, wie Art. 1492 Abs. 3 S. 2 codice civile ausdrücklich sagt. Nur die Wandlung ist ausgeschlossen.

II. Actio empti

Für die Geltendmachung von Sachmängeln eignete sich schließlich auch die *actio empti*. In ihrer Funktion als *dolus*-Haftung reicht sie zurück bis in republikanische Zeit[231]. Der *venditor sciens* haftete für allen Schaden, der aus der mangelhaften Lieferung entstanden war[232]:

Ulp. D. 19, 1, 13 pr.: Iulianus libro quinto decimo inter eum, qui sciens quid aut ignorans vendidit, differentiam facit in condemnatione ex empto: ait enim, qui pecus morbosum aut tignum vitiosum vendidit, si quidem ignorans fecit, id tantum ex empto actione praestaturum, quanto minoris essem empturus, si id ita esse scissem: si vero sciens reticuit et emptorem decepit, omnia detrimenta, quae ex ea emptione emptor traxerit, praestaturum ei: sive igitur aedes vitio tigni corruerunt, aedium aestimationem, sive pecora contagione morbosi pecoris perierunt, quod interfuit idonea venisse erit praestandum.

Julian macht im 15. Buch einen Unterschied in der Verurteilung aus dem Kauf zwischen dem, der unwissend und dem, der wissend etwas verkauft hat: er sagt nämlich, wer ein krankes Rind oder einen mangelhaften Balken verkauft hat, habe, wenn er es unwissend getan hat, aus der Kaufklage nur soviel zu leisten, wieviel ich weniger gezahlt hätte, wenn ich es gewusst hätte. Wenn er es aber wissentlich verschwiegen und den Käufer getäuscht hat, so müsse er allen Schaden ersetzen, den der Käufer erlitten hat; sei das Gebäude infolge der Mangelhaftigkeit des Balkens eingestürzt, so müsse er den Wert desselben ersetzen; sei das Vieh des Käufers durch die Berührung mit dem kranken Tier angesteckt worden und eingegangen, so müsse er das Interesse an der Lieferung eines gesunden Tieres leisten.

Der *venditor ignorans* haftete nur auf Preisminderung oder Wandlung. Die *actio empti* hat also auch die Regeln des Aedilenedikts rezipiert. Die Entwicklung verlief vermutlich ähnlich wie bei der Eviktion. *Mos* und *consuetudo* bewirkten, dass das

---

[230] § 346 Abs. 2 BGB n. F. lässt jetzt im Prinzip richtig die Rückforderung zu und gewährt bei Unmöglichkeit einen Anspruch auf Wertersatz. Nach 346 Abs. 3 Nr. 3 BGB entfällt dieser Anspruch jedoch schon dann, wenn der Rücktrittsberechtigte mit eigenüblicher Sorgfalt gehandelt hat. Das ist gegenüber dem alten Recht eine weitere Verschlechterung, vgl. Honsell FS Picker (2010) 363 ff.

[231] Cicero, de officiis 3, 65 ff.

[232] Die Haftung für Mangelfolgeschäden galt auch bei der Zusicherung; vgl. Pomp. D. 19, 1, 6, 4; dazu Honsell aaO. 85.

ursprünglich nur akzidentelle Garantieversprechen schließlich zum *naturale negotii* wurde.

Justinian hat die aedilizische Sachmängelhaftung und die entsprechenden Regeln der *actio empti* auf alle Sachen, bewegliche und unbewegliche, erstreckt. In dieser Form gelten sie heute noch (vgl. § 434 ff. BGB, Art. 205 ff. OR, § 932 ABGB, Art. 1641 ff. CC, Art. 1490 ff. CC it.). In den modernen Kodifikationen finden wir das aedilizische Gewährleistungsrecht getreulich nachgezeichnet; die verschuldensunabhängige Garantiehaftung, die Rechtsbehelfe der Wandlung und Minderung usw. An die Stelle der sechsmonatigen Verjährung ist allerdings meist eine Zweijahresfrist getreten. Mangelfolgeschäden werden heute nicht nur bei Vorsatz ersetzt, sondern bei jedem Verschulden (§ 932 Abs. 1 S. 2 ABGB, Art. 208 Abs. 3 OR.). Im Schweizer Recht sogar ohne Verschulden (BGE 133 II 257-Müller-amazonen; abl. Honsell, recht 2007, 154ff.). Den Abschied von der Gewährleistung haben erst die BGB-Reform und das Wiener UN-Kaufrechtsabkommen vollzogen. Das Letztere kennt nur noch den Einheitstatbestand der (wesentlichen) Vertragsverletzung – (fundamental) breach of contract.

§ 47 Nebenabreden beim Kauf

I. Rücktrittsvorbehalte[233]

Beim Kauf gab es einige typische Nebenabreden, von denen die drei Rücktrittsvorbehalte die wichtigsten sind: zugunsten des Verkäufers die *in diem addictio* (Bessergebotsklausel) und die *lex commissoria* (für den Fall der Nichtzahlung des Kaufpreises), zugunsten des Käufers das sog. *pactum displicentiae* (Kauf auf Probe).

1. Mit der *in diem addictio*[234] behielt sich der Verkäufer die anderweitige Veräußerung der Sache vor, falls sich innerhalb einer bestimmten Frist ein besserer Käufer fände. Besser war vor allem ein Käufer, der einen höheren Kaufpreis bot; aber auch die Einräumung sonstiger günstigerer Bedingungen kam als Bessergebot in Betracht. Die Bessergebotsklausel spielte namentlich im Grundstücksverkehr eine Rolle. Der Verkäufer konnte ein Interesse daran haben, die Sache zunächst zu einem geringeren Preis fest zu verkaufen und dann nach einem besseren Käufer zu suchen. In der wirtschaftlichen Funktion besteht eine gewisse Ähnlichkeit mit der Auktion insofern, als mehrere Käufer angesprochen werden sollen. Freilich ist die Wettbewerbssituation bei gleichzeitiger Anwesenheit der Bieter eine andere. Zu bedenken ist auch, dass es wegen der z. T. weiten und schwierig zu überwindenden Entfernungen nicht immer möglich war, alle Interessenten z. B. eines Grundstücks gleichzeitig an einem Ort zu versammeln. Die Bessergebotsklausel lautete etwa: *nisi si quis*

---

[233] Vgl. Peters, Die Rücktrittsvorbehalte des röm. Kaufrechts (1973); Wesel SZ 85 (1968) 94 ff.; Flume, 1. FS Kaser (1976) 309 ff.

[234] D. 18, 2. – Peters 7 ff.

intra kalendas Ianuarias proximas meliorem condicionem fecerit. – Sofern nicht jemand bis zu den Kalenden des Januar ein besseres Angebot gemacht hat.

2. *Die lex commissoria*[235] ermöglichte dem Verkäufer den Rücktritt für den Fall, dass der Käufer den Kaufpreis nicht rechtzeitig bezahlte (*si ad diem pecunia soluta non sit, ut fundus inemptus sit* – dass das Grundstück nicht gekauft ist, wenn bis zum Termin das Geld nicht bezahlt worden ist). Sie hatte die gleiche Funktion wie das gemeinrechtliche *pactum reservati dominii*[236] und der moderne Eigentumsvorbehalt (vgl. etwa § 455 BGB; Art. 715 ZGB) und wurde vor allem bei Ratenzahlung vereinbart. Einen Eigentumsvorbehalt kannte das römische Recht nicht. Diese Figur war auch nicht notwendig, wenn das Eigentum ohnedies erst mit der Zahlung des Kaufpreises überging (§ 19 II). Vor vollständiger Kaufpreiszahlung hatte der Käufer je nach Vertragsgestaltung die Stellung eines Mieters[237] oder Prekaristen (§ 15 III).

Ulpian D. 43, 26, 20: Ea, quae distracta sunt, ut precario penes emptori essent, quoad pretium universum persolveretur, si per emptorem stetit, quo minus persolveretur, venditorem posse consequi.

Was mit der Maßgabe verkauft worden ist, dass es der Käufer als Bittleiher besitzen solle, bis der Preis vollständig bezahlt ist, kann der Verkäufer zurückfordern, wenn der Käufer mit der Kaufpreiszahlung in Verzug gerät.

Hat der Verkäufer den Kaufpreis kreditiert, so ging mangels gegenteiliger Abrede die Sache sogleich ins Eigentum des Käufers über[238]. Dem lag offenbar die Vorstellung zugrunde, dass die Kaufpreisschuld in eine Darlehensforderung noviert würde. Die sachlich nicht gerechtfertigte Regel, dass Übergabe und Kaufpreisstundung die Rückforderung ausschließen, sofern kein Eigentumsvorbehalt vereinbart ist, findet sich noch heute in § 449 Abs. 2 BGB, § 1063 ABGB und in Art. 214 Abs. 3 OR.

3. Der Kauf auf Probe (*pactum displicentiae*)[239] ermöglichte dem Käufer den Rücktritt vom Kaufvertrag, wenn ihm die Sache nicht gefiel (*ut, si displicueret intra diem certum inempta sit*[240] – dass die Sache nicht gekauft ist, wenn sie innerhalb einer bestimmten Frist missfallen hat). Die Billigung der Ware stand ganz im Belieben des Käufers. Abusiver Gebrauch der Sache konnte zum Verlust des Rücktrittsrechts führen.

In allen drei Fällen war der Kauf bedingt. Beim *pactum displicentiae* lag eine zulässige Potestativbedingung vor (§ 7 II).

Der Kauf konnte aufschiebend (suspensiv) oder auflösend (resolutiv)[241] bedingt sein. Bei der aufschiebenden Bedingung war die Wirkung des Kaufvertrages hinausgeschoben. Der Käufer erwarb vor Bedingungseintritt auch kein Eigentum. Bei

---

[235] D. 18, 3. – Wieacker, Lex commissoria. Erfüllungszwang und Widerruf im röm. Kaufrecht (1932); Peters 50 ff.

[236] Dazu Schiemann SZ 93 (1976) 191 ff.

[237] Javolen D. 19, 2, 22 pr.

[238] I. 1, 2, 40 a. E.; s. § 52 II.

[239] Peters 83 ff.

[240] Paul. D. 41, 4, 2, 5.

[241] Str., vgl. oben § 7 II.

der Resolutivbedingung wurde der Kauf zunächst als *emptio pura* (unbedingter Kauf) betrachtet, der sogleich volle Wirkung erlangte[242]. Der Käufer erwarb ziviles oder prätorisches Eigentum, das gegebenenfalls bei Bedingungseintritt wieder zurückfiel.

II. Sonstige Nebenabreden

Neben den Rücktrittsvorbehalten kannte das klassische Recht noch einige Abreden von geringerer Bedeutung.

1. Das *pactum de retroemendo*[243] (Wiederkauf) ermöglichte es dem Verkäufer, die Sache zurückzuerwerben. Der Rückerwerb stand in seinem Belieben.
2. Der Verkauf mit Vorbehalt des Vorkaufs (*ius protimiseos*[244]) diente ebenfalls dem Interesse des Verkäufers. Dem Käufer war eine Weiterveräußerung nur an den Verkäufer erlaubt. Verletzte der Käufer diese Abrede, so stand dem Verkäufer die *actio venditi* zu, die wohl auf Schadensersatz gerichtet war.
3. Beim Sklavenkauf gab es gewisse Klauseln, die der Verkäufer zu seinem oder des Sklaven Schutz in den Vertrag aufnehmen konnte: z. B. die Abrede, dass der Sklave aus Rom fortgebracht werde (*ut servus exportetur*[245]), dass die Sklavin nicht prostituiert werde (*ne serva prostituatur*[246]) oder dass ein Sklave freigelassen oder nicht freigelassen werde (*ut [ne] servus manumittatur*). Auch diese Klauseln hatten dingliche Wirkung.

§ 48 Miete, Pacht, Werk- und Dienstvertrag (locatio conductio)

Der römische Kontraktstyp der *locatio conductio*[247] umschloss eine Reihe von Tatbeständen, die wir heute als sehr verschiedenartig empfinden und aus diesem Grund unter die Begriffe Miete, Pacht, Werkvertrag und Dienstvertrag verteilen. Dementsprechend pflegt die moderne Betrachtung auch für das römische Recht wenigstens verschiedene Unterarten der *locatio conductio* zu unterscheiden, nämlich die *locatio conductio rei* (Miete und Pacht), die *locatio conductio operis* (Werkvertrag) und die *locatio conductio operarum* (Dienstvertrag). Indessen war

---

242 Ulp. D. 18, 2, 2, pr.; zur Rechtslage während der Schwebezeit Peters 133 ff., 152 ff.

243 Proc. D. 19, 5, 12; Näheres bei Peters 277 ff.

244 Paul. D. 19, 1, 21, 5; Einzelheiten bei Peters 282 ff.

245 Ulp. D. 18, 7, 1; Paul. eod. 9.

246 Ulp. D. 2, 4, 10, 1; häufig wurde auch bestimmt, dass die Sklavin im Falle der Prostitution freigelassen werden musste.

247 Gai. 3, 142 ff.; D. 19, 2. – Mayer-Maly, Locatio-conductio (1956).

den Römern selbst eine solche Kategorienbildung durchaus fremd. Sie kannten, modern gesprochen, keine Trichotomie, sondern hatten ein Einheitskonzept. Das bedeutet freilich nur, dass sie für alle drei Typen denselben Begriff und dieselben Klagen verwendeten; es bedeutet nicht, dass ihnen die tatsächliche Verschiedenheit der Typen nicht bewusst gewesen wäre und dass sie unter Verzicht auf dogmatische Differenzierungen eine Einheitslösung verfolgt hätten. Einen einheitlichen Begriff der *locatio conductio* hatten die Römer deshalb, weil sie von einer ganz andersartigen Betrachtungsweise ausgingen. Während wir das Gemeinsame der verschiedenen Fälle lediglich in der Entgeltlichkeit sehen und je nach der Natur der Leistung, die für Geld erbracht wird, verschiedene Vertragstypen annehmen, sah der Römer das Wesentliche in dem Umstand, dass in allen Fällen etwas „verdungen" wird (*locare* bedeutet eigentlich aufstellen, verdingen), sei es eine Sache, die Herstellung eines Werkes oder die Arbeitskraft einer Person. Mit dieser Betrachtungsweise hängt auch die uns befremdlich erscheinende Tatsache zusammen, dass als *locator* einerseits der Vermieter (Verpächter) und der Dienstverpflichtete, andererseits aber der Besteller des Werkes (der dieses verdingt) erscheint, während wir umgekehrt den Werkunternehmer jenen anderen an die Seite stellen würden, weil er wie sie die typische Leistung zu erbringen hat und seinerseits eine Geldleistung erhält.

Dem *locator*, als dem Verdingenden, steht der *conductor* gegenüber als der, der das Verdungene mit sich nimmt (*conducere*=mitnehmen). *Conductor* ist demgemäß der Mieter, der Pächter, der Dienstherr und der Werkunternehmer.

Die *locatio conductio* ist stets entgeltlich, also ein gegenseitig verpflichtender Vertrag. Sie kommt durch formfreie Einigung zustande, gehört mithin zu den Konsensualkontrakten. Die Römer haben sie als einen dem Kauf nahe verwandten Vertragstyp empfunden. Analog zu den Kaufklagen waren zweifellos auch die beiden Klagformeln der *locatio conductio* gestaltet. Wie diese enthielten sie insbesondere die *bona fides*-Klausel.

§ 49 Miete und Pacht (locatio conductio rei)[248]

I. Begriff

Die entgeltliche Überlassung des Gebrauchs einer Sache nennen wir Miete. Wir unterscheiden von ihr die Pacht, bei der nicht allein der Gebrauch der Sache, sondern auch das Recht zur Fruchtziehung eingeräumt wird. Die Pacht betraf in der römischen Antike meist Landgüter, die Miete Stadtwohnungen. Die Römer nannten den Landpächter *colonus*, den Wohnungsmieter *inquilinus*.

[248] Vgl. Mayer-Maly, Locatio-conductio (1956); ferner Frier, Landlords and Tenants in Imperial Rome (1980); De Neeve, Colonus (1981); Harke, Locatio conductio, Kolonat, Pacht, Landpacht (2005).

II. Vertragsgegenstand

Gegenstand des Vertrages konnten bewegliche und unbewegliche Sachen sein: Landgüter, Häuser, Grundstücke, Wohnräume, Lager- und Speicherräume, Kellerfässer, ferner Sklaven (z. B. Handwerker, Dienstleistungspersonal, Künstler oder Schauspieler), Tiere und überhaupt alle unverbrauchbaren Sachen. Gegenstand eines Pachtvertrags konnte auch ein Recht sein, dessen Erträgnisse dem Pächter zufallen sollten. Pachtverträge über Rechte gehörten allerdings zumeist dem Bereich des öffentlichen Rechts an (Zoll- und Steuerpacht).

Die Vermietung einer fremden Sache war gültig, führte aber zu einer Garantiehaftung des Vermieters, wenn der Eigentümer den Mieter oder Pächter vertrieb[249]. Dagegen war die Miete der eigenen Sache nach kontroverser Meinung unwirksam (analog zum Kauf)[250].

Dass der Mietzins (*merces*) wie der Kaufpreis in Geld (*pecunia numerata*) bestehen musste, ist für das klassische Recht nicht belegt. Praktisch sehr bedeutsam war die Teilpacht (*colonia partiaria*[251]), bei der der Verpächter statt eines Pachtzinses in Geld einen bestimmten Anteil an den gezogenen Früchten erhielt.

III. Ansprüche aus Miete und Pacht

1. Der Anspruch des Mieters (*actio conducti*) richtete sich auf Überlassung der Mietsache und auf Gewährung des vertragsmäßigen Gebrauchs, der des Pächters darüber hinaus auf die Gewährung der Fruchtziehung. Der *locator* war verpflichtet, die Sache in gebrauchstauglichem Zustand zu erhalten. Bei schuldhafter Nichterfüllung hatte der *conductor* einen Anspruch auf *quod interest*[252].

Das Interesse konnte in den Kosten eines Deckungsgeschäfts[253] oder in einem entgangenen Gewinn[254] bestehen. In Betracht kam schließlich auch ein Haftungsinteresse. Schadensersatzpflichtig war ferner der *locator*, der einen Fehler der Mietsache arglistig verschwiegen hatte oder der die Tauglichkeit der vermieteten Sache ausdrücklich oder stillschweigend garantiert hatte. Ein Beispiel ist die Verpachtung einer mit giftigen Kräutern bewachsenen Wiese. Hier haftete der Verpächter, wenn er die giftigen Kräuter gekannt hatte. Ein anderes Beispiel ist die Vermietung undichter Kellereifässer. Hier musste der Vermieter für den ausgelaufenen Wein auch bei Unkenntnis aus dem Gesichtspunkt der Garantie einstehen.

---

[249] Paul. D. 19, 2, 7 u. 8.

[250] Ulp. D. 50, 17, 45 pr.

[251] Gai. D. 19, 2, 25, 6; obgleich man die Verwandtschaft zur societas erkannt hat, qualifizierte man das Geschäft als Pacht.

[252] Vgl. z. B. Alf. D. 19, 2, 30 pr.

[253] Lab. D. 19, 2, 28, 2.

[254] Namentlich bei der Untermiete, vgl. Paul D. 19, 2, 7 u. 8.

Ulp. D. 19, 2, 19, 1: si quis dolia vitiosa ignarus locaverit, deinde vinum efluxerit, tenebitur in id quod interest nec ignorantia eius erit excusata: et ita Cassius scripsit. aliter atque si saltum pascuum locasti, in quo herba mala nascebatur: hic enim si pecora vel demortua sunt vel etiam deteriora facta, quod interest praestabitur, si scisti, si ignorasti, pensionem non petes, et ita Servio Labeoni Sabino placuit.

Wenn jemand unwissend schadhafte Fässer vermietet hat und dann der Wein ausgelaufen ist, so haftet er auf das Interesse und seine Unwissenheit wird nicht entschuldigt: das schrieb Cassius. Anders, wenn du eine Weide verpachtet hast, auf der ein giftiges Kraut wuchs; denn wenn hier das Vieh gestorben oder schlechter geworden ist, so haftest du auf das Interesse, wenn du es gewusst hast. Wenn du es nicht gewusst hast, kannst du keinen Pachtzins verlangen. Das war auch die Meinung von Servius, Labeo und Sabinus.

Wir finden hier also die gleiche Lösung wie beim Kauf (vgl. oben § 46 II). Die Garantiehaftung bei der Fassmiete war ein Sonderfall. *Dolia* waren in den Boden eingelassene Fässer, deren Dichtheit der Kellermeister überprüfen musste. In Art. 1721 CC und in § 536a BGB ist dieser Fall zu einer generellen Garantiehaftung des Vermieters für anfängliche Mängel verallgemeinert worden. Das ist eine Anomalie im System der Leistungsstörungen. Richtig demgegenüber Art. 259e OR; ebenso das ABGB, in dem mangels spezieller Regelung die Verschuldenshaftung des § 932 Abs. 1 S. 2 eingreift.

2. Die *actio locati* diente bei Miete und Pacht der Einforderung des Zinses. Die Fälligkeit der Zinszahlung ergab sich aus dem Vertrag. Ob der Zins mangels Vereinbarung *prae-* oder *postnumerando* zu zahlen war, lässt sich nicht mehr erkennen. War Zahlung *postnumerando* vereinbart, so konnte der Verpächter sogleich auf den Mietzins klagen, wenn der *colonus* das Pachtobjekt vorzeitig verlassen hatte. Bei Missernten half man dem Pächter mit einem Zinsnachlass (*remissio mercedis*[255]). Eine Reduktion des Mietzinses als politische Maßnahme begegnet uns auch zugunsten der hauptstädtischen *inquilini.* Bei Beschädigung oder Verlust der Mietsache haftete der *conductor* für *culpa* und *custodia*[256].

Eine sehr differenzierte Regelung erfuhr die Gefahrtragung[257]: Der *locator* trug die Gefahr, wenn die Miet- oder Pachtsache infolge höherer Gewalt (*vis cui resisti non potest* – eine Gewalt, der man nicht widerstehen kann) nicht benutzt werden konnte; er hatte dann keinen Anspruch auf den Zins. Die Gefahr anderer Gebrauchshinderungen trug der *conductor* (*vitia, quae ex ipsa re oriuntur* – Mängel, die aus der Sache selbst entstehen[258]). Hatte der Pächter das Inventar zum Schätzwert übernommen (*instrumentum aestimatum*), so trug er hierfür die Gefahr[259].

Ulp. D. 19, 2, 15, 2: Servius omnem vim, cui resisti non potest, dominum colono praestare debere ait, ut puta fluminum graculorum, sturnorum et si quid simile acciderit, aut si incursus hostium fiat: si qua tamen vitia ex ipsa re oriantur, haec damno coloni esse, veluti si vinum coacuerit, si raucis aut herbis segetes corruptae sint.

---

[255] Vgl. dazu Mayer-Maly 140 ff.

[256] Vgl. zuletzt Frier, SZ 95 (1978) 232 ff. mNw.

[257] Dazu Kaser SZ 74 (1957) 157 ff.

[258] Ulp. D. 19, 2, 15, 2; dazu sogleich im Text; s. ferner Miquel SZ 81 (1964) 170 ff.

[259] Pomp. D. 19, 2, 3; vgl. Mayer-Maly 66 ff.

Servius sagt, der Eigentümer trage gegenüber dem Pächter die Gefahr für (höhere) Gewalt, der man nicht widerstehen kann, wie z. B. Hochwasser, Krähen- oder Starenschwärme, und wenn sich etwas ähnliches ereignet hat, oder wenn Feinde eingefallen sind. Wenn aber die Fehler aus der Sache selbst entstanden sind, so trifft der Schaden den Pächter, z. B. wenn der Wein sauer geworden ist oder die Saat durch Würmer oder Unkraut verdorben ist.

IV. Vertragsdauer

Miet- und Pachtvertrag wurden zumeist wohl auf eine bestimmte Zeit abgeschlossen. Für die Landpacht war eine fünfjährige Pachtperiode (*lustrum, quinquennium*) üblich. Bei derartigen zeitlich begrenzten Verträgen war eine einseitige Aufhebung des Miet- oder Pachtverhältnisses nur dann statthaft, wenn sich der aufhebende Teil auf eine Vertragsverletzung des Gegners berufen konnte. Blieb der Mieter oder Pächter nach Ablauf der Vertragszeit im Genuss der Sache, so galt das als vertragliche Erneuerung des Verhältnisses (sog. *relocatio tacita*[260] – stillschweigende Vertragsverlängerung). Auf unbestimmte Zeit geschlossene Verträge konnten anscheinend jederzeit und fristlos aufgehoben werden. Schließlich gab es eine Verpachtung auf unbegrenzte Zeit (*locatio in perpetuum* – Ewigpacht), die dem Pächter unter Umständen einen dinglichen Rechtsschutz verlieh.

V. „Kauf bricht Miete"

Wer das Eigentum oder ein anderes dingliches Recht, das ihn zum Besitz berechtigte, z. B. den Nießbrauch an einer vermieteten oder verpachteten Sache erwarb, konnte den Mieter oder Pächter ohne weiteres vertreiben, weil ihn das schuldrechtliche Verhältnis zwischen seinem Vormann und dem Mieter (Pächter) nicht berührte; der Mieter (Pächter) genoss als bloßer *detentor* keinen Besitzschutz. Die Regel „Kauf bricht Miete" gilt – wenn auch in abgeschwächter Form – noch heute im schweizerischen Recht (Art. 261 Abs. 2 lit. a OR erlaubt die Kündigung bei dringendem Eigenbedarf) und im Grundsatz auch in Österreich (§ 1120 ABGB). Dagegen hat das deutsche BGB auf Anregung Otto v. Gierke's aus sozialen Erwägungen den umgekehrten Satz aufgestellt: „Kauf bricht nicht Miete" (§ 566 BGB; ebenso Art. 1743 CC und ALR I 21 § 358). Nach § 566 Abs. 1 BGB tritt der neue Eigentümer automatisch in den alten Mietvertrag ein. Der Satz „Kauf bricht Miete" ist freilich ungenau: Zwar kann der neue Eigentümer den Mieter vertreiben. Der Mieter hat aber aus dem Mietvertrag einen Schadensersatzanspruch gegen den alten Eigentümer.

---

[260] Ulp. D. 19, 2, 13, 11; 14.

§ 50 Dienstvertrag (locatio conductio operarum)

I. Allgemeines

Der Dienstvertrag[261] spielt in den Rechtsquellen eine verhältnismäßig unbedeutende Rolle. Dies beruht einmal auf der Tatsache, dass sozial gehobene Stände ihre Tätigkeit, die *artes liberales*[262], nach römischer Auffassung grundsätzlich nur unentgeltlich, das heißt als Beauftragte, zur Verfügung stellen konnten. Als Tatbestände der *locatio conductio operarum* blieben im Wesentlichen die Dienstleistungen freier Taglöhner und Handwerker – soweit sie nicht unter die Kategorie des Werkvertrags fielen. Die große Masse der Arbeiter waren indes Sklaven. Der enge Zusammenhang zwischen Dienstvertrag und Sachmiete, die Einheitlichkeit des römischen Begriffs der *locatio conductio* wird deutlich, wenn man sich vergegenwärtigt, dass Dienstleistungen durch Sklaven als Miete (*locatio conductio rei*) aufgefasst wurden, durch Freie hingegen als Dienstvertrag (*locatio conductio operarum*). Der Freie verdingt sich selbst und seine Arbeitskraft, der Eigentümer verdingt den Sklaven.

II. Ansprüche aus dem Dienstvertrag

Für die Verpflichtungen aus dem Dienstvertrag galten ähnliche Regeln wie bei der Sklavenmiete.

1. Der Dienstverpflichtete (*locator*) musste die Dienste ordnungsgemäß erbringen. Unterblieb dies durch sein Verschulden, so verlor er nicht nur den Anspruch auf den Lohn, sondern er haftete auch dem Dienstherrn aus der *actio conducti* auf Schadensersatz.

2. Mit der *actio locati* konnte der Dienstnehmer den Lohn (*merces*) fordern. Diesen erhielt er auch dann, wenn seine Tätigkeit nicht in Anspruch genommen wurde. Für die Frage der Lohngefahr hat man offenbar nach ähnlichen Grundsätzen unterschieden, wie dies die moderne Sphärentheorie tut (vgl. z. B. § 1155 ABGB): Unterblieb die Dienstleistung aufgrund von Umständen, die in der Sphäre des Dienstnehmers lagen, so verlor er den Lohnanspruch, während umgekehrt der Dienstherr zahlen musste, wenn die Arbeit aus Gründen undurchführbar war, die ihm zuzurechnen waren[263]. Dieses Risiko des Dienstgebers war möglicherweise abdingbar. In den Siebenbürgischen Wachstafeln[264] über die Dakischen Bergarbeiterverträge wird der Lohnanspruch der Bergarbeiter für den Fall von Wassereinbruch im Bergwerk abbedungen.

---

[261] Lit. oben bei § 37.

[262] Dazu Visky, Geistige Arbeit und die «artes liberales» in den Quellen des röm. Rechts (1977).

[263] Paul. D. 19, 2, 38 pr. – 1.

[264] Vgl. Bruns, Fontes Nr. 165, 1.

§ 51 Werkvertrag (locatio conductio operis)

I. Allgemeines

Vom Dienstvertrag unterscheidet sich der Werkvertrag[265] dadurch, dass der *conductor* (Unternehmer) dem *locator* (Besteller) statt einer bloßen Tätigkeit einen durch Tätigkeit herbeizuführenden Erfolg schuldet. Er setzt eine größere Selbständigkeit voraus als der Dienstvertrag. Gegenstand des Werkvertrages konnten die Herstellung oder Reparatur von Sachen sein, die Errichtung von Bauwerken, Personenbeförderung oder Gütertransport, Ausbildung von Sklaven und Lehrlingen usw.

Hatte der Unternehmer das Werk aus eigenem Stoff herzustellen, so war das Geschäft nach überwiegender Auffassung als Kaufvertrag zu qualifizieren.

Der Werkvertrag war notwendig entgeltlich; das unentgeltliche Versprechen zur Herstellung eines bestimmten Erfolges fiel unter den Auftrag (*mandatum*).

II. Ansprüche aus dem Werkvertrag

1. Die *actio locati* des Werkbestellers richtete sich auf Ablieferung des herzustellenden oder auszubessernden Gegenstandes oder auf Herbeiführung des sonst geschuldeten Erfolges. Persönliche Ausführung des Werkes konnte der Besteller nur verlangen, wenn sie ihm besonders zugesagt war oder wenn die Leistung oder die Mitwirkung eines Dritten wegen des individuellen Charakters des geschuldeten Werkes zur Herstellung eines *aliud* geführt hätte (z. B. Anfertigung einer Wandmalerei durch einen Künstler). Im übrigen konnte der Unternehmer nach Belieben Gehilfen hinzuziehen, auch die Ausführung ganz oder teilweise einem anderen (Substituten) übertragen, z. B. die Weiterführung eines Transports. Für Verschulden des Gehilfen haftete er dabei in gleichem Umfange wie für eigenes, für den Substituten hingegen wohl nur insoweit, als ihm aus der Tatsache der Übertragung oder aus ihren Umständen ein Vorwurf gemacht werden konnte; das Letztere war namentlich dann der Fall, wenn er eine Person ausgewählt hatte, die der gestellten Aufgabe nicht gewachsen war (*culpa in eligendo*)[266]. Eine Haftung für Verschulden der Gehilfen findet sich nur in einem Sonderfall:

Gai. D. 19, 2, 25, 7: Qui columnam transportandam conduxit, si ea, dum tollitur aut portatur aut reponitur, fracta sit, ita id periculum praestat, si qua ipsius eorumque, quorum opera uteretur, culpa acciderit.

Wer den Transport einer Säule übernommen hat, trägt die Gefahr, wenn diese während des Transportes in die Brüche geht; dies gilt auch dann, wenn dies nicht auf seinem Verschulden, sondern auf dem seiner Hilfspersonen beruhte.

---

[265] Lit. in § 37.

[266] Ulp. D. 19, 2, 13, 1. Eine allgemeine Haftung für culpa in eligendo hat allerdings erst das gemeine Recht entwickelt; s. näher Honsell Liber Amicorum J. Miquel (2006) 513 ff.

Das gemeine Recht hat hieraus eine Haftung für Fremdverschulden von Hilfspersonen beim Vertrag (nicht beim Delikt) abgeleitet. Wir finden diese Haftung noch heute in § 278 BGB, § 1313a ABGB und in Art. 101 OR.

Der Unternehmer haftete ferner für imperitia[267], wenn er die zur Ausführung des Werkes erforderlichen Fähigkeiten nicht besaß (*imperitia culpae adnumeratur* – Unfähigkeit wird dem Verschulden zugerechnet). Waren ihm Sachen des Bestellers zur Bearbeitung übergeben worden, so haftete er auch für *custodia*[268].

2. Der Unternehmer konnte mit der *actio conducti* die Zahlung des Werklohns (*merces, pretium*) verlangen. Nicht einheitlich entschieden wurde offenbar die Frage der Lohngefahr. Während noch Labeo den Anspruch auf Zahlung des Werklohnes stets verneinte, wenn das Werk durch Zufall untergegangen war, haben die Klassiker in ähnlicher Weise nach ‚Sphären' unterschieden, wie bei der *locatio conductio operarum*: War das Bauwerk infolge eines Fehlers des Bodens (*vitium soli*) untergegangen, so traf die Gefahr den Besteller, in allen anderen Fällen (*vitium operis*) den Unternehmer[269].

Lab. D. 19, 2, 62: si rivum, quem faciendum conduxeras et feceras, antequam eum probares, labes corrumpit, tuum periculum est. Paulus: immo si soli vitio id accidit, locatoris erit periculum, si operis vitio accidit, tuum erit detrimentum.

Wenn du die Herstellung eines Kanales übernommen und ausgeführt hast und dieser eingestürzt ist, bevor ihn der Besteller abgenommen hat, so trägst du die Gefahr. Paulus: Wenn es allerdings durch einen Fehler des Bodens geschehen ist, so trägt der Besteller die Gefahr, wenn der Einsturz dagegen auf einen Mangel des Werkes zurückzuführen ist, dann ist es dein Schaden.

Gründungsmängel bei Bauwerken infolge schwieriger Bodenverhältnisse gehen nach heutiger Auffassung zu Lasten des Unternehmers, der im Unterschied zum Bauherren über die notwendige Sachkunde verfügt.

Beim Seefrachtvertrag konnte der Eigentümer der Waren, die vom *nauta* zur Rettung des Schiffes und der übrigen Waren in Seenot über Bord geworfen worden waren, mit der *actio locati* einen Ausgleich verlangen. Der *nauta* seinerseits nahm an den Eignern der geretteten Waren Rückgriff. Durch diese Regelung wurde vermieden, dass Streit darüber entstand, wessen Ware zur Leichterung des Schiffes über Bord geworfen werden sollte. Die Eigentümer der geworfenen Waren erhielten nur anteiligen Ersatz in der Höhe, dass sich der Verlust gleichmässig auf alle verteilte. Allerdings wurde die gerette Ware zum Wert im Bestimmungshafen veranschlagt, die verlorene hingegen zum Wert im Ausgangshafen. Dieser Gedanke der Gefahrengemeinschaft beruhte auf der gewohnheitsrechtlich anerkannten *lex Rho-*

---

[267] Cels. – Ulp. D. 19, 2, 9, 5; Ulp. D. 9, 2, 27, 29 behandelt den Fall eines Glasschneiders, der aus Ungeschicklichkeit ein Diatretglas zerbricht.

[268] Belegt ist das freilich nur für den Wäscher (fullo) und den Schneider (sarcinator): Gai. 3, 205; vgl. oben § 28 II; als custodia-Haftung hat man zumindest in späterer Zeit auch die Haftung des nauta, caupo und stabularius (Schiffer, Wirt und Stallwirt) begriffen. Die Quellen erklären diese Haftung mit der „Unzuverlässigkeit dieser Sorte Menschen"(hoc genus hominum), vgl. D. 4, 9, 1, 1 u. 3, 1. Näheres bei Kunkel/Honsell 329 FN 13. Die Gastwirtshaftung wurde undifferenziert in die modernen Kodifikationen übernommen: §§ 701 ff. BGB; §§ 970 ff. ABGB; Art. 487 ff. OR; Art. 1952 ff. CC.

[269] Vgl. Kaser SZ 74 (1957) 155 ff., 186 ff.; Betti SZ 82 (1965) 1 ff., 13 ff.

dia de iactu[270]. Diese Grundsätze finden sich heute noch in §§ 700 ff. HGB („Große Haverei") und ansatzweise auch in § 1043 ABGB.

§ 52 Gesellschaft (societas)

I. Begriff. Geschichtlicher Überblick

Die Gesellschaft[271] ist ein Zusammenschluss zweier oder mehrerer Personen zur Erreichung eines gemeinsamen Zwecks mit gemeinsamen Mitteln. Im Gegensatz zu den Austauschverträgen sind die Interessen der Parteien nicht konträr, sondern gleichgerichtet. Der Zweck kann ein vorübergehender oder ein dauernder sein. Als Beiträge kommen sowohl Vermögenswerte wie Arbeitsleistungen in Betracht.

Der geschichtliche Ausgangsfall war die ungeteilte Erbengemeinschaft des altrömischen Rechts (*consortium, societas* (*h*)*ercto non cito*)[272]. Nach dem Tode des Hausvaters blieben die Kinder auf dem ererbten Gut und bewirtschafteten es gemeinsam. Für eine solche Erbengemeinschaft galten besondere Grundsätze: Jeder einzelne Miterbe konnte mit Wirkung für alle über die zum gemeinschaftlichen Gut gehörenden Gegenstände verfügen, z. B. eine Sache veräußern oder einen Sklaven freilassen. Ein Gemeinschaftsverhältnis dieser Art konnte später auch durch Vertrag begründet werden.

II. Societas

1. Die *societas*[273] der klassischen Zeit war ein Konsensualkontrakt und wurde durch Willensübereinstimmung der Gesellschafter (*socii*) begründet. Sie bestand solange, als der Dauerkonsens vorhanden war. Sie gehörte zu den *bonae fidei negotia* und war im Gegensatz zum *consortium* ein Institut des *ius gentium*, das auch Nichtrömern zugänglich war. Das im modernen Gesellschaftsrecht viel berufene besondere Treueverhältnis der Gesellschafter war auch dem römischen Recht geläufig. Die Römer sprachen geradezu von einem *ius fraternitatis*[274], von einem Recht, wie es unter Brüdern gilt. Bekannt war aber auch die große Streitanfälligkeit von Gemeinschaftsverhältnissen (*communio est mater rixarum* – die Gemeinschaft ist die Mutter von Streitigkeiten).

---

[270] D. 14, 2. S. etwa Wesener, FS Bärmann (1975) 31 ff.; Heck, Das Recht der großen Haverei (1889) 604 ff.; Honsell, FS Waldstein (1993) 141 ff.

[271] Gai. 3, 148–154 b; D. 17, 2; I. 3, 25; C. 4, 37.

[272] Dazu Wieacker, Societas. Hausgemeinschaft und Erwebsgesellschaft I (1936).

[273] Dazu zuletzt Meissel, Societas. Struktur und Typenvielfalt des römischen Gesellschaftsvertrages in Vertragspraxis und Jurisprudenz (2004).

[274] Ulp. D, 17, 2, 63 pr. i.f.

Die *societas* konnte sowohl die Herstellung einer allgemeinen Gütergemeinschaft wie den gemeinschaftlichen Betrieb eines Unternehmens oder gar nur die gemeinschaftliche Erledigung einer einzigen Angelegenheit[275] zum Ziel haben. Sie war die Gesellschaftsform für die gemeinsamen Unternehmungen von Kaufleuten oder Bankiers diente aber auch der gemeinsamen Wirtschaft unter Brüdern und der Abwicklung einer von den Verhältnissen des Augenblicks diktierten Interessengemeinschaft (Gelegenheitsgesellschaft). Kapitalgesellschaften mit handelbaren Anteilen wie die Aktiengesellschaft lassen sich in Rom nicht nachweisen[276].

2. Die *societas* war ihrem Wesen nach ein schuldrechtliches Verhältnis unter den Gesellschaftern. Als solches hatte sie nur Innenwirkung, das heißt, sie ließ nur Ansprüche der Gesellschafter untereinander entstehen. Dritten gegenüber bildete die Gesellschaft keine Einheit, wie die juristische Person (oben § 5), und auch die Eigentumsverhältnisse der Gesellschafter wurden nicht notwendig von der Existenz der Gesellschaft betroffen. Doch entstand zumeist durch die Beitragsleistungen der Gesellschafter ein Gesellschaftsvermögen, das dann allen Teilhabern anteilsmäßig gehörte. Neben die schuldrechtliche Gesellschaft trat dann eine sachenrechtliche Gemeinschaft (*communio*).

3. Die Beiträge bestanden in Geld oder in Sachwerten, gelegentlich auch in Arbeitsleistungen. Eine Gesellschaft, die unerlaubte Handlungen zum Gegenstand hatte, war nichtig.

Die Anteile der Gesellschafter an Gewinn und Verlust waren im Zweifel gleich groß, doch konnten ungleiche Anteile und selbst eine unterschiedliche Beteiligung an Gewinn und Verlust vereinbart werden, wenn die verschiedene Höhe der Kapitaleinlagen oder der besondere Wert der von einem der Gesellschafter zu erbringenden Arbeitsleistung dies rechtfertigten. Nichtig war dagegen ein Gesellschaftsvertrag, bei dem der eine Teil nur den Verlust trug, der andere den Gewinn erhielt, *societas leonina*[277], so benannt nach der Fabel des Phaedrus (1, 5), in der eine Kuh, eine Ziege und ein Schaf mit einem Löwen eine Gesellschaft zum Zwecke der Beschaffung von Futter eingehen, das der Löwe dann allein auffrisst.

4. Das Gesellschaftsverhältnis endete durch Kündigung (*renuntiatio*), die jedem Gesellschafter jederzeit freistand, mit der Maßgabe jedoch, dass er sich dadurch seinen Pflichten nicht entziehen und die Mitgesellschafter nicht willkürlich schädigen durfte. Grundsätzlich wie eine Kündigung wirkte die Erhebung der Klage aus dem Gesellschaftsverhältnis. Weitere Auflösungsgründe waren Tod, *capitis deminutio* und Konkurs eines Gesellschafters.

5. Die Erhebung der Gesellschaftsklage (*actio pro socio*[278]) führte zur Auflösung der Gesellschaft. Ob die Klage in Ausnahmefällen auch während bestehen-

---

[275] Ein Beispiel bilden schon damals (strafbare) Kartelle:Vgl. Ulp.D. 48, 12, 1, 2…societatem coire quo annona carior fiat – eine Gesellschaft zu dem Zweck eingehen, dass das Getreide teurer wird, z. B. durch Preisabsprachen oder Verknappung des Angebots.

[276] Vgl. § 5 FN 20.

[277] Ulp. D. 17, 2, 29, 2; s. Hingst, Die societas leonina in der europäischen Privatrechtsgeschichte (2003) 35 ff.

[278] Nicht zu verwechseln mit der heute sog. actio pro socio, der ausnahmsweisen Geltendmachung eines Gesellschaftsanspruchs durch einen Gesellschafter gegen einen Mitgesellschafter.

der Gesellschaft (*manente societate*) möglich war, ist strittig. Da sie, jedenfalls in der Mehrzahl der Fälle, zu einer endgültigen Liquidation der Gesellschaft führte, war sie eine auf den Saldo gerichtete Abrechnungsklage, bei der Forderungen und Gegenforderungen der Gesellschafter berücksichtigt werden konnten. Mit der Klage konnten ausstehende Beiträge, Teilung des Gewinns, Ersatz von Aufwendungen oder von Schäden verlangt werden. Von einem etwaigen Gewinn waren allfällige Verluste vorweg abzuziehen:

Paul. D. 17, 2, 30: neque enim lucrum intellegitur nisi omni damno deducto neque damnum nisi omni lucro deducto.

Denn man kann nicht von Gewinn sprechen, wenn nicht der ganze Schaden abgezogen ist und nicht von Schaden, solange nicht der Gewinn in Anschlag gebracht ist.

Dies galt freilich nicht, wenn ein *socius* den Schaden verschuldet hatte. Dieser hatte Schadensersatz zu leisten und konnte sich nicht darauf berufen, dass er auch Gewinn erzielt hatte[279].

Ein Beispiel für Schadens- und Aufwandsersatz bietet:

Ulp. D. 17, 2, 52, 4[280]: quidam sagariam negotiationem coierunt: alter ex his ad merces comparandas profectus in latrones incidit suamque pecuniam perdidit, servi eius vulnerati sunt resque proprias perdidit. dicit Iulianus damnum esse commune ideoque actione pro socio damni partem dimidiam adgnoscere debere tam pecuniae quam rerum ceterarum, quas secum non tulisset socius nisi ad merces communi nomine comparandas proficisceretur. sed et si quid in medicos impensum est, pro parte socium agnoscere debere rectissime Iulianus probat. proinde et si naufragio quid periit, cum non alias merces quam navi solerent advehi, damnum ambo sentient: nam sicuti lucrum, ita damnum quoque commune esse oportet, quod non culpa socii contingit.

Einige haben eine Gesellschaft zum Zwecke des Kleiderhandels gegründet. Einer von ihnen hat sich auf die Reise gemacht, um Waren zu kaufen, und ist unter die Räuber gefallen; er hat sein Geld verloren, seine Sklaven sind verletzt worden und er hat die Sachen verloren, die er bei sich hatte. Julian sagt, der Schaden müsse geteilt werden und daher müsse aufgrund der *actio pro socio* die Hälfte des Schadens übernommen werden, sowohl was das Geld betrifft, als auch bezüglich der Sachen, die der Gesellschafter nicht bei sich gehabt hätte, wenn er nicht zu der Einkaufsreise aufgebrochen wäre. Aber auch die anteiligen Arztkosten müsse der Gesellschafter tragen, wie Julian völlig zu Recht meint. Auch wenn jemand bei einem Schiffbruch etwas verloren hat, trifft der Schaden beide, sofern die Waren üblicherweise mit dem Schiff transportiert werden. Denn so wie der Gewinn, muss auch der Schaden geteilt werden, der sich nicht durch Verschulden des Gesellschafters ereignet hat.

Der Gesellschafter haftete zunächst nur für *dolus*, aber schon in klassischer Zeit auch für *culpa* und *custodia*. Das Verschulden beschränkte sich jedoch auf Verletzung der eigenüblichen Sorgfalt (*diligentia quam in suis*[281]). Eine Verurteilung

---

[279] Paul. D. 17, 2, 25. Wieder anders im Sonderfall des eigenmächtig aufgenommenen socius. Wer sich darauf berief, es sei durch eigenmächtige Aufnahme eines Gesellschafters Schaden entstanden, musste auf den Gewinn verzichten, den der Aufgenommene erwirtschaftet hatte. Pomp. (D. 17, 2, 23, 1) zitiert den Kaiser Mark Aurel: „abstine commodo …, si damnum petis."– Enthalte dich des Gewinns…, wenn du Schadensersatz verlangst. Bei dieser Stelle liegen die Anfänge der gemeinrechtlichen compensatio lucri cum damno, der noch heute in vielem zweifelhaften Lehre von der Vorteilsausgleichung.

[280] Zu der Stelle Honsell, FS v. Lübtow (1981) 485, 492 f.

[281] Gai. D. 17, 2, 72; diese und andere Stellen hält man für nachklassisch; Näheres bei Kunkel/Honsell 334 FN 31.

aufgrund der *actio pro socio* wirkte infamierend. Die Infamie lässt sich cum grano salis mit dem Verlust der bürgerlichen Ehrenrechte vergleichen, der heute gelegentlich im Strafverfahren als Nebenstrafe ausgesprochen wird.

Zur Teilung des gemeinschaftlichen Eigentums war die *actio pro socio* nicht geeignet. Hierzu diente vielmehr die *actio communi dividundo* (Teilungsklage[282]).

Etliche Elemente der *societas* finden sich bei aller Verschiedenheit der römischen und der heutigen Gesellschaftsformen noch im modernen Recht, z. B. die Regel, dass die Anteile an Gewinn und Verlust im Zweifel gleich hoch sind (§§ 706, 722 BGB; § 1184 ABGB; Art. 531, 533 OR); ferner die Beschränkung der Haftung auf eigenübliche Sorgfalt (§ 708 BGB; Art 538 OR); § 110 HGB bestimmt, dass dem Gesellschafter Zufallsschäden zu ersetzen sind, die er unmittelbar durch seine Geschäftsführung erlitten hat.

§ 53 Auftrag (mandatum)

I. Begriff

Auftrag[283] (*mandatum*[284]) ist die unentgeltliche Tätigkeit in fremdem Interesse. Die Bedeutung des unentgeltlichen Auftrages war in Rom ungleich größer als heute. Hilfe und Unterstützung für Freunde waren dem Römer eine selbstverständliche Pflicht. Paul. D. 17, 1, 1, 4 verweist ausdrücklich auf *officium* und *amicitia*. Nachlässigkeit oder gar Treulosigkeit gegen den Freund galten als größte Schande (*summum dedecus*[285]). Die Erfüllung eines Auftrages entsprach zunächst nur einer sittlichen Pflicht, doch hat irgendwann der Prätor das *mandatum* klagbar gemacht. Es war ein *bonae fidei iudicium*. Der Auftrag kam formlos durch Konsens zustande. Mangels einer Gegenleistung ist der Auftrag kein synallagmatischer Vertrag. Aus dem Auftrag erwächst stets ein Anspruch des Auftraggebers (Mandant), aber nur fallweise ein Anspruch des Beauftragten (Mandatar). Es handelt sich also um einen unvollkommen zweiseitig verpflichtenden Vertrag im Sinne des gemeinen Rechts.

---

[282] Zum Verhältnis von actio pro socio und actio communi dividundo im klassischen römischen Recht s. die gleichnamige Arbeit von Drosdowski (1998).

[283] Gai. 3, 155–162; D. 17, 1; I. 3, 26; C. 4, 35. – Kreller RE XIV 1015 ff. (s.v. mandatum); Arangio-Ruiz, Il mandato in diritto romano (1949); Nörr/Nishimura (Hrsg.), Mandatum und Verwandtes (1993); Rundel, Mandatum zwischen utilitas und amicitia (2005).

[284] Etymologisch vielleicht von manum dare (Handschlag) herzuleiten; vgl. Isidorus Hispalensis, etymologiae (origines) 5, 24.

[285] Cicero pro Roscio Amerino 111.

II. Das mandatum im klassischen Recht

1. Gegenstand des Auftrags konnten rechtliche (z. B. ein Einkaufs- oder Verkaufsauftrag, ein Kreditauftrag oder die Übernahme eines Prozesses durch den Prokurator) oder faktische (z. B. Reisebegleitung, Bewachung von Sklaven usw.) Tätigkeiten jeder Art sein, sofern sie nur erlaubt waren. Der sittenwidrige Auftrag (z. B. einen Diebstahl oder eine Körperverletzung zu begehen) war nichtig[286]. Die Geschäftsbesorgung musste fremdnützig sein, d. h. (jedenfalls auch) im Interesse des Auftraggebers oder eines Dritten liegen. Lag der Auftrag lediglich im Interesse des Beauftragten (*mandatum tua gratia*), so handelte es sich um einen bloßen Rat (*consilium*), aus dem für beide Teile keine Verbindlichkeit entstand.

2. Der Auftrag war grundsätzlich unentgeltlich. *Amicitia* und *officium* verboten die Annahme eines Entgelts. Der entgeltliche Auftrag wurde als *locatio conductio* aufgefasst und umgekehrt die unentgeltliche Arbeits- oder Werkleistung als *mandatum*. Dienste höherer Art (*artes liberales*) der Ärzte, Anwälte, Lehrer usw. konnten in der Regel nicht Gegenstand eines entgeltlichen Arbeitsvertrages sein, denn noch in republikanischer Zeit galt es innerhalb der sozial gehobenen Stände als unehrenhaft, Dienste gegen Entgelt zu leisten. Man meinte sogar, unterrichten habe keine Würde (docere dignitatem non habet, Cicero Orator 144). Andererseits betrachtete man es nicht als anstößig, wenn der Beauftragte einen freiwillig gebotenen „Ehrensold" (*honorarium, salarium*) annahm, und eine derartige Vergütung war durchaus üblich. Zum Beispiel hat Cicero, der *homo novus* aus Arpinum, als Anwalt soviel Geld verdient, dass er sich einen Palast auf dem Palatin bauen konnte. Infolge eines allmählichen Wandels der Standesanschauungen setzte sich dann in der Kaiserzeit im Zusammenhang mit der mehr und mehr zur Regel werdenden Besoldung ritterlicher und senatorischer Staatsbeamter die Vorstellung durch, dass der Beauftragte das Recht habe, ein vereinbartes Honorar zu fordern. Der Weg des ordentlichen Prozesses blieb ihm freilich verschlossen. Insofern hielt man an der Unentgeltlichkeit des Auftrags fest. Wohl aber gestattete man die Geltendmachung des Honoraranspruchs im Verfahren der sogenannten *extraordinaria cognitio*.

3. Da der Auftrag seinem Wesen nach auf einem persönlichen Vertrauensverhältnis zwischen Auftraggeber und Beauftragtem beruhte, erlosch er mit dem Tod eines der Beteiligten. Aus dem gleichen Grunde konnte er von beiden Seiten jederzeit gekündigt werden.

III. Ansprüche aus dem Auftrag

Aus dem Auftrag erwuchs stets ein Anspruch des Auftraggebers (*actio mandati directa*), hingegen nur unter gewissen Voraussetzungen auch ein Gegenanspruch des

---

[286] Ulp. D. 17, 1, 6, 3: Rei turpis nullum mandatum est. – Der Auftrag zu einem sittenwidrigen Geschäft ist nichtig.

Beauftragten (*actio contraria*). Die *actio mandati* gehörte zu den *iudicia bonae fidei*.

1. Die *actio mandati directa* des Mandanten richtete sich zunächst auf die Ausführung des Auftrags entsprechend den gegebenen Anweisungen. Bei Nichterfüllung oder nicht vertragsmäßiger Durchführung haftete der Beauftragte auf das Interesse. Insbesondere hatte er die Grenzen des Auftrags (*fines mandati*) zu beachten, z. B. ein Preislimit bei einem Verkaufs- oder Einkaufsauftrag[287]. Der Auftraggeber konnte ferner die Herausgabe all dessen fordern, was der Beauftragte durch die Geschäftsführung erlangt hatte. Dies schloss auch den sog. Verletzergewinn ein[288]. Er konnte auch die Abtretung der Ansprüche verlangen, die der Beauftragte erworben hatte; der Mandatar haftete für *dolus* und vielleicht auch für *culpa*. Eine Verurteilung bewirkte den Verlust der bürgerlichen Ehrenrechte (Infamie).

2. Der eventuelle Gegenanspruch, die actio mandati contraria bewirkte keine Infamie. Die Klage war auf Ersatz der Aufwendungen gerichtet. Ob mit ihr auch Schäden geltend gemacht werden konnten, die der Beauftragte bei der Ausführung erlitten hatte, war kontrovers[289].

Im modernen Auftragsrecht (vgl. z. B. §§ 1002 ff. ABGB, §§ 662 ff. BGB, Art. 394 ff. OR, Art. 1984 ff. CC) sind ungeachtet des sozialen und wirtschaftlichen Wandels viele der eben dargestellten Elemente erhalten geblieben. Am deutlichsten ist eine übertrieben romanisierende Tendenz im deutschen BGB zu beobachten. Hingegen haben die Aufklärungsgesetzbücher mehr Konzessionen an die praktischen Bedürfnisse der Zeit gemacht. Nach § 662 BGB ist der Auftrag notwendig unentgeltlich, obwohl *amicitia* und *officium* jedenfalls im rechtlichen Bereich heute überhaupt keine Rolle mehr spielen. Der weitaus häufigere entgeltliche Auftrag wird im § 675 BGB als Dienst- oder Werkvertrag qualifiziert (richtig demgegenüber § 1004 ABGB und Art. 394 OR, Art. 1986 CC, die auch einen entgeltlichen Auftrag kennen). § 675 Abs. 2 BGB bestimmt, dass man aus der Erteilung eines Rates oder einer Empfehlung grundsätzlich nicht haftet, sofern kein Vertrag (oder Delikt) vorliegt. Ein Rat ist also grundsätzlich auch heute kein Auftrag (zum mandatum tua gratia oben II 1) Der Beauftragte haftet für jedes Verschulden (§ 1012 ABGB, Art. 398 OR). Auch das deutsche Recht sieht trotz der Unentgeltlichkeit keine Haftungsmilderung vor, obwohl ihm sonst die *diligentia quam in suis* durchaus bekannt ist. Dies lässt sich nur mit einem mehr oder weniger sklavischen Festhalten am römisch-gemeinen

---

[287] Hatte der Einkaufsbeauftragte das Preislimit überschritten, so gaben ihm die Prokulianer eine Konträrklage bis zur Höhe des genehmigten Preises, die Sabinianer hingegen verneinten den Anspruch zur Gänze, vgl. Gai. 3, 161; 3, 26, 8.

[288] Vgl. Paul D. 17, 1, 26, 8, wo der Beauftragte den zu kaufenden und auszubildenden Sklaven auftragswidrig zum doppelten Preis veräussert hatte.

[289] Paul. D. 17, 1, 26, 6 sagt vorsichtig, dass Schäden des Beauftragten durch Raub oder Schiffbruch eher dem Zufall zuzurechnen seien als dem Mandat; Jul. – Afric. D. 47, 2, 62, 5 (itp.) bejaht die Haftung des Auftraggebers, wenn der Beauftragte von dem im Auftrag gekauften Sklaven bestohlen worden war. Dazu Honsell FS v. Lübtow (1981) 485 ff. – Zum Parallelproblem bei der societas s. § 52 II 5.

Recht erklären. Nach Art. 1014 ABGB und Art. 2000 CC sowie nach schweizerischem Recht[290], haftet der Auftraggeber auch für Zufallsschäden des Beauftragten. Ganz ähnlich wie im römischen Recht ist die Auflösung des Mandats durch Widerruf, Kündigung oder Tod geregelt (vgl. z. B. §§ 1020 ff. ABGB, §§ 671 ff. BGB). Art. 404 OR normiert systemwidrig auch für den entgeltlichen Auftrag eine zwingende jederzeitige Widerrufbarkeit. Dies verstößt gegen den Grundsatz *pacta sunt servanda* und verkennt das Honorarinteresse des Beauftragten[291].

§ 54 Die Innominatkontrakte

I. Typenzwang im römischen Vertragsrecht. Datio ob rem

Das moderne Prinzip der schuldrechtlichen Vertragsfreiheit, das heute als wesentliches Element der Privatautonomie gilt, war den Römern fremd. Eine Typenfreiheit in unserem Sinn kannten sie nicht. Die Zahl der möglichen Verpflichtungsgeschäfte war begrenzt. Wer eine Leistung außerhalb der bisher erörterten Kontraktstypen erbracht hatte und sich durch das abredewidrige Verhalten seines Gegners enttäuscht sah, konnte zunächst nicht auf Einhaltung der Vereinbarung klagen, sondern lediglich seine bereits erbrachte Leistung zurückfordern (*condictio ob causam datorum*[292]). In diesen Fällen gewährte der Prätor eine Erfüllungsklage in Form einer individuellen, auf den Sachverhalt zugeschnittenen *actio in factum*[293]. Man nannte diese Klage auch *actio praescriptis verbis*, weil in der Formel anstelle der juristischen Qualifikation des Geschäftes (z. B. als Kauf usw.) einfach der Sachverhalt beschrieben war. Hierher gehörte z. B. die Vereinbarung der wechselseitigen Eigentümer zweier *filii naturales*, dieselben freizulassen. Hatte der eine Teil vorgeleistet und seinen Sklaven freigelassen, so konnte er dies nicht mehr widerrufen. Blieb jetzt die Gegenleistung aus, so gab Julian eine *actio in factum*. Ein anderes Beispiel ist der heute so genannte Trödelvertrag (*contractus aestimatorius*), eine Verkaufskommission mit fester Preisbestimmung. Bei diesem Vertrag stellt der Auftraggeber eine Sache mit der Maßgabe zu Verfügung, dass der Empfänger sie veräußern und den vereinbarten Schätzwert zahlen, oder die Sache zurückgeben soll (zum Trödelvertrag im modernen Recht § 1086 ABGB). Für den Trödelvertrag stand vermutlich eine Klage im Edikt.

---

[290] Dort ist der Ersatz von Zufallsschäden nach billigem Ermessen nur in Art. 422 OR für die GoA vorgesehen. BGE 61 II 95 wendet die Vorschrift auf den Auftrag analog an. Sie gilt auch im blossen Gefälligkeitsverhältnis (BGE 129 III 181).

[291] Näher Honsell OR BT (9. Aufl. 2010) 337 ff.

[292] Unten § 57.

[293] Dazu zuletzt Gröschler, Actiones in factum, Eine Untersuchung zur Klage-Neuschöpfung im nichtvertraglichen Bereich (2002).

II. Subsumtionsprobleme

Eine *actio in factum* war indessen nicht nur dort notwendig, wo es sich um eine atypische Vereinbarung handelte, die sich unter keine der anerkannten Klagen subsumieren ließ, sondern auch dort, wo für die Einordnung des Falles verschiedene Klagen in Betracht kamen. So konnte man beispielsweise den Trödelvertrag als Kaufvertrag oder als Werkvertrag qualifizieren und dementsprechend kam entweder die *actio venditi* oder *locati* gegen den Trödler in Betracht. Aus demselben Grund hat sich im Hinblick auf den Schulenstreit über die Rechtsnatur des Tausches für diesen die *actio in factum* durchgesetzt. Bei Zugrundelegung der sabinianischen Lehre, welche im Tausch einen Unterfall des Kaufes gesehen hatte (§ 44 II 4), wäre zweifelhaft gewesen, ob der Kläger die *actio empti* oder die *actio venditi* bekommen solle, denn jede Partei war gewissermaßen gleichzeitig Käufer und Verkäufer. Abgrenzungsschwierigkeiten gab es namentlich bei der *locatio conductio*. Ein Beispiel bietet der Vertrag mit dem *magister navis*, wenn ein ganzes Schiff angeheuert wird. Handelt es sich um Schiffscharter (Miete), so hat der Schiffer die *actio locati*. Läge dagegen ein Transportvertrag vor (Werkvertrag), dann hätte der Schiffer die *actio conducti*.

Pap. D. 19, 5, 1, 1: domino mercium in magistrum navis, si sit incertum, utrum navem conduxerit an merces vehendas locaverit, civilem actionem in factum esse dandam Labeo scribit.

Labeo schreibt, dem Eigentümer der Waren sei gegen den Schiffer eine zivile *actio in factum* zu geben, wenn unsicher ist, ob das Schiff gechartert oder ein Transportvertrag bezüglich der Waren geschlossen worden ist.

Man behalf sich mit einer *actio in factum*, um den Kläger nicht der Gefahr auszusetzen, mit seiner Klage abgewiesen zu werden, weil der Richter über die richtige Subsumtion anderer Meinung war als der Prätor. Man begnügte sich also mit einer bloßen Darstellung des konkreten Sachverhalts am Anfang der Prozessformel. Dann musste der Richter, wenn sich das tatsächliche Vorbringen des Klägers als wahr herausstellte, ohne Rücksicht auf seine Meinung über den Charakter des Vertrages zu einer Verurteilung des Beklagten gelangen.

III. Innominatkontrakte[294]

Inwieweit man über die bisher beschriebenen Fälle hinaus auch atypische Vereinbarungen mit einer Leistungsklage ausgestattet hat, ist lebhaft umstritten. Überwiegend wird heute angenommen, dass die systematische Ausbildung des ergänzenden Kontraktstyps der Innominatkontrakte (oder auch Innominat-Realkontrakte, weil die Klage voraussetzte, dass eine Partei vorgeleistet hatte) erst das Werk einer nachklassischen Theorie gewesen ist[295]. Andererseits ist nicht zu bezweifeln, dass die

[294] Nicht zu verwechseln mit den modernen Begriff Innominatkontrakte, dem schweizerischen Ausdruck für atypische Verträge bzw. Verträge sui generis.

[295] Vgl. Kunkel/Honsell 342 FN 12 mNw.

Bedürfnisse des wirtschaftlichen Verkehrs und die Praxis des täglichen Lebens neue Vertragstypen und Mischformen hervorgebracht hatten, denen die Juristen die Anerkennung nicht versagen konnten. Treffend sagt Ulpian (D. 19, 5, 4): *natura enim rerum conditum est, ut plura sint negotia quam vocabula* – es liegt in der Natur der Sache begründet, dass es mehr Geschäfte gibt als Begriffe dafür. Einen atypischen Fall behandelt schließlich:

Ulp. D. 19, 5, 20 pr.: apud Labeonem quaeritur, si tibi equos venales experiendos dedero ut, si in triduo displicuissent, redderes; tuque desultor in his cucurreris et viceris, deinde emere nolueris, an sit adversus te ex vendito actio. et puto verius esse praescriptis verbis agendum: nam inter nos hoc actum, ut experimentum gratuitum acciperes, non ut etiam certares.

Bei Labeo wird die Frage aufgeworfen, ob gegen dich aus dem Kauf geklagt werden kann, wenn ich dir verkäufliche Pferde mit der Abrede gegeben habe, dass du sie innerhalb von drei Tagen zurückgeben kannst, wenn sie dir nicht gefallen, du jedoch als Kunstreiter mit ihnen einen Wettkampf gewinnst, sie aber nicht kaufen willst. Ich meine, dass es richtiger ist, *praescriptis verbis* zu klagen, denn mit unserer Vereinbarung war gemeint, dass du sie unentgeltlich ausprobieren kannst, nicht aber, dass du an einem Wettkampf teilnehmen darfst.

Vermutlich hat erst die oströmische Schultheorie die Innominatkontrakte in schematischer Weise in vier Gruppen gegliedert: Austausch von Sachleistungen (*do ut des*; hierher gehörte. der Tausch), Austausch einer Sachleistung gegen eine Arbeitsleistung (*do ut facias* oder *facio ut des*) und schließlich Austausch von Arbeitsleistungen (*facio ut facias*).

Die Lehre von den Innominatkontrakten bedeutete letztlich nichts anderes als die Auflösung des klassischen Kontraktssystems und die Ausweitung der Zulässigkeit formloser Verträge bis unmittelbar an die Grenze der Vertragsfreiheit.

§ 55 Schenkung

I. Begriff

Schenkung[296] (*donatio*) ist die unentgeltliche Zuwendung. Meist ist Gegenstand der Schenkung eine Sache, doch kann es auch ein Forderungsrecht oder eine Obligation sein, z. B. wenn jemand schenkungshalber eine Verpflichtung eingeht oder eine Schuld erlässt. Die Schenkung erfolgt aus Freigebigkeit (*liberalitas*), doch schließt sie die Verfolgung eines weiteren, eigennützigen Zwecks nicht aus, z. B. eine erhoffte Remuneration, nach dem Motto „Wohltun legt Zinsen". Die Schenkung setzt einen Schenkungswillen (*animus donandi*) voraus[297]. Erforderlich ist Konsens der Parteien. Gegen seinen Willen muss sich niemand eine Schenkung aufdrängen lassen: *non potest liberalitas nolenti adquiri* – ein Geschenk kann dem Empfänger gegen seinen Willen nicht gemacht werden[298].

---

[296] D. 39, 5; I. 2, 7; C. 8, 53. – Kunkel/Honsell 344 ff. mNw.

[297] Diesen Schenkungswillen hat die ältere Romanistik zumeist für interpoliert gehalten; Nw. bei Kunkel/Honsell 345 FN 7.

[298] Ulp. D. 39, 5, 19, 2.

II. Schenkung als Rechtsgrund

Die Schenkung als solche begründete wenigstens nach klassischer Auffassung keine schuldrechtlichen Beziehungen. Sie war lediglich Rechtsgrundgeschäft (*causa*). Wurde sie unmittelbar durch Übereignung, Zession oder Erlass vollzogen, so bildete sie den Rechtsgrund für diese Verfügungsgeschäfte. Wo sich dagegen der Schenker zunächst nur schuldrechtlich verpflichten wollte, bedurfte es grundsätzlich eines *ex causa donationis* erteilten formalen Leistungsversprechens, d. h. einer Stipulation. Dieser unterschiedlichen Ausgestaltung liegt der bereits bekannte Gedanke zugrunde, dass der Schenker vor einem leichtfertigen und unüberlegten Versprechen geschützt werden muss, wohingegen der Schenker, der sich sogleich von der Sache trennen will, keines besonderen Schutzes bedarf.

III. Schenkungsverbote

Schenkungen waren in der römischen Gesellschaft überaus häufig. Der Gesetzgeber sah sich deshalb wiederholt gezwungen, übermäßige Schenkungen durch gesetzliche Verbote einzuschränken.

Das älteste von ihnen war die *lex Cincia de donis et muneribus*, ein Plebiszit aus dem Jahr 204 v. Chr.[299]. Dieses Gesetz verbot allen Personen, die mit dem Schenker nicht nahe verwandt oder verschwägert waren, die Annahme von Schenkungen über einen bestimmten, uns unbekannten Geldbetrag hinaus. Vermutlich verfolgte das Gesetz eine Begrenzung der *munera* zugunsten der sozial schwachen Klientel. Doch ist der Gesetzeszweck nicht klar überliefert. Das Gesetz verbot ferner den Advokaten die Annahme von Geschenken bei Strafe des Vierfachen. Die übrigen Verbote des Gesetzes enthielten überhaupt keine Sanktion. Es handelte sich um eine *lex imperfecta.* Die gesetzwidrige Schenkung war zivilrechtlich also gültig; der Prätor konnte die Klage jedoch denegieren bzw. die *exceptio legis Cinciae* erteilen. Die *lex Cincia* wurde schon in klassischer Zeit als überholt empfunden und wurde nicht mehr beachtet. Sie geriet gewohnheitsrechtlich außer Kraft (*desuetudo*). Dagegen erhielt sich ein anderes Schenkungsverbot bis ans Ende der antiken Rechtsentwicklung: Das *Verbot der Schenkung unter Ehegatten*[300]. Auch hier sind Herkunft und Zweck unklar[301]. Man hielt es für Gewohnheitsrecht.

---

[299] S. dazu Kaser, Über Verbotsgesetze und verbotswidrige Geschäfte im röm. Recht (1977) 25 f. mit Lit.

[300] S. vor allem Misera, Der Bereicherungsgedanke bei der Schenkung unter Ehegatten (1974).

[301] Schon die Klassiker haben seinen Sinn nicht mehr verstanden; ihre Erklärungsversuche wirken gekünstelt, vgl. Ulp. D. 24, 1, 1:... ne mutuo amore invicem se donationibus spoliarentur – damit sie sich nicht in wechselseitiger Liebe gegenseitig durch Geschenke berauben.

§ 56 Geschäftsführung ohne Auftrag[302] (negotiorum gestio)

Die Befugnis zur Führung fremder Geschäfte kann auf Vertrag beruhen, dann liegt ein Auftragsverhältnis vor. Fehlt ein solcher Auftrag, so spricht man von Geschäftsführung ohne Auftrag. Rechtlich ist niemand verpflichtet, für einen anderen tätig zu werden. Wer sich indes zur Übernahme einer altruistischen Tätigkeit entschlossen hat, muss die Interessen des anderen (des Geschäftsherrn) wahrnehmen. Es entstehen jetzt Rechtsfolgen und Ansprüche, die denen des Auftrags ganz ähnlich sind. Wie beim Auftrag ist man in der Übernahme des Geschäftes frei, nicht dagegen in der Durchführung eines einmal übernommenen Geschäftes.

Das prätorische Edikt verhieß eine Klage für den Fall, dass jemand, ohne dazu beauftragt zu sein, die Interessen eines Abwesenden vor Gericht wahrgenommen oder den Prozess eines Verstorbenen weitergeführt hatte. Mit dieser ursprünglich *in factum* konzipierten *actio negotiorum gestorum* konnte der Geschäftsherr Herausgabe des Erlangten und der Geschäftsführer Ersatz der Aufwendungen verlangen. Daneben gab es schon am Ende der Republik eine zivile *actio negotiorum gestorum* mit der *bona fides*-Klausel, deren Anwendungsbereich auch Fälle außerprozessualer Geschäftsführung umfasste. Die Wurzeln der altruistischen Freundeshilfe lagen, ganz ähnlich wie beim Mandat, in der namentlich in der Oberschicht verbreiteten Auffassung von *amicitia* und *officium*. Freilich bestand bei der Geschäftsführung ohne Auftrag stets eine gewisse Spannung zu dem scheinbar entgegengesetzten Postulat, sich nicht in fremde Geschäfte einzumengen (*culpa est inmiscere se rei ad se non pertinenti* – es ist ein Verschulden, wenn man sich in Geschäfte einmischt, die einen nichts angehen).

Gegenstand der Geschäftsführung konnte wie beim Auftrag jede rechtliche oder faktische Tätigkeit sein, sofern sie nur erlaubt war. Voraussetzung der Geschäftsführung war die Geschäftsführungsabsicht (*animus negotia aliena gerendi*).

Der Geschäftsherr konnte mit der *actio negotiorum gestorum* das bei der Geschäftsführung Erlangte herausfordern. Der Gegenanspruch (*actio contraria*) des Geschäftsführers auf Ersatz seiner Auslagen unterlag besonderen Anforderungen: Es musste sich um eine nützliche Geschäftsführung handeln (*negotium utiliter gestum*), d. h. um eine Tätigkeit, deren Übernahme objektiv im Interesse des Geschäftsherrn lag; ob sie auch im Ergebnis nutzbringend war, spielte keine Rolle; so konnte Ersatz der Aufwendungen verlangen, wer einen kranken Sklaven gepflegt hatte, auch wenn dieser gestorben war.

Einen eher atypischen Fall des Aufwendungsersatzes bei der Geschäftsführung ohne Auftrag behandelt:

> Paul. D. 3, 5, 20 pr.: nam et Servius respondit, ut est relatum apud Alfenum libro trigensimo nono digestorum: cum a Lusitanis tres capti essent et unus ea condicione missus, uti pecuniam pro tribus adferret, et nisi redisset, ut duo pro eo quoque pecuniam darent, isque reverti noluisset et ob hanc causam illi pro tertio quoque pecuniam solvissent: Servius respondit aequum esse praetorem in eum reddere iudicium.

---

[302] D. 3, 5; C. 2, 18. – Seiler, Der Tatbestand der negotiorum gestio (1968); Wlassak, Zur Geschichte der negotiorum gestio (1879); weit. Lit. bei Kunkel/Honsell 348 FN 2.

Wie bei Alfenus im 39. Buch seiner Digesten berichtet wird, hat Servius folgendes Gutachten erteilt: Als drei Leute von den Lusitanern gefangengenommen worden waren, wurde einer von ihnen unter der Bedingung nach Hause geschickt, dass er das Lösegeld für alle drei beschaffen solle und dass die zwei auch für ihn bezahlen müssten, falls er nicht zurückkehren sollte. Dieser wollte nicht zurückkehren, und aus diesem Grund zahlten die anderen auch für ihn das Lösegeld. Servius hat entschieden, es sei billig, dass der Prätor gegen ihn eine Klage gewähre.

Die modernen Gesetzbücher regeln die Geschäftsführung ohne Auftrag teils im Anschluss an den Auftrag (§§ 1035 ff. ABGB, §§ 677 ff. BGB, Art. 419 ff. OR), teils unter der Rubrik des Quasikontraktes (Art. 1372 ff. CC, Art. 2028 CC it.).

§ 57 Bereicherungsansprüche (Kondiktionen)

I. Geschichtliche Entwicklung

Wir sprechen von ungerechtfertigter Bereicherung, wenn jemand etwas ohne rechtlichen Grund aus dem Vermögen eines anderen erlangt hat; so z. B. wenn jemand in der irrigen Annahme, etwas schuldig zu sein, eine Geldzahlung geleistet hat. In diesem Falle bedarf es eines besonderen Rechtsmittels, um die ungerechtfertigte Bereicherung wieder auszugleichen. Dieser Anspruch wird mit der Billigkeit begründet[303]. Eine verbreitete Auffassung stützt noch heute die Bereicherungsansprüche auf die Billigkeit[304].

Der geschichtliche Ausgangspunkt der römischen Bereicherungsansprüche liegt in unmittelbarer Nachbarschaft des formlosen Darlehens (*mutuum*). Für beide Fälle gab es die gleiche Klagformel, nämlich die *condictio*. Noch in der klassischen Jurisprudenz erwog man, ob die Leistung einer Nichtschuld nicht einen Realkontrakt darstelle. Geht man davon aus, dass ursprünglich nicht der übereinstimmende Parteiwille die Grundlage des Realkontrakts ausmachte, sondern ausschließlich die *res*, d. h. die unter den Parteien erfolgte Vermögensverschiebung, so verschwindet in der Tat die Schranke, die für das moderne Verständnis zwischen der vertraglichen Darlehensverbindlichkeit und der außervertraglichen Bereicherung besteht. Die grundlose Bereicherung erscheint dann in exakt derselben Weise als Quelle einer Realobligation wie das Darlehen, ja man kann sagen, dass die Darlehensschuld in diesem Fall nur einen Sonderfall der allgemeinen Bereicherungshaftung darstellt.

Gai. 3, 91: is quoque, qui non debitum accepit ab eo, qui per errorem solvit, re obligatur; nam proinde ei condici potest ‚si paret eum dare oportere', ac si mutuum accepisset… sed haec species obligationis non videtur ex contractu consistere, quia is qui solvendi animo dat, magis distrahere vult negotium quam contrahere.

---

[303] Vgl. Pap. D. 12, 6, 66; Pomp. D. 50, 17, 206; dazu Wollschläger, Sympotica Wieacker (1985) 41 ff.

[304] Dagegen zu Recht Zweigert/Kötz, Einführung in die Rechtsvergleichung II (2. Aufl. 1984) 294 mit der Bemerkung, dass die Beziehungen des Bereicherungsanspruchs zur Billigkeit nicht „intimer" seien als die anderer Ansprüche auch. Es handelt sich einfach um technische Rückabwicklungsnormen.

Auch wer eine Nichtschuld von jemandem erhalten hat, der irrtümlich gezahlt hat, wird durch die Sache verpflichtet; denn man kann gegen ihn kondizieren mit der Formel ‚wenn es sich erweist, dass er leisten muss' ebenso, wie wenn er ein Darlehen angenommen hätte; ...aber diese Art der Obligation beruht nicht auf Vertrag, weil jemand, der mit der Absicht leistet, eine Schuld zu zahlen, den Vertrag eher auflösen als begründen will.

II. Condictio sine causa

Eine allgemeine *condictio sine causa*, die sowohl Tatbestände der Leistungskondiktion wie der Eingriffskondiktion umfasst, war dem römischen Recht fremd. Die im Digestentitel 12, 7 genannte *condictio sine causa* betrifft nur einige Spezialfälle wie die Befreiungskondiktion (*condictio liberationis* bei einer rechtsgrundlos eingegangenen Schuldverpflichtung). Die klassischen Kondiktionstypen setzen – von der *condictio furtiva* abgesehen – eine rechtsgrundlose Leistung voraus. So verneint z. B. Julian eine Kondiktion beim Bauen auf fremdem Boden (*aedificatio in area aliena*)[305]. Das allen Kondiktionen gemeinsame Merkmal ist das Verfehlen des Leistungszweckes. Am deutlichsten ist dies bei der *condictio ob rem* (Nichteintritt des mit der Leistung bezweckten Erfolgs), aber auch bei der *condictio indebiti* hat das Verfehlen des Tilgungszwecks (*die causa solvendi*) die entscheidende Rolle gespielt. Die einzelnen Zuwendungszwecke hatten gewissermaßen ihr kondiktionenrechtliches Komplement. Im modernen Recht steht demgegenüber nicht das Verfehlen des Leistungszweckes, sondern die Rechtsgrundlosigkeit der Leistung im Vordergrund. *Causa* (Zweck) und *causa* (Grund) schließen sich einander im Bereich des Kondiktionenrechts nicht aus[306], denn in der Tat ist es einerlei, ob man sagt: „Ich leiste, weil ich schulde" oder: „Ich leiste, um meine Schuld zu tilgen[307]".

III. Kondiktionstypen des klassischen Rechts

Das klassische römische Recht kennt drei verschiedene Kondiktionstypen, die *condictio indebiti*, die *condictio ob causam finitam* und die *condictio ob rem*.

1. Den umfassendsten Anwendungsbereich hatte die *condictio indebiti*[308] (Kondiktion einer Nichtschuld). Die Kondiktion war ausgeschlossen, wenn der Leistende gewusst hatte, dass er nicht zur Leistung verpflichtet war. Dasselbe galt, wenn der Irrtum nicht entschuldbar war.

---

[305] D. 12, 6, 33:... quia nullum negotium inter nos contraheretur – weil zwischen uns kein Geschäft abgeschlossen wurde.

[306] Vgl. Kunkel/Honsell 353 FN 20; anders vor allem Wolf, Causa stipulationis (1970), der alle Stellen, in denen sine causa das Fehlen des Rechtsgrundes bezeichnet, für unecht hält.

[307] Vgl. dazu Jherings Spott (Der Zweck im Recht, 4. Aufl., 15): „Ich trinke, weil ich Durst habe" oder: „Ich trinke, um meinen Durst zu löschen."

[308] S. dazu Wunner, Romanitas 9 (1970) 458 ff.

2. Verhältnismäßig schmal war der Anwendungsbereich der *condictio ob causam finitam* (späterer Wegfall des Grundes). Z. B. konnte mit dieser Kondiktion ein Schuldschein zurückgefordert werden, wenn das Darlehen bereits zurückbezahlt war.

3. Mit der *condictio ob rem*[309] oder *ob causam datorum* (Kondiktion wegen Nichteintritts des mit der Leistung bezweckten Erfolges) konnte die Leistung kondiziert werden, wenn der Gegner die nicht klagbare Gegenleistung (vgl. § 54 I) nicht erbracht oder sich sonst nicht der Abrede entsprechend verhalten hatte.

4. Ein besonderer Anwendungsfall der *condictio ob rem* war die *condictio ob turpem vel iniustam causam*[310], die Kondiktion wegen eines sittenwidrigen oder verbotswidrigen Zwecks. Ihre Besonderheit lag darin, dass hier der Leistende auch dann kondizieren konnte, wenn der Erfolg eingetreten war. Es handelte sich im Wesentlichen um Erpressungsfälle, so z. B. wenn jemand Geld für die Rückgabe einer Sache verlangte, welche er in Verwahrung hatte; oder für die Unterlassung eines Verbrechens. Hier konnte kondiziert werden, auch wenn der Erfolg eingetreten war (z. B. wenn die verwahrte Sache nach Zahlung zurückgegeben worden war). Andererseits war die Kondiktion umgekehrt in einigen Fällen ausgeschlossen, obwohl der Erfolg nicht eingetreten war: So wenn beide Seiten einen sittenwidrigen Zweck verfolgten, z. B. Zahlung von Geld damit ein Verbrechen begangen wird oder um den Mitwisser eines Verbrechens zum Schweigen zu veranlassen, Richterbestechung usw. Die Römer begründeten diese Entscheidung mit dem Satz: *in pari turpitudine melior est causa possidentis* (bei der beiderseitigen Sittenwidrigkeit ist die Lage des Besitzenden günstiger). Diese Regel besagt, dass der Prätor keine Kondiktion gewährt und deshalb das Geld dort bleibt, wo es gerade ist. Sie beruht wohl auf der Überlegung, dass selbst ein nur mittelbarer Leistungsanreiz zur Begehung von Verbrechen ausgeschlossen sein soll. Auch der Gedanke mag vielleicht eine Rolle gespielt haben, dass die Rechtsordnung für Geschäfte unter Gaunern keinen Rechtsschutz gewährt.

Paulus D. 12, 5, 1, 1 u. 2: ob rem igitur honestam datum ita repeti potest, si res, propter quam datum est, secuta non est. (2) quod si turpis causa accipientis fuerit, etiamsi res secuta sit, repeti potest.

Was zur Erzielung eines erlaubten Erfolges gegeben worden ist, kann zurückgefordert werden, wenn der Erfolg, dessentwegen geleistet worden ist, nicht eingetreten ist. (2) Hat jedoch der Empfänger sittenwidrig gehandelt, so kann auch dann zurückgefordert werden, wenn der Erfolg eingetreten ist.

Ulpian D. 12, 5, 2 pr. u. 1: ut puta dedi tibi ne sacrilegium facias, ne furtum, ne hominem occidas. in qua specie Iulianus scribit, si tibi dedero, ne hominem occidas, condici posse: (1) item si tibi dedero, ut rem mihi reddas depositam apud te vel ut instrumentum mihi redderes.

Man denke etwa an den Fall, dass ich dir etwas gegeben habe, damit du kein Sakrileg oder keinen Diebstahl begehst oder damit du einen Menschen nicht tötest. In diesem Fall schreibt Julian, wenn ich dir etwas gegeben habe, damit du nicht tötest, könne es kondiziert werden (1), ebenso ist zu entscheiden, wenn ich dir etwas gegeben habe, damit du mir die hinterlegte Sache oder eine Urkunde zurückgibst.

---

[309] Vgl. Honsell, Die Rückabwicklung sittenwidriger oder verbotener Geschäfte (1974) 70 ff., 75 ff.

[310] Honsell 80 ff.

Paul. D. 12, 5, 3: ubi autem et dantis et accipientis turpitudo versatur, non posse repeti dicimus: veluti si pecunia detur ut male iudicetur.

Wo jedoch ein sittenwidriges Verhalten sowohl des Gebers als auch des Empfängers vorliegt, sagen wir, dass nicht zurückgefordert werden kann, etwa wenn Geld gegeben wird, damit ein falsches Urteil gefällt wird.

Die Grundsätze der *condictio indebiti*, der *condictio ob rem* und der *condictio ob turpem causam* finden sich auch in den modernen Kodifikationen (vgl. §§ 812 ff. BGB, §§ 1431 ff., 1174 ABGB, Art. 62 ff. OR). Dabei hat namentlich das Kondiktionsverbot bei beiderseitiger Sittenwidrigkeit (§ 817 BGB, § 1174 ABGB, Art. 66 OR) erhebliche Verwirrung gestiftet. Die deutsche und schweizerische Judikatur wenden es nämlich auch auf sitten- oder gesetzwidrige Verträge an. Das führt nicht selten zur Prämierung des größeren Gauners. Hierfür ein Beispiel: Ein Auftraggeber hatte einem Beauftragten Geld zur Beschaffung von Gold gegeben. Solche Geschäfte waren in Zeiten der Hyperinflation verboten. Der Beauftragte führte das Geschäft nicht aus, wollte aber das Geld behalten, das er für den Ankauf verwenden sollte. Das Gericht hat damals dieses treuwidrige Verhalten geschützt[311]. Ungereimtheiten entstehen auch, wenn der nichtige Vertrag von beiden Seiten erfüllt ist. Die Nichtigkeit, z. B. wegen Verstoßes gegen ein öffentlichrechtliches Verbot (z. B. Verbot der Kriegswaffenlieferung in Spannungsgebiete), fordert die Rückabwicklung. Diese ist aber wegen des Kondiktionsverbotes ausgeschlossen. Das Kondiktionsverbot wirkt hier wie eine Behaltenscausa. Pascal[312] hielt deshalb den *par turpitudo*-Satz für ein Beispiel verderbter Jesuitenmoral, die in Mord und Ehebruch einen Erwerbstitel sehe.

Richtiger Ansicht nach ist das Kondiktionsverbot auf die Fälle des sog. Gaunerlohnes zu beschränken[313]. Ausgeschlossen ist also die Kondiktion nur dort, wo andernfalls ein mittelbarer Leistungsanreiz zur Begehung eines Verbrechens bestünde. Dass hier die eine Partei das Geleistete behalten kann, muss man in Kauf nehmen. Ohnehin werden im Rahmen eines Strafverfahrens die Deliktsprämien meist konfisziert.

5. Die Kondiktionen des klassischen Rechts waren – anders als die modernen Bereicherungsklagen – nicht auf die noch vorhandene Bereicherung beschränkt, sondern auf die Rückgabe der grundlos geleisteten Sache gerichtet. Die Besonderheit, die später den Kondiktionen den Namen gab (Bereicherungsansprüche), hat also im römischen Kondiktionenrecht nicht bestanden.

Eine der modernen Bereicherungshaftung vergleichbare Haftungsbeschränkung gab es jedoch bei einigen prätorischen Bereicherungsklagen, die auf *quanto locu-*

---

[311] S. BGE 74 II 73=Praxis 37, 139 (s. aber FN 313); ähnlich hat RG JW 1921, 1307, dem Käufer, der verbotenerweise für 120.000 Mark wertlose tschechische Kronen gekauft hatte, die Rückforderung des Kaufpreises verwehrt. RGZ 105, 65 verbotener Verkauf von 11 kg Sacharin, das in Wahrheit einfacher Zucker war, zum Preis von 14.300 Mark. Der arglistige Verkäufer konnte den Kaufpreis behalten. Weiteres bei Honsell 25 ff.; ders., FS Seiler (1999) 473 ff.

[312] Lettres a un provincial, 8me lettre (Paris 1889) 111 f., die Bücher der Jesuiten seien voll von solchen décisions horribles.

[313] S. Honsell, FS Seiler (1999) 473 ff. mit Kritik an der Rsp. insbes. des BGH; richtig hingegen jetzt BGE 134 III 438 in Änderung der FN 311 zitierten Rsp.

pletior factus est gerichtet waren, z. B. wenn ein Mündel ein Geschäft ohne Genehmigung des Vormunds abgeschlossen hatte[314]. Die generelle Beschränkung der Rückforderung gegenüber dem gutgläubigen Bereicherungsschuldner auf die noch vorhandene Bereicherung (§ 818 BGB, Art. 65 OR, § 1437 ABGB, Art. 2037 Abs. 3 CC it.) entsprang einer unzulässigen Verallgemeinerung, die noch heute grosse Schwierigkeiten verursacht[315].

§ 58 Allgemeine Grundsätze der Deliktshaftung

Neben die Kontraktsobligationen treten die Deliktsobligationen. Sie beruhen entweder auf *ius civile* oder auf *ius honorarium*. Die Klagen sind *actiones poenales*, d. h. auf Zahlung einer Buße (*poena*[316]) gerichtet. Ursprünglich war die Buße ein Mittel zur Abwendung der Strafe (Racheabkauf). In klassischer Zeit wird die Buße als Strafe verstanden, die dem Täter einen Nachteil zufügt und dem Verletzten Genugtuung verschafft.

Den Pönalklagen sind gewisse Grundsätze gemeinsam, die sich vor allem aus dem Sühnegedanken ergeben.

1. Die Buße geht meist auf ein mehrfaches des angerichteten Schadens oder des Wertes der entzogenen Sache (vgl. etwa zum Diebstahl § 59 II). Das ist in der europäischen Rechtskultur zusammen mit den Bußklagen verschwunden. Eine Verdoppelung, Verdreifachung oder gar eine Vervielfachung finden wir aber noch bei den punitive damages des US-amerikanischen Rechts.
2. Strafklagen sind passiv unvererblich[317]. Nur der Täter selbst soll die Buße zahlen, nicht seine Erben. Aktiv unvererblich (d. h. nur der Geschädigte, nicht auch seine Erben können die Klage geltend machen) ist nur die *actio iniuriarum*[318].
3. Gegen Mittäter werden die Klagen gehäuft, d. h. der Geschädigte kann von jedem Mittäter die ganze Buße fordern (kumulative Konkurrenz)[319].
4. Bußklagen können neben sachverfolgenden Klagen geltend gemacht werden, z. B. die *actio furti* neben der *condictio furtiva* oder der *rei vindicatio*[320]. Ebenso neben Vertragsklagen. Modern gesprochen handelte es sich um kumulative Anspruchskonkurrenz.
5. Strafklagen werden, wenn die Tat vom Gewaltunterworfenen begangen worden ist, gegen den Gewalthaber gewährt (*actiones noxales*). Die Besonderheit der

[314] Vgl. dazu G. H. Maier, Prätorische Bereicherungsklagen (1932), Flume, FS Niedermeyer (1953) 103, 116 ff., 124 ff. mit weiteren Beispielen.

[315] Dazu Honsell FS Schulin (2002) 25 ff.

[316] Es ist ein griechisches Lehnwort, vgl. ποινή – poiné.

[317] Kaser RP I 612.

[318] Gai. 4, 112 nennt die aktiv unvererblichen Klagen actiones vindictam spirantes – «racheschnaubende Klagen». Nur der Geschädigte – nicht seine Erben – konnte sie geltend machen. Die aktive Unvererblichkeit des Schmerzensgeldanspruchs lebte z. B. fort in § 847 Abs. 1 S. 2 BGB, einer Vorschrift, die inzwischen aufgehoben wurde.

[319] Vgl. Levy, Konkurrenz I 476 ff.

[320] Levy, Konkurrenz I 428 ff.

Noxalhaftung[321] besteht darin, dass der Gewalthaber die Wahl hat, entweder den Täter dem Verletzten auszuliefern (*noxae nomine dare*) oder die *poena* zu bezahlen. Dahinter steckt der Gedanke, dass primär der Gewaltunterworfene für die Tat verantwortlich ist. Das Prinzip der Noxalhaftung galt auch bei der Haftung für Tierschäden (*actio de pauperie*). Dies beruht auf der Vorstellung, die Schädigung sei von dem Tierdämon begangen worden.

§ 59 Diebstahl (furtum)

I. Begriff

Der Begriff des *furtum*[322] entspricht dem modernen Rechtsbegriff des Diebstahls nicht genau. Unter Diebstahl verstehen wir die Wegnahme einer fremden beweglichen Sache in Zueignungsabsicht (vgl. z. B. § 242 dStGB, § 127 öStGB, Art. 139 chStGB).

Wer die Sache in Gewahrsam hat, begeht nach moderner Vorstellung durch rechtswidrige Aneignung keinen Diebstahl, sondern Unterschlagung (§ 246 dStGB) bzw. Veruntreuung (Art. 138 chStGB, § 133 öStGB). Das römische *furtum* hingegen umfasste sowohl den Diebstahl wie die Veruntreuung, ja man zog sogar noch weitere Tatbestände unter diesen Begriff, die wir heute ganz anders qualifizieren, etwa als Betrug usw. (z. B. die Verwendung falscher Gewichte durch den Verkäufer[323], Urkundendiebstahl usw.[324]), oder die wir überhaupt nicht für strafbar halten, wie den vertragswidrigen Gebrauch einer entliehenen Sache[325]. Dementsprechend bezeichnen die Römer als *furtum* jedes „unredliche Antasten" einer Sache in gewinnsüchtiger Absicht:

Paulus D. 47, 2, 1, 3: furtum est contrectatio rei fraudulosa lucri faciendi gratia vel ipsius rei vel etiam usus eius possessionisve. quod lege naturali prohibitum est admittere.

Diebstahl ist jedes unredliche Antasten in gewinnsüchtiger Absicht, sei es der Sache selbst oder sei es auch des Gebrauches oder des Besitzes. Dies ist nach einem natürlichen Gesetz verboten.

II. Geschichtliche Entwicklung

Unsere Kenntnis vom Recht des *furtum* beginnt mit den Zwölftafeln, deren Vorschriften zwar in der späteren Praxis modernisiert wurden, die aber im übrigen durch die ganze Entwicklung des römischen Rechts hindurch grundlegend geblieben sind. Die Behandlung des *furtum* in den Zwölftafeln[326] zeigt noch sehr primiti-

---

[321] Dazu Kunkel/Honsell 381 ff.

[322] D. 47, 2; C. 6, 2; Lit. bei Kunkel/Honsell 358 ff.

[323] Ulp. D. 47, 2, 52, 22.

[324] Ulp. D. 47, 2, 27, 3.

[325] Gai. 3, 196 f.; vgl. oben § 42.

[326] Tab. 8, 12 ff.

ve Züge und lässt in verschiedener Hinsicht Parallelen zu anderen jungen Rechten erkennen. So stimmt das Zwölftafelrecht vor allem in der grundsätzlichen Unterscheidung zwischen *furtum manifestum* (handhafter Tat) und *furtum nec manifestum* mit den germanischen Rechten überein[327]. Der auf frischer Tat ertappte Dieb (*fur manifestus*) wurde ergriffen und vor den Magistrat gebracht. Dort wurde er ausgepeitscht (*verberari*) und dann durch magistratischen Spruch (*addictio*) in die Gewalt des Bestohlenen gegeben. Wurde der Dieb bei nächtlichem Diebstahl gefasst oder verteidigte er sich mit der Waffe, so konnte man ihn ohne weiteres töten, nur musste man dabei die Nachbarn zum Zeugnis herbeirufen (*endoplorare*). Hier ergeben sich Parallelen zum germanischen Gerüfte. Vom *fur nec manifestus* hingegen konnte der Bestohlene stets nur eine Geldbuße in Höhe des doppelten Wertes der gestohlenen Sache verlangen. Im klassischen Recht wurde der *fur manifestus* nicht mehr dem Bestohlenen zugesprochen; er hatte vielmehr eine Buße in Höhe des vierfachen Wertes zu bezahlen (*quadruplum*). Die unterschiedliche Bestrafung nach dem Grad der Gewissheit und Beweisbarkeit der Tat ist kennzeichnend für das primitive Denken der Frühzeit. Auch in der deutschen Strafrechtsgeschichte hat sich diese Unterscheidung lange gehalten. Der Grund der Unterscheidung ist nicht nur in der stärkeren Erregung des Verletzten zu suchen, sondern vor allem in dem Misstrauen des primitiven Rechts gegenüber indirekten Beweisen.

Wie ein *fur manifestus* wurde derjenige bestraft, bei dem das Diebesgut durch eine förmliche Hausdurchsuchung (*quaestio lance et licio*[328]) gefunden wurde. Der Bestohlene musste dabei nackt mit einem „Faden" gegürtet und einer Schüssel (*lanx*) in der Hand das Haus des Verdächtigen betreten. Der Sinn dieses Rituals ist ebenso zweifelhaft wie die Bedeutung der Begriffe *lanx und licium.*

III. Anwendungsbereich der actio furti

Das *furtum* setzte stets vorsätzliches Handeln voraus. Dies kommt schon in der Bezeichnung der *contrectatio* als *fraudulosa* zum Ausdruck; doch wird ausdrücklich ausgesprochen, dass es ohne Vorsatz keinen Diebstahl gibt: *nemo furtum facit sine dolo malo*[329] – ohne Vorsatz begeht niemand einen Diebstahl. Das unrechtmäßige „*Antasten*" (*contrectare*) umschließt, was wir heute unter Diebstahl, Unterschlagung oder Hehlerei begreifen. Freilich ist immer ein körperliches Anfassen notwendig (*animo furtum non admittitur*[330] – durch den Willen allein wird ein Diebstahl nicht begangen) und ebenso wenig reicht das bloße Bestreiten eines Depositums[331] aus. Die Quellen kennen auch die Gebrauchsentwendung (*furtum usus*[332]) und das *furtum possessionis*,

---

[327] Näheres bei Kunkel/Honsell 358 ff.

[328] Vgl. dazu Horak RE XXIV 795 mNw.

[329] Gai. 3, 197.

[330] Paul. D. 42, 2, 3, 18.

[331] Ulp. D. 47, 2, 1, 2.

[332] Gai. 3, 196 f.

mit dessen Tatbestand der Satz *rei nostrae furtum facere non possumus*[333] (an unserer eigenen Sache können wir keinen Diebstahl begehen) eine Einschränkung erfuhr. Der am meisten diskutierte Fall war die Wegnahme der verpfändeten Sache durch den Eigentümer[334]. Auch heute ist das *furtum usus* in vielen Ländern straflos. Für den Sonderfall der Gebrauchsentwendung von Autos gibt es Sondertatbestände[335].

Die *actio furti* hatte reinen Strafcharakter. Deshalb war neben ihr Raum für eine Rückforderung der gestohlenen Sache mit dem Eigentumsanspruch (*rei vindicatio*). Schließlich stand dem Bestohlenen gegen den Dieb auch die *condictio furtiva* zur Verfügung, die sich gleichfalls auf Herausgabe der Sache richtete und darum zwar neben der pönalen *actio furti*, aber nur wahlweise statt der *rei vindicatio* zulässig war. Sie bot vor allem den Vorteil, dass der Dieb auch dann auf den Ersatz des Interesses verurteilt wurde, wenn die Sache ohne sein Verschulden untergegangen war; man begründete dies mit der Annahme, dass der Dieb schon mit der Entwendung in Verzug gerate (*fur semper in mora*[336]).

Aktivlegitimiert zur Erhebung der *actio furti* war nicht nur der Eigentümer, sondern jeder, der ein Interesse hatte. Dies waren namentlich solche Personen, welche dem Eigentümer gegenüber für den Diebstahl verantwortlich waren, z. B. der Entleiher, der Mieter, der Werkunternehmer und der Pfandgläubiger, denn sie alle hafteten für *custodia*[337].

Gai. 3, 205: item si fullo polienda curandave aut sarcinator sarcienda vestimenta mercede certa acceperit eaque furto amiserit, ipse furti habet actionem, non dominus, quia domini nihil interest ea non periisse, cum iudicio locati a fullone aut sarcinatore suum consequi possit, si modo is fullo aut sarcinator rei praestandae sufficiat: nam si solvendo non est, tunc quia ab eo dominus suum consequi non potest, ipsi furti actio competit quia hoc casu ipsius interest rem salvam esse.

Ebenso wenn ein Wäscher oder ein Schneider Kleider zur Reinigung oder zum Ausbessern zu einem bestimmten Preis übernommen hat und ihm diese durch Diebstahl abhanden gekommen sind, hat er selbst die Diebstahlsklage, nicht der Eigentümer, weil dieser kein Interesse hat, zumal er ja mit der actio locati vom Wäscher oder Schneider das ihm Zustehende fordern kann. Dies gilt freilich nur, wenn der Wäscher oder Schneider in der Lage ist, für den Verlust der Sache einzustehen. Denn wenn er nicht zahlungsfähig ist, dann steht dem Eigentümer, der das ihm Zustehende nicht erhält, selbst die Diebstahlsklage zu, weil in diesem Fall er selbst ein Interesse daran hat, dass die Sache unangetastet bleibt.

Passivlegitimiert war nicht nur der Dieb, sondern auch der Anstifter oder Gehilfe. Diese Formen der Tatbeteiligung wurden vielleicht überhaupt zuerst beim Diebstahl entwickelt. Die *actio furti manifesti* konnte allerdings nur gegen den Dieb selbst angestrengt werden.

Die Verurteilung wegen eines *furtum* bewirkte Infamie.

---

333 Paul. sent. 2, 31, 21.

334 Gai. 3, 200; weitere Quellen und Lit. bei Kunkel/Honsell 361 FN 26.

335 Vgl. etwa dStGB § 248b; öStGB § 136.

336 Tryph. D. 13, 1, 20.

337 Dazu Rosenthal SZ 68 (1951) 217 ff.; zur custodia allgemein oben § 28 II.

IV. Raub

Als ein qualifizierter Fall des Diebstahls wurde in klassischer Zeit der Raub[338] (*rapina*), die gewaltsame Wegnahme fremder Sachen, betrachtet. Das prätorische Edikt sah für ihn seit dem Ausgang der Republik eine besondere *actio vi bonorum raptorum* vor, die binnen Jahresfrist auf den vierfachen, danach auf den einfachen Wert des geraubten Gegenstands gerichtet war.

§ 60 Sachbeschädigung[339] (damnum iniuria datum – widerrechtlich zugefügter Schaden)

I. Geschichtlicher Überblick

Im Zwölftafelrecht war die Beschädigung fremder Sachen offenbar noch nicht als einheitliches Delikt erfasst. Wir kennen lediglich eine Reihe von Spezialtatbeständen, die in einer für den Kulturstand dieser Zeit charakteristischen Weise bestimmte typische Fälle der Sachbeschädigung regelten: die Brandstiftung an Haus und Fruchtvorräten, die Beschädigung fremder Bäume, den Schadenszauber an fremder Saat und das Abweiden fremden Bodens. Die Verletzung eines fremden Sklaven war zusammen mit der Körperverletzung an Freien geregelt.

II. Lex Aquilia

1. Eine generelle Ordnung des Rechtes der Sachbeschädigung enthielt die *lex Aquilia*, ein Plebiszit des Jahres 286 v. Chr. Das Gesetz war in drei Kapitel eingeteilt, von denen aber nur das erste und dritte die Sachbeschädigung betrafen. Im ersten Kapitel war die widerrechtliche Tötung von Sklaven und vierfüßigen Herdentieren (*quadrupedes pecudes*) geregelt, im dritten jede andere widerrechtliche Sachbeschädigung durch „Brennen, Brechen, Verderben" – *urere, frangere, rumpere*[340] (verbrennen, zerbrechen, zerreißen). Die *actio legis Aquiliae* war eine gemischte Strafklage[341]. Sie war passiv unvererblich[342] und wurde gegen mehrere

[338] Gai. 3, 209; D. 47, 8.

[339] D. 9, 2; I. 4, 3; C. 3, 35. – Lit: Pernice, Zur Lehre von den Sachbeschädigungen (1867); v. Lübtow, Untersuchungen zur lex Aquilia (1971); Hausmaninger, Das Schadensersatzrecht der lex Aquilia; Wittmann, Die Körperverletzung an Freien im klassischen röm. Recht (1972); Völkl, Die Verfolgung der Körperverletzung im frühen röm. Recht (1984); ders. RIDA 24 (1977) 461 ff.; Ankum, St. Sanfilippo II (1982) 13 ff.; Schipani, Responsabilità «ex lege Aquilia» (1969).

[340] D. 9, 2, 27, 5.

[341] Gai. 4, 9.

[342] Gai. 4, 112.

Mittäter kumuliert, wenn sich nicht feststellen ließ, wer die Tat begangen hatte[343]. Diese, auf die *veteres* zurückgehende Regel finden wir noch heute in abgewandelter Form in § 830 Abs. 1 BGB und in Art. 50 Abs. 1 OR: An die Stelle der kumulativen Haftung ist die Solidarhaftung getreten, jeder Täter haftet für den ganzen Schaden, der Geschädigte erhält den Schadensersatz aber nur einmal.

Für Delikte Gewaltunterworfener haftete der Eigentümer nach den Grundsätzen der Noxalhaftung, d. h., er konnte entweder den Schaden ersetzen oder den Sklaven ausliefern (*aut damnum sarcire – aut servum noxae nomine dare*[344]).

Ein Problem, das noch heute im Haftpflichtrecht zahlreiche Fragen aufwirft, ist die Kausalität (vgl. oben § 28 I). Von überholender Kausalität sprechen wir, wenn eine Ursache, die zum Schaden führen würde, ihre Wirkung nicht entfaltet, weil vor Eintritt der Wirkung der Schaden von einer anderen Ursache herbeigeführt wird. Die nicht zum Zuge kommende Ursache nennt man auch *Reserveursache*: Hat jemand einem Sklaven eine tödliche Wunde zugefügt, ein anderer ihn, bevor er daran gestorben ist, erschlagen, so lässt Celsus den einen nur für *vulnerare* haften, den anderen für *occidere* (D. 9, 2, 11, 3). Nach Julian dagegen haften beide für *occidere* (D. 9, 2, 51 pr.).

Das Delikt musste widerrechtlich (*iniuria*[345]) begangen sein. Dies schließt schon in spätrepublikanischer Zeit die *culpa* (§ 28 II 2) ein und führt zur Ausbildung von Rechtfertigungs- bzw. Schuldausschließungsgründen.

Lag ein Rechtfertigungsgrund vor, so war die Handlung nicht widerrechtlich. Zu den Rechtfertigungsgründen zählte z. B. die Notwehr. Notwehr ist diejenige Verteidigung, welche erforderlich ist, um einen unmittelbar bevorstehenden rechtswidrigen Angriff auf Leben, Gesundheit, Vermögen usw. abzuwehren. Die Zulässigkeit der Notwehr beruhte nach römischer Auffassung auf einem naturrechtlichen Satz, der bei allen Völkern Geltung besaß:

> Gai. D. 9, 2, 4 pr.: adversus periculum naturalis ratio permittit se defendere.
> Die natürliche Vernunft erlaubt es, sich gegen eine Gefahr zu verteidigen;
> ähnlich Paul. D. 9, 2, 45, 4: vim enim vi defendere omnes leges omniaque iura permittunt.
> Sich mit Gewalt gegen Gewalt zu verteidigen, gestatten alle Gesetze und alle Rechte.

Die Notwehrmaßnahme darf nur der unmittelbaren Abwehr eines Angriffs dienen. Unzulässig ist es, unter dem Vorwand der Notwehr Rache zu üben. Zulässig sind nur diejenigen Mittel, die zur Verteidigung notwendig sind. Andernfalls liegt Notwehrüberschreitung (Notwehrexzess) vor. Zum Beispiel darf, wer mit dem Schwert angegriffen wird, den Angreifer töten. Hingegen handelt es sich um Notwehrexzess, wenn jemand, der mit einem Stock angegriffen wird, dem Angreifer absichtlich ein Auge ausschlägt. Es muss sich um einen wirklichen Angriff handeln. Ist dies nicht der Fall, so spricht man von Putativnotwehr. Zur Notwehr gehört auch die sogenannte Nothilfe, bei der der Angriff gegen einen anderen gerichtet ist.

---

[343] Ulp. D. 9, 2, 11, 2. – Dazu zuletzt Willvonseder, Die Verwendung der Denkfigur der „condicio sine qua non"(1984) 144; D. Nörr, Causa mortis (1986) 188.

[344] Ulp. D. 9, 2, 4 pr.

[345] Ulp. D. 9, 2, 5, 1.

Von der Notwehr zu unterscheiden ist der Notstand. Hierbei handelt es sich um einen Eingriff in fremde Rechtsgüter, wenn dies zur Rettung des Schädigers oder seines Eigentums aus einer anders nicht zu beseitigenden Gefahr notwendig ist. Die Juristen erörterten den Fall des Eigentümers eines Stadthauses, der, um ein Übergreifen des Feuers zu verhindern, das Haus des Nachbarn einreisst. Umstritten war, ob in diesem Fall die Ersatzpflicht nur dann entfällt, wenn das Feuer tatsächlich bis zu diesem Haus gelangt ist und dieses, wäre es nicht vorher niedergerissen worden, verbrannt wäre[346]. Heute gilt der Notstand nur dann als Rechtfertigungsgrund, wenn das Gut, dem ein Schaden droht, höherwertig ist als das andere, in das zur Abwehr des Schadens eingegriffen wird. Der Notstand macht zwar den Angriff zulässig, schließt aber die Ersatzpflicht nicht aus.

Ein anderer Rechtfertigungsgrund ist die Einwilligung des Verletzten (*volenti non fit iniuria*; z. B. Verletzung beim Sport).

Als Schuldausschließungsgrund behandelten schon die römischen Juristen den Fall des Befehlsnotstandes.

Paul. D. 50, 17, 169 pr.: is damnum dat, qui iubet dare: eius vero nulla culpa est, cui parere necesse sit.

Derjenige fügt Schaden zu, der befiehlt, Schaden zuzufügen: keine Schuld trägt hingegen derjenige, der gehorchen muss.

2. Als objektiven Tatbestand verlangt das Gesetz ein *occidere*, bzw. *urere, frangere, rumpere*. *Rumpere* wurde schon in republikanischer Zeit in *corrumpere* gedeutet und damit erheblich ausgeweitet[347]. Die Auslegung der *lex Aquilia* folgte noch in klassischer Zeit eigentümlich engen Grundsätzen. Von der Tötung durch unmittelbare Gewalteinwirkung (*occidere*) unterschied man das Töten durch sonstige Setzung einer Todesursache (*mortis causam praestare*[348]); z. B. wenn jemand durch Gift getötet worden war. Die *lex Aquilia* war hier nicht unmittelbar anwendbar. Der Prätor half jedoch mit einer *actio in factum*. Diese galt für alle Fälle der mittelbaren Kausalität, z. B. Durchschneiden der Ankertaue, so dass das Schiff auf den Klippen strandet, Wegnahme der Kleider, so dass der Sklave erfriert usw.

3. Die Bemessung des Schadensersatzanspruchs war in beiden Kapiteln verschieden. Bei der Tötung von Sklaven oder Vieh hatte der Täter den Höchstwert zu zahlen, den das Objekt innerhalb des letzten Jahres gehabt hatte (*quanti is homo in eo anno plurimi fuit*[349]). Für sonstige Sachbeschädigungen (nach dem dritten Kapitel) lautete die Formel: *quanti ea res erit in diebus triginta proximis*[350]. Überwiegend nimmt man an, dass *mit res* hier nicht der Sachwert, sondern der Schaden gemeint ist, und dass es auf die dreißig Tage nach der Beschädigung ankommt. Der Sinn dieser Klausel läge dann darin, eine abschließende Beurteilung der Schadensentwicklung in der Zeit nach der Schädigung zu ermöglichen.

---

[346] Ulp. D. 43, 24, 7, 4 u. D. 9, 2, 49, 1.

[347] Gai. 3, 217=I. 4, 3, 13.

[348] Dazu D. Nörr 139 ff.

[349] Gai. D. 9, 2, 2 pr.

[350] Ulp. D. 9, 2, 27, 5; s.auch Gai. 3, 218; die Bedeutung der Klausel ist umstritten; vgl. die Übersicht über den Stand der Meinungen bei Völkl RIDA 24 (1977) 461 ff.

Der Gesetzgeber der *lex Aquilia* dachte ursprünglich nur an den Ersatz des objektiven Wertes. Die klassische Jurisprudenz hat dagegen auch das subjektive Interesse des Geschädigten einbezogen, so z. B. wenn ein Sklave getötet worden war, den der Eigentümer unter einer Vertragsstrafe einem Dritten versprochen hatte oder der von einem Dritten zum Erben eingesetzt worden war. Da die Erbschaft dem Herrn zufiel, erlitt er einen Schaden, wenn der Sklave vor dem Erbfall getötet wurde. Bei der Tötung eines Sklaven, der zu einem Ensemble gehörte (z. B. Schauspielergruppe, Symphonieorchester), wurde die Entwertung des Ensembles berücksichtigt. Dasselbe galt für Zwillinge oder für ein Pferd aus einer Quadriga usw.

Ulp. D. 9, 2, 21, 2: sed utrum corpus eius solum aestimamus, quanti fuerit cum occideretur, an potius quanti interfuit nostra non esse occisum? et hoc iure utimur, ut eius quod interest fiat aestimatio.

Schätzen wir aber nur den Wert des Körpers, welchen er besaß, als er getötet wurde, oder eher unser Interesse daran, dass er nicht getötet worden wäre? Und es ist anerkannt, dass sich die Schätzung auf das Interesse bezieht.

Paul. D. 9, 2, 22: proinde si servum occidisti, quem sub poena tradendum promisi, utilitas venit in hoc iudicium. (1) item causae corpori cohaerentes aestimantur, si quis ex comoedis aut symphoniacis aut gemellis aut quadriga aut ex pari mularum unum vel unam occiderit: non solum enim perempti corporis aestimatio facienda est, sed et eius ratio haberi debet, quo cetera corpora depretiata sunt.

Wenn du also einen Sklaven getötet hast, den ich unter einer Vertragsstrafe zu übergeben versprochen habe, so wird in dem Verfahren mein Interesse berücksichtigt. (1) Ebenso werden Nutzungen, die mit dem Körper zusammenhängen, in die Schätzung einbezogen, wenn etwa jemand einen aus einer Schauspielertruppe oder aus einem Symphonieorchester oder von Zwillingen oder aus einem Viergespann oder aus einem Maultierpaar getötet hat: Hier ist nämlich nicht nur der Wert des zerstörten Körpers zu schätzen, sondern es muss auch berücksichtigt werden, um wieviel die übrigen Körper entwertet worden sind.

Ulp. D. 9, 2, 23: inde Neratius scribit, si servus heres institutus occisus sit, etiam hereditatis aestimationem venire.

Daher schreibt Neraz, wenn ein als Erbe eingesetzter Sklave getötet worden ist, so sei auch die Erbschaft in die Schätzung einzubeziehen.

4. Das Schadensersatzrecht der *lex Aquilia* hat das moderne Deliktsrecht entscheidend geprägt. Allerdings hat man die eigentümliche und eher zufällige Begrenzung auf bestimmte Sachen oder Beschädigungshandlungen aufgegeben. Erhalten geblieben sind aber die Begriffe der *culpa* (dazu oben § 28 II), der *iniuria*, das Kausalitätsproblem usw. § 823 BGB enthält einen enumerativen Rechtsgüterkatalog, § 1295 ABGB, Art. 1382 CC und Art. 41 OR hingegen eine Generalklausel, die indes in Österreich und der Schweiz im Sinne eines Rechtsgüterkataloges interpretiert wird.

Die Dogmengeschichte des Deliktsrechts ist geprägt von dem Gegensatz zweier unterschiedlicher Konzepte: Hier eine mehr oder weniger kasuistische Normierung von Einzeltatbeständen, dort die Generalklausel. Wir finden diesen Gegensatz schon im *Usus modernus* und im Naturrecht.

Die Bemühungen des Naturrechts um die Formulierung eines allgemein gültigen Grundprinzips des Deliktsrechts gipfelten im Code Napoléon, der mit revolutionärem Elan die Generalklausel eingeführt hat[351].

Art. 1382 sagt ganz allgemein: *„tout fait quelconque de l'homme, qui cause a autrui un dommage, oblige celui par la faute duquel il est arrivé, à le reparer"* – Jede Handlung eines Menschen, die einem anderen Schaden verursacht, verpflichtet ihn, den durch sein Verschulden entstandenen Schaden zu ersetzen.

Eine Generalklausel haben aber auch die anderen Naturrechtskodifikationen, das preussische Allgemeine Landrecht von 1794 und das österreichische ABGB von 1812.

§ 1295 Abs. 1 HS. 1 ABGB bestimmt: „Jedermann ist berechtigt, von dem Beschädiger den Ersatz des Schadens, den dieser aus Verschulden zugefügt hat, zu fordern".

Das preußische ALR nennt zwar die herkömmlichen Rechtsgüter, fügt aber das Vermögen hinzu. Der Schaden wird definiert (§ 1 I 6) als *„Jede Verschlimmerung des Zustandes eines Menschen, in Ansehung seines Körpers, seiner Freiheit oder Ehre oder seines Vermögens"*. §§ 10 und 12 bestimmen, dass der schuldhafte Schädiger Schadensersatz zu leisten hat.

Die vom Naturrecht geförderte generell-abstrakte Betrachtungsweise wurde – vielleicht auf der Grundlage von naturrechtlichen Werken wie De iure belli ac pacis von Hugo Grotius und Domat's loix civiles dans leur ordre naturel – ohne weitere Diskussion in den Code Napoléon übernommen. Dies entsprach der Forderung nach Einfachheit der Sprache und Klarheit der Gedanken. *Simplicitas amica legum.* Dagegen hatte sich das gemeinrechtliche Deliktsrecht sehr mühevoll und kasuistisch aus rudimentären Regeln des Römischen Rechts entwickelt, aus dem *damnum iniuria datum* der *lex Aquilia*, aus den *actiones furti* und *vi bonorum raptorum* sowie, was die Persönlichkeitsverletzungen anlangt, aus der *actio iniuriarum.*

Der gravierendste Unterschied zwischen dem französischen Recht und dem deutschen Recht sowie den vom deutschen Recht beeinflussten österreichischen und schweizerischen Rechtsordnungen liegt aber darin, dass das Vermögen im Grundsatz nur bei vorsätzlicher Schädigung geschützt wird, nicht hingegen bei fahrlässigen Beeinträchtigungen. Dies spielt z. B. eine Rolle bei fahrlässiger Schädigung infolge Erteilung eines falschen Rates oder einer unrichtigen Auskunft, ferner bei fahrlässigem Prozessieren usw. Nach § 675 Abs. 2 und § 1300 ABGB besteht hier kein Haftung, sofern kein Vertrag oder Delikt vorliegt (oben § 53 III 2). Da gegen fahrlässige Schädigungen nach deutschem Recht nur das Eigentum und vergleichbare absolute Rechte geschützt sind, nicht hingegen das Vermögen, ergibt sich von da aus eine Haftungsbeschränkung. Im deutschen Recht gewährt lediglich das Vertragsrecht Schutz gegen fahrlässige Vermögensbeeinträchtigung, nicht hingegen das Deliktsrecht. Dies ergibt sich aus dem Zusammenspiel der §§ 823 Abs. 1 u. 2 und 826 BGB. Schutz gegen fahrlässige Beeinträchtigung gibt es nur bei Verletzung von Leben, Körper, Freiheit und Eigentum, ferner bei Verletzung

[351] S. dazu Honsell, La responsabilità civile da atto illecito nella prospettiva storico-comparatisitica (hrsg. v. Vacca, 1995) 171 ff.

von Schutzgesetzen (§ 823 Abs. 2 BGB). Das Vermögen wird ansonsten nur nach § 826 BGB geschützt, der eine vorsätzliche, sittenwidrige Schädigung voraussetzt. Freilich werden diese Grundsätze in der deutschen Rsp. mehr und mehr ausgehöhlt, sei es durch Vertragskonstruktionen, sei es durch Ausdehnung des § 826 BGB auf Fälle der groben Fahrlässigkeit[352].

In den Art. 1382 ff. Code civil ist demgegenüber die Abstraktion viel weiter getrieben. Im Prinzip macht jede, auch die fahrlässige Vermögensbeeinträchtigung ersatzpflichtig. Dies gilt auch für mittelbare Schädigung Dritter: Hier hat das französische Recht zu einer Uferlosigkeit des Schadensersatzrechts geführt, für welche es in Deutschland, aber auch in Österreich und der Schweiz keine Parallele gibt. Im Ausgangspunkt ist zunächst festzuhalten, dass das deutsche, österreichische und schweizerische Recht Bestimmungen enthalten, nach denen im Falle der Tötung eines Unterhaltspflichtigen nur dem gesetzlich Unterhaltsberechtigten Schadenersatzansprüche zustehen. Von hier aus liegt der Schluss nahe, dass in allen anderen Fällen, in denen der Schädiger einen Schuldner getötet hat, kein Ersatz zu leisten ist. Demgegenüber hat das französische Recht ein Korrektiv auch hier nur in dem allgemeinen Satz, dass es sich um ein juristisch geschütztes legitimes Interesse handeln muss, *un interêt légitime juridiquement protegé*. Dies führt dazu, dass zunächst allen nahen Personen (auch den Lebensgefährten; Verlobten usw.) ein Anspruch auf Ersatz zusteht, wenn eine Person getötet worden ist, die ihnen tatsächlich Unterhalt gewährt hat. Auf die faktische Unterhaltsleistung stellt auch das schweizerische Recht ab.

Dagegen beschränken das österreichische und das deutsche Recht den Schadensersatz strikt auf die kraft Gesetz Unterhaltsberechtigten. Das kann bei langjährigen Lebensgefährten unbillig sein. Insofern bietet die französische Judikatur die bessere Lösung.

Die französischen Gerichte gehen jedoch noch weiter und gewähren Schadensersatz auch wegen Beeinträchtigung schuldrechtlicher Forderungsrechte Dritter; also nicht nur bei Tötung eines Unterhaltspflichtigen, sondern auch bei Tötung irgendeines beliebigen Schuldners. So wurde einem Fußballverein Schadensersatz wegen Tötung eines Berufsspielers zugebilligt. Der geschädigte Verein erhielt die hohe Transfersumme ersetzt, die er für die Anwerbung eines Ersatzspielers aufbringen musste. Auch der Theaterunternehmer erhält Ersatz für den Einnahmeausfall, den der Tod eines Künstlers mit sich bringt. Dies sind nach deutschem, österreichischem und schweizerischem Recht geradezu klassische Fälle eines nicht ersatzfähigen Drittschadens. Die Judikatur billigt sogar dem Gläubiger einer Geldforderung gegen den bei einem Unfall getöteten Schuldner einen Schadensersatzanspruch gegen den Schädiger zu, wenn der Gläubiger geltend macht, dass er die Forderung gegen die Erben nicht mehr realisieren kann. In einem solchen Fall hat der Kassationshof allerdings entschieden, dass es an einem ausreichend engen Kausalzusammenhang fehle. Diskutiert hat man schließlich sogar die absurde Frage, ob ein

352 Näher Honsell, Der Ersatz reiner Vermögensschäden in Rechtsgeschichte und Rechtsvergleichung, FS Lorenz (2001) 483 ff.; ders., Die Haftung für Auskunft und Gutachten insbes. gegenüber Dritten, FS Nobel (2005) 939 ff.

Kaufmann Schadensersatz verlangen kann, wenn einer seiner langjährigen Kunden getötet worden ist.

Es ist einer der Haupteinwände gegen die Generalklausel, dass sie durch Einbeziehung mittelbar geschädigter Dritter zu einer uferlosen Ausweitung des Deliktsrechts führt. Dieses Ergebnis wird in Rechtsordnungen, die Folgeschäden nur ersetzen, wenn zuvor ein absolut geschütztes Rechtsgut des Geschädigten, wie Leben oder Eigentum, verletzt worden ist, quasi automatisch erreicht.

Die notwendige Vorschaltung eines absolut geschützten Rechtsgutes erweist sich indes nicht überall als Vorteil.

Als prominentes Beispiel sind hier die sog. Kabelbruchfälle zu nennen. Ein Bauunternehmer beschädigt fahrlässig eine Stromleitung, eine Gas- oder Wasserleitung. In dem angeschlossenen Unternehmen fällt der Strom aus, was zu einer Betriebsunterbrechung und damit zu einem erheblichen Schaden führt. Nach deutscher Judikatur erhält der Geschädigte keinen Ersatz, weil er nur an seinem Vermögen, nicht an seinem Eigentum geschädigt ist. Es ist aber wenig ein-leuchtend, dass anders zu entscheiden ist, wenn zufälligerweise das beschädigte Elektrokabel im Eigentum des Geschädigten gestanden hat. Dann liegt eine Sachbeschädigung vor, so dass auch jeder Vermögensschaden, nämlich die Betriebsunterbrechung zu ersetzen ist. Im französischen Recht ist der Betriebsunterbrechungsschaden ganz unstreitig zu ersetzen (Kassationshof Bull. civ. 1970 II 122). Der Kassationshof hat ohne jede Diskussion entschieden, dass es sich um eine *consequence directe du fait de l'entrepreneur* handle. Nicht einzusehen ist auch, weshalb nach deutschem Recht zwar der Betriebsunterbrechungsschaden nicht ersetzt wird[353], immerhin aber Sachschäden, die unmittelbar durch den Stromausfall verursacht sind. Man denke an den bekannten Brutkastenfall des deutschen Bundesgerichtshofs[354]. In einer Geflügelzuchtanstalt waren infolge Stromausfalls die angebrüteten Eier verdorben. Nach der deutschen Rechtsprechung sind solche Schäden zu ersetzen. Das gilt z. B. auch für den infolge Stromunterbrechung verdorbenen Inhalt einer Tiefkühltruhe. In der Schweiz hilft sich die Judikatur damit, dass sie Art. 239 Abs. 2 StGB (Störung oder Gefährdung eines Versor-gungsbetriebes) als Schutzgesetz nicht nur zugunsten der Stromleitungseigentümer, sondern auch der Stromverbraucher interpretiert[355]. In Wahrheit zeigt sich hier, dass das Alles-oder-Nichts-Prinzip mit der fehlenden Unterscheidung zwischen haftungsbegründender und haftungsausfüllender Kausalität einer normativen Korrektur bedarf.

353 BGHZ 29, 65.

354 BGHZ 41, 123.

355 BGE 101 Ib 252, 256; 102 II 85, 88=Pra 65 Nr. 154; s. dazu Kramer recht 1984, 128 ff.; gegen den Schutzgesetzcharakter von Strafnormen zum Schutze öffentlicher Versorgungsanlagen hingegen BGHZ 66, 388; rechtsvergleichend zu den Kabelbruchfällen Bürge öJBl 1981, 57 ff.; zum Ganzen auch Honsell, FS Lorenz (2001) 483, 492 ff.

§ 61 Verletzung der Persönlichkeit (iniuria)

Im Zwölftafelrecht war die Persönlichkeitsverletzung[356] ganz ähnlich wie die Sachbeschädigung kasuistisch geregelt. Das Gesetz kannte im Wesentlichen nur Tatbestände einer Verletzung der körperlichen Integrität. Der schwerste Fall dieser Art, die Verstümmelung von Gliedmaßen (*membrum ruptum*) war noch in einer urtümlichen Weise geregelt: Der Verletzte durfte dem Täter das gleiche Übel antun, das er selbst erlitten hatte (Talion, von *talis*). Freilich galt dies nur für den Fall, dass sich der Täter nicht bereit erklärte, die vom Verletzten geforderte Buße zu bezahlen. Für leichtere Körperverletzungen schloss das Gesetz die Talion aus und schrieb feste Geldbußen vor: Bei einem Knochenbruch (*os fractum*) waren 300 As zu zahlen, wenn der Verletzte ein Freier war und 150, wenn er Sklave war. Alle anderen einfachen Körperverletzungen wurden mit 25 As gesühnt, ein Betrag, der wegen der Inflation schon bald völlig ungenügend war[357].

Im klassischen Recht war sowohl für Beleidigungen (Verbaliniurien) wie für Körperverletzungen (Realiniurien) die *actio iniuriarum* zuständig. Der Schadensersatzanspruch richtete sich nach Billigkeit (*aequum et bonum*).

Im Gegensatz zu anderen Bußklagen war die *actio iniuriarum* nicht nur passiv, sondern auch aktiv unvererblich. Sie konnte also weder gegen den Erben des Täters geltend gemacht, noch vom Erben des Verletzten erhoben werden. Dieser Gedanke findet sich noch heute beim Schmerzensgeldanspruch. War die Klage bereits anhängig gemacht, so ging der Anspruch auf den Erben über[358]. § 847 Abs. 1 S. 2 BGB, der diese Regelung ebenfalls enthielt, ist inzwischen aufgehoben. Das Schmerzensgeld (*pretium doloris*) finden wir noch im modernen Recht (vgl. z. B. § 253 Abs. 2 BGB; § 1325 ABGB; Art. 49 OR).

§ 62 Arglistige Schädigung (dolus malus) und Zwang (metus), Gläubigerbenachteiligung

I. Actio de dolo

Die Klage wegen arglistiger Schädigung (*actio de dolo*) ist eine von dem Juristen Aquilius Gallus, einem Zeitgenossen des Cicero entwickelte Schöpfung des spätrepublikanischen Honorarrechts[359].

---

[356] D. 47, 10; I. 4, 4; C. 9, 35. – Aus der Lit: s. Völkl und Wittmann oben § 60; s. noch D.V. Simon SZ 82, 132 ff.

[357] Vgl. die Erzählung Labeos bei Gellius 20, 1, 13, wonach ein Römer zur Demonstration der lächerlichen Geringfügigkeit dieser Sätze durch die Stadt marschiert sei, Ohrfeigen ausgeteilt und die Buße bezahlt habe; s. dazu Birks FS Daube (1974) 39 ff.

[358] Gai. D. 50, 17, 139 pr.

[359] Vgl. Cicero, de officiis 3, 14, 60.

Voraussetzung war zunächst das Vorliegen einer bewussten Täuschungshandlung; Arglist wurde angenommen, wenn etwas vorgetäuscht wurde, was nicht gewollt war (*aliud simulatum, aliud actum*[360]). Später ließ man auch eine anders geartete, treuwidrige Schädigung genügen. Die Geltendmachung der Klage war an eine Ausschlussfrist von einem Jahr gebunden. Die Verurteilung wirkte infamierend. Der Prätor gewährte die *actio de dolo* nur subsidiär, wenn keine andere Klage zur Anwendung kam (*si alia actio non erit*).

II. Exceptio doli[361]

Arglistiges Verhalten konnte auch einredeweise geltend gemacht werden. Die Einrede der Arglist (*exceptio doli*) besaß einen außerordentlich großen Anwendungsbereich. Sie war die wichtigste aller Einreden. Ihr Formular lautete: *si in ea re nihil dolo malo Auli Agerii factum sit neque fiat*[362] – sofern in dieser Angelegenheit nichts durch *dolus malus* des Aulus Agerius (= des Klägers) geschehen ist oder geschieht. Deutlich treten in dieser Formel die beiden verschiedenartigen Gesichtspunkte hervor, die der *exceptio doli* zugrundeliegen konnten: Entweder machte der Beklagte geltend, dass der Kläger bei der Entstehung des klagebegründenden Rechtsverhältnisses arglistig gehandelt habe, dass er z. B. den Beklagten durch betrügerische Vorspiegelungen zur Eingehung der Verbindlichkeit veranlasst habe (sog. *exceptio doli praeteriti oder specialis*). Oder aber, er berief sich darauf, dass die gerichtliche Geltendmachung des Anspruchs als solche eine arglistige oder treuwidrige Handlung des Klägers darstellte (sog. *exceptio doli praesentis oder generalis*). In dieser Variante diente die Einrede der Arglist ganz allgemein dazu, die Kraft des formalen Rechts zu brechen, wenn seine Durchsetzung als Verstoß gegen Treu und Glauben empfunden wurde.

Im römischen Recht finden sich zum Rechtsmissbrauch zwei gegenläufige allgemeine Aussagen, die beide als Äußerungen des Gaius überliefert sind. Gai. D. 50, 17, 55: *nullus videtur dolo facere, qui suo iure utitur* – wer sein Recht ausübt handelt nicht arglistig; und der Gegensatz: Gai. 1, 53:… *male enim nostro iure uti non debemus* – in schlechter Weise dürfen wir unser Recht nicht ausüben. Es ist oft darauf hingewiesen worden, dass es sich hierbei nicht um allgemeingültige Aussagen, sondern um punktuelle Argumente handelt[363]. In Wahrheit waren es rhetorische Topoi, die zum Einsatz kamen, je nachdem, welchen Standpunkt der Advokat zu vertreten hatte.

Obwohl formalistische Standpunkte heute weithin als überholt gelten können, gibt es die Einrede des Rechtsmissbrauchs, bzw. der unzulässigen Rechtsausübung noch heute (vgl. insbesondere Art. 2 Abs. 2 ZGB; dazu oben § 22 III)[364]. Der häufigs-

---

[360] Vgl. Cicero aaO.; Ulpian D. 4, 3, 1, 2.

[361] Vgl. oben § 26 II.

[362] Gai. 4, 119.

[363] Kreller, Die Theorie des Missbrauchs der Rechte in der römischen Rechtslehre: Deutsche Landesreferate zum II. Internationalen Kongress für Rechtsvergleichung (1937) 1, 5; Mader, Rechtsmissbrauch und unzulässige Rechtsausübung (1994) 25; ZGB/Mayer-Maly Art. 2 Rn 33.

[364] Eingehend dazu Honsell, FS Mayer-Maly (1996) 369 ff.

te Fall ist auch hier die treuwidrige prozessuale Geltendmachung eines Anspruchs in Widerspruch zu früherem Verhalten, das *venire contra factum proprium*[365].

Die Einrede der Arglist in ihren beiden Anwendungsformen ist auch in den modernen Rechten eine wichtige Konkretisierung des Prinzips von Treu und Glauben. Beide sind im modernen Zivilrecht ähnlich wichtig wie dieses. Überliefert ist aber auch die *actio doli* als Schadensersatzanspruch wegen vorsätzlicher sittenwidriger Schädigung (vgl. § 826 BGB; § 1295 Abs. 2 ABGB; Art. 41 Abs. 2 OR).

III. Metus (Zwang)[366]

Das prätorische Edikt kannte auch Rechtsbehelfe gegen Zwang, die auf ein Edikt des Prätors Octavius (*formula Octaviana*) zurückgingen. War der Abschluss eines Rechtsgeschäfts erzwungen worden, so gewährte der Prätor Wiedereinsetzung in den vorigen Stand (*restitutio in integrum*). Wurde die erpresste oder erzwungene Leistung nicht freiwillig zurückerstattet, so erhielt der Geschädigte eine Strafklage (*actio quod metus causa*). Schließlich gab es auch eine Einrede. Voraussetzung war begründete Furcht, also eine Drohung, mit einem beträchtlichen Übel. Es musste sich um einen Verstoß gegen die guten Sitten handeln (*adversus bonos mores*[367]).

IV. Gläubigerbenachteiligung (alienatio in fraudem creditorum)

Wie wir gesehen haben (oben § 22 I) richtete sich die Zwangsvollstreckung grundsätzlich in das gesammte Vermögen des Schuldners, nahm also regelmäßig die Form des Konkurses an. Seine Ausgestaltung war ein Werk prätorischer Rechtsgestaltung. Er schuf die Rechtsbehelfe, welche die Gläubiger vor einer treuwidrigen Beeinträchtigung ihrer Interessen durch Verminderung des Schuldnervermögens bewahrten.

Der Prätor gewährte eine Anfechtungsklage, die man im Anschluss an Paul. D. 22, 1, 38, 4 noch heute *actio Pauliana* nennt. Sie stand sowohl dem Konkursverwalter wie jedem benachteiligten Gläubiger zu und richtete sich namentlich gegen Dritte, die etwas in Gläubigerbenachteiligungsabsicht oder unentgeltlich erhalten hatten. Noch heute spricht man von *Absichts-* bzw. *Schenkungsanfechtung*. Bei der einen ist der Destinatär bösgläubig, bei der anderen kann er auch gutgläubig sein (vgl etwa § 1 ff. dAnfG, §§ 133, 134 dInsO; Art. 286 ff. chSchKG oder §§ 2 f. öAnfO und § 28 f. öInsO). Es gelten verschiedene Friste, die insbes für Ehegatten länger sind.

---

[365] Dazu Riezler, Venire contra factum proprium (1981); Dette, Venire contra factum proprium nulli conceditur (1985) und zuletzt umfassend Singer, Das Verbot widersprüchlichen Verhaltens (1993) 49 ff. und Mader, Rechtsmissbrauch und unzulässige Rechtsausübung (1994) 104 ff.

[366] D. 4, 2. – Lit.: Hartkamp, Der Zwang im röm. Privatrecht (1971); Kupisch, In integrum restitutio und vindicatio utilis (1974) 123 ff.

[367] Ulp. D. 4, 2, 3, 1.

Grundzüge des Familienrechts

§ 63 Die Ehe

I. Allgemeines

Während das Eherecht in den europäischen Staaten in seiner weltlichen Ausgestaltung auch heute noch den Einfluss der christlichen Religion verrät, waren in Rom die Beziehungen zwischen Eherecht und Religion von jeher verhältnismäßig locker und sind in der Kaiserzeit fast ganz verschwunden.

Der Idee nach war die Ehe[1] eine auf Dauer angelegte Lebensgemeinschaft (*consortium omnis vitae*[2]), die auf dem Ehewillen (*affectio maritalis*) der beiden Ehegatten beruhte und für welche die Nachkommenschaft ganz wesentlich war. Das Prinzip der auf Lebenszeit angelegten Einehe, wurde freilich durch die leichte Scheidbarkeit relativiert. Die Freiheit der Ehe, ihre jederzeitige Auflösbarkeit durch die Ehegatten, war altrömisches Gedankengut: *libera matrimonia esse antiquitus placuit*[3].

II. Voraussetzungen der Ehe

Wie das römische Privatrecht überhaupt, so war auch das römische Eherecht grundsätzlich eine Angelegenheit der römischen Bürger. Nur unter ihnen und solchen Personen, denen das *conubium* (das Recht, eine gültige römische Ehe einzugehen) besonders verliehen war, konnte eine vollgültige Ehe zustandekommen. Nur die in

---

[1] Lit.: Rossbach, Untersuchungen über die röm. Ehe (1853); Kunkel RE XIV/2 2259 ff. s.v. matrimonium; Levy, Der Hergang der röm. Ehescheidung (1925).

[2] Mod. D. 23, 2, 1.

[3] Alexander Severus C. 8, 38, 2.

H. Honsell, *Römisches Recht*, Springer-Lehrbuch, DOI 10.1007/978-3-662-45870-9_5

dieser Ehe geborenen Kinder wurden römische Bürger und standen unter der *patria potestas* (väterliche Gewalt), sie allein waren die geborenen Erben (*sui heredes*).

Neben der Ehe kannte das römische Recht noch eine andere Form dauernder Geschlechtsgemeinschaft, den Konkubinat, der sich von der Ehe sowohl hinsichtlich der sozialen Stellung der Frau wie hinsichtlich der Rechtsstellung der Kinder unterschied.

Voraussetzung einer gültigen Ehe war ferner das Nichtvorliegen eines Ehehindernisses[4]. Als solche Ehehindernisse galten:

a. fehlende Geschäftsfähigkeit;
b. Gewaltunterworfene bedurften zur Eheschließung der Zustimmung des Vaters;
c. wer in einer gültigen Ehe lebte, konnte keine zweite Ehe eingehen;
d. Verwandtschaft und sogar Schwägerschaft bildeten ein Ehehindernis, dessen Missachtung Ehenichtigkeit und Bestrafung wegen Inzestes zur Folge hatte. Die Ehe unter Blutsverwandten (*cognati*) war in gerader gänzlich und in der Seitenlinie bis zum dritten Grad verboten (Onkel und Nichte, Tante und Neffe konnten keine Ehe eingehen). Anlässlich der Verheiratung des Kaisers Claudius mit seiner Nichte Agrippina wurde jedoch auch die Ehe zwischen Onkel und Nichte für zulässig erklärt. Konstantin hat dies wieder rückgängig gemacht.

III. Die Ehegesetzgebung des Augustus[5]

Unter den Reformen des Augustus nimmt seine Ehegesetzgebung eine besondere Stelle ein. Ihr Ziel war die Regeneration der römischen Bürgerschaft. Die Mittel freilich verstießen gegen das Herkommen und wurden weitgehend abgelehnt. Die Augusteischen Ehegesetze, die *lex Iulia de maritandis ordinibus* und die *lex Papia Poppaea*, schufen einen Zwang zur Ehe. Nach der *lex Iulia* sollte jeder Römer im ehefähigen Alter verheiratet sein, die Männer von 25–60, die Frauen von 20–50. Die *lex Papia Poppaea* forderte außerdem das Vorhandensein ehelicher Kinder, bei Freigeborenen mindestens drei, bei Freigelassenen mindestens vier. Wer verheiratet gewesen, aber durch Tod oder Scheidung ehelos geworden war, musste sich wiederverheiraten. Namentlich die Wiederverheiratungspflicht der Witwe widersprach römischer Vorstellung. An die Nichtbefolgung dieser Vorschriften knüpften sich personenrechtliche und erbrechtliche Nachteile, während umgekehrt die Eltern von drei bzw. vier Kindern in verschiedener Hinsicht bevorzugt wurden. Das ius *trium vel quattuor liberorum* wurde vom Kaiser sogar als Privileg verliehen[6].

Zu den Ehegeboten traten Eheverbote, die den Zweck hatten, den Stand der römischen Bürger von unwürdigen Elementen freizuhalten. Allen freigeborenen Bürgern war es untersagt, bescholtene Personen zu heiraten, namentlich Prostituierte,

---

[4] Vgl. zum folgenden Kunkel/Honsell 388 ff.

[5] Vgl. Jörs, FS Mommsen (1893) 59 ff.; Spruit, De lex Iulia et Papia Poppaea (1969); D. Nörr, FS Schelsky 313 ff.

[6] Näher Kunkel/Honsell 391.

Kupplerinnen oder Frauen, die beim Ehebruch ertappt worden waren. Senatoren und deren Abkömmlinge bis zum Urenkel durften keine Ehe mit Freigelassenen oder mit Schauspielerinnen eingehen.

IV. Eheschließung

Das römische Recht kannte drei verschiedene Formen der Eheschließung:

1. Die *confarreatio*[7], eine sakrale Form, hatte ein feierliches Ritual. Im Mittelpunkt stand ein dem Jupiter dargebrachtes Opfer, bei dem unter anderem ein Speltbrot (*panis farreus*) verwendet wurde. Es bedurfte der Mitwirkung der beiden obersten Priester, des *pontifex maximus* und des *flamen Dialis*. Die *confarreatio* war zu Beginn der Kaiserzeit fast völlig verschwunden und ist unter Augustus aus sakralrechtlichen Gründen künstlich wiederbelebt worden.

2. Die *coemptio*[8] war ein Gewaltübertragungsakt *per aes et libram*. Ursprünglich übertrug wohl der Vater der Braut seine Gewalt vor fünf Zeugen und mit Erz und Waage auf den Bräutigam. Das Geschäft, das in seinen Anfängen vielleicht einmal ein Brautkauf war, wurde später zu einem Scheinkaufpreis (*nummo uno*) vollzogen. An den Libralakt knüpfte sich ein stipulationsartiges Wortformular, das die Begründung der Ehegemeinschaft zum Ausdruck brachte: Mann und Frau befragten sich gegenseitig, ob sie einander Ehegatten sein wollten (*an sibi mater- sc. paterfamilias esse vellet*).

3. Schon in der Zwölftafelzeit konnte eine Ehe auch durch bloße Betätigung des beiderseitigen Ehewillens, das heißt durch Aufnahme der ehelichen Lebensgemeinschaft, begründet werden. Als äußeres Zeichen für die Begründung der Lebensgemeinschaft gab es zahlreiche Hochzeitsbräuche[9]. Überliefert ist u. a. der von der Frau gesprochene Satz: *quando tu Gaius ego Gaia*[10]. Unter den Hochzeitsbräuchen spielte das feierliche Geleit der Braut ins Haus des Mannes eine besondere Rolle (*in domum deductio*). Am Hochzeitstag, wenn der Abendstern aufging, holte der Bräutigam die Braut aus den Armen ihrer Mutter. Auf der Straße warteten seine Freunde und geleiteten das Paar bei Fackelschein und Flötenspiel zum Haus des Bräutigams. Dort sträubte sich die Braut einzutreten und musste über die Schwelle getragen werden. Dann bekränzte und salbte sie die Türpfosten und betete am Ehebett ihres Mannes zu dem Genius der Familie, dass es ihr vergönnt sein möge, das Geschlecht des Mannes fortzupflanzen. Die *in domum deductio* galt als der Zeitpunkt des Ehebeginns. In klassischer Zeit war die formlose Eheschließung die Regel.

---

[7] Vgl. Gai. 1, 112; Marquardt/Mau, Das Privatleben der Römer I (Nachdruck 1964) 28 ff.

[8] Gai. 1, 113.

[9] S. dazu etwa Marquardt/Mau 28 ff.; Kunkel/Honsell 395.

[10] Cicero pro Murena 27.

V. Persönliche Wirkungen der Ehe

Confarreatio und *coemptio* führten ohne weiteres zum Eintritt der Frau in die Familie und Gewalt des Mannes. Anders die formlose Eheschließung durch Herstellung der ehelichen Gemeinschaft. War diese Art der Eheschließung gewählt worden, so konnte der Mann das Gewaltrecht allerdings durch eine einjährige ununterbrochene Zugehörigkeit der Frau zu seinem Haushalt, also durch eine Art Ersitzung, erwerben. Schon das Recht der Zwölftafeln enthielt aber eine Möglichkeit, wie man die Vollendung dieser Ersitzung und damit die Entstehung der ehemännlichen Gewalt beliebig lange verhindern konnte: Die Frau verweilte alljährlich während dreier aufeinanderfolgender Nächte (*trinoctium*) außerhalb der ehelichen Wohnung, vermutlich in ihrem Elternhause, wo sie am elterlichen Familienkult teilnahm. Dieses Fernsein der Frau bewirkte eine Unterbrechung der Ersitzung. Diese Regeln blieben bis zum Ende der Republik in Geltung (vgl. § 3 II).

VI. Ehescheidung (divortium)

1. Die wichtigsten Endigungsgründe der römischen Ehe waren Tod und Scheidung (*divortium*)[11]. Nur von dieser ist hier die Rede. Seit alters galt der Satz, dass die Ehe scheidbar ist (vgl. oben I). Auch bei der sakralen, durch *confarreatio* begründeten Ehe war jedenfalls in historischer Zeit die Scheidung zulässig und es bestand dafür eine besondere, der *confarreatio* nach dem Prinzip des *contrarius actus* entsprechende Scheidungsform, die *diffareatio*. Auch die Ehegatten selbst konnten die Scheidung nicht vertraglich ausschließen oder durch Vereinbarung einer Vertragsstrafe erschweren. Der Grundsatz der Scheidungsfreiheit galt aber noch in einer anderen Hinsicht: In Rom war die Scheidung einer Ehe nicht vom Vorliegen bestimmter Scheidungsgründe abhängig. Allerdings hat die Sitte die grundlose Scheidung missbilligt und an die schuldhafte Scheidung knüpften sich für die Frau güterrechtliche Nachteile.

2. Scheidungsbefugt war in der Gewaltehe des alten Rechts lediglich der Ehemann bzw. sein Gewalthaber. Als Träger der *manus* konnte er seine Gattin jederzeit verstoßen, wobei freilich die Sitte frühzeitig seiner Willkür Grenzen zog. Bei der gewaltlosen Ehe bestand eine beiderseitige Scheidungsmöglichkeit. Schon in der späten Republik konnte auch die Frau die Scheidung einer Gewaltehe herbeiführen. Die *manus*-Ehe wurde ursprünglich stets durch Aufhebung der *manus* aufgelöst, das heißt durch Rückübertragung der Frau an ihren früheren Gewalthaber oder aber auch durch Übertragung an einen Strohmann, der sie dann seinerseits aus der Gewalt entließ. Schon frühzeitig hatte man offenbar die Scheidungsform der gewaltlosen Ehe auch auf die *manus*-Ehe übertragen. Für die gewaltfreie Ehe war überhaupt kein Formalakt nötig, sondern nur die einfache Erklärung des Scheidungswillens (*repudium*), verbunden mit der tatsächlichen Aufhebung der Ehegemeinschaft. Die Scheidungserklärung selbst

[11] D. 24, 2; C. 5, 17. – Levy, Der Hergang der röm. Ehescheidung (1925).

konnte persönlich, brieflich oder durch einen Boten übermittelt werden. Von diesen Möglichkeiten war die letzte am beliebtesten, so dass *nuntium remittere* (einen Boten schicken) die technische Bedeutung „sich scheiden" erlangte. Die Scheidungserklärung war an keinen bestimmten Wortlaut gebunden. Üblich waren Formulierungen wie *baete foras mulier* (geh hinaus Frau) oder *tuas res tibi habeto* (nimm deine Sachen mit). Auch ein konkludentes Verhalten genügte; so das Wegnehmen der Schlüssel (*claves adimere*), die Symbol für die Vorrangstellung der *materfamilias* im Hause waren.
3. Heute ist in fast allen Ländern ein gerichtliches Scheidungsverfahren üblich, obgleich sich der kontradiktorische Prozess für eine Scheidung nicht eignet. Zum Schutz vor Übereilung würde eine Scheidung vor dem Standesamt genügen, wo die Ehe auch geschlossen wird. Das wäre das Konträraktsprinzip.

§ 64 Ehegüterrecht

I. Güterstand

Auch für die Gestaltung des Ehegüterrechts war der Unterschied zwischen *manus*-Ehe und gewaltfreier Ehe von grundlegender Bedeutung: Trat die Frau in die *manus* ihres Mannes ein, so fiel alles, was ihr vor der Ehe gehört hatte, und alles, was sie im Lauf der Ehe erwarb, in das Eigentum des Mannes oder dessen Gewalthabers. Sie selbst war schlechthin vermögensunfähig. Nach dem Tode ihres Mannes beerbte sie ihn wie eine Tochter, denn sie stand *filiae loco*, hatte also die rechtliche Stellung einer Tochter. Ihr Erbrecht in der eigenen Familie hingegen war durch den Übertritt in die Familie des Mannes erloschen.

Hingegen ergab sich für die gewaltfreie Ehe aus der Tatsache, dass die Frau in der Familie ihrer Eltern verblieb, im Prinzip ein System reiner Gütertrennung: War die Frau noch gewaltunterworfen, so gehörte alles, was sie erwarb, ihrem Gewalthaber. War sie gewaltfrei, so besaß sie ihr eigenes Vermögen und der Ehemann hatte hieran kein Verwaltungs- und Nutzungsrecht; umgekehrt stand der Frau auch kein Unterhaltsanspruch gegen den Mann zu. Eine erhebliche Einschränkung der Stellung der Frau ergab sich durch eine auf Quintus Mucius Scaevola zurückgehende Beweisregel (die sog. *praesumptio Muciana*): Danach galten Gegenstände, die in den Händen der Frau waren, im Zweifel als aus dem Vermögen des Mannes erlangt.

II. Die Mitgift (dos)[12]

Seit alters war es üblich, dass die Frau von ihrem Vater oder von Dritten eine Mitgift erhielt, die ins Eigentum des Mannes fiel. Es war dies ein Beitrag zur Begrün-

---

12 D. 23, 3; C. 5, 12. – Lit.: Bechmann, Das röm. Dotalrecht, 2 Bde. (1863/67); Czyhlarz, Das röm. Dotalrecht (1870); Lauria, Matrimonio-Dote (1952).

dung und Erhaltung des ehelichen Hausstandes (*onera matrimonii*). Obwohl die *dos* ins Eigentum des Mannes fiel, war sie wirtschaftlich gesehen Frauengut (*res uxoria*). Dementsprechend bestand grundsätzlich die Pflicht, die *dos* nach Beendigung der Ehe der Frau zurückzuerstatten. Der Anspruch konnte mit der *actio rei uxoriae*[13] *geltend gemacht werden, einer Klage, deren Formel in bonum et aequum* konzipiert, das heißt vom Prinzip der Billigkeit beherrscht war. War die Ehe durch Scheidung aufgelöst worden, so konnte der Mann für jedes Kind ein Sechstel der *dos*, insgesamt jedoch nicht mehr als die Hälfte zurückbehalten (*retentio propter liberos*). War der Anlass für die Scheidung ein Ehebruch der Frau, so durfte er auch hierfür ein Sechstel abziehen (*retentio propter mores*).

§ 65 Väterliche Gewalt (patria potestas)

1. *Die patria potestas*[14] (väterliche Gewalt) war ursprünglich nur ein Anwendungsfall der einheitlichen und unbeschränkten Herrschaftsmacht, die der *paterfamilias* (Hausvater) gleichmäßig über Personen und Sachen, über freie und unfreie Hausgenossen ausübte. Der *paterfamilias* besaß das Recht über Leben und Tod (*ius vitae necisque*[15]). Die Sitte forderte allerdings schon seit jeher, dass der Vater schwere Strafen, namentlich die Tötung des Hauskindes, nicht nach Willkür, sondern als Richter und unter Zuziehung eines Familienrates verhängen sollte (*iudicium domesticum*). Das *ius vitae necisque* wurde erst unter christlichem Einfluss abgeschafft, hatte aber schon in der hohen Republik keine Bedeutung mehr. Zum Inhalt der patria potestas gehörte auch das Recht zur Veräußerung des Hauskindes (*ius vendendi*). Ein Zwölftafelsatz bestimmte, dass ein Sohn, der dreimal *in mancipium* verkauft worden war, wenn er aus der Gewalt des letzten Erwerbers entlassen wurde, nicht mehr in die *patria potestas* zurückfiel, sondern frei war (*si pater filium ter venum duit filius a patre liber esto*). Dieser alte Satz bildete den Ausgangspunkt für die Emanzipation und die Adoption (unten § 66). Der Kindesverkauf ist schon frühzeitig verschwunden. Er kommt jedoch in den Notzeiten des 3. und 4. Jh. n. Chr. wieder vor.

2. Das Hauskind war vermögensunfähig. Es bestand aber die Möglichkeit, ihm ein Sondervermögen zur selbständigen Bewirtschaftung einzuräumen. Der älteste Fall war das *peculium castrense*. Was der unter väterlicher Gewalt stehende Sohn im Heeresdienst (*in castris*) erwarb, stellte sein freies Vermögen dar. Daneben gab es auch Sondervermögen, die der Vater dem Kind zur selbständigen Bewirtschaftung überließ (*peculium profecticium*). Diese Sondervermögen konnte er ihm jederzeit wieder entziehen.

---

[13] D. 24, 3; C. 5, 18. – Lit.: Söllner, Zur Vorgeschichte und Funktion der actio rei uxoriae (1969).

[14] Dazu Jhering, Geist des röm. Rechts auf den verschiedenen Stufen seiner Entwicklung II 1 (6. Aufl. 1921) 156 ff.; Marquardt/Mau, Privatleben der Römer I 80 ff.

[15] S. hierzu Kunkel SZ 83 (1966) 241 ff.

§ 66 Entstehung und Beendigung der väterlichen Gewalt. Adoption

I. Beginn und Ende der patria potestas

Die *patria potestas* begann mit der Geburt und dauerte grundsätzlich bis zum Tode des Gewalthabers. Starb der *paterfamilias*, so wurden Söhne und Töchter gewaltfrei. Zugleich erwarben die Söhne nun ihrerseits die *patria potestas* über ihre Kinder und Kindeskinder.

Die väterliche Gewalt war auch der Ausgangspunkt für das Verwandtschaftssystem des älteren Rechts: die Agnation. Agnatisch verwandt waren diejenigen Personen, die unter derselben Hausgewalt standen oder gestanden hätten, wenn der gemeinsame *paterfamilias* noch lebte. Im Laufe der Entwicklung trat die Agnation hinter der Kognation (Blutsverwandtschaft) zurück (vgl § 5 I 2).

II. Arrogation und Adoption[16]

Neben den natürlichen Entstehungs- und Beendigungsgründen gab es seit alters gewisse Tatbestände rechtsgeschäftlicher Begründung oder Aufhebung der *patria potestas*:

1. Die Adoption ist eine Erscheinung, die im Leben primitiver Völker eine andere, ungleich größere Rolle spielt als in der modernen Welt. Sind es heute im Allgemeinen Gründe persönlicher Art, durch die sich jemand zur Annahme eines Kindes bestimmen lässt, so steht für jene Stufe menschlicher Kultur das Interesse der Familie am Fortleben des Geschlechts im Vordergrund, mit dem wiederum die Pflege des Familienkults untrennbar zusammenhängt. Das Aussterben eines Geschlechts war eine Katastrophe, die es unter allen Umständen zu verhindern galt.

Von den beiden Erscheinungsformen der Adoption im römischen Recht ist die Arrogation sichtlich die ältere und ursprünglichere. Sie trägt noch ganz die Züge des engen Gemeinschaftslebens einer archaischen Zeit. Nach einer Vorprüfung im Pontifikalkollegium erfolgte die Arrogation durch den vom *pontifex maximus* veranlassten Beschluss der Volksgemeinde.

2. Jünger ist die Adoption. Sie ist ein kompliziertes, „nachgeformtes Rechtsgeschäft“[17], das sich in zwei Akten vollzog. Der erste bezweckte die Lösung des Hauskindes aus seinem bisherigen Gewaltverhältnis. Dazu bedurfte es nach dem Zwölftafelsatz (oben § 65) bei Söhnen einer dreimaligen Veräußerung in fremdes *mancipium*. Nach der ersten und zweiten Manzipation wurde der Sohn vom Erwerber

[16] Bergman, Beiträge zum röm. Adoptionsrecht (1912); Kurylowicz, Die Adoption im klassischen röm. Recht (1981).

[17] Der Ausdruck stammt von Rabel, vgl. dessen grundlegende Abhandlung in SZ 27 (1906) 290 ff.

wieder aus dem *mancipium* entlassen und fiel in das alte Gewaltverhältnis zurück. Erst die dritte Manzipation brachte dieses Gewaltverhältnis endgültig zum Erlöschen. Bei Töchtern und Enkelkindern hielt man in schlauer Buchstabenauslegung des Zwölftafelsatzes, der nur vom *filius* sprach, eine einmalige Manzipation für ausreichend[18]. Der zweite Teil der Adoption bestand aus einem Anwendungsfall der *in iure cessio*. Der Adoptierende vindizierte das Kind vom Vater oder dem Dritten, dem es vorher manzipiert worden war, mit der Behauptung, es sei sein Gewaltunterworfener. Der Gegner unterließ vereinbarungsgemäß die *contravindicatio* und der Magistrat sprach das Hauskind dem Vindizierenden zu.

III. Emanzipation

Mit der Adoption im Formular verwandt ist die Entlassung des Hauskindes aus der *patria potestas* durch *emancipatio*. Auch hierbei handelte es sich um ein nachgeformtes Rechtsgeschäft, das von dem Zwölftafelsatz über das Erlöschen der *patria potestas* bei dreimaliger Veräußerung des *filius in mancipium* ausging. Das Verfahren war weitgehend identisch mit dem ersten Teil der Adoption: Der Sohn wurde dreimal vom *paterfamilias* an einen Dritten manzipiert, dann von diesem an den Vater zurückveräußert und schließlich vom Vater freigelassen. Damit wurde er zum *homo sui iuris*.

§ 67 Vormundschaft (tutela)[19]

I. Begriff und Arten

Unmündige (*impuberes*[20]), die nicht der patria potestas, und Frauen, die weder der *patria potestas* noch der *manus* eines *paterfamilias* unterworfen waren, standen unter Vormundschaft (*tutela*). Ursprünglich war die römische Vormundschaft ein reines Gewaltverhältnis wie die *patria potestas*. Der Vormund beherrschte das Mündelgut *domini loco*. Im Übrigen waren die Befugnisse des Vormunds geringer als jene des *paterfamilias*: Es fehlte das *ius vitae necisque*. Trotz der Vormundschaft galt das Mündel als *homo sui iuris*, war also selbst Vermögenssubjekt. Vor allem aber hatte die Tutel stets den Charakter einer anvertrauten, treuhänderischen Gewalt. Anfänglich war bei der *tutela legitima* der Vormund regelmäßig zugleich der nächste gesetzliche Erbe des Mündels; seine Befugnis erhielt dadurch einen Zug

[18] Gai. 1, 132.

[19] D. 26, 1 u. 5; 27, 3 u. 4; I. 1, 13. – Lit.: Rudorff, Das Recht der Vormundschaft, 3 Bde. (1832/34); Sachers RE VII A/2 1497 ff. s.v. tutela.

[20] Vgl. oben § 8.

von Eigennützigkeit. Im Laufe der geschichtlichen Entwicklung traten dann das Interesse des Mündels und die Verpflichtung des Vormunds zur Wahrung dieses Interesses mehr und mehr in den Vordergrund. Neben der *tutela legitima* gab es früh, jedenfalls schon in den Zwölftafeln, die *tutela testamentaria* oder *dativa*. Dem *paterfamilias* war es gestattet, in seinem Testament für diejenigen seiner Gewaltunterworfenen, die durch seinen Tod gewaltfrei wurden, einen Vormund zu ernennen. In klassischer Zeit wurde es üblich, das Mündel seine Rechtsgeschäfte in eigener Person vornehmen zu lassen, wenn es hierzu imstande war, vor allem, wenn es über das Kindesalter hinausgelangt war. In diesem Fall beschränkte sich die Tätigkeit des Vormunds auf die Erteilung seiner *auctoritas* (Genehmigung). Sie war stets erforderlich, wo das Geschäft dem Mündel nicht ausschließlich eine Vermehrung seines Vermögens brachte.

Neben dem *tutor legitimus* und dem *tutor testamentarius* gab es als dritte Erscheinungsform der Vormundschaft den behördlich bestellten Vormund. Nach einer *lex Atilia* erhielten solche Mündel, denen kein gesetzlicher oder testamentarischer Vormund zur Seite stand, einen Vormund durch den Stadtprätor.

Zu den Aufgaben des Vormunds gehörte neben der Vermögensverwaltung auch die Sorge für die Person des Mündels, namentlich die Erziehung und Ausbildung. Die Verwaltung des Mündelguts geschah unter Aufsicht des Magistrats (*praetor tutelarius*). Dieser konnte bei bestimmten Geschäften Sicherheitsleistung zugunsten des Mündels verlangen.

II. Rechtsbehelfe

1. Rechtsbehelfe zum Schutz des Mündels gab es im alten Recht nur auf deliktischer Grundlage. Das Zwölftafelrecht kannte zwei Klagen: einmal die *accusatio suspecti tutoris*, ein Kriminalverfahren, das auf Beseitigung des ungetreuen Vormunds gerichtet war. Das Mündel selbst konnte es nicht in Gang setzen, wohl aber jeder Dritte, der sich der Sache annahm. Daneben gab es eine private Deliktsklage, mit welcher das Mündel vom Vormund das Doppelte des hinterzogenen Vermögens einklagen konnte (*actio rationibus distrahendis*).

2. In klassischer Zeit stand dem Mündel die *actio tutelae*[21] zur Verfügung. Sie richtete sich auf Erstattung all dessen, was dem Mündel nach Treu und Glauben gebührte. In diesem elastischen Rahmen konnte das spätrepublikanisch-klassische Recht die dem Vormund obliegenden Pflichten im Einzelnen frei entwickeln. Auf dem Prinzip der *bona fides* beruhte insbesondere die klassische Ausgestaltung der Haftung für Schäden, die dem Mündel durch Handlungen oder Unterlassungen des Vormunds entstanden waren. Diese Haftung war im klassischen Recht verhältnismäßig streng und hierin kommt der Pflichtencharakter der Vormundschaft, das *officium tutoris*, nachdrücklich zur Geltung. Der Vormund stand nicht nur für *dolus* und *culpa* ein, sondern hatte sogar das Risiko der Geschäftsführung zu tragen, soweit nicht nach Treu und Glauben eine Entlastung gefordert war. Das besondere Treue-

---

[21] S. dazu Sachers 1565 ff.

verhältnis zwischen Vormund und Mündel bewirkte, dass die Verurteilung aufgrund der *actio tutelae* die Infamie nach sich zog.

Als *iudicium contrarium* diente die *actio tutelae* auch dem Vormund zur Geltendmachung seiner Ansprüche auf Ersatz von Auslagen, die er im Mündelinteresse gemacht hatte.

III. *Tutela mulierum*[22]

Die Vormundschaft über erwachsene Frauen zeigte schon in der jüngeren Republik ein verblassendes Bild. Der *tutor mulieris* verlor frühzeitig die Befugnis zur Sorge über die Person und zur eigenen Verwaltung des Vermögens. Was ihm blieb war lediglich die Mitwirkung bei Rechtsgeschäften der Frau. Einer solchen Mitwirkung bedurfte die Frau allerdings gerade bei Geschäften von besonderer Wichtigkeit: so zur Veräußerung von *res mancipi*, zu allen Verpflichtungsgeschäften, zur *acceptilatio*, zur Testamentserrichtung, zum Erbschaftsantritt und zur Freilassung von Sklaven. In der Kaiserzeit befreite die augusteische Ehegesetzgebung Frauen mit mindestens drei Kindern von der Vormundschaft. In der Folgezeit wurde die *tutela mulierum* praktisch obsolet.

§ 68 Pflegschaft (cura)

Der Vormundschaft nahe verwandt war die Pflegschaft über gewaltfreie Personen (*cura*). Sie hat eine ähnliche Entwicklung durchlaufen wie jene. Die ältesten Anwendungsfälle der Pflegschaft waren die *cura furiosi* und die *cura prodigi*[23]. Schon nach den Zwölftafeln standen Geisteskranke und entmündigte Verschwender in der Gewalt ihrer Agnaten und Gentilen (*cura legitima*). Wie bei der Vormundschaft ist dies wohl so zu verstehen, dass die Pflegschaft zunächst dem *proximus agnatus* (dem gradnächsten Agnaten) zufiel und erst beim Fehlen von Agnaten auf die Gentilen überging. Fehlte ein *curator legitimus*, so bestellte der Magistrat den Pfleger (*curator honorarius*).

Anders als die *cura furiosi* und die *cura prodigi* trug die wesentlich jüngere Pflegschaft über Minderjährige (*cura minorum*) von vornherein den Charakter eines lediglich im Interesse des Pfleglings geschaffenen Amtes. Dem entspricht es, dass es in ihrem Bereich eine gesetzliche Berufung der Agnaten und Gentilen nie gegeben hat. Der *curator minoris* wurde stets vom Magistrat ernannt.

---

[22] Vgl. Sachers 1588 ff.

[23] Einzelheiten bei Kunkel/Honsell 430 ff.

Grundzüge des Erbrechts

§ 69 Die Erbfolge. Ziviles und prätorisches Erbrecht

I. Begriff der Erbfolge

Erbfolge ist die Gesamtnachfolge (Universalsukzession) des Erben in das Vermögen des Erblassers. In alter Zeit war das Vorhandensein eines Erben für den Fortbestand des Hauses und die Pflege des Hauskults (*sacra*) unerlässlich. Der Erbe trat an die Stelle des Erblassers (*succedere in locum defuncti*). Den Ausgangspunkt des römischen Erbrechts hat vielleicht die Erbfolge der Hausgenossen (*sui heredes*) gebildet. Kinder und Ehefrau erbten den Hof zu gleichen Teilen und führten ihn in ungeteilter Erbengemeinschaft fort (*consortium*). Jeder Miterbe konnte freilich die Teilung verlangen; sie erfolgte mit der *actio familiae erciscundae*. Neben diese gesetzliche Erbfolge trat schon bald die Möglichkeit, über den Nachlass durch Testament zu verfügen. Die Testamentserbfolge spielte in der Folge die ungleich größere Rolle. Dies zeigt sich auch an der Bezeichnung der gesetzlichen Erbfolge als Intestaterbfolge (Erbfolge ohne Testament). Die Anfänge des Testaments lassen sich nicht mehr rekonstruieren. Vielleicht war es zunächst nur dem kinderlosen Erblasser gestattet, einen Erben zu bestimmen. Möglicherweise sind die Wurzeln des Testaments auch in der übermäßigen Zersplitterung der Höfe zu suchen, welche die testamentarische Bestimmung eines Hoferben notwendig gemacht haben mag. Die Testierfreiheit war das Grundprinzip des römischen Erbrechts, dessen liberal-individueller Charakter noch die heutigen Erbrechtsordnungen prägt.

Gegenstand der Erbfolge war die *hereditas* (Erbschaft), im Prinzip alle Sachen und Rechte des Erblassers. Der Erbe haftete dem Grundsatz nach auch für die Schulden des Erblassers.

Köppen, Lehrbuch des heutigen röm. Erbrechts (1886/1895); Kunkel/Honsell 434 ff.; Voci, Diritto ereditario rom., 2 Bde. (2. Aufl. 1967/1963).

H. Honsell, *Römisches Recht*, Springer-Lehrbuch, DOI 10.1007/978-3-662-45870-9_6

II. Ziviles und prätorisches Erbrecht[1]

Ihr typisches Gepräge erlangte die römische Erbrechtsordnung durch das Nebeneinander von zivilem und prätorischem Erbrecht, das uns bereits beim Eigentum begegnet ist. Diese Parallelordnung spielt sowohl bei der testamentarischen wie bei der Intestaterbfolge eine Rolle.

Die Intestaterbfolge der Zwölftafeln beruhte auf den Prinzipien der Hausgemeinschaft und der Agnation, die schon in der jüngeren Republik durch die Entwicklung überholt waren. Man empfand es als unbillig, dass die durch Emanzipation oder sonst aus ihrem Familienverband ausgeschiedenen Hauskinder und Agnaten sowie die kognatischen Blutsverwandten von der gesetzlichen Erbfolge ausgeschlossen waren. Da indes eine Neuregelung der zivilen Erbfolgeordnung unterblieb, war es schließlich der Prätor, der durch Korrekturen der zivilen Erbfolgeordnung der Veränderung der Verhältnisse Rechnung trug. Neben die gesetzliche Erbfolge (*hereditas*) trat nun die honorarrechtliche (*bonorum possessio*). In ihren Anfängen trug diese Schöpfung des Prätors noch nicht den Charakter einer Korrektur des zivilen Erbrechts. Ihr Ausgangspunkt war vermutlich die Verteilung der Parteirollen im Erbschaftsstreit, der *hereditatis petito*[2] (Erbschaftsklage des zivilen Erben). Die Parteirolle hatte hier dieselbe Bedeutung wie im Eigentumsprozess. Da der Kläger sein Recht beweisen musste, hatte der beklagte Erbschaftsbesitzer die günstigere Position (*beatus possidens*). Zur Durchführung eines Erbschaftsstreites bedurfte es zunächst einer Feststellung der Besitzlage. Sie wurde nach summarischer Prüfung durch ein Dekret des Prätors getroffen, das einen der beiden Streitteile als Erbschaftsbesitzer (*bonorum possessor*) anerkannte. War dies der in Wahrheit nicht Erbberechtigte, so unterlag er im nachfolgenden Erbschaftsprozess und musste die Erbschaft herausgeben; seine *bonorum possessio* war, wie man sich in klassischer Zeit ausdrückte, *sine re*, das heißt, sie gewährleistete ihm nicht den endgültigen Besitz der Erbschaft, sondern nur die bessere Parteirolle im Prozess. Als dann der Prätor dazu überging, auch solchen Personen die *bonorum possessio* zu verleihen, die nach Zivilrecht nicht Erben sein konnten, ergab sich die Notwendigkeit eines Rechtsschutzes gegen den zivilrechtlich legitimierten Erben (im Prozess ermöglicht durch Erteilung einer *exceptio doli* gegen dessen *hereditatis petitio*). Mit dieser Korrektur des Zivilrechts entstand eine zweite Erbrechtsordnung. Diese *bonorum possessio* nannte man in klassischer Zeit *cum re*.

Es war aber nun nicht so, dass der Prätor die zivile Erbfolgeordnung durch ein geschlossenes System der Berufung zur *bonorum possessio* völlig außer Kraft gesetzt hätte. Er baute vielmehr die zivile Ordnung in seine Schöpfung derart ein, dass die Erteilung der *bonorum possessio* bald nur der Verwirklichung des zivilen Erbrechts diente, bald die zivilrechtliche Erbfolge ergänzte, ohne sich mit ihr in Widerspruch zu setzen und schließlich in einigen Fällen das Zivilrecht abänderte.

---

[1] Zum Folgenden Kunkel/Honsell 442 ff.

[2] Dazu Siber, Römisches Recht II 389 ff.; zuletzt Müller-Ehlen, Herteditatis petitio (1998).

Wir finden also auch im Erbrecht alle Möglichkeiten des Prätors, in Bezug auf das Zivilrecht tätig zu werden (*adiuvandi vel supplendi vel corrigendi iuris civilis gratia* – oben § 2 IV).

§ 70 Intestaterbfolge und testamentarische Erbfolge[3]

I. Begriffliche Grundlagen

Wie bereits dargelegt, kam die Intestaterbfolge nur zum Zuge, wenn der Erblasser ohne Hinterlassung eines Testaments (*intestatus*) gestorben war. Die testamentarische Berufung ging der gesetzlichen Erbfolge also vor. Testamentarische und gesetzliche Erbfolge schlossen sich grundsätzlich gegenseitig aus: Der Erblasser konnte nicht über einen Teil seiner Hinterlassenschaft testamentarisch verfügen und im Übrigen der Intestaterbfolge Raum lassen (*nemo pro parte testatus, pro parte intestatus decedere potest*[4] – niemand kann zum Teil unter Hinterlassung eines Testaments, zum Teil ohne Testament sterben). Wenn darum die vom Erblasser verfügten Erbeinsetzungen den Nachlass nicht erschöpften, fielen die freigebliebenen Teile nicht an die gesetzlichen Erben, sondern wuchsen den Testamentserben zu (Akkreszenz).

Die Berufung zur Erbfolge erfolgte grundsätzlich im Augenblick des Todes des Erblassers. Erbe konnte darum nur werden, wer diesen Zeitpunkt erlebte, das heißt, wer gleichzeitig mit dem Erblasser und noch nach seinem Tode am Leben war. Wer jedoch beim Tod des Erblassers bereits gezeugt, aber noch nicht geboren war (*nasciturus*), konnte aufgrund der Fiktion: *nasciturus pro iam nato habetur quotiens de commodo eius agitur* gleichwohl Erbe werden. Die Berufung begründete stets eine dauernde Erbfolge. Wer einmal Erbe war, blieb immer Erbe (*semel heres semper heres*[5]). Auflösende Bedingungen und Zeitbestimmungen, die einer testamentarischen Erbeinsetzung hinzugefügt waren, galten *pro non scripto,* d. h. sie waren ungültig.

II. Intestaterbfolge

Das Erbrecht der Zwölftafeln beruhte, wie dargelegt, auf dem Prinzip der Agnation. Zunächst waren also die *sui heredes* berufen. Hierzu zählten nur diejenigen Hausgenossen, die beim Tod des *paterfamilias* gewaltfrei wurden: die Söhne und Töchter, die bis dahin in seiner Gewalt gestanden hatten (auch die Adoptivkinder), ferner die gewaltunterworfene Ehefrau. Söhne, Töchter und Ehefrau erbten zu gleichen

[3] Kunkel/Honsell 440 ff.

[4] Pomp. D. 50, 17, 7; dazu Schmidlin, Die röm. Rechtsregeln (1970) 62 ff.

[5] Gai. D. 28, 5, 89 i. f.

Teilen. Kinder und gewaltunterworfene Ehefrauen bereits vorverstorbener Söhne traten in deren Kopfteil wiederum zu gleichen Teilen ein (Prinzip der Repräsentation, Erbfolge nach Stämmen).

Hinterließ der Erblasser keine *sui heredes*, so war als Erbe eines freigeborenen römischen Bürgers der gradnächste agnatische Verwandte berufen. Mehrere gleichnahe Agnaten teilten nach Köpfen, auch wenn sie verschiedenen Stämmen angehörten. Waren keine Agnaten vorhanden, so kamen die Gentilen zum Zuge.

III. Bonorum possessio intestati

Das prätorische Edikt ordnete die Anwärter zur *bonorum possessio intestati* in verschiedenen Klassen, die nacheinander berufen waren. Es gab folgende Klassen:

1. Die Klasse *unde liberi* (sc. vocantur – aus der die Kinder berufen werden): Sie stellte eine Erweiterung des Kreises der *sui heredes* dar. So kamen auch diejenigen Abkömmlinge zum Zuge, die durch Emanzipation aus der Hausgewalt des Erblassers ausgeschieden waren. Berücksichtigt wurde auch der *nasciturus*.
2. Die Klasse *unde legitimi*: An dieser Stelle waren die gesetzlichen Erben des Zivilrechts berufen; also noch einmal die *sui heredes* (diesmal aber ohne die aus der Hausgewalt des Erblassers ausgeschiedenen Abkömmlinge); wenn keine *sui heredes* vorhanden waren, der nächste Agnat, beim Fehlen von Agnaten die Gentilen.
3. Die Klasse *unde cognati*: Sie umfasste alle Blutsverwandten des Erblassers bis zum sechsten Grad.
4. Die Klasse *unde vir et uxor*: An dieser letzten Stelle berief das Edikt den Ehegatten, der mit dem Erblasser bis zu dessen Tod in aufrechter Ehe gelebt hatte. Dies spielte nur für die gewaltfreie Ehe eine Rolle. Die *uxor in manu* stand *filiae loco* und kam schon in der ersten und zweiten Klasse zum Zuge. Die Benachteiligung des in gewaltfreier Ehe lebenden Ehegatten gegenüber allen Verwandten ist eine Eigentümlichkeit des römischen Rechts, für die vielleicht ähnliche Erwägungen maßgeblich gewesen sein mögen wie für das Verbot der Schenkung unter Ehegatten.

IV. Testament

Das Testament[6] ist die letztwillige Verfügung des Erblassers. Den letzten Willen (*suprema voluntas*) ließ man sich bezeugen (daher *testamentum von testari*).

In ältester Zeit wurde das Testament vor den Kuriatskomitien errichtet (*testamentum calatis comitiis* – Testament vor den versammelten Komitien). Diese

[6] Kübler RE V A 985 ff. s. v. Testament; Voci II 64 ff.; Kunkel/Honsell 447 ff. mit weiterer Lit. in FN 1.

Testamentsform wurde schon bald von dem jüngeren *testamentum per aes et libram*[7] verdrängt. Das Libraltestament stellte eine Überbrückung des Erbfalls durch zwei Rechtsgeschäfte unter Lebenden dar. Der Erblasser übertrug sein Vermögen im Wege der Manzipation auf einen Treuhänder (*familiae emptor*). Dieser wiederum händigte das erworbene Gut nach dem Tode des Erblassers entsprechend den von diesem in der *nuncupatio* des Manzipationsaktes getroffenen Bestimmungen an die bedachten Personen aus. Allmählich gewann dieses Treuhandgeschäft den Charakter einer echten Verfügung von Todes wegen mit unmittelbarer Wirkung zugunsten der Bedachten. Der eigentliche Manzipationsakt wurde zur leeren Form, der *familiae emptor* war nicht mehr Treuhänder, sondern lediglich Formperson wie die Zeugen und der *libripens*. Gegenüber dem Manzipationsakt trat der in einer schriftlichen Urkunde niedergelegte Wille in den Vordergrund. Die mündliche Rede des Erblassers beim Errichtungsakt beschränkte sich auf die Erklärung, dass die Urkunde, die er in der Hand hielt, seinen letzten Willen enthalte: *haec ita ut in his tabulis cerisque scripta sunt ita do ita lego ita testor itaque vos Quirites testimonium mihi perhibetote* – Wie dies in diesen Wachstafeln geschrieben steht, so gebe und vermache und testiere ich es und ihr Quiriten sollt mir dafür Zeugen sein.

Das Testament spielte in klassischer Zeit eine außerordentliche Rolle. Cato[8] soll der Überlieferung zufolge gesagt haben, er bereue in seinem Leben drei Dinge: seiner Frau ein Geheimnis anvertraut zu haben; mit dem Schiff gefahren zu sein, wo man auch zu Fuß hingelangen konnte; einen Tag ohne Testament gelebt zu haben.

Noch das klassische Recht forderte für die Gültigkeit letztwilliger Verfügungen den Gebrauch ganz bestimmter Wortformeln. Notwendiger Grundbestandteil des Testaments war die Erbeinsetzung (*heredis institutio est caput et fundamentum testamenti*). Der zeitweise recht ausgeprägte Testamentsformalismus hat dazu geführt, dass mancher brave Mann in sein Testament schrieb: „*dolus malus abesto et iurisconsultus*". Der letzte Wille sollte ohne Rabulistik und ohne Hinzuziehung von Juristen erfüllt werden.

V. Bonorum possessio secundum tabulas (prätorische Testamentserbfolge)

Wie neben die zivile Intestaterbfolge eine prätorische Berufung zur *bonorum possessio intestati* trat, so entwickelten sich auch auf dem Gebiet der testamentarischen Erbfolge besondere Grundsätze des Honorarrechts. Der Prätor verhieß nämlich im Edikt demjenigen die Zuweisung des Erbschaftsbesitzes (*bonorum possessio secundum tabulas*), der in einer Testamentsurkunde zum Erben eingesetzt war, die die gesetzliche Zahl von sieben Zeugensiegeln aufwies (fünf Zeugen, *familiae emptor* und *libripens*). Zunächst beschränkte sich diese *bonorum possessio* auf eine Beweiserleichterung, war also *sine re* (vgl. oben § 69 II). Später erfuhr der

[7] Gai. 2, 103 ff.

[8] Plutarch, Cato maior 9, 6.

prätorische Rechtsschutz eine erhebliche Erweiterung: Antoninus Pius gewährte dem *bonorum possessor secundum tabulas* eine *exceptio doli* gegen die Klage des zivilen Erben. Nunmehr war der Erbschaftsbesitzer ein *bonorum possessor cum re,* und das nach den Grundsätzen des prätorischen Edikts ordnungsgemäße Testament war unangreifbar. Erst damit war der sinnlos gewordene Manzipationsakt endgültig abgestreift. Infolgedessen stellte man in spätklassischer Zeit das beurkundete und siebenfach versiegelte Testament dem Libraltestament als *testamentum iure praetorio factum* gegenüber.

VI. Kodizill

Das Recht der Kaiserzeit kannte neben dem Testament noch eine zweite, minder förmliche Art der letztwilligen Verfügung, das Kodizill. Die Entwicklung dieses Rechtsinstituts reicht bis auf Augustus zurück, der zuerst in einem Einzelfall den formlosen Nachtrag zu einem Testament als gültige Verfügung von Todes wegen behandelt hatte. Das Kodizill war ein formloser Schriftsatz mit letztwilligen Anordnungen, der vielfach als Brief an den Belasteten formuliert war. Das Kodizill der klassischen Zeit war häufig nur eine Ergänzung des Testaments. Die Gültigkeit hing also von der Wirksamkeit des Testaments ab. Daneben gab es auch ein Intestatkodizill, in dem nur fideikommissarische Anordnungen getroffen werden konnten (zum Fideikommiss unten § 75).

§ 71 Der Inhalt des Testaments, insbesondere die Erbeinsetzung

I. Testierfähigkeit

Die Wirksamkeit der Testamentserrichtung hing von gewissen persönlichen Voraussetzungen ab, die teils den Erblasser selbst, teils die Erben betrafen. Die Römer sprachen in diesem Zusammenhang von *testamenti factio activa* und *passiva* – aktiver und passiver Testierfähigkeit. Das eine war die Fähigkeit, ein gültiges Testament zu errichten, die jeder mündige römische Bürger hatte. Das andere war die Fähigkeit, durch Testament wirksam zur Erbfolge berufen zu werden.

II. Die Erbeinsetzung

Den notwendigen Grundbestandteil des Testaments (*caput et fundamentum testamenti*[9]) bildete die Erbeinsetzung (*heredis institutio*), also die Bestimmung

[9] Gai. 2, 229.

wenigstens eines Gesamtnachfolgers. Alle anderen Verfügungen, die der Erblasser traf, Vermächtnisse, Freilassungen usw. waren von einer gültigen Erbeinsetzung abhängig.

Der Erblasser konnte einen Alleinerben einsetzen (*heres ex asse*) oder mehrere Erben zu Bruchteilen. Aus dem Wesen der Erbfolge als Gesamtnachfolge ergab sich, dass die Erbeinsetzung stets die Erbschaft als solche (oder einen Bruchteil), nicht dagegen einzelne Nachlassgegenstände betreffen konnte[10].

Noch das klassische Recht forderte für die Gültigkeit letztwilliger Verfügungen den Gebrauch ganz bestimmter Wortformeln in lateinischer Sprache, und zwar mussten es *verba imperativa* und *directa* sein: so bei der Erbeinsetzung (*Titius heres esto* – Titius soll Erbe sein) oder etwa bei der Freilassung (*Stichus servus meus liber esto* – mein Sklave Stichus soll frei sein).

III. Ersatzerbschaft

Der Erblasser konnte auch einen Ersatzerben bestimmen. Diese Ersatzerbschaft wurde dann wirksam, wenn der an erster Stelle Berufene die Erbschaft nicht erwarb. Man sprach hier von Vulgarsubstitution. Wer ein unmündiges Kind hinterließ, durfte auch für den Fall, dass das Kind nach ihm, aber vor erreichter Mündigkeit sterben würde, einen Ersatzerben benennen (Pupillarsubstitution). In einem berühmten Prozess der sullanischen Zeit, der *causa Curiana*[11] (92 v. Chr.), stritt man darüber, ob die Anordnung einer Pupillarsubstitution zugleich diejenige einer Vulgarsubstitution enthält.

Cicero, de inventione 2, 122[12]: pater familias cum liberorum haberet nihil, uxorem autem haberet, in testamento ita scripsit: „si mihi filius genitur unus pluresve, is mihi heres esto"; deinde quae assolet; postea: „si filius ante moritur, quam in tutelam suam venerit, tum mihi ille heres esto"; filius natus non est.

Ein Hausvater, der zwar eine Frau, aber keine Kinder hatte, schrieb in seinem Testament folgendermaßen: „Wenn mir ein Sohn (oder mehrere) geboren wird, dann soll er (oder sie) Erbe sein". Dann folgten die üblichen Klauseln; sodann hieß es: „Jener soll mein Erbe sein, wenn mein Sohn vor erreichter Mündigkeit sterben sollte". Ein Sohn wurde ihm nicht geboren.

Der Erblasser hatte für den Fall, dass ihm ein Sohn geboren würde und dieser vor erreichter Mündigkeit sterben sollte, einen Dritten zum Pupillarsubstituten eingesetzt. Nun starb der Erblasser, ohne dass ihm ein Sohn geboren worden war, und es entstand Streit zwischen den gesetzlichen Erben und dem Ersatzerben. *Quintus Mucius Scaevola* (*pontifex*) berief sich zugunsten der gesetzlichen Erben auf den Wortlaut des Testaments. Hingegen vertrat Crassus, der berühmteste Redner seiner Zeit, zugunsten des Substituten den Standpunkt, dass es nicht auf den Wortlaut des Testaments (der eindeutig nur eine Pupillarsubstitution enthielt) ankomme,

---

[10] Das ist, wiewohl im Rechtsbewusstsein des Publikums nicht verankert, noch heute in den meisten Rechtsordnungen so.

[11] Oben § 3.

[12] Cicero, de oratore 1, 180.

sondern auf den Willen des Erblassers, der unzweifelhaft den Ersatzerben auch für den Fall berufen wissen wollte, dass ihm kein Sohn geboren würde. Noch heute gilt in den meisten europäischen Rechtsordnungen der Satz, dass die Einsetzung eines Nacherben zugleich diejenige eines Ersatzerben beinhaltet (vgl. z. B. § 608 ABGB, § 2102 BGB, Art. 492 Abs. 3 ZGB).

Von dem Fall der Pupillarsubstitution abgesehen, war dem römischen Recht das Institut der Vor- und Nacherbschaft unbekannt. Es galt vielmehr, wie bereits dargelegt, der Satz: *semel heres semper heres*. Die Einsetzung eines Erben unter einer auflösenden Bedingung oder Befristung war unzulässig.

IV. Testamentsauslegung[13]

Die Auslegung des Rechtsgeschäfts (zur Vertragsauslegung oben § 6 II) spielte namentlich beim Testament eine große Rolle. Einen berühmten Auslegungsstreit, die *causa Curiana* haben wir bereits kennengelernt (oben III).

Der mögliche Gegensatz zwischen Wortlaut und Wille trat gerade beim Testament deutlich hervor. Trotz des geschilderten Testamentsformalismus (oben § 70 IV) hat man schon in spätrepublikanischer Zeit nicht einseitig auf den Wortlaut abgestellt, sondern versucht, dem klaren Willen des Erblassers zur Geltung zu verhelfen.

Quintilian institutiones oratoriae 7, 6, 11: qui sestertium nummum quinque milia legaverat, cum emendaret testamentum, sublatis sestertiis nummis „argento pondo" posuit. „quinque milia" mansuerunt. apparuit tamen „quinque pondo" dari voluisse, quia ille in legati modus et inauditus erat et incredibilis.

Ein Mann, der ein Legat von 5000 Sesterzen ausgesetzt hatte, hatte bei der Änderung des Testaments „Sesterzen" gestrichen und stattdessen „Pfund Silber" eingesetzt. „5000" war stehengeblieben. Indessen war deutlich, dass er nur 5 Pfund hatte geben wollen, weil die Menge von 5000 Pfund unerhört und unglaublich war.

Javolen D. 34, 5, 28: qui habebat Flaccum fullonem et Philonicum pistorem, uxori Flaccum pistorem legaverat: qui eorum et num uterque deberetur? placuit primo eum legatum esse, quem testator legare sensisset. quod si non appareret, primum inspiciendum esse, an nomina servorum dominus nota habuisset: quod si habuisset, eum deberi, qui nominatus esset, tametsi in artificio erratum esset. sin autem ignota nomina servorum essent, pistorem legatum videri perinde ac si nomen ei adiectum non esset.

Jemand besaß einen Sklaven Flaccus, der Wäscher war und einen Bäcker namens Philo. Er vermachte seiner Frau den „Bäcker Flaccus". Erhält sie nun beide oder welchen von beiden? Vor allem ist anzunehmen, dass jener vermacht ist, den der Testator gemeint hat. Lässt sich dies nicht feststellen, so ist zu ermitteln, ob der Testator die Namen der Sklaven gekannt hat. Ist dies der Fall, so ist der gemeint, dessen Name genannt ist, auch wenn der Testator in der Berufsbezeichnung geirrt hat. Waren ihm aber die Namen der Sklaven unbekannt, so gilt der Bäcker als vermacht, wie wenn der Name nicht hinzugefügt worden wäre.

In den Beispielsfällen wird stets auf den Willen abgestellt; der fehlerhafte Wortlaut schadet nicht. Das war nicht immer so. Auch im klassischen Recht gab es noch Fälle, in denen nach dem Wortlaut entschieden wurde, auch wenn feststand, dass sich der Testator fehlerhaft ausgedrückt oder geirrt hatte.

---

[13] Wieling, Testamentsauslegung im röm. Recht (1972); Backhaus, Casus perplexus (1981).

§ 72 Noterbrecht

I. Formelles Noterbrecht[14]

Gegenüber der uneingeschränkten Testierfreiheit des Erblassers kannte schon das ältere Zivilrecht einen, wenn auch nur formellen Schutz zugunsten der nächsten gesetzlichen Erben, der *sui heredes*. Dieses sogenannte formelle Noterbrecht bestand in dem Satz, dass der Erblasser die *sui heredes* nicht stillschweigend übergehen durfte, sondern ausdrücklich von der Erbfolge ausschließen musste (*nominatim exheredare*), z. B. *Lucius filius meus exheres esto* – mein Sohn Lucius soll enterbt sein. Anders als bei den Söhnen, war bei den Töchtern eine namentliche Enterbung nicht notwendig. Einer Begründung bedurfte die Enterbung in keinem Fall. Im gemeinen Recht hat man dies in dem Satz ausgedrückt, der Erblasser müsse der Erben *gedenken*, sie aber nicht *bedenken*.

II. Materielles Noterbrecht (Pflichtteilsrecht)

Seit dem Ausgang der Republik entwickelte sich die Vorstellung, dass ein Testament, in dem die nächsten Angehörigen gar nicht oder in zu geringem Maße bedacht waren, als „lieblos" (*inofficiosum*) angefochten werden könne (*querela inofficiosi testamenti*). Die *querela* konnte von den Deszendenten und Aszendenten des Erblassers und, wo solche nicht vorhanden waren, auch von den Geschwistern erhoben werden. Der Noterbe musste beweisen, dass die Benachteiligung ohne Grund erfolgt war.

Das Mindestmaß dessen, was dem Noterben hinterlassen werden musste, um die Anfechtung des Testaments auszuschließen, wurde von der Praxis in Anlehnung an die *lex Falcidia* (unten § 74 III 3) auf ein Viertel des Intestaterbteils festgesetzt.

Justinian hat das Noterbrecht mit der Novelle 115 reformiert und weiter ausgebaut. Sowohl Vorfahren wie Nachkommen wurde jetzt ein Pflichtteilsanspruch gewährt. Das ist im österreichischen und schweizerischen Recht noch heute so (§ 762 ABGB; Art. 470 ZGB). Dagegen kennt das deutsche Recht nur ein Pflichtteilsrecht der Nachkommen (§ 2303 BGB). Anders als im römischen Recht hat heute überall der Ehegatte ein Pflichtteilsrecht. Die Höhe des Pflichtteils schwankt. Oft ist es die Hälfte des gesetzlichen Erbteils.

Die Novelle enthielt weiter eine Liste der Enterbungsgründe, z. B. Straftaten gegen den Erblasser, Verhinderung der Testamentserrichtung usw.

---

[14] Düll RE XVII 1062 ff. s. h. v.

§ 73 Der Erwerb der Erbschaft nach Zivilrecht und nach prätorischem Recht[15]

I. Die Hauserben

Nach Zivilrecht fiel dem Hauserben die Erbschaft von Rechts wegen (*ipso iure*) zu. Es bedurfte keiner Antrittshandlung und die Erben konnten auch nicht ausschlagen. Erst der Prätor gewährte ihnen ein *beneficium abstinendi*: Wenn sie sich in den Nachlass noch nicht eingemischt hatten, wurden sie vom Prätor so behandelt, als wären sie nicht Erben geworden. Daher konnten Nachlassgläubiger gegen sie keine Forderungen geltendmachen.

II. Die Außenerben (extranei)

Den *extranei* fiel die Erbschaft nicht unmittelbar zu; sie mussten die Erbschaft vielmehr antreten (*adire*). Dies konnte nach spätrepublikanisch-klassischem Recht auf zwei Arten geschehen:

a. durch einen Formalakt, die *cretio* (von *cernere*, entscheiden)
b. durch formlose Antrittshandlung (*pro herede gestio*).

Bis zum Erwerb durch die *extranei* war die Erbschaft herrenlos (*hereditas iacens*).

III. Der Erbschaftserwerb nach Honorarrecht

Der honorarrechtliche Erbschaftsbesitz wurde in keinem Fall ohne Zutun des Berufenen erworben. Nach klassischem Recht musste ihn der Berufene unter Angabe des Berufungsgrundes beim Magistrat beantragen. Der Magistrat verlieh dann die *bonorum possessio* ohne nähere Prüfung der vorgebrachten Gründe, falls nur kein näher Berechtigter aufgetreten war.

§ 74 Legat (Vermächtnis)

I. Begriff

Das Vermächtnis[16] steht in einem klaren begrifflichen Gegensatz zur Erbeinsetzung: Während diese eine Gesamtnachfolge ist, stellt das Legat die letztwillige Zu-

[15] S. Kunkel/Honsell 469 ff.

[16] S. Kunkel/Honsell 484 ff.

wendung einzelner Vermögensgegenstände zu Lasten des Gesamtnachfolgers dar. Das Legat hatte große soziale Bedeutung, die ihren Niederschlag in einer besonders material- und nuancenreichen Darstellung in den Digesten gefunden hat. Namentlich die Auslegungslehre hat vom Legat wichtige Impulse erhalten.

Die beiden wichtigsten Formen des Legats waren das Vindikations- und das Damnationslegat. Jenes verschaffte dem Bedachten den zugewendeten Gegenstand unmittelbar, so dass er ihn mit der *rei vindicatio* vom Erben (und jedem Besitzer) herausverlangen konnte; dieses dagegen begründete nur einen schuldrechtlichen Anspruch. Justinian hat beide Formen verschmolzen.

II. Der Erwerb des Legats

Da die Wirksamkeit des Legats vom Eintritt der testamentarischen Erbfolge abhing, erwarb der Bedachte das Legat erst, wenn die Entscheidung über die Erbfolge gefallen war. War der Testamentserbe ein Hauserbe, so vollzog sich auch der Erwerb des Legats grundsätzlich schon im Zeitpunkt des Erbfalls. Anders dagegen, wenn der Erbe als Außenerbe erst durch eine Antrittshandlung in die Erbenstellung gelangte: Hier erwarb der Legatar mit dem Erbfall nur eine vererbliche Anwartschaft. Der endgültige Erwerb war an die Antrittshandlung geknüpft. War das Testament ungültig oder fiel es dahin, weil der Testamentserbe ausschlug und kein Ersatzerbe bestimmt war, so entfielen grundsätzlich auch die Legate.

Auch ohne Unwirksamkeit des Testamentes konnten die Legate entfallen, wenn sie ungültig errichtet waren oder einen sittenwidrigen bzw. verbotenen Inhalt hatten; ebenso, wenn dem Legatar die *testamenti factio passiva* fehlte. Nach der alten, nach ihrem Urheber benannten *regula Catoniana*[17] war dabei ausschließlich der Zeitpunkt der Testamentserrichtung maßgeblich; eine Heilung kam also nicht in Betracht[18].

III. Gesetzliche Legatsbeschränkungen

Die verbreitete und offenbar als übertrieben empfundene Praxis, Näher- und Fernerstehende mit Legaten zu bedenken, hatte verschiedene gesetzliche Einschränkungen zur Folge, denen freilich wenig Erfolg beschieden war.

Eine *lex Furia testamentaria* bestimmte, dass niemand mehr als 1000 As als Legat annehmen dürfe. Von dem Verbot ausgenommen waren lediglich die Blutsverwandten.

Ein zweites Gesetz, die *lex Voconia* (169 v. Chr.), verbot dem Bedachten, aus dem Vermächtnis eines Bürgers der ersten Zensusklasse mehr anzunehmen, als der Erbe oder die Erben insgesamt erhielten. Weiter verbot es den Angehörigen der ersten Zensusklasse die Erbeinsetzung von Frauen. Welche Sanktion das Gesetz hatte, ist unbekannt.

---

[17] D. 34, 7; vgl. etwa Schmidlin, Die röm. Rechtsregeln (1970) 56 ff., 68 ff.

[18] Vgl. § 13 I.

Sowohl die *lex Furia* wie die *lex Voconia* ließen dem Erblasser die Möglichkeit, den Nachlass durch zahlreiche kleine Vermächtnisse übermäßig zu belasten. Deshalb bestimmte eine *lex Falcidia*[19] (40 v. Chr.)[20], dass ein Viertel des Wertes der Erbschaft von Belastungen durch Legate frei bleiben müsse (*quarta Falcidia*). Überstiegen also die Legate den Wert von drei Vierteln der Erbschaft, so waren sie insoweit unwirksam. War der vermachte Gegenstand nicht teilbar, so gebührte er dem Bedachten ganz, der Erbe konnte aber der Klage aus dem Vermächtnis die *exceptio doli* entgegensetzen, sofern sich der Bedachte nicht bereit fand, einen dem Kürzungswert entsprechenden Geldbetrag zu bezahlen.

§ 75 Das Fideikommiss[21]

Im Gegensatz zu den förmlichen Legaten war das *fideicommissum* eine formlose Bitte des Erblassers an den Erben. Ursprünglich war es nicht klagbar; seine Erfüllung hing ganz von der Pietät, Treue und Gewissenhaftigkeit (*fides*) des Erben ab. In der Folgezeit wurde indes das Fideikommiss in einem außerordentlichen Verfahren vor dem *praetor fideicommissarius* klagbar. Fideikommisse konnten nicht nur in Testamenten oder Kodizillen, sondern auch mündlich errichtet werden. Mittels Fideikommiss konnte die Herausgabe der ganzen Erbschaft oder eines Erbschaftsbruchteils, die Freilassung eines Sklaven oder schließlich wie beim Legat die Leistung einzelner Gegenstände angeordnet werden.

Das Fideikommiss war ursprünglich von der Jurisprudenz zur Umgehung der Erbrechtsbeschränkungen, namentlich der Augusteischen Ehegesetzgebung, entwickelt worden. Bereits in nachklassischer Zeit begannen Legat und Fideikommiss zu verschmelzen.

---

[19] Gai. 2, 227; D. 35, 2, 1 pr.

[20] S. dazu neuerdings Schanbacher, Ratio legis Falcidiae (1995).

[21] S. Kunkel/Honsell 484 ff. mit Literatur in FN 1.

Glossar der wichtigsten lateinischen Termini technici

A

acceptilatio formales Erfüllungs- und Erlassgeschäft für Stipulationsverpflichtungen

accessio Verbindung von Sachen verschiedener Eigentümer

actio Klage, Anspruch

actiones adiecticiae „adjektizische" Klagen, gegen Gewalthaber aus Rechtsgeschäften seiner Gewaltunterworfenen

actiones arbitrariae Arbiträrklagen, bei denen der Richter den Beklagten vor der Verurteilung (zur Geldleistung) zur freiwilligen Erfüllung aufforderte

actiones in factum Klagen, die auf den individuellen Einzelfall abgestellt sind und vom Prätor fallweise gewährt werden, wenn für einen Anspruch im Edikt keine *actio* vorgesehen ist

actiones noxales Noxalklagen, Klagen gegen den Gewalthaber aus Delikten seiner Gewaltunterworfenen

addictio Zuerkennung (z. B. durch den Gerichtsmagistrat bei der *in iure cessio*)

adoptio Rechtsgeschäft zur Erlangung der *patria potestas* über fremde Hauskinder (Adoption)

adstipulator Nebengläubiger (regelmäßig zum Zweck der Schuldeinziehung bestellt)

aequitas Billigkeit, auch: Gleichheit vor dem Gesetz

aerarium Staatsvermögen

affectio maritalis Ehewille

agnatio Verwandtschaftsverhältnis, das duch die *patria potestas* begründet wird

aliud pro alio Aliudleistung, Leistung, die dem Geschuldeten nicht entspricht

alluvio Anschwemmung

ambiguitas Mehr-, Doppeldeutigkeit

animus Wille, Absicht (z. B. *animus possidendi*: Besitzwille); auch Meinung, Sinn

antichresis sog. Nutzungspfand (Gläubiger darf die Pfandsache benutzen und Früchte ziehen)

apud iudicem vor dem Richter (zweiter Verfahrensabschnitt im Formularprozess)

arbitrium (richterliche) Anordnung, Ausspruch

arrogatio alte Form der Adoption (Annahme an Kindes Statt)

auctoritas

a) Genehmigung (Zustimmung) zu Rechtsgeschäften des Mündels durch den *tutor*;

b) Gewährschaft (des Manzipierenden beim Kauf)

avulsio Anlandung (etwa von Erdreich am Flußufer)

H. Honsell, *Römisches Recht*, Springer-Lehrbuch, DOI 10.1007/978-3-662-45870-9

B

beneficium „Rechtswohltat“
– *abstinendi* Recht der Enthaltung von einer Erbschaft
– *divisionis* Recht der Teilung (Haftungsteilung bei mehreren Bürgen)
– *inventarii* Recht des Inventars (Haftungsbeschränkung des Erben für Erbschaftsschulden auf den Nachlass)

bona fides die „gute Treue“, Treu und Glauben, auch: Pflicht, Wort zu halten

bonae fidei iudicia Gruppe von Klagen aus Rechtsverhältnissen (*iudicium*: eigentlich Urteil, Richterspruch), deren Verbindlichkeit und Klagbarkeit auf der *bona fides* beruhen

boni mores die „guten Sitten“

bonorum possessio Erbrecht, Stellung des Erben nach *ius honorarium*

C

capitis deminutio Verlust der Rechtsstellung (Freiheit, Bürgerrecht, familienrechtliche Stellung)

casus mixtus „gemischter Zufall“ (Einstehenmüssen für zufälligen Untergang in bestimmten Fällen)

causa a) Ursache, Rechtsgrund (etwa für eine Vermögensverschiebung);
b) Rechtssache, wichtige Angelegenheit („causa Curiana“);
c) wegen (Präp. + Gen.)

certum das „Sichere“ = genau bestimmter Schuldgegenstand bei einer Verpflichtung (Klageformel mit *intentio certa*); vgl. auch: *certa pecunia* = feststehender Geldbetrag

civis romanus römischer Bürger

codex accepti et expensi Ausgaben- und Einnahmenbuch des *paterfamilias*

codicilli Kodizill, letztwillige Verfügung ohne Erbeneinsetzung

coemptio Akt der Eheschließung und Übertragung der manus-Gewalt (Libralakt)

cognatio Blutsverwandtschaft

cognitor Prozessvertreter

collegium Verein

colonia partiaria Teilpacht, Pachtverhältnis, bei dem der Pachtzins in einem Anteil der gezogenen Früchte besteht

colonus Landpächter

commercium das Recht, mit anderen Rechtsgeschäfte abzuschließen

commodatum Leihe (Realkontrakt)

communio sachenrechtliche Gemeinschaft zwischen Miteigentümern

compensatio Kompensation, Aufrechnung (gegenseitiger Forderungen)

concubinatus Konkubinat, dauernde Geschlechtsgemeinschaft (ohne Ehewirkung)

condemnatio pecuniaria Grundsatz der Geldverurteilung (im römischen Recht waren Leistungsurteile nur in Geld möglich)

condicio Bedingung *potestativa* vom Willen des Berechtigten abhängige Bedingung *resolutiva* auflösende Bedingung *suspensiva* aufschiebende Bedingung

condictio strengrechtliche Klage (etwa aus Darlehensvertrag oder auf Rückgewähr rechtsgrundloser oder zweckverfehlender Leistungen)

confarreatio feierliche Eheschliessungsform

confusio Vereinigung (von Schuld und Forderung in einer Person)

confusio (commixtio) Vermengung (von Wein, Getreide etc.)

consensus Konsens, Willensübereinstimmung

consortium (ercto non cito) altrömische Erbengemeinschaft
constitutio Kaisergesetz
constitutum possessorium Besitzkonstitut (Besitzübergang ohne tatsächliche Übergabe)
consuetudo (longa et inveterata) die lang andauernde und eingewurzelte Übung (Gewohnheitsrecht)
contractus Vertrag *aestimatorius* Trödelvertrag *mohatrae* „maurischer" Vertrag, darlehensähnliches Geschäft zur Umgehung der Zinsbeschränkungen
contrarius actus Konträrakt; Prinzip, dass eine durch Formalgeschäft eingegangene Verpflichtung nur durch korrespondierenden Formalakt aufgehoben werden kann
conubium Fähigkeit, eine nach ius civile gültige Ehe einzugehen
conventio Vereinbarung, Übereinkunft, Vertrag (untechnisch)
creditor Gläubiger
cretio förmlicher Antritt einer Erbschaft
culpa Fahrlässigkeit (als Verschuldensform) *lata* grobe Fahrlässigkeit *levis* leichte Fahrlässigkeit *in eligendo* Auswahlverschulden (bei Einschaltung eines Substituten)
cura Pflegschaft
curator Pfleger, Verwalter
custodia „Bewachung" = Sorgfaltsmaßstab im römischen Vertragsrecht

D

damnum Schaden *emergens* positiver Schaden (Minderung vorhandener Güter)
datio in solutum Leistung an Erfüllungs (Zahlungs) Statt
datio ob rem Erbringung einer Leistung zur Erreichung eines bestimmten Erfolges (Rechtsverhältnis außerhalb des klassischen Kontraktschemas)
debitor Schuldner
debitum Schuld
deductio in domum Heimführung der Braut = Eheschließung (formlos)
delegatio Delegation, Anweisung zur Zahlung (*delegatio solvendi*) oder zur Eingehung einer Verbindlichkeit (*delegatio obligandi*)
delictum Unrechtstat, Delikt
demonstratio more geometrico Darlegung (Beweisführung) geometrischer (= streng logischer) Art
denegatio actionis Zurückweisung (Nichtzulassung) einer Klage durch den Prätor
depositum Verwahrung (Realkontrakt) *irregulare* „uneigentliche Verwahrung", Rechtsgeschäft mit Darlehensfunktion
desuetudo Derogation einer Norm durch dauernde Nichtanwendung
detentio Innehabung, s. *possessio naturalis*
dies Tag, auch Frist, Termin, Befristung
diffarreatio förmliche Scheidung (Konträrakt zur *confarreatio*)
diligentia (quam in suis rebus) Sorgfalt „wie in eigenen Angelegenheiten"
dissensus Dissens, Nichtübereinstimmung des Willens
divortium Ehescheidung
dolus a) arglistige Täuschung, Arglist;b) Vorsatz (als Verschuldensform)
dominium (ex iure quiritium) Eigentum (nach quiritischem Recht)
dominus Eigentümer
donatio Schenkung
dos Mitgift
dotis datio Mitgiftbestellung
dotis dictio Mitgiftversprechen (Verbalkontrakt)
duplicatio Gegen-Gegeneinrede (gegen eine *replicatio* gerichtet)

duplum das „Doppelte", Gegenstand bei bestimmten Klagen

E

edictum Kundmachung des Gerichtsmagistrats zu Beginn seiner Amtszeit mit Zusammenstellung der anerkannten Klagen, Einreden etc.
  – *perpetuum* „immerwährendes" Edikt, endgültige Ediktsredaktion unter Hadrian, ausgeführt vom Juristen Julian

emancipatio rechtsgeschäftliche Entlassung eines Hauskindes aus der *patria potestas*

emptio rei speratae (bedingter) Kauf einer erhofften Sache

emptio spei Hoffnungskauf (aleatorisches Geschäft; unbedingt geschlossen)

emptio venditio Kauf

error Irrtum, Auseinanderfallen von Wille und Erklärung (nach moderner Auffassung) *iuris* Rechtsirrtum, Irrtum (auch Unkenntnis) in Bezug auf gesetzliche Vorschriften

essentialia negotii wesentliche Bestandteile eines Rechtsgeschäfts

exceptio Einrede (im Prozess), Ausnahme von Verurteilungsbedingungen einer *actio* (negative Urteilsbedingung) *doli* Arglisteinrede (die in der Praxis wichtigste *exceptio*)

exheredatio Enterbung

extranei (heredes) „Außenerben", Erben, die nicht im Familienverband des Erblassers stehen

extraordinaria cognitio Kognitionsverfahren, Form des Prozesses (etwa ab der Klassik)

F

facultas alternativa Ersetzungsbefugnis, Recht des Schuldners, sich durch Leistung einer anderen als der geschuldeten Sache zu befreien

familiae emptor Treuhänder, auf dem beim *testamentum per aes et libram* der Erblasser sein Vermögen überträgt

faenus nauticum Seedarlehen (auch: *pecunia traiecticia*)

faenus unciarum Zinssatz von 1/12

fictio Fiktion, wörtlich das „Erdichtete" (bewusste Annahme eines Tatbestandes, der in Wirklichkeit nicht gegeben ist)

fideicommissum Fideikommiss = formlose „Bitte" des Erblassers an den Erben

fideiussio Bürgschaftsform

fidepromissio Bürgschaftsform

fides Treue, s. *bona fides*

fiducia cum amico contracta das „mit einem Freund geschlossene Treuhandgeschäft", Verwaltungstreuhand im Gegensatz zur Sicherungstreuhand

fiducia cum creditore contracta Sicherungstreuhand (mit dem Gläubiger geschlossen)

formula Klageformel, Text der Klage, aus der ihre Voraussetzungen ablesbar sind *arbitraria* s. *actiones arbitrariae* *ficticia* Klageformel, die eine Fiktion enthält

fraus legi facta die „dem Gesetz zugefügte Täuschung" = Gesetzesumgehung

fructus Früchte; Sachen, die aus der Bewirtschaftung anderer Sachen entstehen

furiosus der Geisteskranke

furtum Diebstahl (Unterschlagung, Veruntreuung, Hehlerei) *(nec) manifestum* (nicht) offenkundiger Diebstahl *possessionis* Besitzentziehung *usus* Gebrauchsentwendung

G

gentes der *familia* übergeordnete personenrechtliche Verbände, die sich meist von einem sagenhaften gemeinsamen Stammvater herleiten (*gentiles*: Angehörige einer *gens*)

genus Gattungsschuld, bei der der Leistungsgegenstand nach Gattungsmerkmalen bestimmt ist

gestio pro herede (formloser) Antritt einer Erbschaft

H

habitatio Wohnungsrecht (Personalservitut)

heredis institutio Erbeinsetzung (in einem Testament)

hereditas Erbschaft, Erbfolge *iacens* die „ruhende" (herrenlose) Erbschaft (zwischen Tod des Erblassers und Antritt der Erben)

hereditatis petitio Erbschaftsklage

homo liber der Freie (im Gegensatz zum *servus*)

hypotheca besitzloses Pfand, Hypothek

I

impensae Aufwendungen

imperitia Unfähigkeit

impuber Unmündiger

in bonis esse (habere) Stellung des sog. bonitarischen Eigentümers, „Eigentum" nach *ius honorarium*

incertum das „Unsichere" = nicht genau bestimmter Schuld- (Klage-) inhalt, bei dem die nähere Bestimmung dem Richter vorbehalten bleibt (Klageformel mit *intentio incerta*)

indebitum solutum die geleistete Nichtschuld

in diem addictio Bessergebotsklausel (Nebenabrede zum Kauf)

infamia Infamie (Verlust der bürgerlichen Ehrenrechte)

infans Kind, das noch nicht vernünftig reden kann (unter 7 Jahren)

in fraudem legis agere in (arglistiger) Umgehung des Gesetzes handeln

in integrum restitutio s. *restitutio in integrum*

in iure vor dem Gerichtsmagistrat (Prätor), erster Verfahrensabschnitt im Formularprozess *cessio* „Abtretung vor Gericht", Verfügungsgeschäft zur Begründung oder Aufhebung von Herrschaftsrechten über Personen und Sachen

iniuria a) Rechtswidrigkeit; b) Verletzungsdelikt (auch Ehrverletzung)

inquilinus Wohnungsmieter

intentio Teil der Klageformel, in dem Grund und Inhalt des Anspruchs festgelegt sind

intercessio Interzession (wörtlich: Dazwischentreten) = Eingehen einer Verbindlichkeit in fremdem Interesse (z. B. durch Bürgschaft)

interdictum besondere (prätorische) Klage (beschleunigtes Verfahren)

interpellatio Mahnung

interpretatio Auslegung, Ermittlung des Sinnes von Gesetzenoder Rechtsgeschäften

iudex (privatus) Richter (in Rom meist Privatperson)

iudicia bonae fidei s. *bonae fidei iudicia*

iudicia stricti iuris (oder stricta) strengrechtliche Klagen

iuris prudentes die Rechtsgelehrten

ius Recht im objektiven oder im subjektiven Sinn, auch Gerichtsort, – stätte *civile* Zivilrecht (Normen des traditionellen Rechts, im Gegensatz zum ius honorarium), Bürgerrecht (im Gegensatz zum ius gentium) *cogens* „zwingendes" (durch Parteivereinbarung nicht abänderbares) Recht *dispositivum* „nachgiebiges" (durch Parteivereinbarung abänderbares) Recht *gentium* für Bürger und Nichtbürger gleichermassen geltendes Recht *honorarium* Amtsrecht der Gerichtsmagistrate *naturale* Naturrecht (Idealvorstellung; Recht, das ohne Anordnung für alle Menschen gilt) *positivum* positives (gesetztes) Recht *privatum* Privatrecht *protimiseos* Vorkaufsrecht *publicum* öffentliches Recht *respondeni (ex auctoriate principis)* das vom Kaiser (seit Augustus) verliehene Recht, öffentlich Rechtsgutachten (mit verbindlicher Wirkung) zu erteilen *vendendi* Verkaufsrecht *vitae necisque* Recht des *paterfamilias* über Leben und Tod seiner Hauskinder

iusiurandum in litem (Schätz-)eid des Klägers im Verfahren (etwa der *rei vindicatio*)

iusta causa possessionis Besitztitel, rechtmässiger Grund des Besitzes

iusta causa traditionis Rechtsgrund des Eigentumserwerbs durch Tradition

iusta causa usucapionis Ersitzungstitel

iustitia Gerechtigkeit

L

laesio enormis die „übermäßige Verletzung", auch: Verletzung über die Hälfte (beim Kauf: Missverhältnis zwischen Kaufpreis und Wert der Kaufsache)

legatum Vermächtnis, Legat; Zuwendung einzelner Gegenstände von Todes wegen *per damnationem* Damnationslegat (schuldrechtliche Wirkung) *per vindicationem* Vindikationslegat (sachenrechtliche Wirkung)

legis actio sacramento (in rem, in personam) altrömischer Prozess, Verfahrensform

lex Gesetz, Regel, Vorschrift; Gesetzesvorschlag; auch Vertrag oder Zusatz (z. B. Bedingung) zu einem Vertrag *commissoria* a) Verfallsabrede (Pfandrecht);b) Nebenabrede zum Kauf (Rücktrittsmöglichkeit bei Nichtzahlung des Kaufpreises) *imperfecta* Gesetz ohne Sanktion *minus quam perfecta* Gesetz, das als Sanktion für ein verbotenes Rechtsgeschäft Strafe, aber keine Nichtigkeit anordnet *perfecta* Gesetz, das ein verbotenes Rechtsgeschäft für nichtig erklärt

liberi Kinder

libertus der Freigelassene

libripens Waagehalter (bei Libralakten)

litis contestatio Streitbefestigung, Streitbezeugung (Unterwerfung der Streitteile hinsichtlich der künftigen Entscheidung des *iudex*)

locatio conductio operarum Dienstvertrag

locatio conductio operis Werkvertrag

locatio conductio rei Miete, Pacht

lucrum cessans entgangener Gewinn (im Gegensatz zum *damnum emergens*)

M

mancipatio altrömisches Formalgeschäft (Libralakt), vor allem zur Eigentumsübertragung

mancipium Gewaltverhältnis über ein erworbenes (von seinem *paterfamilias* veräußertes) Hauskind

mandatum Auftrag

manumissio Freilassung (von Unfreien)

manus i. w. S. jede Hausgewalt des *paterfamilias*, i. e. S. die Hausgewalt über die Ehegattin

matrimonium (iustum) die nach *ius civile* gültige Ehe

merces Entgelt bei *locatio conductio* (Mietzins, Lohn des Dienstnehmers, Entgelt des Werkunternehmers)

metus Furcht, Zwang

minor (viginti quinque annis) Der „nicht 25-Jährige"

modus Art, Weise; auch: Auflage (Zusatz zu Schenkung oder Testament)

mora Verzug (bei vertraglichen Leistungspflichten) *creditoris* Gläubigerverzug *debitoris* Schuldnerverzug

mortis causam praestare eine Todesursache setzen

mos gallicus humanistische Jurisprudenz im Frankreich des 16./17. Jhs., auch „elegante Jurisprudenz“
mos italicus italienische Richtung des Rechtswissenschaft im 14. Jh.
mos maiorum Sitte (Brauch) der Väter
mulier Frau
munus Geschenk, Gabe; auch: Pflicht, Amt
mutuum Darlehen (Realkontrakt)

N

nasciturus das ungeborene Kind, die Leibesfrucht
negotia per aes et libram „Rechtsgeschäfte mit (durch) Kupfer und Waage“, auch: Libralakte = Gruppe von formgebundenen Verfügungsgeschäften
negotiorum gestio Geschäftsführung ohne Auftrag
negotium Rechtsgeschäft (*nec otium*: eigentlich: Unmuße, Beschäftigung) *claudicans* „hinkendes“ Rechtsgeschäft, d. i. ein Rechtsgeschäft, das nur auf einer Seite Wirkung entfaltet *nullum (imperfectum)* nichtiges (ungültiges) Rechtsgeschäft
nexum altrömisches Haftungsgeschäft (Libralakt), „Selbstverpfändung *per aes et libram* “, regelmäßig zum Zweck eines Darlehens
nomen eigentlich: Name; auch Forderung
novatio Novation, Erneuerung (Umwandlung) einer Obligation
nuncupatio Zusatz zu *mancipatio* oder *in iure cessio*, einseitige Erklärung (z. B. Zusicherung bestimmter Eigenschaften)

O

obligatio Verbindlichkeit, Verpflichtung, Schuld *alternativa* Wahlschuld, alternative Verpflichtung zur Leistung der einen oder der anderen Sache
occidere töten (durch unmittelbare und direkte Handlung)
occupatio Aneignung (herrenloser Sachen)
officium Pflicht, Amtspflicht
operae libertorum Dienste der Freigelassenen (deren Leistung regelmäßig bei Freilassung versprochen wurde)

P

pactum (formfreier) Vertrag, Vereinbarung (untechnisch) *adiectum* Nebenabrede zu einem Vertrag *de non petendo* schuldrechtlicher (formfreier) Erlassvertrag, Stundung *de vendendo* Verkaufsabrede (Pfandrecht) *displicentiae* Rückgabe bei Nichtgefallen, Kauf auf Probe *ficudiae* Treueabrede, Nebenabrede zu einem Rechtsgeschäft
paterfamilias Hausvater, Träger der Hausgewalt
patria potestas Hausgewalt des *paterfamilias* über die ehelichen Kinder
patronus Patron, Freilasser eines Sklaven
peculium Sondergut, das der *paterfamilias* seinen Gewaltunterworfenen zur Bewirtschaftung überlässt
pendente condicione Schwebezeit bis zum Eintritt einer Bedingung
peregrinus Peregrine = Nichtrömer
periculum Gefahr des Untergangs geschuldeter Sachen
perpetuatio obligationis „Verewigung“ der Verbindlichkeit bei Untergang der Sache während des Verzuges
pignus (Faust-)Pfand
plebiscitum Beschlüsse der Volksversammlung (*concilium plebis*) mit Gesetzeskraft
plebs Pebejer, nichtadeliges Volk
pluris petitio „Zuvielforderung“ bei der Klage

poena Deliktbuße, Strafe
possessio Besitz *ad interdicta* Interdiktenbesitz; Besitz, der durch besondere Klagen (*interdicta*) geschützt ist *civilis* Besitz nach *ius civilenaturalis* bloße Innehabung (Detention)
praescriptio Nachklassische Form der Einrede (*exceptio*) im Prozess
praesumptio (iuris) sog. Rechtsvermutung (Beweisregel)
precarium Bittleihe, Überlassung einer Sache gegen jederzeitigen Widerruf
pretium Kaufpreis
procurator Vermögensverwalter
prodigus Verschwender
proprietas Eigentum
proximus agnatus der gradnächste agnatische Verwandte
pubertas Mündigkeit

Q

questio lance et licio förmliche Hausdurchsuchung bei Diebstahlsverdacht
quarta Falcidia „falzidische Quart" = Viertel einer Erbschaft, das von Legaten frei sein musste
quod interest (subjektives) Interesse als Anspruchsinhalt

R

rapina Raub
rei vindicatio Eigentumsklage
relocatio tacita stillschweigende Verlängerung von Miet- und Pachtverträgen
remissio mercedis Zinsnachlass (bei Miet- und Pachtverhältnissen)
renuntiatio Kündigung (etwa eines Gesellschaftsverhältnisses)
replicatio Gegeneinrede (gegen eine *exceptio* gerichtet)
res Sache, Angelegenheit *derelictae* „derelinquierte Sachen" = Sachen, an denen der Eigentümer Besitz und Eigentum aufgegeben hat *extra commercium* Sachen ausserhalb des Rechtsverkehrs (*res publicae*, *res communes omnium*: Sachen, die allen gehören, oder *res divini iuris*: den Göttern geweihte Sachen) *fungibilis* vertretbare Sache *habilis* (ersitzungs-) fähige Sache *mancipi* bestimmte, in alter Zeit wertvolle Sachen (Sklaven, Zugtiere, italienische Grundstücke, Feldservituten), die durch *mancipatio* übertragen werden mussten *mobilis, immobilis* bewegliche, unbewegliche Sache *publica* Staat, Staatswesen *publicae* Sachen im Eigentum des Staates *uxoria* „Frauengut" = Mitgift *vendita et tradita* die verkaufte und übergebene Sache
reservatio mentalis sog. Mentalreservation (geheimer Vorbehalt des Erklärenden)
responsa prudentium Rechtsgutachten der Juristen
restitutio in integrum Wiederherstellung des vorherigen Zustandes
retentio Zurückbehaltungsrecht

S

senatus consultum Beschlüsse des Senats mit Gesetzeskraft
sequester Verwahrer der streitbefangenen Sache
servitus a) Sklaverei; b) Dienstbarkeit, Servitut
servitutes personales Personaldienstbarkeiten
servitutes praediorum rusticorum Felddienstbarkeiten
servitutes praediorum urbanorum Gebäudedienstbarkeiten
servus Sklave, Unfreier
societas Gesellschaft, Zusammenschluss mehrerer Personen zu gemeinsamem Zweck
sodalitas Verein

solutio „Lösung" von einer schuldrechtlichen Bindung, Erfüllung einer Verpflichtung *per aes et libram* Lösung mit Kupfer und Waage, Libralakt zum Zweck der Erfüllung und Haftungslösung

solutionis causa adiectus sog. „Zahlstelle"; vom Gläubiger genannte Person, an die der Schuldner wirksam zahlen kann

species Stückschuld, individuell charakterisierter Leistungsgegenstand

specificatio Verarbeitung (von Rohstoffen etc.)

sponsio altzivile Bürgschaftsform

stipulatio mündliches Schuldversprechen, Formalgeschäft (Verbalkontrakt)

substitutio Substitution, Berufung eines Ersatzerben

sui heredes „geborene" Erben = Hauserben des Erblassers

superficies Gebäude

superfluum Überschuss aus dem Erlös der verkauften Pfandsache

T

tabula picta die bemalte Tafel

testamenti factio activa (passiva) aktive (passive) Testierfähigkeit

testamentum Testament, letztwillige Verfügung *-per aes et libram* sog. Libraltestament oder Testament mit Kupfer und Waage

the(n)saurus Schatz

titulus s. *iusta causa*

traditio (formfreie) tatsächliche Übergabe einer Sache

traditio brevi manu Übergabe „kurzer Hand" (Besitzerwerb ohne tatsächliche Übergabe)

translatio imperii Übergang, Übertragung des Reichs; Gedanke der Fortführung des Imperium Romanum durch die deutschen Kaiser

trinoctium Zeitraum von drei Nächten

tutela Vormundschaft

tutor Vormund

U

universitas Körperschaft, juristische Person

usucapio Ersitzung, Eigentumserwerb durch Zeitablauf

usurae Zinsen *usurarum* Zinseszinsen

usus a) Besitz nach altrömischem Recht (tatsächliche Sachherrschaft);b) Gebrauchsrecht (höchstpersönliches Nutzungsrecht)

ususfructus Nießbrauch, Nutznießung, Fruchtgenuss

usus modernus pandectarum der „moderne Pandektengebrauch", rechtswissenschaftliche Richtung im 17./18. Jh.

uti frui habere licere „haben, gebrauchen, nutzen dürfen", bezeichnet die Leistungspflicht des Verkäufers

utilitas Nutzen, Interesse

uxor in manu gewaltunterworfene Ehefrau

V

venditio bonorum Verkauf der Güter = Konkurs

vi/clam/praecario (Besitzstörung) durch Gewalt, heimlichen Eingriff oder Zurückhalten eines *precarium* = Voraussetzungen für die Besitzschutzinterdikte

vindicatio Vindikation, Klage zur Durchsetzung absoluter Rechte (z. B. *rei vindicatio, vindicatio servitutis oder patriae potestatis* etc.)

vis maior höhere Gewalt

vitium Fehler, Sachmangel

voluntas Wille (des rechtsgeschäftlich Handelnden)

Lateinische Rechtsregeln

A

ad turpia nemo obligatur Zu Schändlichem ist niemand verpflichtet = eine Obligation mit sittenwidrigem Inhalt ist nicht durchsetzbar.

alteri stipulari nemo potest Niemand kann sich zugunsten eines anderen etwas versprechen lassen.

apiscimur possessionem corpore et animo, neque per se animo aut per se corpore Wir erwerben den Besitz *corpore et animo* (durch Herstellung der körperlichen Innehabung mit dem Willen, die Sache zu beherrschen) und nicht *corpore* allein oder *animo* allein.

audiatur et altera pars Auch die andere Seite ist zu hören.

B

beati possidentes Die glücklichen Besitzenden (wer den Besitz hat, ist im Hinblick auf die Parteirolle im Prozess im Vorteil).

bona fides praesumitur Der gute Glaube wird vermutet.

C

casum sentit dominus Den Zufall fühlt der Eigentümer (der Eigentümer trägt den Schaden des zufälligen Untergangs), auch

casus a nullo praestantur Für Zufälle braucht niemand einzustehen.

caveat emptor Der Käufer möge sich vorsehen (auf der Hut sein).

cessante ratione cessat lex ipsa Fällt der Zweck des Gesetzes weg, so fällt das Gesetz selbst weg.

circumvenire se invicem contrahentibus naturaliter licet Den Vertragsparteien ist es nach natürlichem Recht erlaubt, sich gegenseitig zu übervorteilen.

collegium non moritur Eine Körperschaft stirbt nicht (besteht unabhängig vom Ausscheiden einzelner Mitglieder).

consensus facit nuptias Der Konsens bewirkt die Eheschließung.

conventio est lex Die Übereinkunft ist Gesetz. D. h.: Eine erlaubte rechtsgeschäftliche Einigung ist ebenso wirksam wie ein Gesetz.

Die meisten in der nachstehenden Auswahl angeführten Rechtsregeln und Parömien stammen in ihrer Formulierung aus dem gemeinen Recht, wiewohl viele von ihnen auf das römische Recht zurückgehen. Die meisten, enthalten Gedanken, die auch im modernen Recht Geltung beanspruchen.

H. Honsell, *Römisches Recht,* Springer-Lehrbuch, DOI 10.1007/978-3-662-45870-9

cum in verbis nulla ambiguitas est, non debet admitti voluntatis quaestio Wenn die Worte nicht mehrdeutig sind, ist nach dem Willen des Erklärenden nicht zu fragen (Auslegungsregel).

D

da mihi factum, dabo tibi ius Gib mir den Sachverhalt und ich werde dir das Recht geben.

dies interpellat pro homine Der Termin mahnt statt des Menschen (= ist ein Leistungstermin vereinbart, tritt bei Überschreitung Verzug ohne Mahnung ein).

dolo agit qui petit quod redditurus est Arglistig handelt, wer etwas verlangt, was er (aus anderem Grund) wieder zurückgeben müsste.

dolus pro possessione est Arglist steht für Besitz = der Eigentümer kann auch den belangen, der den Besitz an der Sache arglistig aufgegeben hat.

dolus semper praestatur Für Vorsatz ist immer einzustehen.

E

errantis voluntas nulla est Der Wille eines Irrenden ist nichtig; genauso: *furiosi (prodigi) voluntas nulla est*. – Der Wille eines Geisteskranken (Verschwenders) ist nichtig (er ist geschäftsunfähig).

error iuris nocet Rechtsirrtum schadet (ist unbeachtlich).

F

falsa demonstratio non nocet Falschbezeichnung schadet nicht.

fur semper in mora Der Dieb ist immer im Verzug.

genus non perit Die Gattung geht nicht unter (bei Gattungsschulden wird man durch Sachuntergang nicht frei).

I

ignorantia facti, non iuris excusat Tatsachenunkenntnis, nicht aber Rechtsunkenntnis entschuldigt.

ignorantia iuris nocet Rechtsunkenntnis schadet.

impossibilium nulla est obligatio Unmögliches kann nicht Gegenstand einer (gültigen) Verpflichtung sein.

in conventionibus contrahentium voluntas potius quam verba spectare placuit Bei Verträgen ist mehr der Wille der Vertragspartner als die Worte zu berücksichtigen.

in praeteritum non vivitur vgl. auch *nemo pro praeterito alitur* In der Vergangenheit wird nicht gelebt (niemand wird für die Vergangenheit alimentiert).

in sacris simulata pro vero accipiuntur Beim Opfer gilt das Vorgetäuschte als wahr.

iura noscit (novit) curia Das Gericht kennt das Recht.

iura scripta sunt vigilantibus Das Recht ist für die Wachsamen geschrieben.

ius est ars boni et aequi Recht ist die Kunst des Guten und Billigen.

ius praetorium est quod praetores introduxerunt adiuvandi supplendi et corrigendi iuris civilis gratia *ius praetorium* ist das Recht, das die Prätoren zur Unterstützung, Ergänzung und Korrektur des *ius civile* eingeführt haben.

ius publicum privatorum pactis mutari non potest Das öffentliche Recht kann durch Verträge von Privaten nicht geändert werden.

M

mala fides superveniens (non) nocet Nachträglicher schlechter Glaube schadet (nicht).

mora perpetuatur obligatio Duch den Verzug wird die Obligation verewigt.

N

nasciturus (auch: conceptus) pro iam nato habetur, quotiens de commodis eius agitur Der *nasciturus* (die Leibesfrucht) wird für geboren angesehen, soweit dies seinem Vorteil dient (= Fiktion).

nemini (nulli) res sua servit Niemandem dient die eigene Sache (= eine Servitut an eigener Sache ist nicht möglich).

nemo auditur propriam turpitudinem suam allegans Niemand wird gehört, wenn er sich auf eigenes sittenwidriges Handeln beruft; aus verwerflichem Verhalten können keine Ansprüche abgeleitet werden.

nemo plus iuris ad alium transferre potest quam ipse habet Niemand kann mehr an Recht auf einen anderen übertragen, als er selbst hat.

nemo sibi ipse causam possessionis mutare potest Niemand kann sich selbst den Rechtsgrund seines Besitzes ändern.

nomina sunt ipso iure divisa Forderungen sind *ipso iure* geteilt (bei Gläubigermehrheit).

non omnium, quae a maioribus constituta sunt, ratio reddi potest Nicht bei allem, was die Vorfahren festgelegt haben, kann man den Grund nennen (= nicht alles, was alt ist, ist allein deswegen gut).

noxa caput sequitur Der Schaden folgt dem Haupt (des Täters) = die Noxalhaftung trifft den jeweiligen Eigentümer des Sklaven.

O

omnis definitio in iure civile periculosa est Jede Definition im Privatrecht ist gefährlich (problematisch).

P

pacta sunt servanda Verträge müssen gehalten werden.

perfecta emptione periculum ad emptorem respicit Mit der Perfektion des Kaufs geht die Gefahr (des zufälligen Untergangs) auf den Käufer über; vgl. auch

periculum est emptoris Die Gefahr trägt der Käufer.

periculum eius esse debet cuius est commodum Die Gefahr soll derjenige tragen, der den Vorteil hat.

possessio non est iuris, sed facti Besitz ist keine Frage des Rechts, sondern der Fakten.

prior tempore potior iure Der zeitlich Frühere ist auch der im Recht Stärkere (wer zuerst kommt, mahlt zuerst).

protestatio facto contraria non valet Eine dem (eigenen) Handeln widersprechende Erklärung gilt nicht; d. h. wenn man ein Verhalten setzt, das schlüssige (konkludente) Willenserklärung ist, nützt auch eine entgegenstehende ausdrückliche Erklärung nichts.

Q

qui tacet, consentire videtur (ubi loqui potuit et debuit) Wer schweigt, wird so angesehen, als stimme er zu (wo er hätte sprechen können und müssen).

quod ab initio vitiosum est non potest tractu temporis convalescere Was von Anfang an fehlerhaft ist, kann nicht durch Zeitablauf heilen.

quod universitati debetur, singulis non debetur Was einer Körperschaft geschuldet wird, wird ihren einzelnen Mitgliedern nicht geschuldet.

R

res iudicata pro veritate accipitur Das Urteil gilt als Wahrheit.

S

scire leges non hoc est verba earum tenere sed vim ac potestatem Die Gesetze kennen bedeutet nicht, an ihren Worten zu haften, sondern ihren Sinn und Zweck zu begreifen.

semel heres semper heres Einmal Erbe, immer Erbe = Erbeinsetzung auf Zeit ist nicht möglich.

servitus est civiliter exercenda Eine Dienstbarkeit ist schonend auszuüben.

servitus in faciendo consistere nequit Eine Dienstbarkeit kann nicht im (aktiven) Handeln bestehen = Inhalt einer Dienstbarkeit kann kein Tun des Belasteten sein.

summum ius, summa iniuria Höchstes Recht, größtes Unrecht: auf die Spitze getriebenes Recht kann größtes Unrecht werden.

superficies solo cedit Das Gebäude folgt dem Grundstück.

T

tot gradus quot generationes So viele Grade wie Zeugungen (§ 1589 S. 3 BGB: Der Grad der Verwandtschaft bestimmt sich nach der Zahl der sie vermittelnden Geburten).

U

utile per inutile non vitiatur Gültiges wird durch Ungültiges nicht beeinträchtigt (= der fehlerhafte Teil eines Rechtsgeschäftes beeinträchtigt den gültigen Teil nicht).

V

venire contra factum proprium (nemini licet) Sich in Widerspruch zu seinem eigenen Verhalten zu setzen; gegen das eigene (frühere) Handeln zu agieren (heranzugehen), (ist niemandem erlaubt).

vim vi repellere licet Es ist erlaubt, Gewalt durch Gewalt zurückzuschlagen (Notwehr zu üben).

Sachverzeichnis

A
Absichtsanfechtung, 175
Abstraktionsprinzip, 61
Abtretung, 34, 109, 152
acceptilatio, 105, 186
accessio temporis, 54
accusatio suspecti tutoris, 185
actio, 83
  ad exemplum actionis institoriae, 36
  ad exhibendum, 67
  auctoritatis, 130, 131, 132
  commodati, 121
  communi dividundo, 57, 150
  conducti, 144, 146, 154
  de deiectis vel effusis, 104
  de dolo, 45
  de in rem verso, 36
  de modo agri, 132
  de pauperie, 163
  de peculio, 36
  depensi, 115
  depositi, 122
  de tigno iuncto, 67
  empti, 126, 131, 132
  exercitoria, 36
  familiae erciscundae, 187
  ficticia, 72
  fiduciae, 76
  furti, 88, 162
  hypothecaria, 79
  incerti ex stipulatu, 116
  in factum, 43, 154, 168
  iniuriarum, 88, 162, 170, 173
  in personam, 84
  in rem, 84
  institoria, 36
  legis Aquiliae, 88, 166
  locati, 144, 146, 154, 165
  mandati, 111
  mandati contraria, 113, 115
  negatoria, 71
  negotiorum gestorum, 157
  Pauliana, 175
  pigneraticia in rem, 78
  praescriptis verbis, 153
  pro socio, 113
  Publiciana, 59, 72
  quanti minoris, 135
  quasi Serviana, 78
  quod iussu, 36
  quod metus causa, 175
  rationibus distrahendis, 185
  redhibitoria, 134
  rei uxoriae, 79, 182
  Serviana, 78
  tributoria, 36
  tutelae, 185
  utilis, 112
  venditi, 126, 139, 154
  vi bonorum raptorum, 166
actiones
  noxales, 162
  poenales, 162
Adoption, 33, 182, 183, 184
adstipulatores, 112
Aedilenedikt, 133, 136
Affektionsinteresse, 89
Agnation, 24, 183, 188, 189
Akkreszenz, 189
Aktivdelegation, 108, 109

H. Honsell, *Römisches Recht*, Springer-Lehrbuch, DOI 10.1007/978-3-662-45870-9

Akzessorietät
Bürgschaft, 115
Pfand, 79
alienatio
deducto usufructu, 76
in fraudem creditorum, 175
alluvio, 68
alteri stipulari nemo potest, 35
Analogie, 15
Anatozismus, 95
Angeld, 93
animus
donandi, 155
possidendi, 55
Antiphon, 21
Anweisung, 119
arbitrium de restituendo, 70
Aristoteles, 19, 69
arrha, 93
confirmatoria, 93
poenitentialis, 93
Arrogation, 183
artes liberales, 144, 151
Aszendenten, 24
Aufklärung, 152
Aufrechnung, 83, 104, 110
Auftrag, 92, 103, 119, 145
Auslegung
Gesetz, 184
objektive, 26
Rechtsgeschäft, 26
subjektive, 26
Testament, 194
Auslegung (Gesetz), 6, 7, 11, 12, 13
Auslegungsregel, 39
Außenerben, 196
avulsio, 68

B
Bedingung, 138, 189, 194
sittenwidrige, 28
unmögliche, 28
Befehlsnotstand, 168
Befristung, 194
beneficium
divisionis, 115
excussionis, 114
Bereicherungsansprüche, 161
Besitz, 12, 59, 62, 64, 65, 67, 69, 72, 77, 78, 121, 126, 130, 131, 143, 163, 188, 197
Besitzschutz, 52, 53, 120, 123, 143
Bessergebotsklausel, 137
Billigkeit, natürliche, 23
Bittleihe, 64, 138
Blutsverwandtschaft, 24, 183
Bologna, 1, 18
bonae fidei iudicia, 28, 45, 46, 84, 89, 97, 107, 110
bona fides, 10, 45, 94, 103, 107, 108, 110, 125, 157, 185
bonorum possessio
intestati, 191
Bonorum possessio
secundum tabulas, 191
Börsenpreis, 89
brevi manu traditio, 55
Buchstabenauslegung, 11, 13
Bürgschaft, 5, 32, 40, 83
Buße, 5, 164, 173

C
Caecus, Appius Claudius, 11
Capito, Ateius, 16
Case law, 7
Cassius, 16, 22, 142
casum sentit dominus, 127, 128
casus mixtus, 98
causa
Bereicherungsrecht, 83
Curiana, 15, 27, 193, 194
donationis, 61
emptionis, 55
Rechtsgrund, 123, 156, 159
Schenkung, 156
Celsus, 13, 16, 19, 109, 167
certum, 85, 97, 116, 138
cessio legis, 115
Cicero, 5, 6, 12, 15, 22, 151, 173, 193
clausula rebus sic stantibus, 27
Codex, 18
codex accepti et expensi, 102
Codified law, 7
coemptio, 179, 180
cognatio, 24
cognitor, 111, 112
collegia, 25
colonia partiaria, 141
commixtio, 68
commodatum, 120
Common law, 9
communio, 147, 148
compensatio, 110
condemnatio
in id quod facere potest, 82
pecuniaria, 70, 97

condicio, 28, 29
in praesens vel in praeteritum collata, 28
sine qua non, 90
condictio, 35, 94, 102, 109, 117, 158
certae creditae pecuniae, 116
furtiva, 162, 165
indebiti, 159
liberationis, 159
ob causam datorum, 153
ob causam finitam, 159
ob rem, 159
triticaria, 116
confarreatio, 180
confusio, 68
consensus, 3, 41, 123
consideration, 103
consortium, 147, 177, 187
constitutum possessorium, 55
consuetudo, 3, 136
contractus, 26
aestimatorius, 153
mohatrae, 41, 119
contrarius actus, 105, 180
conubium, 177
conventio, 26
Corpus iuris civilis, 2, 18
Crassus, 15, 22, 193
Cujaz, 18
culpa, 90, 98, 121, 142, 149, 152, 157, 167, 169, 185
in eligendo, 145
cura, 186
furiosi, 186
legitima, 186
minorum, 186
prodigi, 186
custodia, 92, 121, 128, 142, 146, 149, 165

D

Damnationslegat, 104, 197
damnum, 88
emergens, 88
Darlehen, 12, 33, 41, 44, 50, 84, 94, 109, 118, 120, 121, 122, 138, 158, 159, 160
datio in solutum, 105
Datumsgrenze um Mitternacht, 16
Deduktion, 7
Delegation, 108
Delikte, 100, 104, 167
denegatio actionis, 28
depositum, 164
irregulare, 121
miserabile, 122
desuetudo, 4, 156
Deszendenten, 24
detentio, 52, 121
dicta in mancipio, 132
Diebstahl, 63, 66, 121, 128, 151, 160, 162
Dienstbarkeit, persönliche, 73, 74
Dienstvertrag, 139, 144
dies, 28
interpellat pro homine, 98
Differenzschadensbegriff, 133
Digesten, 17, 18
diligens paterfamilias, 91
diligentia quam in suis, 91, 149, 152
Diokletian, 100, 125, 126
dissensus, 41
divortium, 180
dolus, 45, 90, 91, 92, 97, 99, 122, 136, 149, 152, 185
malus, 11, 191
praeteritus, 72
dominium, 56, 57
donatio, 60
Donellus, 18
Doppelverkauf, 59, 129
dos, 109
dotis dictio, 101
Draufgeld, 93
Drohung, 46, 175
duplex dominium, 58
duplicatio, 85
duplum, 115, 131, 132

E

edictum perpetuum, 9, 83
Edikt, 9, 31, 43, 46, 103, 134, 135, 153, 157, 166, 175, 190, 191
Ehe, 15, 24, 79, 190
Ehegesetzgebung des Augustus, 178
Ehegüterrecht, 181
Ehehindernisse, 178
Ehemaklerlohn, 83
Ehescheidung, 180
Eheschließung, 179
Eigenbesitz, 52, 62, 64
Eigentum, 9, 16, 23, 25, 27, 29, 32, 37, 50, 52, 82, 111, 119, 121, 126, 127, 138, 143, 150, 168, 172, 181, 188
bonitarisches, 58
Deliktsschutz, 170
prätorisches, 57
quiritisches, 57
Eigentumserwerb
originärer, 65

Einwilligung des Verletzten, 168
Einziehungsermächtigung, 111
Emanzipation, 184
emptio
    rei speratae, 124
    spei, 124
    venditio, 130
Enterbung, 195
Equity, 9
Erbeinsetzung, 189, 191
Erbfolge, 189, 191, 192, 195, 197
    gesetzliche, 187, 188, 189
    prätorische, 191
    testamentarische, 189
Erbschaft, 187, 188, 193, 196, 198
Erbschaftsantritt, 186, 196
Erbschaftserwerb, 196
Erbschaftsklage, 188
Erfüllung, 104
Erfüllungsfiktion (Bedingung), 29
Erlass, 104, 106
error, 41
    facti, 45
    in corpore, 42
    in materia, 42
    in negotio, 44
    in nomine, 45
    in persona, 44
    iuris, 45
Ersatzerbschaft, 193
Ersitzung, 63
    Unterbrechung, 64
Ersitzungsbesitz, 64, 71
Ersitzungstitel, 64
Ersitzungszeit, 64
essentialia negotii, 123
Eviktionshaftung, 130
exceptio, 37
    dilatoria, 107
    doli, 15, 28, 35, 45, 69, 84, 86, 93, 99, 105, 111, 117, 127, 188, 192, 198
        praesentis, 174
        praeteriti, 174
    iusti dominii, 72, 84
    mercis non traditae, 118
    non numeratae pecuniae, 84, 118
    non (rite) adimpleti contractus, 118, 127
    pacti, 107
    pacti conventi, 107
    peremptoria, 107
    rei venditae et traditae, 71, 72, 84
extraordinaria cognitio, 151

F
Faber, 18
facultas alternativa, 87, 93
faenus
    nauticum, 120
    unciarum, 95
Fahrlässigkeit, 90, 91, 122
Fallrecht, 7
familia, 24
favor libertatis, 13
Fideikommiss, 198
fideiussio, 114
    indemnitatis, 114
fidepromissio, 114
fiducia, 76
    cum creditore contracta, 76
Fiktion, 13, 72, 97, 189
Fiktionstheorie, 25
Flavius, Gnaeus, 11
Forderung, verjährte, 83
Form, 31
forma, 69
Formalismus, 6, 10, 11, 21, 85
formula
    Baetica, 76
    Octaviana, 175
fraus, 46
Freigelassene, 24, 101, 178
Freilassung, 24, 33, 89, 186
Fremdbesitz, 52
Fremdenprätor, 20
Früchte, 51, 67, 70, 75, 98, 124, 135, 141
Fruchterwerb, 67
furiosus, 31, 186
fur semper in mora, 98, 165
furtum, 63, 107, 121
    usus, 164

G
Gaius, 17
Gallus, Aquilius, 173
Gast- und Stallwirtehaftung, 104
Gattungsschuld, 87
Gebäudedienstbarkeiten, 74
Gefahrtragung
    Dienstvertrag, 144
    Kauf, 127
    Miete, Pacht, 142
    Werkvertrag, 146
Gehilfenhaftung, 145
Geisteskranke, 31, 186
Generalhypothek, 79

Generalklausel (Deliktsrecht), 170
genus perire non potest, 87
Gesamthandseigentum, 57
Gesamtobligation, 113
Gesamtschuld, 113
Geschäft
    dissimuliertes, 40
    per aes et libram, 33
    simuliertes, 40
Geschäftsfähigkeit, 30
Geschäftsführung ohne Auftrag, 157
Geschäftsgrundlage, 27
Geschäftsirrtum, 42
Gesetzesumgehung, 12, 39, 40
Gewährleistung, 31, 62, 117, 131, 137
Gewalt, höhere, 92
Gierke, Otto von, 25, 143
Gläubigermehrheit, 113
Gläubigerverzug, 99
Gläubigerwechsel, 108, 109, 111
Goldene Regel, 23
Große Haverei, 147
Grunddienstbarkeit, 73

H
Heilung, 72, 83, 197
    des Formmangels, 62
hereditas, 188
    iacens, 196
    petito, 188
Hinterlegung, 100, 102
Hochklassik, 16
Hoffnungskauf, 124
Höhere Gewalt, 92
Honorar, 151
Honorarrecht, 9, 37, 84, 103, 107, 173, 188, 191, 196
hypotheca, 76

I
Iavolenus, 16
ignorantia iuris, 45
imaginaria solutio, 106
imperitia culpae adnumeranda, 91, 146
implantatio, 67
impossibilium nulla obligatio, 38, 97, 127
impuberes infantia maiores, 30
inaedificatio, 67
incertum, 85, 89, 97, 116, 154
indebite solutum, 83
indictio belli, 13
in diem addictio, 137
Infamie, 122, 150, 152, 165, 186
infantes, 30
in iure cessio, 32, 58, 61, 75, 184
iniuria, 167
Interdikte, 52
Interdiktenbesitz, 52
Interesse, 88, 97, 131, 141, 152, 165, 169
interpellatio, 98
Intestaterbfolge, 189
Irrtum, 41
iudex, qui litem suam fecit, 104
ius, 19
    civile, 20, 21
    gentium, 20, 57, 147
    honorarium, 21
    naturale, 21
    privatum, 20
    protimiseos, 139
    publicum, 20
    respondendi, 17
    vitae necisque, 182, 184
iusiurandum in litem, 71
iusta
    causa, 64
    causa usucapionis, 64
iusta causa, 58, 99
    possessionis, 52
    traditionis, 59, 60
iustitia, 19
    commutativa, 19
    distributiva, 19

J
Julian, 9, 16
Jurisprudenz, 15
    klassische, 15, 17, 56
    spätklassische, 17
Jurist, klassischer, 15
Justinian (Gesetzgebung), 18

K
Kapital, 94, 95
Kauf, 123
    auf Probe, 29, 137, 138
    bricht Miete, 143
Kaufpreis, 125
Kausalität, 90
    überholende, 167
Kinder, 30
Klage
    adjektizische, 35, 36
    aedilizische, 135
    auf ein certum, 85
Kodizill, 192

Kognation, 178, 183
Konkurrenz, kumulative, 162
Konsensprinzip, 42, 59, 128
Konsensualkontrakte, 41, 100, 103
Kontrakte, 100
Konträraktsprinzip, 105, 181
Konvaleszenz, 47
Konversion, 47
Korrealschuld, 113
Kreuzigung, 22
Kuhverstellungsvertrag, 119
Kündigung, 148, 153

L
Labeo, Antistiu, 16
laesio enormis, 125
Legat, 196
Legisaktion, 11
Legisaktionenprozess, 85
Leihe, 120
Leistung an Erfüllungs statt, 105
lex
    Aquilia, 166
    Atinia, 62
    Cincia de donis et muneribus, 156
    Claudia de nave senatorum, 12
    commissoria
        Kauf, 137, 138
        Pfand, 77, 79
    Falcidia, 195, 198
    Furia testamentaria, 197
    Iulia de maritandis ordinibus, 178
    Papia Poppaea, 178
    Papiria de nexis, 82
    Plautia de vi, 62
    Rhodia de iactu, 146
    Voconia, 197
liberi, 24
Libraldarlehen, 105
libripens, 32
litis denuntiatio, 130
Litteralkontrakte, 102
locatio
    conductio, 139
        operarum, 144
        operis, 145
        rei, 140
    in perpetuum, 143
longa manu traditio, 55
longi temporis praescriptio, 65
lucidum intervallum, 31
lucrum cessans, 88
lustrum, 143

M
Mahnung, 98
mancipatio, 10, 58, 61, 74, 123, 126, 130
    nummo uno, 131
manumissio, 24
manus-Ehe, 180, 181
Manzipation, 20, 34, 57, 75, 116, 130, 131, 132, 183, 191
Marktgerichtsbarkeit der Aedilen, 134
Marktpreis, 89, 127
materia, 42, 69
melior est causa possidentis, 60, 160
Mentalreservation, 40, 41
merces, 141, 144, 146
metus, 45, 175
Miete, 139, 140
Mietzins, 141
Minderjährige, 16, 31, 186, 47
Minderung, 88, 135
minores viginti quinque annorum, 31
misericordia, 23
Miteigentum, 57, 113
Modestin, 17
mora
    creditoris, 98, 99
    debitoris, 97
mortis causam praestare, 168
mos
    gallicus, 18
    geometricus, 2
    italicus, 18
    maiorum, 3, 13
Motivirrtum, 42
Mucius Scaevola (pontifex), 181, 193
Mündel, 79, 162
mutuum, 118

N
nasciturus, 13, 189, 190
Nationalsozialismus, 20, 23
Naturalobligation, 73, 83, 114
Natur der Sache, 23
Naturrecht, 2, 21, 23, 18, 169, 170
    und Positivismus, 21
Nebenabreden (Kauf), 137
Nebengläubiger, 112
Nebenschuldner, 112
negotia per aes et libram, 106
negotiorum gestio, 157
negotium, 26
    claudicans, 30
    nullum, 37
    simulatum, 40
    utiliter gestum, 157

Neraz, 16
Nerva, 16
nexum, 10, 20, 33, 82, 105, 118
Nichterfüllung, 97
Nichtigkeit, 37
prätorische, 37
Nießbrauch, 71, 76, 116, 124, 143
Noterbrecht, 195
Nothinterlegung, 122
Notstand, 168
Notwehr, 23, 167
Notwehrexzess, 167
Novation, 107
Novellen, 18
Noxalhaftung, 163, 167
Nutzpfand, 78

O
obligatio, 40, 83, 87, 97, 127
alternativa, 87
Obligationen, 100
occidere, 167, 168
Okkupation, 65
operae libertorum, 101

P
Pacht, 67
pacta sunt servanda, 10, 153
pactum
adiectum, 104
de non petendo, 107
de retroemendo, 139
de vendendo (Pfand), 77
displicentiae, 137, 138
Pandekten, 2, 18
Pandektistik, 2, 18
Papinian, 17
parricida, 91
Passivdelegation, 108, 109
paterfamilias, 24, 36, 57, 102, 183, 184, 189
patria potestas, 178, 183
Paulus, 17
peculium, 36
castrense, 182
profecticium, 182
Pegasus, 16
periculum emptoris, 128, 129
perpetuatio obligationis, 97
Person, 23
juristische, 25
Personalexekution, 82
Persönlichkeitsverletzung, 170, 173
Pfandrecht, 76
Pflegschaft, 186
Pflichtteil, 195
pignus, 76
pluris petitio, 85
poena, 5, 88, 93
Pomponius, 15
pontifex maximus, 10, 179, 183
Pontifikaljurisprudenz, 10
possessio, 64
civilis, 52
naturalis, 52
Potestativbedingung, 29, 138
praesumptio Muciana, 181
praetor fideicommissarius, 198
Präjudizien, 8
Prätor, 19
precarium, 120
prior tempore potior iure, 79
Proculus, 16
procurator, 111
in rem suam, 112, 130
prodigus, 31
Prokulianer, 16
proprietas, 56
Prozessformeln, 11
Publizitätsprinzip, 59
Pupillarsubstitution, 193
Putativnotwehr, 167
Putativtitel, 60, 64

Q
quadruplum, 164
quaestio lance et licio, 164
quarta Falcidia, 198
Quasidelikte, 104
Quasikontrakte, 104
querela inofficiosi testamenti, 195

R
rapina, 166
ratio decidendi, 7
Raub, 166
Rechtfertigungsgründe, 167
Rechtsfortbildung, prätorische, 21
Rechtsgeschäft, 26
Rechtsmängelhaftung, 130
Rechtsmissbrauch, 72, 174
Rechtsquellen, 3, 9
Rechtsschule, 16
historische, 2, 18
von Beryt, 18

Rechtsschutz, prätorischer, 71
Regress, 113, 115
regula Catoniana, 197, 47
rei vindicatio, 70, 71, 84, 97, 162, 165, 197
relocatio tacita, 143
remissio mercedis, 142
renuntiatio, 148
replicatio, 84
  rei venditae et traditae, 72, 84
res
  cottidianae, 104
  derelictae, 66
  divini iuris, 50
  fungibiles, 50
  furtiva, 62
  habilis, 63
  immobiles, 49
  mancipi, 52, 57, 62, 66, 71, 74, 84, 126, 133, 186
  mobiles, 49
  nec mancipi, 52, 58, 66, 116, 123, 133
  publicae, 50
  quae pondere numero mensura consistunt, 50
  quae usu consumuntur, 50
  religiosae, 50
  sacrae, 50
  sanctae, 50
Resolutivbedingung, 28, 139
Restgültigkeit, 39
restitutio in integrum, 31, 46, 135, 175
Reugeld, 93
Rezeption, 1
Rhetorik, 13
rigor iuris, 23

S
Saatgutdarlehen, 95
Sabinianer, 16
Sabinus, Masurius, 16, 134
Sachbegriff, 49
Sachen
  herrenlose, 65
  teilbare, 51
  unteilbare, 51
  zusammengesetzte, 51
Sachgefahr, 87, 100
Sachgesamtheit, 51, 123
Sachmängelhaftung, 132
Sachverbindung, 67
satio, 67
Savigny, Friedrich Carl von, 2, 59
Scaevola, Mucius Qintus (pontifex), 15
Schadensberechnung, abstrakte, 127
Schadensersatz, 88, 167, 168, 169
Schädigung, arglistige, 173
Schatzfund, 66
Scheingeschäft, 40
Schenkung, 155
  unter Ehegatten, 156, 190
Schenkungsanfechtung, 175
Schenkungsverbote, 156
Scherzerklärung, 40
Schlechterfüllung, 98
Schluss, induktiver, 7
Schriftform, 31
Schuldnermehrheit, 112, 113
Schuldnerverzug, 97
Schuldnerwechsel, 107, 109
Schulenstreit, 69, 154
Schwägerschaft, 24, 178
SC Macedonianum, 41, 119
Seedarlehen, 95
Seefrachtvertrag, 146
senatus consulta, 9
sens-clair-Regel, 26
Sequestration, 122
servi, 23
Servitut, 73, 74
Simulation, 40
Sittenwidrigkeit, 151, 160, 175
Sklaven, 12, 22, 23
Sklavenkauf, 139
societas ercto non cito, 57
Sokrates, 21
Solidarobligation, 113
Solidarschuld, 113
solutio, 105
  per aes et libram, 33, 106
solutionis causa adiectus, 105
specificatio, 69
Sphärentheorie, 144
Spiel und Wette, 83
sponsio, 114
stare decisis, 8
Stellvertretung, 35
stipulatio duplae, 131
Stipulation, 28, 101
  abstrakte, 39, 84
  kausale, 117
  titulierte, 28, 118
Strafklage, 88, 162
Streitverkündung, 130
stricti iuris iudicia, 85, 97

Stückschuld, 87
substantia, 42
Subsumtion, 7, 154
summum ius – summa iniuria, 11
superficies solo cedit, 67
Suspensivbedingung, 28
Symbolform, 31

T
tabula picta, 68
Tausch, 154
Täuschung, arglistige, 45
Teil, 51
Teilnichtigkeit, 39
Teilpacht, 141
Teilungsklage, 150
tempus, 64
Testament, 190
Testamentsauslegung, 194
Testierfähigkeit, 192
the(n)saurus, 66
Theodosius, 17
Theorie der realen Verbandspersönlichkeit, 25
titulus, 64
Totalnichtigkeit, 39
tot gradus quot generationes, 24
traditio ex iusta causa, 58
Tradition, kausale, 60, 61
Traditionsprinzip, 59
Trebatius, 15
Treuhand, 33
Treu und Glauben, 39, 72, 86, 126, 174, 185
Tribonian, 18
trinoctium, 15, 16, 180
Trödelvertrag, 153
tutela, 184
  mulierum, 186
tutor
  legitimus, 185
  testamentarius, 185
Typenzwang, 100, 153

U
Übergabe kurzer Hand, 55
Übergabesurrogate, 55
Uferrecht, 68
Ulpian, 17, 22
universitates, 25
Unmöglichkeit, 37, 87
Unmündige, 30, 184, 193
urere, frangere, rumpere, 166, 168
usura centesima, 95
usurae, 94
  maritimae, 95
usus, 62, 75
  modernus, , 18, 169
ususfructus, 74
Utilitätsprinzip, 92, 122

V
Valentinian, 17
Verarbeitung, 69
Verbalkontrakte, 101
Verbindung, 68
Verbot, gesetzliches, 12, 38, 156
Vereinbarungsdarlehen, 119
Vereine, 25
Vereinshaftung, 25
Verkürzung über die Hälfte, 125
Vermächtnis, 196
Vermengung, 57, 68
Vermischung, 57, 68
Verpflichtungsanweisung, 109
Verrechnung, 110
Verschulden, 90, 91
Verschwender, 31
versura, 94
Vertrag, 26
  zugunsten Dritter, 35
Vertragsauslegung, 26
  ergänzende, 27
Vertragsfreiheit, 20, 100, 153, 155
Vertragsstrafe, 92
Verursachung, 90, 91
Verwahrung, uneigentliche, 121
Verwandtschaft, 24, 178, 183
Verwandtschaftsgrad, 24
Verwendungsklage, 36
Verzug, 97, 99
Viehkauf, 134
Vindikation, 70
Vindikationslegat, 197
vis maior, 92, 128
volenti non fit iniuria, 168
Vorkaufsrecht, 139
Vormundschaft, 184
Vorsatz, 90, 91
Vorweisungsklage, 67
Vulgarsubstitution, 193

W
Wahlschuld, 87
Wandlung, 134, 135, 136
Werkvertrag, 145

Wiederkauf, 139
Willensmängel, 40
Wirkform, 32

Z
Zahlstelle, 105
Zahlung einer Nichtschuld, 83, 102
Zahlungsanweisung, 108
Zession, 109, 111, 112, 156
Zinsen, 94, 95
Zinseszinsen, 95
Zinsgesetze, 12, 95
Zinssatz, 95
Zinsverbot
  islamisches, 119
  kanonisches, 95
Zitiergesetz, 17
Zubehör, 51
Zuvielforderung, 85
Zwang, 45, 175
Zwischenverfügung (Bedingung), 29
Zwölftafeln, 12, 25, 31, 62, 64, 89, 91, 95, 122, 132, 163, 180, 185, 186, 188, 189

MIX
Papier aus verantwortungsvollen Quellen
Paper from responsible sources
FSC® C105338

Printed by Books on Demand, Germany